韓國奇人傳

靑鶴集

延世大
中文科 教授 李錫浩 譯註

明文堂

머 리 말

　이 〈화헌파수록(華軒罷睡錄)〉은 한국의 신선전(神仙傳)이라 할 수 있다. 과거 우리 나라의 도사(道士)・신선(神仙)들의 일화(逸話)를 모아 놓은 것이기 때문이다. 앞일을 미리 알아 그 대책을 강구해 놓고, 착한 사람들의 억울한 일을 알아 그 일을 해결해 주기도 하며, 선경(仙境)에 사는 신선들의 생활과 그 신선들의 도움으로 국란(國亂)을 피하는 등의 일화가 흥미진진하게 기록되어 있다. 요즘의 표현으로 마술(魔術)・신통력(神通力)을 발휘하는 장면은 감탄불이(感歎不已)의 느낌을 자아내게 한다.

　또한 우리 명현(名賢)들의 일화를 곁들였으니 퇴계(退溪)와 남명(南溟)의 것은 좀처럼 보기 드문 것들이다.

　그리고 이 책에는 유(儒)・불(佛)・도(道) 삼교(三敎)에 관계되는 이야기가 골고루 섞여 있어 우리 선인들의 이면 생활의 한 모습도 엿보게 하여 준다.

　이 책은 원래 초서(草書) 필사본(筆寫本)으로 전해지고 있는데 저자와 연대는 알 수가 없다. 다만 제목 그대로 '화헌(華軒)'이란 호를 가진 필자가 심심풀이로 적어놓은 것이리라. 원본은 고문당(古文堂) 김기윤(金基潤) 사장이 갖고 있는데 그것을 빌려보고 내용이 좋아 번역해낸 것이다. 원본에 권지일(卷之一)이라고 되어 있어 권지이(卷之二) 이하가 혹 있을지도 모른다. 이번 기회에 나타나 주었으면 하는 마음 간절하다.

독자 제위의 많은 질정(叱正)을 바라며 역주(譯註)했던 소회(所懷)의 일단(一端)을 적는다.

또 초고(草稿)를 시종일관 깨끗이 정서(精書)해 준 연세대 대학원생 강혜원(姜慧園) 양의 노고에 감사한다.

1990년 5월

譯註者 적음

靑鶴集 解題

이 책은 조선 중기, 특히 선조~인조 사이의 우리 나라 도인(道人)들의 한 파의 행적을 기록한 선가서(仙家書)이다. 과거에 낙방한 평안도 사람 조여적(趙汝籍)이 당시 도인의 한 사람이던 편운자(片雲子) 이사연(李思淵 ; 1559~?)의 문하에 들어가 60년 동안 그를 사사(師事)하면서 견문한 도인들의 사적과 담화를 붓 가는 대로 엮어 놓은 것이 이 책이다.

이 책에 등장하는 중요 도인들의 이름은 이러하다.

① 금선자(金蟬子) 이언휴(李彦休). 자는 홍도(弘道), 호는 송서(松棲).

② 채하자(彩霞子)

③ 계엽자(桂葉子)

④ 화오자(花塢子)

⑤ 벽락자(碧落子)

⑥ 취굴자(翠窟子). 이름은 미정(美廷), 자는 옥여(玉汝).

⑦ 아예자(鵝蕊子)

⑧ 편운자(片雲子) 이사연(李思淵)은 일명 정원(挺元)·승조(承祖)라고도 했으며, 자는 윤부(胤夫), 호는 운홍(雲鴻)·운학(雲鶴).

⑨ 조현지(曹玄志). 자 통원(通遠), 호 오죽거사(五竹居士)·매창(梅窓).

⑩ 청학상인(靑鶴上人) 위한조(魏漢祚)의 자는 중염(仲炎), 갑산(甲山) 사람.

⑪ 성원(性圓). 호는 능호(能皓), 서번(西蕃 ; 티베트)의 중.

⑫ 소연자(篠然子) 손문재(孫文載) 등이 등장하는데, 이들은 모두 청학상인 위한조의 제자가 되어 도를 닦으며, 도류(道流)의 역사로부터 동양 삼국의 역사의 변천사(變遷史), 도인들의 행각(行脚)·일화(逸話), 주고 받은 시문(詩文)·시화(詩話), 병화(兵禍)의 예지(豫知)와 피란 방법, 천하 명산의 명당(名堂)의 기록, 심지어는 중원(中原)과 왜(倭)의 정탐까지 다녀온 기록 등, 각종의 선가들의 이야기가 적혀 있다.

저자 조여적이 1588년(선조 21)에 과거에 낙방하여 실의에 차 귀향하는데, 편운자 이사연의 권고로 제자가 되어 따라다니며 스승에게서 들은 많은 이야기 중 일부나마 스승의 행적을 기록으로 남기는 의미에서 이 책을 썼다고 하는데, 스승인 편운자 이사연이 오대산(五臺山) 기린대(麒麟臺)로 들어가 청학도인을 섬기는 7인의 도인들을 만나 인사하는 데서부터 도담(道談)은 시작된다.

이들은 도류의 역사와 천고의 흥망과 여류(女流)들의 시화(詩話)까지 논하며, 또 왜란(倭亂)과 호란(胡亂)을 예비하기 위하여 편을 나누어 적정을 살피는 등, 강개한 우국(憂國)의 정열을 쏟는 대목도 있다. 그러나 끝내는 매창(梅窓)·송서(松棲)·운홍(雲鴻)·능호(能皓)만이 도인으로 남아 은둔처를 찾아다니는데, 특히 갑산(甲山)의 태평동(太平洞)은 도연명(陶淵明)의 〈도화원기(桃花源記)〉의 이상향과 같아 독자로 하여금 하루 속히 속세를 떨쳐 버리고 그곳으로 들어가고픈 충동을 자아내게 한다.

이 책은 서술이 산만하여 좀 복잡한 느낌을 주나 희한한 이야기가 많음은 이런 도류서(道流書)가 아니면 맛보지 못할 것들이다. 따라서 우리 나라 도교사 연구에 귀중한 자료가 된다.

　이 번역본은 10년 전에 연세대 대학원 석사반에 입학한 진영희(陳英姬) 양이 공부 삼아 고전을 번역해 보겠다 하여 추천했던 것인데, 그가 초역(草譯)해 놓고 대만으로 유학하여 금년에 문학박사 학위까지 받아오는 동안 쌓아 두었던 것을 이번 기회에 꺼내어, 난해하다고 여겨 번역을 빼놓은 부분을 비롯하여 대폭적으로 손질을 하고, 새로 주석을 비교적 자세히 달아 출판해 보는 것이다. 그런데 좀 미심쩍은 곳도 있지만 다듬을 겨를이 없어 그런 대로 상재(上梓)해 본다.

　앞으로 대방가(大方家)의 질정(叱正)을 바라며, 단시일 내에 난필의 원고를 정서(正書)하고 주(註)를 내는 데 도와 준 연세대 대학원생 남종훈(南鍾勳)군과 강혜원(姜慧園)·류한미(柳漢美) 양에게 감사한다. 그리고 이 책을 펴내게 해준 명문당(明文堂) 이추림(李秋林) 주간 선생님과 김동구(金東求) 사장님의 고마움도 잊을 수 없다.

1990년　5월

譯註者　識

目　次

■ 청학집 (靑鶴集 : 雲鶴 先生의 事蹟)

韓國奇人傳
(華軒罷睡錄)

1. 이지란(李芝蘭)[1]

태조대왕(太祖大王)[2]이 젊어서 북관(北關；咸鏡道)의 영흥(永興)에 살 적에 산 속으로 사냥을 갔다가 한 나무꾼 아이를 만나니 나이는 겨우 8세인데 곧 여진(女眞) 사람이었다. 성은 퉁(佟)이오, 이름은 두란(豆蘭)인데 용모가 헌칠하고 말씨가 민첩하고 자칭 악무목왕(岳武穆王)[3]의 7대 손이라 하였다. 태조가 괴상히 여겨 묻기를,

"네가 악무목왕의 후손이라면 어째서 여기에 와서 돌아다니는가 ?"

라고 하니 그 아이가 대답하기를,

"나의 7대 조모는 곧 여진 사람입니다. 16세 때에 아버지를 대신해서 군대에 들어가 금(金)나라 장수 올출(兀朮) 휘하에 예속되어 송(宋)나라와 대적하여 싸우다가 패하여 송나라 군대의 포로가 되었었습니다. 그런데 우연히 달이 밝은 밤을 만나 도두(刀斗)[4]를 치면서 노래를 불렀었습니다. 그 때에 악

---

1) 1331~1402, 여진족으로 조선 왕조의 개국 공신. 본성은 퉁(佟), 이씨의 성과 청해(青海)의 본관을 하사받았다. 본명은 쿠룬투란 티무르(古倫豆蘭帖木兒). 자는 식형(式馨). 이성계(李成桂)의 직계 휘하로서 남정북벌(南征北伐)하여 이씨의 대업을 도와 개국공신이 되었다. 시호는 양렬(襄烈).

2) 1335~1408；재위 1392~1398, 조선왕조를 개국한 태조 이성계. 함남 영흥(永興) 출신으로 고려의 무장(武將)이었으나 1388년 위화도(威化島) 회군(回軍) 이후 삼군 도총제사(都摠制使)가 되었다가 1392년 군신(群臣)에게 추대되어 왕위에 올랐다.

3) 1103~1141, 중국 남송(南宋)의 충신 악비(岳飛)를 말함. 자는 붕거(鵬擧). 하남(河南) 탕음(湯陰) 사람. 고종(高宗) 때 강회(江淮)의 반적을 토벌한 공으로 정충악비(精忠岳飛)의 사자기(四字旗)를 하사받음. 자주 금군(金軍)을 무찔러 공을 세웠으나 진회(秦檜)의 참소로 옥사함. 시집(詩集) 〈악무목집(岳武穆集)〉이 있음.

4) 군중(軍中)에서 야경(夜警)하느라고 치던 징의 일종. 도(刀；칼 도)는 조(刁；조두 조) 자의 잘못.

무목왕이 그 노랫소리를 듣고 여자인 것을 알고 데려갔었는데 몇 달 후에 할머니는 임신했다가 도망와서 아들을 낳아가지고 대대로 여진 땅에 살았었습니다."

라고 하였다. 태조가 이 말을 듣고 이상히 여겨 불러서 함께 데리고 돌아왔다. 그 아이가 점점 자라자 영특 용맹하며 병법에도 밝아 태조대왕과 다름이 없었다.

태조가 그와 더불어 언젠가 무예를 비교한 일이 있었다. 한 시골 여인이 물동이를 이고 앞을 지나갈 때 태조가 먼저 화살을 쏘아 물동이에 구멍을 뚫고 물이 미처 나오기 전에 퉁두란이 계속해서 화살에다가 밀을 붙여 쏘아 그 동이의 구멍을 막았다. 그의 재주가 모두 이와 같았다.

어느날 동래(東萊)5)로부터 왜구가 쳐들어온다고 하니 그 왜구의 장수는 아지발도(阿只拔都)6)이다. 그의 나이 14세에 장수가 되어 조선을 침범하고자 하니 그의 누이가 아지발도에게 말하기를,

"네가 15세가 되면 성공할 수 있으니 잠시 1년 간만 기다리면 좋겠다."

라고 하니 아지발도는 출정을 막음에 노해서 곧 그 누이를 죽이고 군대를 거느려 바다를 건너왔다. 그는 매우 용감하고 사나왔는데 몸에는 갑옷을 겹으로 입고 머리에는 쇠투구를 썼으며 두눈이 대낮같이 밝고 번쩍거려 화살 쏠 틈을 주지 않았다. 아군이 매우 두려워하여 막을 수가 없었다. 이 때 태조가 퉁두란에게 하는 말이,

"내가 쇠고도리〔鐵古道理〕7)로써 그의 투구 꼭지를 쏘면 그 투구가 기울어질 것이니 그때 그는 반드시 입을 벌릴 것이다. 너는 재빨리 그의 입 속에다 대고 쏴라."

---

5) 지금의 부산직할시에 있는 지명. 일본과 가까운 곳이라 옛부터 왜구의 침입이 잦았음.
6) 고려 말에 우리 나라에 쳐들어와 약탈을 심하게 했던 왜구의 대장 이름. '아지(阿只)'는 '아기'의 뜻이요, '발도(拔都)'는 이름임.
7) 화살의 일종(一種)인 듯한 데 미상.

라고 하였다. 그리고 태조는 곧 아지발도의 투구를 맞히니 왜장은 입을 벌렸다. 그때 퉁두란이 이어 쏘아서 죽였다. 그리고 대군이 일제히 쳐들어가니 왜병은 놀라 궤멸하고 아군은 크게 이겨 팔령(八嶺)[8] 위에다 전승비를 세우고 돌아왔다.

그 뒤 태조가 자주 큰 공훈을 세울 때에 두란의 도움이 매우 컸고, 어떤 일이 의리에 관계될 때는 퉁두란은 반드시 피하여 관여하지 않았다. 그러니 그의 뜻을 가히 알 수 있다.

태조가 고려의 선위(禪位)를 받아 즉위하고서 퉁두란에게 이씨(李氏) 성을 하사하고 이름을 지란(芝蘭 ; 之蘭)이라고 고치고 청해백(靑海伯)에 봉했는데 일정한 거처가 없었다. 청해백 퉁두란이 머리를 깎고 중의 옷을 입고 북관으로 돌아갔는데 어디에서 일생을 마쳤는지 알지 못한다. 청해백의 전후 사적은 전하는 것이 매우 많지만 문헌으로는 증명할 수가 없고 그 자손에게 들으니 가승(家乘)[9]에 있다 하나 또한 그 자(字)를 알지 못한다.

근래에 영천(永川) 사람 김백련(金白鍊)이라고 하는 자가 있어 그의 학문이 제법 괴이(怪異)한 것까지 섭렵하여 스스로 신의 경지에까지 이르렀다고 하며 천지간을 소요하면서 만고의 영웅들과 선경에서 함께 놀았다 한다. 그는 어느 날 청해백의 손자에게 말하기를,

　　"자네는 청해백의 자를 아는가？"

라고 하니 그 사람이,

　　"모릅니다."

라고 하였다. 그러자 김백련이 말하기를,

　　"청해백의 자는 식형(式馨)이다."

라고 하니 그 사람이 묻기를,

　　"어떻게 알 수 있었소？"

---

8) 이성계가 왜구를 물리친 전라북도 남원군 운봉면과 아영면 경계의 황산 근처의 지명(地名)일 듯.

9) 한 집안의 사승(史乘). 한 집안의 기록으로서 족보·문집 등을 이름.

14

하자, 김백련이 대답하였다.

　"전에 우연히 한 곳에 다다르니 명(明)나라 태조고황제(太祖
高皇帝)[10]와 고려태조(高麗太祖)[11]와 우리 태조께서 함께 노
시는데 시종(侍從)한 신하는 곧 성의백(誠意伯) 유기(劉基)[12]
와 문숙공(文肅公) 윤관(尹瓘)[13] 및 청해백 이지란으로 서로
자를 부르는데 청해백은 식형이라고 불렀으므로 알았노라."
라고 하였다. 이에 그 사람이 웃고 믿지 않다가 후에 함흥(咸
興) 감영(監營)에 가서 옛 문적(文籍)을 열람해 보니 그 안에 청
해백의 사적이 기록되어 있는데, 이름은 '지란' 자는 '식형'으
로 되어 있었다. 이에 비로소 김백련의 말이 거짓이 아님을 믿
게 되었다.

　우리 태조가 영흥(永興)[14] 용흥강(龍興江)[15]가에서 태어나 성
장하자 환조(桓祖)[16]의 관직을 승습(承襲)하여 북도(北道)의 만
호(萬戶)[17]가 되었다.

---

10) 1328~1396, 명나라를 세운 주원장(朱元璋). 처음에 곽자흥(郭子興)의
　　부하가 되었다가 자립하여 세력을 길러 1356년에 금릉(金陵)을 점령,
　　1368년 그곳에서 즉위하여 국호를 명, 연호를 홍무(洪武)라 하였음.
11) 877~943, 성은 왕(王). 이름은 건(建). 송악(松嶽) 사람. 신라말
　　군웅(群雄)의 한 사람인 궁예(弓裔)의 부하가 되어 중신(重臣)이 되었
　　다가 918년 부하에게 옹립되어 송도(松都)에 도읍하고 왕위에 올랐음.
12) 1311~1375, 중국 원말(元末) 명초(明初)의 유학자·정치가. 자는
　　백온(伯溫). 청전(靑田) 출생. 천문·병법에 도통함. 명태조(明太祖)를
　　도와 중원(中原)을 얻어, 성의백(誠意伯)이 됨. 시호는 문성(文成).
13) ?~1111, 고려 예종(睿宗) 때의 학자·장군. 자는 동현(同玄). 파
　　평(坡平) 사람. 예종 2년(1107) 여진 정벌의 원수가 되어 부원수 오연
　　총(吳延寵)과 더불어 여진(女眞)을 정복하고, 구성(九城)을 쌓았음.
　　시호는 문경(文敬). 후에 문숙(文肅)으로 고침.
14) 함경남도에 있는 지명. 함경선(咸鏡線)에 연한 영흥 평야의 중심지.
15) 함경남도에 있는 강. 낭림산맥(狼林山脈)에서 발원하여 영흥만(永興
　　灣)으로 유입함. (135km)
16) 1315~1361, 조선왕조 태조(太祖)의 아버지. 휘(諱)는 자춘(子春).
　　탁조(度祖)의 아들. 고려 공민왕(恭愍王) 때 왜구(倭寇)의 대거 침입이
　　있자, 판장작감사(判將作監事)로서 동북면병마사(東北面兵馬使)로 있
　　다가 삭방도(朔方道)에서 죽었음.
17) 고려 충렬왕(忠烈王) 때 몽고의 병제(兵制)를 본떠서 만든 군직(軍

어느날 저녁 꿈에 모든 집의 닭들이 일시에 울고, 모든 집에서 방아찧는 소리가 한꺼번에 나는데, 다 찌그러진 집 안에서 서까래 셋을 등에 진 꿈을 꾸었다. 마음속으로 이상히 여겨 그 고을에 해몽을 잘하는 늙은 할멈이 있다는 소리를 듣고 복채를 가지고 가서 물으니, 그 늙은 할멈이 잠잠히 한참 있다가 하는 말이,

"이는 위대한 꿈입니다. 제가 감히 해몽할 수가 없습니다. 안변부(安邊府) 설봉산(雪峰山)에 한 호승(胡僧)이 있는데 도명(道名)을 무학(無學)이라고 합니다. 그는 토굴 속에서 벽을 대면하고 앉아 있은 지 지금 9년이 되었습니다. 당신이 가서 지성으로 물어보십시오."

라고 하였다. 태조가 그 말을 따라 설봉산 토굴로 찾아가 굴문 밖에서 절하고 손을 공수(拱手)하고 서 있었다. 날이 저물자 무학은 낮은 소리로 묻기를,

"손님께서는 어째서 오셨습니까?"

라고 하였다. 태조가 그 사실을 말하니, 무학이 비로소 돌아앉아 눈을 뜨면서 말하기를,

"이것은 과연 위대한 꿈입니다. 모든 집의 닭이 일시에 운 것은 높은 직위에 올라갈 상이요, 모든 집에서 한꺼번에 절구질하는 소리가 난 것은 기동(箕東)[18]을 얻을 형상이요, 허물어진 집 속에서 서까래 세 개를 짊어진 것은 마침내 임금이 될 형상입니다. 장군에게는 이미 천명을 받을 조짐이 있어 장차 모든 신령의 주인이 될 것입니다. 마땅히 이곳에다가 큰 절을 세워 천지신을 대접하십시오."

라고 했다. 태조가 이에 절을 세우는 주관자가 되어 재물을 모으고 힘을 모아 절을 크게 세우고 자주 수륙대재(水陸大齋)[19]를

___

職)의 하나. 개경(開京)의 순군만호부(巡軍萬戶府)와 지방의 여러 만호부에 소속됨.

18) 기자(箕子)가 와서 다스렸다는 동쪽 나라. 곧 우리 나라를 뜻함.

19) 불가(佛家)에서 수륙(水陸)의 잡귀(雜鬼)를 위하여 재(齋)를 올리며 경문(經文)을 읽는 일.

16

베풀었다.

　이즈음 한 행인이 있어 북관을 지나다가 날이 저물어도 인가를 만나지 못하여 길가 무덤가에서 묵었다. 야밤에 모든 귀신들이 불러 말하기를,

　　"어째서 이성계가 올리는 재(齋)에 함께 가지 않으려 하는가?"

하니, 무덤 속에서 대답하기를,

　　"마침 손님이 와서 묵고 있기 때문에 주인된 도리로 떼어놓고 갈 수가 없으니 그대들만 먼저 가는 것이 좋겠소."

라고 하였다. 새벽이 되자 여러 귀신들이 모두 무덤 속으로 돌아왔다. 그때 묻기를,

　　"이번 잔치가 어떠하였으며 존신(尊神)[20]께서 어떻게 처리하셨는가?"

라고 물으니 모든 귀신들이 대답하기를,

　　"잔치가 매우 풍성해서 모든 신들이 기뻐하였고, 존신께서 이성계를 왕으로 삼으라고 말씀하셨네."

라고 하였다.

　태조는 무학을 스승으로 삼아 모든 일에 반드시 자문을 받았다. 무학은 본디 삼가현(三嘉縣)[21] 문(文)가네 종이었다. 태어날 때부터 이상한 체질이라 아이적부터 신령스럽고 괴이한 일이 많았다. 그래서 문가네가 양민으로 풀어주어 제 맘대로 하게 하였다. 그는 돌보아주는 사람이 없어서 중이 되어 처음에는 운수를 연구하는 학문을 하려 하였다. 그런데 누런 장삼을 입은 노인이 있으니 곧 백두산의 도인이었다. 그 노인은 잉수(孕數)의 노래를 허공중에서 가르치니 무학은 그 노인의 말이 떨어지자마자 이해할 수 있었다. 그래서 마침내 태조의 국사(國師)가 되었다. 무학은 태조가 한양으로 서울을 옮기려고 할 적에 처음에 왕십리(枉尋里；往十里)에 이르러 서울의 터를 잡

─────────────────

20) 존귀한 신이라는 뜻으로 우두머리 신을 뜻함.
21) 경상남도 합천(陜川)에 있는 지명.

으려고 하는데 비기(秘記)가 나오니 곧 도선(道詵)[22]이 지은 것이었다. 그 책에 말하기를,

　　"뒤로 십리를 가라〔後往十里〕."

고 하여 무학이 비로소 깨달아 다시 양천(梁川) 교외로 찾아와서 산 줄기를 찾아 북악(北岳)에 오르니 거기에 백비(白碑)가 있어 그 비에 〈요승 무학이 잘못 찾아 여기에 오리라.〉라고 쓰여 있었다. 이에 무학이 지팡이를 내던지고 크게 울면서 말하기를,

　　"선사(先師)께서 어째서 나를 요사스러운 중이라고 하십니까?"

라고 하였다.

　무학은 돌아와 남산 밑에다 도읍지를 정하는데 북악산(北岳山)으로 안산(案山)[23]을 삼고 하는 말이 '이곳이야말로 회룡고조(回龍顧祖)[24]의 형상이다'라고 하였다. 이에 정도전(鄭道傳)이 말하기를,

　　"임금님은 정남방으로 앉는 것이라 북쪽을 향하는 것은 임금님이 거처할 땅이 못됩니다. 그리고 백악산은 불상과 같아서 전조(前朝)는 요사스러운 중이 나라를 망쳤소. 그런데 지금 만약 이곳에다 도읍을 정하면 요사스러운 액운이 늘 궁중에서 떠나지 않을 것이니, 이는 감여(堪輿 ; 風水地理)에서 크게 꺼리는 것이오."

라고 하자, 무학은,

　　"당신 마음대로 도읍을 정하시오."

라고 하였다. 이에 정도전이 인왕산(仁旺山) 밑에다 경복궁 터

---

22) 827~898, 신라 말기의 중. 속성은 김(金), 영암(靈岩) 사람. 일찍이 왕건(王建)의 탄생과 그의 건국을 예언하였으며 그가 지었다는 〈도선비기(道詵秘記)〉는 고려의 정치 사회에 많은 영향을 끼쳤음.
23) 집터나 묏자리 맞은편에 있는 산. 청룡·백호·주산(主山)과 함께 풍수학상의 네 요소의 하나이며, 여러 산이 중첩하여 있을 때에는 내안산·외안산으로 구별함.
24) 산의 지맥(支脈)이 뻥 돌아서 본산(本山)과 서로 대하는 지세(地勢).

18

를 잡으니 무학이 이렇게 말했다.

"주객지세(主客之勢)로 말하면 이곳이 좋을 것 같으나 청계산(淸溪山)[25] 관악산(冠岳山)으로 말하면 적기성(賊旗星)이 남쪽에 나타나 2백 년이 못 되어 궁궐이 모두 화재를 당할 것이고, 또 수구(水口)가 자못 허해서 성안에서는 백성들이 가난하여 살 수가 없을 것 같으니 어찌하리오."

정도전이 대답하기를,

"화재는 곧 한 때의 재앙이라 반드시 깊이 걱정할 것은 아니오. 수구의 허함은 진실로 스님의 말 같사오나, 그러나 구제할 도리가 있습니다. 동서 교외의 여러 산이 모두 한 조각의 황금 같기 때문이오. 성 밖 30리 안에는 사대부의 장례를 허락하지 않고 시민들만으로 하여금 장례 지내게 한다면 산신의 음덕으로 복을 받을 것이라, 넉넉하오."

라고 하였다. 무학이 비로소 깨닫고 도읍을 정하는 일에 말이 막혔다.

태조대왕에게는 형님이 있는데 이름을 원계(元桂)[26]라고 했다. 영특하고 용감하기가 난형난제(難兄難弟)였다. 어느날 형제가 산 속으로 사냥을 가다가 한 곳에 이르르니 백여리 사이에 짐승의 발자취라고는 하나도 없다. 마음 속으로 이상히 여기면서 깊숙히 들어가 산허리를 보니 한 물건이 있어 반석 위에 드러누워 자고 있었다. 조금 더 가까이 가 보니 호랑이도 아니요, 곰도 아니요, 독사도 아니요, 뱀도 아닌 것이 그 길이는 한 길이 채 되지 못하는데 허리 길이도 그와 비슷하였다. 몸에는 비늘이 있었고 손바닥에서는 흑백으로 빛깔이 섞여 나타나니 가히 놀랄 만했다. 형이 그것을 쏘고자 할 때에 태조대왕이 말리면서,

"이 산 백리 안에 짐승이라고는 없으니 저것이 모두 잡아먹

---

25) 경기도 의왕시(儀旺市)에 있는 산.
26) 고려 우왕 때의 장군. 자춘(子春 ; 桓祖)의 아들. 성계(成桂)의 이복-형.

은 것이오. 저 놈은 천하에 독한 동물이니 가벼이 죽일 수가
없소.”
라고 하였는데 형은 듣지 않고 강한 활로 쏘았다. 그 물체는 놀
라 일어나 공중으로 날아 형에게 달려드니, 아우가 손을 쓸 사
이도 없이 형은 그것에게 물려 죽었다. 그리고 나서 곧 그 짐승
은 보이지 않고 태조는 통곡하면서 돌아왔다.

2. 무명 씨(無名氏)

고려 말년에 장단현(長湍縣)[27]에 한 선비가 있었는데 그의 성
명을 잊어버렸다. 그는 어려서부터 운명학에 밝았는데 거의 천
재적이었다. 그런데 17세 때에 이웃 고을 선비의 딸에게 장가
를 들어 혼례식을 치른 날 밤에 앞날의 운수를 점쳐보니 연달
아 두 아들을 두어 일찍이 과거에 붙어 이름을 날리나 나이가
사십도 되지 못하여 형제가 하루에 함께 죽을 운수였다. 그는
근심스럽고 두려움을 이기지 못하여 심사숙고한 끝에 화를 면할
길을 찾느라고 밤새도록 잠을 자지 못하고 잔치의 즐거움에도
생각이 없었다. 이튿날 아침 해가 높이 떠서도 일어나지 않았
다. 장인이 그 소리를 듣고 혹시 병자가 아닌가 하여 물어보았
으나 대답도 하지 않았다. 여종이 진짓상을 올릴까요 하고 아
뢰니, 그는 이불을 껴안고 일어나 앉아서 배불리 먹고는, 돌아
드러누웠다. 이와 같이 하기를 몇 달 동안 하니 집안 식구들이
보기에 병든 사람으로 여겨 신부와 계집종 이외에는 남들의 눈
에 띄지도 않았다.
　어느날 아침, 갑자기 일찌감치 일어나 옷을 갖추어 입고 앉
아서 여종을 불러 세숫물을 가지고 오라고 하였다. 그는 세수
를 하고 머리를 빗고 옷을 털어 입고는 신부보고 하는 말이,
　“내 친구 하나가 먼 여행길을 나섰는데 오늘 여기를 지나
가므로 내가 송별하고자 하니 당신은 들어가 부모님께 고하

27) 경기도 서북쪽에 있는 지명.

여 술을 큰 항아리로 하나 준비하고 큰 소반에다 안주를 갖추어 종들로 하여금 들고 내 뒤를 따라오도록 하여 주시오.”
라고 하였다. 그 집안 식구들이 그 소리를 듣고 매우 놀랐으나 병이 좀 낫다고 여겨 그의 말대로 술과 안주를 준비해주었다.

신랑은 문 밖으로 나가 서쪽으로 향하여 몇 리를 가더니 길가에 큰 나무가 있어 그곳에서 사람을 기다렸다. 정오가 되자 한 소년이 나타났는데 16세쯤 되었다. 그는 용모가 준수하고 흰말을 탔는데 고삐를 풀고 그 큰 나무 밑으로 오더니 말에서 내려 옷깃을 풀어놓고 부채질하면서 돌아보고 하는 말이,

“날씨가 더워 매우 목이 마른데 이곳에는 우물도 없는가요?”
라고 묻자, 신랑이 대답하기를,

“없소이다.”
하고 또 다시 그 소년에게 말하기를,

“내 친구 중에 멀리 여행하는 자가 있어 마침 오늘 여기를 통과한다고 하므로 술을 준비해 가지고 왔는데 아직까지 도착하지 아니하니, 반드시 일정이 바뀐 것 같소. 그러니 그대와 더불어 마셔도 좋겠소.”
라고 하였다. 그 소년이 기뻐하면서 말하기를,

“물을 찾다가 못찾았는데 더구나 술을 주신다니요.”
라고 하였다. 신랑이 종으로 하여금 술과 안주를 내놓게 하니 소년이 큰 술잔으로 통쾌히 마셔 큰 항아리를 다 비웠다. 두 소년은 해후하여 함께 마시니 취흥이 도도하고 담론이 진지하여 이른바 경개(傾蓋)[28]가 오래 된 것 같았다. 신랑이 그 소년의 손을 잡고서 하는 말이,

“우리들이 여기서 만난 것도 천운입니다. 내 일찍이 운명학을 좀 압니다. 금년 봄에 이곳 근처에서 장가를 들었는데 앞날을 점쳐보니 아들 둘을 두겠으나 함께 죽을 액운을 만나

---

28) ‘길에서 우연히 만나, 수레를 멈추고 김양산을 기울여 잠시 이야기한다’는 뜻으로 한번 보고 서로 친해짐의 비유.

게 되어 있습니다. 그 때 당신은 반드시 실권을 잡고 있어서
생사를 좌우하는 것은 그대 손에 달려 있으니 그럴 때 당신
은 내 아들들을 살려 주겠소?”
라고 하니, 그 소년이 대답하기를,
　“과연 그대의 말대로라면 무슨 어려움이 있겠소?”
라고 하였다. 신랑은 종이와 붓을 내어놓고 약속을 글로 써주
어 다른날에 증거가 되게 해달라고 하니, 그 소년이 그 말대
로 써서 주기를, 〈모년 모월 모일 이 아무개가 씀〉이라고 하니
이 소년이 곧 우리 태조대왕이다.
　신랑은 그 소년과 이별하고 돌아와 신부를 데리고 가는 날을
정해서 함께 집으로 가서는 과연 두 아들을 낳았다. 그들이
채 자라기도 전에 그 사람이 병이 들어 임종할 때에 그의 아내
에게 이르기를,
　“이후 모년 모월 모일에 우리 애들이 큰 화를 당할 것이오.
그때 당신은 이 봉한 글을 임금님에게 갖다 바치면 화를 면할
　수 있을 것이오.”
라고 하고서 갑자기 죽었다. 그 뒤 두 아들이 과거에 급제하여
함께 간관(諫官)이 되었다.
　공양왕(恭讓王) 때에 우리 태조의 위대한 덕이 날로 성해지자
대신 정몽주(鄭夢周 ; 1337~1392)가 크게 꺼리어 수십명의 선비
들과 함께 태조를 해치려고 하였다. 이에 태조의 다섯째 아들
이방원(李芳遠)이 조영규(趙英珪)를 시켜서 정몽주를 때려 죽
이고 그의 무리 20여 명을 모두 죽일 때에 이 두 아들도 거기에
관여했었다. 그들의 어머니가 그 글을 태조에게 바치자 그것을
본 태조는 감탄하면서 특별히 그들의 죽음을 면해 주었다.

3.　원천석(元天錫)[29]

고려때 진사 원천석은 자가 자정(子正)이요, 호는 운곡(耘谷)인

---

29) 고려의 수절신(守節臣). 자는 자정(子正), 호는 운곡(耘谷). 원주 사

데 원주(原州) 치악산(雉岳山) 속에 숨어 몸소 밭을 갈고 글을 읽었다. 우리 태종대왕[30]은 어려서 그에게 가서 공부한 지가 몇 해 되었다. 즉위한 후에 원천석의 집으로 친히 다다르니 원천석은 담을 넘어서 피했다. 태종이 석대(石臺) 위에 앉으니 곧 옛날에 책을 읽던 곳이었다. 전날에 밥해 주던 여종을 불러 어찬(御饌)[31]을 하사하고 서글퍼져서 하는 말이,

"선생은 비록 내 신하가 아니지만 선생의 아들은 곧 내 신하가 될 수 있다."

라고 하고서 어필(御筆)로 교지(敎旨)를 써서 노비(老婢)에게 준 다음 그곳을 한동안 배회하다가 쓸쓸히 돌아왔다.

원천석이 이 소식을 듣고 노하여 노비를 때리면서 하는 말이,

"너는 나의 종으로서 어찌 불결한 음식을 먹을 수 있느냐?"

라고 하고서 그 교지를 거두었으니 그 항거함이 야은(冶隱) 길재(吉再)가 조용히 있었던 것보다 더 지나쳤다. 그는 일찍이 야사(野史)를 지어서 단단히 봉해 두고 그 겉에다 쓰기를 〈내 자손으로서 나를 이해하지 못하는 자는 감히 이것을 열어보지 말라〉라고 하고서 사당 안에다가 비장(秘藏)해 두었다.

그뒤에 자손들이 시제(時祭)를 지내고 음복(飮福)할 때에 한 사람이 제안하기를,

"자손 중에 비록 현명한 자가 있더라도 어찌 감히 우리 선조만하다고 여겨 이것을 꺼내볼 수가 있겠는가? 그렇다면 비록 백대 천대 이후라도 이것을 꺼내 볼 날이 없으니 우리 다같이 의논하여 열어 보는 것만 같지 못하다."

라고 하였으니 그 글이 야사인 까닭을 알지 못했기 때문이다. 그래서 그 궤짝을 열고 보니 그 속에서 말한 것들이 대개가 당시의

___

람. 고려말에 세상이 어지러움을 보고, 당시의 사적을 직기(直記)한 야사(野史) 6권을 저술하여 가묘(家廟)에 비치(備置)하였으나 그 증손(曾孫)이 화(禍)가 미칠까 두려워 소각하였다. 시집(詩集) 2권만이 전한다. 생몰년 미상.

30) 조선왕조 제3대 왕. 이름은 방원(芳遠). 건국에 공로가 컸음.

31) 임금이 잡수시는 음식.

꺼리는 것에 저촉하였으므로 여러 후손들이 크게 놀라 말하기를,
　　“우리 집안을 망하게 할 물건입니다.”
라고 하여 그것을 사당 뜰에서 태워 버렸다. 그때 회오리바람
이 갑자기 일어나 타다 남은 종이를 흩날려 거리 위에 떨어지
게 했는데, 그 한 종이에 다음과 같이 적혀 있었다.
　　〈우리 임금의 아들은 신돈(辛旽)의 아들이다.〉
라고 했고, 또 한 종이에는,
　　〈대낮에 양촌(陽村)[32]과 의리를 담론하니, 세간의 어느 곳
에서 현인이 생겨나지 않을까?〉
라고 하였고, 제 3 귀에서는 〈초란막변(燋爛莫卞)〉[33]이라 하였으
며 제 4 귀에서는 〈왕망(王莽)[34]을 도운 양웅(揚雄)[35]의 ‘태현
경(太玄經)’[36]에 대하여 말한다〉라고 하였다.

---

32) 1352~1409, 고려말 권근(權近)의 호. 조선왕조 태조·태종 때의 학
　　자. 자는 가원(可遠) 또는 사숙(思淑). 안동(安東) 사람. 원래 고려 때
　　에 벼슬하였으나 이성계 개국 후에 이끌려 태종 때에 성균관 직강(直
　　講), 예문관(藝文館) 응교(應敎)를 지냄. 시호는 문충(文忠).
33) ‘불태움[燋爛]은 변명될 수 없다.’는 뜻. 초란(燋爛)은 초두난액(燋
　　頭爛額)의 준말. 곧 머리를 태우고 이마를 끄슬린다는 뜻. 옛날 어떤
　　사람이 곧은 굴뚝 옆에 땔나무를 쌓아 두었는데 지나가던 손님이 일러
　　주기를 “굴뚝을 구부려 올리고 땔나무를 치우라”고 하였다. 그러나 주인
　　은 그 말을 듣지 않다가 그 집에 불이 나니 이웃 사람들이 와서 불을
　　껐다. 그때 이웃 사람은 머리를 끄슬리고 이마를 데고 하면서 불을 꺼
　　서 공로가 제일 컸다. 이에 주인이 감사의 뜻으로 잔치를 베푸는데 불
　　을 끄다 다친 사람들은 상좌에 앉히고, 예방해야 할 방법을 알려준 사
　　람은 부르지도 않았다. 따라서 이 말은 주객이 전도되거나, 근본은 잊
　　고 말단만 생각함의 비유로 씀. 그러나 이 글은 앞뒤가 잘리어 의미가
　　분명치는 않음.
34) 45 B.C.~23 A.D. : 재위 8~23, 중국 전한(前漢) 말기의 참주(僭
　　主). 자는 거군(巨君). 책모(策謀)로써 평제(平帝)를 죽이고 한조를 빼
　　앗아 즉위하여 ‘신(新)’이라는 나라를 세워 여러 가지 개혁을 단행했으
　　나, 내치 외교에 실패하고 재위 15년만에 한(漢)의 유수(劉秀)에게 몰
　　려 살해되었음.
35) 53 B.C.~18, A.D. 중국 전한의 유학자. 자는 자운(子雲). 촉군(蜀
　　郡) 성도(成都) 사람. 사부(詞賦)를 잘했는데, 만년에는 오로지 경학
　　(經學)에 뜻을 두었음.
36) 한(漢)나라 양웅(揚雄)이 지은 책. 주역(周易)에 비기어 우주만물의

4. 문종이 아들을 부탁하다(文宗托子)

세종대왕 때에 집현전(集賢殿)을 만들어 여러 학자들을 두고 선생의 예로써 대접했다. 박팽년(朴彭年)·성삼문(成三問)·이개(李塏)·하위지(河緯地)·유성원(柳誠源)·유응부(兪應孚)·신숙주(申叔舟) 등이 곧 특별히 선발된 자들이였다.

세종대왕이 미행(微行)하시어 걸어서 성균관에 이르러 학자들과 열심히 강론하다가 밤이 깊어서야 파하곤 하셨다. 그런데 하루 저녁에는 오경(五更)까지 책을 읽었으나 상감이 오시지 않아 여러 학자들은 옷을 벗고 누워 어렴풋이 잠이 들었는데 문득 들으니 창 밖에서 '근보(謹甫)[37]' 하고 부르는 소리가 들렸다. 여러 학자들이 놀라 일어나 나와 보니 문종대왕이 단종대왕을 안고 궁정 뜰 안을 배회하다가 여러 학자들을 부르면서,

> "내가 경들에게 이 아이를 부탁하노니 다른 날에 잊지 말아 주오."

라고 하였다. 이 날 밤에 부탁하시는 말을 여러 학자들이 머리를 조아리면서 받았다. 그 뒤에 육신(六臣)[38]이 화를 당했으니 참으로 또한 이상하다.

근원을 논하고 주역의 음양이원론(陰陽二元論)의 대신으로 시(始)·중(中)·종(終)의 3원(三元)으로써 설명하고, 이것에 역법(曆法)을 가미한 책. 10권.

37) 1418~1456, 성삼문(成三問)의 자. 호는 매죽헌(梅竹軒). 조선 왕조 세조 때의 충신. 집현전 학사로 정인지(鄭麟趾) 등과 함께 세종의 훈민정음 창제를 도움. 세조 원년에 상왕(上王)의 복귀를 꾀하다가 발각되어 피살됨.

38) 사육신(死六臣)의 준말. 조선왕조 세조 원년(1455)에 상왕(上王)인 단종(端宗)의 복위를 꾀하다가 잡혀 죽은 여섯 충신. 이개·하위지·유성원·유응부·성삼문·박팽년 등 6인이다.

5. 성종대왕의 미행(成宗 微行)

영남 지방에 한 선비가 있어 이웃에 사는 맹인과 더불어 동갑이라 정이 두터웠다. 그런데 그 맹인은 술수가 뛰어나 기묘하게 적중하지 아니함이 없었다. 그 맹인이 일찍이 선비에게 말하기를,

"당신은 반드시 장원급제하여 벼슬이 병조판서에까지 이를 것이오."

라고 하니 그 선비는 희색이 만면하여 자부심을 가지고 과거 공부를 열심히 하여 문명(文名)을 크게 떨쳤다. 그러나 발해(發解)[39]는 여러 번 하였으나 나이가 70이 되어서도 소과(小科)에도 붙지 못하면서 가산만 탕진해 버렸다. 노인이 된 그는 하루는 자신의 평생을 회상하다가 한 맹인이 자기를 속인 것에 대하여 슬그머니 화가 나서 맹인을 때려 주려고 지팡이를 끌고 맹인의 집에 가서 큰 소리로 꾸짖기를,

"내가 너의 점술에 속아 이렇게까지 낭패하였으니 네가 감히 죄를 모면할 수 있느냐?"

라고 하니, 그 맹인이 대답하기를

"듣자하니 금년 가을에 정시(庭試)[40]가 있다고 하더이다. 만약 이번 가을에 실시하는 과거에 실패한다면 그때는 내가 마땅히 당신을 속인 죄를 달게 받겠으니 한 번 생각해 주시오."

라고 하였다. 노인이 웃으면서,

"네가 나를 속였고 내가 너에게 속은 것이 네가 눈먼 죄 때문일 것이다."

라고 하고서 함께 술로써 위로하고, 술이 잔뜩 취해 돌아왔다.

---

39) 과거의 초시(初試)에 합격됨.
40) 조선시대에 시행하던 경과(慶科)의 하나로, 대궐 안마당에서 보았음. 경사(慶事) · 중대사가 있을 때 문과(文科) · 무과(武科)에 시행하되, 초시(初試) · 전시(殿試)만 있었음.

가을이 되자 노인은 노자를 빌려 길을 떠났다. 고생 끝에 서울에 도착했으나 또 한 번 굴욕을 당하자 그는 가슴 아픔을 이기지 못하였다. 마침 은대(銀臺)[41]에 한 관원이 있었는데 그는 곧 노인의 친척 동생이었다. 그 노인은 그 사람에게 말하기를,

"내가 늙고 무식해서 맹인의 말을 혹신하다가 이런 꼴이 되었네. 그래서 이후로는 영원히 서울을 떠나 버리겠네. 그러나 듣자니, 바깥 사람이 혹 인연이 있으면 궁궐의 후원에 들어가 잠시 유람하다가 나올 수 있다고 하니 자네가 나를 위해 주선해 주면 지하에 가도 유한이 없겠네."

라고 하였다. 이에 그 사람이 이 소리를 듣고 매우 슬퍼하면서 은대의 하인을 시켜 길을 안내하여 대궐 안의 후원으로 들어가게 했다.

때 마침 8월이라 풍경이 볼 만하였다. 노인이 두루 구경하며 배회할 때에 유리병을 가지고 붉은 갈대꽃 사이에 서 있는 한 소년을 만났다. 소년이 노인에게 말하기를,

"여기는 대궐 안인데 노인께서는 어째서 들어오셨소?"

라고 하였다. 노인은 영남에 사는 시골의 선비라는 말과 평생 동안의 이력과 또 여기에 오게 된 내용을 말하자 그 소년은 웃으며 묻기를,

"그렇다면 노인의 정경이 매우 슬프겠소. 청컨대 잠시 앉으셔서 술이나 한잔 합시다."

라고 하고서 유리잔에다가 향기로운 술을 따라서 권했다. 노인이 연거푸 몇 잔을 들이키자 얼굴이 붉으스레해지니 소년이 말하기를,

"오늘 다행히 노인을 해후했고, 또 이곳의 풍경이 매우 아름다우니 시를 한 수 지음이 어떻겠습니까?"

라고 하자 노인은 취해서 말하기를,

"그대가 운자를 떠운다면 어찌 한 수 읊어 보지 않으리오?"

---

41) 조선왕조 승정원(承政院)의 별칭.

라고 하였다. 소년이 운자를 부르자 노인이 응구첩대(應口輒對) 했는데 그 끝 구절에 〈궁궐안 뜰의 붉은 갈대가 난만하게 붉도 다〔御苑紅蔘爛熳紅〕.〉라고 하였다. 소년이 두세번 읊조리고 칭 찬해 마지 않으면서,

"들자하니 내일 모레 후기 과거시험이 있다고 하더이다. 임금님께서 이번 방목(榜目)[42]에 시골 선비들이 많이 합격하 지 못했기 떼문이랍니다. 노인께서는 이후에 다시 응시하기 가 어려울 것이니 이번 오신 김에 며칠만 더 머무시어서 이 후기 과거에 응시하심이 어떠하시겠습니까?"

라고 하였다. 노인이 대답하기를,

"그대의 말이 참으로 그럴 듯하나 노자가 다 떨어졌으니 어 찌하겠소?"

라고 하였다. 이에 소년이 다시 말하기를,

"내가 후기 과거시험이 확실히 있는지를 자세히 알아서 노인장께 노자와 시험볼 비용을 보내드릴 것이니 꼭 머물러 후기 과거를 보고 가소서."

라고 하자 노인은 사례하여 말하면서,

"당신의 말이 매우 고마우나 그러나 그 일이 어찌 쉽겠습 니까?"

라고 하고서 서로 이별하고 돌아갔다.

저녁 떼가 되자 어떤 하인이 와서 동구(洞口)안 이서방의 말 이라고 하면서 전하는데 내용인즉,

"아까 궁궐에서 해후하여 다행입니다. 후기 과거가 있다는 말은 확실합니다. 그러므로 약간의 수험준비 비용을 보내드 리오니 받아 주십시오."

라고 하였는데 그 보내온 물건이 풍성하고 호화로와 노인은 마 음 속으로 감격하면서,

"누가 서울 인심이 대개 야박하다고 말하느냐? 우리 영남

---

42) 과거(科擧)에 급제한 사람의 성명(姓名)을 적은 책.

28

지방은 반드시 이만 못하다.”
라고 하고서 그 종에게 답하여 말하기를,
　“이렇게 후하게 돌봐 주시니 감개무량하며 명심하고 가르
침을 받겠습니다.”
라고 전하라고 하고서 구경이나 하면서 즐겼다.
　과거보는 장소에 들어가서 글의 제목을 보니 전에 자기가 쓴
〈궁궐안 뜰의 붉은 갈대가 난만하게 붉네〔御苑紅蓼爛熳紅〕.〉라
고 쓰여 있는 것이었다. 노인은 이에 크게 깨달아 어제 만났던
소년이 곧 성상의 미행인 줄 알았다. 인하여 곧 백여구의 시를
지으니 과거장 안에 있는 모든 선비들은 제목의 뜻조차 알지
못하고 모두가 예백(曳白)[43]의 지경이었다. 그 때 한 사람이
그 노인이 무난히 대작(大作)을 짓는 것을 보고 마음 속으로 이
상히 여겨 그 노인의 답안지를 슬쩍 훔쳐보고서 그도 40여구의
시를 지어 제출했다.
　그래서 이 두 사람이 함께 합격했다. 뒤에 성종대왕께서 그
노인을 인견하시고 6일 간 병조판서에 있게 하고서 곧 봉조하
(奉朝賀)[44]로 치사(致仕)[45]케 하고 백금 30냥을 그 노인에게 하
사했다. 그래서 노인은 금의환향하여 그 백금을 반씩 나누어 반
을 맹인에게 주었다. 그후 그 노인은 80세를 살다가 죽었다고
한다.
　성종대왕이 미행을 좋아하여 달 밝은 밤에 길거리를 나다니
다가 순라군에게 쫓기어 버드나무 밑에 가서 몸을 숨겼다. 그
때 그 곁에는 대장장이 집이 있었는데 그 대장장이의 아들이 집
밖으로 나와 뜰 안에 오줌을 누면서 천기를 바라보다가 제 애
비를 불러 말하기를,
　“청구성(靑丘星)이 유성(柳星) 가운데로 들어가니 매우 이

────────────

43) 옛날 과장(科場)에서 글을 짓지 못하고 흰 종이대로 가지고 나오는
　　일.
44) 종2품(從二品)의 벼슬아치가 치사(致仕)한 뒤에 임명되던 벼슬. 의
　　식(儀式)에만 출사(出仕)하여 종신토록 녹봉(祿俸)을 받음.
45) 나이가 많아서 벼슬을 사양(辭讓)하고 물러남.

상한 일입니다. 아마도 나라 안에 변이 있는 것 같습니다. ”
라고 하니 그 애비가 꾸짖으며 말리되,

　“아이놈이 뭘 안다고 하는 말이냐. 헛된 소리 하지 말아라. ”
라고 하였다.

　성종대왕이 이 말을 듣고 이상히 여겨 이튿날 대전별감(大殿
別監)[46]에게 그 집을 방문하게 했더니 집이 이미 텅 비어서 아
무런 자취가 없었다고 한다. 자고로 도를 얻은 선비가 천한 일을
하는 사람들 속에 숨는 일이 왕왕 있으니 이 대장장이도 반드
시 은사일 터인데 세상 사람들은 그의 어짐을 알지 못하니 어
찌 후영(侯嬴)[47] 모수(毛遂)[48]의 유파가 아니겠는가 ?

6. 연산군(燕山君 ; 名 隆, 成宗 長子)

　연산군의 음탕하고 잔학함이 날로 심하여 조정 사대부들의 아
내를 불러 차례차례 궁궐안 침실에 들어와서 모시라고 하였다.
어느 날 승정원에 비망기(備忘記)[49]를 내렸는데, 〈박원종(朴元
宗)[50]의 아내가 요분질을 잘한다 하니 궁중에 머물게 하기를 원
하노라〉라고 쓰여 있어 승정원이 다 알게 되었다. 또 한 조정
대신의 아내는 임금의 엄명에 핍박되어 바야흐로 대궐 안으로
들어갈 때 흰 비단으로 몸을 싸기를 여러 겹으로 하였다. 그러
나 연산군은 궁인으로 하여금 그녀의 사지를 붙들고 칼로 비
단을 잘라낸 다음 음행을 하였다. 그래서 그 조정 대신의 아내

---

46) 대내(大內)에서 심부름하던 벼슬의 하나.
47) 중국 전국시대 위(魏)나라 은사. 신릉군(信陵君)의 객이 되어 신릉군
　　을 도와 큰 공을 세웠음. 그는 약속을 잘 지키기로 유명하였음.
48) 중국 전국시대 조(趙)나라 평원군(平原君)의 식객으로서 말을 잘 했
　　음.
49) 임금의 명령을 적어서 승지(承旨)에게 전하는 문서.
50) 1467~1510, 조선왕조 중종 때의 공신. 자는 백윤(伯胤). 순천(順川)
　　사람. 성종 17년(1487) 무과에 급제한 후 연산군의 폭정을 보고 유순정
　　(柳順汀)·성희안(成希顔) 등과 같이 임금을 내쫓고 중종을 맞아들였
　　음. 시호는 무열(武烈).

가 궁궐에서 나와 집에 돌아와 그 남편을 대하고 자기 몸의 아랫 부분을 가리키면서 '여기는 내 몸뚱이가 아니오'라고 하였다. 바야흐로 그녀가 궁궐로 들어갈 때는 마음이 철석 같았으나 음행을 당할 때에는 얼떨결에 기뻐했다. 그 더러움이 이렇게 막심했다. 결국 그녀는 칼로 그곳을 찌르고 죽었다.

성종대왕이 한 노루 새끼를 데려다가 매우 사랑하며 기르면서 그것을 녹동(鹿童)이라고 불렀다. 그 노루 새끼가 난간 위로 올라왔을 때 연산군이 발로 차서 뜰 아래로 내려뜨렸다. 성종대왕이 이 광경을 보고 노하여 꾸짖으니 그 뒤로 연산군은 매양 녹동을 볼 때마다 눈을 흘겨보곤 하였다. 그러다가 성종대왕이 승하한 뒤로 그 녹동을 쏘아 죽여 궁정 뜰 아래에 솥을 걸어 놓고 삶아 먹었다.

송당(松堂) 박영(朴英)[51]이 그때 선전관(宣傳官)[52]이 되어 입시(入侍)했다가 그 광경을 보고 물러나와 사람들에게 말하기를,

　"선왕께서 사랑하던 물건도 이와 같이 하거늘 그가 신하를 대하기를 어떻게 할 것인가 ？"

라고 하고서 그 날로 물러나와 영남 땅 선산(善山)으로 돌아가 문을 닫고 독서하여 세상에서 유명한 선비가 되었다.

무오사화(戊午士禍)[53]가 일어남에 이르러 제봉(霽峯) 고경명

---

51) 1471~1540, 조선 중종 때 명신. 자는 자실(子實), 호는 송당(松堂). 본관은 밀양, 수종(壽宗)의 아들, 양녕대군의 외손자. 어려서 무술을 닦아 1492년 무과급제, 선전관·조방장·황해현감·강계부사·의주목사·동부승지·병조참판을 지냈다. 의학에도 정통하여 〈경험방(經驗方)〉〈활인신방(活人新方)〉 등의 저서도 있다.

52) 조선왕조 선전관청(宣傳官廳)에 있던 무관(武官) 벼슬. 정 3 품부터 종 9 품까지 있었음.

53) 조선왕조 연산군 4년(1498), 유자광(柳子光)을 중심으로 한 훈구파(勳舊派)가 김종직(金宗直) 중심의 사림파(士林派)에 대해 일으킨 사화. 훈구파가 〈성종실록(成宗實錄)〉에 실린 사초(史草) '조의제문(弔義帝文)'으로 사림파를 모함하여 김종직을 부관참시(剖棺斬屍)하고, 김일손(金馹孫) 등 많은 선비들을 죽이고 귀양보냈음.

(高敬命)[54]이 농담삼아 송당에게 말하기를,

　“그대는 무부(武夫)로서 어쩌서 유자광(柳子光)[55]의 무리를 주먹으로 때려 죽여 선비들의 분함을 씻지 않았는가?”

라고 하니 송당이 웃으면서 말하기를,

　“내가 만약 그놈들을 주먹으로 때려 죽였다면 모기 따위의 미물과 무엇이 다르리오? 다만 후세의 역사책에 도적 ‘도(盜)’자가 무서워서 하지 않았소.”

라고 하면서 서로 크게 웃고 헤어졌다.

7. 이　황(李滉)

이황의 자는 경호(景浩)요, 호는 퇴계(退溪)이다. 하서(河西) 김인후(金麟厚)[56]와 함께 인종대왕이 동궁으로 있을 때의 궁관(宮官)이었다. 인종대왕이 승하한 뒤에 여러 어진 재상들이 말하기를,

　“하늘이 버리는 것이니 우리는 다시는 출세하지 않겠다.”

라고 하였다. 인종대왕의 국기일(國忌日)[57]은 7월 7일이다. 김인후는 매양 이 날이 되면 산 속으로 들어가 하루종일 통곡했는데 해마다 그러했다.

　선조대왕 초년에 퇴계가 한번 임금님의 부르심을 당하자 매우 난처해 하면서,

　“내 출각(出脚)[58]하여 잠시 업적을 쌓아 보리라.”

---

54) 1533~1592, 조선왕조 중기의 유학자. 의병장. 자는 이순(而順), 호는 제봉(霽峰), 장흥(長興) 사람. 임진왜란 시 의병을 이끌고 금산에서 싸우다 아들과 함께 전사했다.

55) ?~1512, 조선왕조 연산군 때의 간신. 자는 우복(于復). 영광(靈光) 사람. 연산군 때에 무오사화를 일으켰다.

56) 1510~1560, 조선왕조 중기의 문신·유학자. 호는 하서(河西). 울산 사람. 김안국(金安國)의 제자. 중종 때에 부수찬(副修撰). 현령(縣令)을 지냈으나, 을사사화(乙巳士禍)가 일어나자 병을 이유로 고향에 내려가 성리학을 연구하였음.

57) 임금이나 왕후의 제삿날.

58) 두번째 벼슬길에 나아감.

라고 하였다. 고봉(高峯) 기대승(奇大升)[59]이 하서 김인후에게 배웠는데 김인후는 경학(經學)으로 자처(自處)하지 않았다. 기대승이 퇴계와 더불어 사단칠정(四端七情)[60]에 관하여 논쟁할 때 그 변론이 모두 김인후가 가르친 바이다. 그래서 김인후가 매양 사단칠정에 관한 글을 볼 때면 한탄하여 말하기를,

"이퇴계의 인품은 좋으나 그 견해는 좋지 못하다."

라고 하였다.

퇴계선생의 장남 채(寀)가 일찍 죽어 후사가 없으니 그 과부 며느리는 곧 9대 독자의 무남독녀였다. 퇴계선생은 자식의 죽음을 슬퍼할 뿐만 아니라 과부 며느리의 의탁할 곳이 없음을 더욱 슬퍼했다. 선생이 과부 며느리의 침실로 들어가 보니 벼갯머리에 몇 개의 꽃가지가 있었다. 이를 본 선생은 즉일로 길 떠날 준비를 시켜 과부 며느리를 친정으로 보냈다. 그 때 타이르는 말이,

"내 너의 마음가짐을 보니 정결을 지키지 못할 것 같다. 또 너는 9대 독자의 무남독녀로 너에게서 대가 끊어지는 것을 나는 차마 보지 못하겠다. 너는 다시 나의 집안으로 들어와서는 안되며 오직 네 부모의 명령만 따르는 것이 좋겠다."

라고 하고서 그 뒤로 왕래를 끊어 서로 통행하지 않았다.

수년 후에 선생이 단성(丹城)[61] 땅을 지날 때에 해가 저물어

---

59) 1527~1572, 조선왕조 선조(宣祖)때의 성리학자. 자는 명언(明彦), 호는 고봉(高峰). 행주 사람. 이퇴계와 성리학 문답을 하여 더욱 학설을 명확히 하였음. 선조 초에 벼슬을 하여 대사간(大司諫)으로 혁신적인 정치를 하고자 하다가 뜻을 이루지 못하고 벼슬을 그만둠. 시호는 문헌(文憲).

60) 사단은 인(仁)에서 우러나는 측은지심(惻隱之心), 의(義)에서 우러나오는 수오지심(羞惡之心), 예(禮)에서 우러나오는 사양지심(辭讓之心), 지(智)에서 우러나오는 시비지심(是非之心)의 4가지로서 사람의 본성에서 우러나는 4가지 마음씨를 말하고, 칠정은 사람의 일곱 가지 감정, 곧 희(喜)·노(怒)·애(哀)·낙(樂)·애(愛)·오(惡)·욕(欲), 또는 희·노·우(憂)·사(思)·비(悲)·경(驚)·공(恐)을 뜻하는데, 사단칠정에 대한 학설은 퇴계(退溪) 이황(李滉)이 처음으로 제창했음.

61) 경상남도 산청군(山淸郡)에 있던 지명.

도 여관을 만나지 못하여 길가에 있는 양반집으로 들어갔다. 그 집 주인은 선생을 후히 대접하는데 그날 저녁 식사가 매우 풍성하였다. 그중에서도 간장을 한 보시기 담았는데 그릇에 가득했다. 선생이 마음 속으로 놀라 나의 식성은 우리 식구 이외에는 아무도 모르는데 참으로 이상하다고 여겼다. 왜냐하면 선생이 집에 있을 때에 간장을 잘 먹었기 때문이다. 밤 중에 그 주인과 더불어 말하다가 며느리의 친정을 물으니 그 주인의 자부는 아무개의 딸이라고 했다. 이에 선생은 과부가 된 그의 큰 며느리가 다시 이 집에 재가한 것을 알고 깊히 뉘우쳤으나 할 수 없는 일이었다.

퇴계 선생은 젊었을 때에 세 가지 잘하는 버릇이 있었으니, 첫째는 색을 좋아하되 아름다움과 추함을 가리지 않는 것이요, 둘째는 말하기를 좋아하되 시비를 잘 따지는 것이요, 셋째는 여행을 좋아하되 정처없이 떠나는 것이다.

하루는 우연히 길을 떠나 홀로 깊은 골짜기에 이르러 길을 잃고 날마저 저물어 꼼짝할 수가 없었다. 그때 멀리 바라보니 암벽 사이에 한 떠풀집이 있어 보일락말락했다. 곧 그 집 문앞으로 가서 재워 달라 하니 풍채가 준엄한 한 노인이 나와 기꺼히 영접하면서 주소도 묻지 않고 여종을 불러 저녁식사를 올리라고 하였다. 한참만에 밥상을 올리는데 진수성찬에 그릇들이 화려했다. 식시를 마치자 등불을 켰는데 묘령의 세 소년이 안으로부터 나와 그 노인을 곁에서 모시고 있었다. 그 노인이 말하기를,

"너희들은 들어가서 책을 읽어라."

라고 하니 세 아들이 응답하고 일어나 들어가 밤새도록 글을 읽는데,

"삼가 세 뿌리를 조심하라. 삼가 세 뿌리를 조심하라."

라고 하는 소리 이외에는 다른 말이 한 마디도 없었다.

선생은 마음 속으로 매우 괴상히 생각하다가 다음날 날이 밝아서야 노인에게 물었다.

“자제분들은 무슨 책을 읽고 있습니까?”
라고 하니 노인이 웃으면서 말하기를,

　“세상에 나가 행세하려면 세 뿌리를 불가불 삼가해야 합니
다. 신(腎)뿌리·입뿌리·발뿌리가 이것이오.”
라고 하였다. 퇴계선생이 이 소리를 듣고 스스로 깨달아,

　“이 노인이 나의 뿌리를 경계하라고 하는 소리구나.”
하고서 작별하고 돌아와 몸을 닦아 덕을 쌓으니 마음 속에는 다
시 야비한 뿌리가 없었다.

8. 조 식(曹植)

　조식의 자는 건중(建中)이오, 호는 남명(南溟)이다. 젊어서
일이 있어 처가에 가는데 산골짜기를 지나게 되었다. 그때 갑
자기 숲 속에서 거인이 소리질러 말하기를,

　“조 아무개가 오느냐?”
하므로 남명이 말에서 내려 숲 속으로 들어가니 산만큼 큰 호
랑이 한마리가 사람의 말로 하는 말이,

　“너에게는 처제가 있는데 아릿따운 규수이지? 나와 선천
적인 인연이 있으니 너는 그집으로 가서 중매를 해야한다.”
라고 하므로 남명이 말하기를,

　“내 가는 것은 어렵지 않으나 그 식구들이 어찌 믿으려 들
겠소?”
라고 하였다. 그 호랑이가 말하기를,

　“말하고 말하지 아니하는 것은 너에게 달렸고, 듣고 듣지
않는 것은 그에게 달렸으니, 너는 다만 가서 말하기만 하면
된다. 그렇지 아니하면 내가 너를 잡아먹을 것이고, 그들도
구족(九族)[62]이 멸망당할 것이다.”

---

62) 고조(高祖)로부터 증조·조부·부친·자기·아들·손자·증손·현손
(玄孫)까지의 직계친(直系親)을 중심으로 하여, 방계친(傍系親)으로 고
조의 사대손(四代孫)되는 형제·종형제(從兄弟)·재종형제(再從兄弟)
·삼종형제를 포함하는 동종(同宗) 친족을 일컬음.

라고 하였다. 남명이 어쩔수없어 '그리하겠다' 하고 처가로 가서 그 일을 말하고자 하나 극히 황당무계하고, 말하지 아니하자니 반드시 화가 자기에게 미칠 것이 염려되었다. 그래서 일부러 달포를 묵고 있지만 뾰죽한 수가 없었다. 그래서 스스로 마음 속으로,

"차라리 말하지 아니했다가 화를 당하는 것보다는 도리어 말을 해서 비방을 당하는 것이 낫겠다."

고 생각하고 곧 장인에게 말하기를,

"제가 여기 와서 묵고 있는 것은 실로 까닭이 있으나 경솔하게 말할 수가 없습니다. 원컨대 장인께서 집안 식구들을 모아 놓으시면 말씀드릴 일이 있습니다."

라고 하였다.

전부터 그집에서는 남명을 천지신명같이 여겨 극진히 공경하고 복종하여 왔다. 엄한 스승과 다름이 없었다. 장인이 그 소리를 듣고 마음 속으로 놀라 곧 일가 친척들을 불러 모았다. 이에 남명이 말하기를,

"내가 이곳으로 올 때에 이러저러한 해괴한 일을 당했습니다."

라고 하니 모든 사람들이 낯빛을 고치고 말이 없이 남녀가 모두 할말을 잃고 어찌할 줄을 몰랐다. 그러나 그의 처제는 조금도 두려워하는 빛 없이 나와 종중(宗中)에게 말하였다.

"이것은 천지간에 큰 변괴입니다. 만약에 그 짐승의 말을 듣지 않게 되면 모든 집안이 화를 당하게 됩니다. 한 계집의 생사 문제와 우리 집안 전체가 화를 당하는 것과는 그 경중(輕重)을 어떻게 생각해야 좋겠습니까? 감히 부모님께 청하옵건대 우리 집안이 무사하기를 원하신다면 혼인을 허락하여 주십시오. 부모님께는 이 악한 여식의 잘못이 있지만 일가 분들이야 무슨 죄가 있겠습니까?"

이에 그 부모는 가슴이 메어 말을 하지 못하나 여러 일가들은 모두 칭찬하기를,

　　“효녀로다, 열녀로다. 네 말이 옳다.”
라고 하여 결국 혼인은 허락했다. 남명이 비로소 돌아와 그 숲
속을 지나가니 그 호랑이가 또한 큰 소리로 말하기를,
　　“조 아무개가 오느냐?”
라고 하므로 조남명이,
　　“정말로 내가 왔소.”
라고 하였다. 호랑이가 다시 말하기를,
　　“네가 혼인 문제를 성사시켰느냐?”
하므로 조남명이,
　　“통혼하게 되었소.”
라고 하였다. 호랑이가 또 말하기를,
　　“그들의 대답이 어떠했소?”
하자 남명이 말하기를,
　　“그녀의 부모는 가타부타 말이 없었는데, 그 처녀가 독단
으로 허락하였소.”
라고 하였다. 호랑이가 곧 기뻐하면서 말하기를,
　　“그녀는 반드시 그렇게 말했을 것이다.”
라고 하였다. 그리고 나서 남명에게 말하기를,
　　“그 집에 다시 가서 내 말을 전하라. 아무 날이 매우 길하
니 만반의 준비를 갖추고 예법대로 기다려라. 만약에 조금이
라도 부족함이 있다면 해로움이 적지 않을 것이다.”
하였다. 남명이 그러겠다 하고 그의 처가로 가서 호랑이가 한
말을 그녀의 부모에게 전하니 식구들이 슬피 울 뿐이었다. 그
러나 그 처녀는 말하기를,
　　“이는 특별한 예이니 보통 예로써는 처리할 수가 없다.”
라고 하고서 종들에게 명령해서 혼수를 준비하게 하고 자신은
옷을 지었다.
　　초례를 치루는 날 큰 호랑이가 범과 표범 50여 마리를 거느
리어 좌우에서 따르게 하니 그 짐승들은 일시에 울부짖으면서
왔다. 이에 온 동네 사람들이 이를 보고 혼비백산하지 않는 자

가 없었다. 호랑이가 초례청으로 들어가 맞절을 하며 예를 행
하는데 한결같이 예법에 맞았다.

그런 다음 침실로 들어가니 신부도 새로 단장을 하고 들어왔
다. 새벽이 되어 신부가 나오므로 그 어머니가 묻기를,

"너는 어떻게 살아 있느냐?"

라고 하자 신부는 미소지으며 대답하지 않았다. 어머니가 재삼
묻자 신부는 낮은 소리로 말하기를,

"어머니께서는 슬퍼하지 마시고 다만 창 밖에 가서 엿보십
시오."

라고 하였다. 그 어머니가 그녀의 말대로 창 틈으로 엿보니
옥같이 아름다운 신랑이 단정하게 앉아서 책을 읽고 있었다.
한편으로 놀라고 한편으로 기뻐서 남편에게 고하였다. 남편 또
한 놀랍고 기뻐서 문을 열고 들어가니 신랑은 곧 이웃집 소년이
었다.

그 소년은 기이한 재질이 있어 술수의 학문과 둔갑(遁甲)·변
화의 기술을 깊게 알아 통하지 않는 것이 없었고, 남명의 처제
역시 보통 여자가 아니었다. 그래서 이들은 천생연분이라 은근
히 서로 통하였다. 그러나 신랑 집안이 좀 낮아서 혼인할 사이
가 아니었다. 그러므로 이런 둔갑술을 행하였고 처녀도 또한
그런 낌새를 알았으므로 처음부터 두려운 빛이 없이 혼인을 결
단한 것이다. 부부가 된 뒤로는 그 서로 사랑하는 것이 종고금
슬(鐘鼓琴瑟)63)의 즐거움과 같았다.

조남명은 젊어서 기상이 호탕하여 천하 제일의 준마(駿馬)와
미희(美姬)와 보검(寶劍)을 구할 것을 생각했다. 수년 만에 준
마와 보검을 얻었으나 미희는 아직 발견하지 못했다. 그래서 그
는 준마를 타고 보검을 안장에 얹고 원근 지방을 두루 다니다
가 관동지방을 지나가게 되었다. 마침 산골짜기에 이르러 한 촌
마을에 이르니 산을 등지고 앞에는 물이 흐르는데 집들이 굉장

---

63) 종을 치고 북을 때리고 거문고와 비파를 탄다는 뜻으로 부부 사이의
　　즐거움을 일컫는 말.

히 화려하고 느티나무·버드나무가 하늘을 가리어 풍경이 제법 구경할 만하였다. 그런데 소복을 입은 한 아리따운 여인이 마을에서 물동이를 이고 나와 시냇가에 이르러 돌 위에서 빨래를 하고 있었다. 그런데 그녀의 미목이 수려하고 피부색이 눈과 같았다.

남명이 말을 매어 놓고 한참동안 자세히 보다가 날이 저무는 것을 깨닫지 못했다. 그 여인이 천천히 돌아서면서 말하기를,

"서방님께서는 어째서 멈추어서 가시지 않으십니까?"

라고 하니, 이에 남명이 사실대로 말하였다.

"내 평생에 세 가지 귀한 것을 얻고자 하였으니 첫째는 준마요, 둘째는 보검이요, 셋째는 미인입니다. 준마와 보검은 이미 얻었으나 국색(國色)은 아직 보지 못하였습니다. 지금 다행히 당신을 만나니 거의 소원성취를 할 것 같습니다. 그래서 당신을 버리고 가지 못하는 것이오."

이에 그 여자가 웃으며 말하기를,

"서방님께서는 잘못 보셨습니다. 만약 국색을 찾고자 하시면 저를 따라 오십시오."

하고서 빨래를 걷어 가지고 마을 안으로 돌아가는 것이었다.

남명이 그 여자의 뒤를 따라 그녀의 집에 이르르니 적막하여 다른 사람이라고는 볼 수 없고 홀로 그녀만이 살고 있었다. 그녀가 부엌으로 들어가자 조금 있다가 저녁식사를 올리는데 식기와 반찬이 정결하여 가히 입에 맞았다. 초경(初更)이 끝날 무렵 산 위의 달은 아직 뜨지 않았는데 그녀가 남명을 이끌고 중문으로 들어가 후원의 굽은 담 밑에 머물면서 남명에게 하는 말이,

"서방님이 여기에 앉아서 기다리면 저 작은 누각 위에 한 미인이 나타날 것이니 한번 만나보십시오."

라고 하고서 그 여인은 갑자기 돌아갔다.

이윽고 개인 하늘 위의 달이 비로소 동산 나무 위로 올라와 바람이 맑고 밤 빛이 대낮과 같아 누각의 그림자가 들쑥날쑥하

였다. 이윽고 짙은 화장에 성장을 한 한 미인이 나타났다. 교태가 천연한 그녀는 방을 돌아 슬슬 걸어나와 난간에 기대서 앉으니 마치 누구를 기다리는 것 같았다. 고요하여 인적이라고는 없고 곁에는 시종하는 여종마저 없다. 남명이 비로소 그녀의 말이 거짓이 아닌 줄을 알고 눈을 들어 자세히 보니 구슬의 푸르름이 눈을 아찔하게 하고 이상한 향기가 코를 찔러 황홀하기가 연꽃이 황금 연못에서 나오고 달이 요대(瑤臺)[64]에서 뜨는 것 같았다. 조남명은 눈이 아찔하고 정신이 번쩍 들어 정신을 안정시킬 수가 없었다. 그래서 스스로 혼자 말하기를 '천하의 국색이 과연 이와 같은가?' 하고서 주저하는 사이에 문득 북쪽 담 밑에서 돌을 굴리는 소리가 들렸다. 남명이 깜짝 놀라 돌아보고 엿보니 한 건장한 사나이가 머리에는 중의 고깔을 쓰고 몸에는 중의 옷을 입었는데 모양이 웅장하고 영악해 보였다. 눈빛이 번개와 같은데 높은 담을 날아서 넘어 내려왔다. 그러자 그 미인은 방긋 웃으며 난간 끝에서 일어난다. 그 중놈은 마루 위로 올라와 그녀의 허리를 껴안고 입술을 맞추고 볼을 비비다가 껴안고 방으로 들어갔다. 남명이 이 꼴을 보자 자신도 모르는 사이에 머리카락이 치솟고 눈꼬리가 찢어져 칼을 짚고 나아가 마루 밖에 서서 끝까지 엿보니 미인이 큰 탁자를 들어 중 앞에 갖다 놓고 큰 대접으로 술을 따라 권한다. 그 중놈은 취하도록 마시고 상을 물린 다음 음란한 행위를 거리낌없이 한다. 그러다가 밤중이 되니 남녀가 잠에 곯아 떨어졌다.

　조남명이 해괴한 광경을 보고 분함을 이기지 못해 정신을 가다듬고 방안으로 돌입, 칼을 뽑아 그 연놈을 치니 두 머리가 일시에 잘라졌다. 그때 작은 계집종이 울면서 들어와 그 연놈의 머리를 쟁반에다 담아 상청에다 바친다. 잠시 동안 슬프게 곡을 하다가 눈물을 거두고 남명을 인도하여 제 방으로 간다. 거기에서 그녀는 남명에게 백배사죄하며 말하였다.

---

64) 옥(玉)으로 만든 집.

"서방님께서 여기에 오신 것은 하늘이 도우신 것입니다. 저의 상전 나리는 서울의 양반 집안인데 5,6년 전에 속세의 시끄러움을 싫어해서 이곳으로 이사와서 저택을 짓고 쉬고 있었습니다. 저 중놈은 그 때 이 집을 지은 도목수입니다. 그리고 저년은 우리 상전의 아내입니다. 몇 달 동안 공사를 하는 사이에 저 중놈과 그년은 우연히 눈이 맞아 감히 음탕한 욕심을 갖게 되어 상전 나리의 부자와 그 밑의 종들을 구슬러 자기들에게 협조하지 아니하는 자들을 모해해서 모두 죽임을 당하게 했습니다. 저 한 사람 이외에 남은 사람은 모두 저 중놈의 협박에 복종한 자들입니다. 저는 항상 천지신명께 묵도하면서 상전 나리의 원수를 갚을 것을 생각하다가 다행히 서방님의 강하고 굳센 대은을 입어 오늘에야 원수를 갚았으니 죽어도 여한이 없겠습니다. 그러나 서방님의 은혜를 갚을 길이 없어 애닯게 울고 있을 따름입니다."

남명은 이 소리를 들으니 머리카락이 치솟고 마음이 매우 아파 자책하기를,

"내가 괴물에 유혹되어 거의 평생을 그르칠 뻔하였구나."

라고 하고서 말의 굴레를 벗겨 풀어 주고 칼을 분질러 땅에 던져버리고는 걸어서 영남의 고향집으로 돌아왔다. 그리고는 절개를 지켜 책을 읽어 큰 선비가 되어 세상의 존경을 받았다.

그러나 그의 성질이 화려한 것을 좋아하여 항상 비단 도포를 입고 아름다운 비단으로 이불을 만들고 책상도 장식품으로 꾸몄는데 매우 영롱하고 화려했다. 제자 동강(東岡) 김우옹(金宇顒)[65]이 틈을 타 우러러 질문하기를,

"선생님께서는 도덕은 비록 높으시나 복식이 너무 화려하

---

65) 1540~1603, 조선왕조 선조 때의 명신. 자는 소부(蕭夫), 호는 동강(東岡), 의성(義城) 사람. 조식(曺植)의 문인. 대사성(大司成)을 거쳐 대사헌(大司憲)이 됨. 동인(東人)으로 기축옥사(己丑獄事) 때 귀양갔고, 임진왜란 때 석방됨. 배소(配所)에서 〈속강목(續綱目)〉 15권을 찬함. 시호는 문정(文貞).

십니다. 그래서 저희들은 유감스럽게 생각합니다."
라고 하니 남명이 웃으면서 말하기를,
　　"나에게는 나대로 부귀한 상이 있어 너희들의 담박한 취미
　와는 같지 않으니라."
라고 하였다.
　어느날 토정(土亭) 이지함(李之菡)[66]이 고청(孤青) 서기(徐
起)[67]와 여행하다가 지리산에 이른 김에 남명을 방문했으나 만
나지 못했다. 그러나 그들은 남명의 살림 도구가 화려한 것을
보고 토정과 고청은 방 안에 들어가 똥을 누어 놓고 책상 및 금
침에다가 발라 놓고 돌아갔다. 저녁이 되어 조남명이 돌아와 방
에 들어가니 악취가 코를 찔렀다. 이를 본 남명은 크게 소리지
르기를,
　　"필시 이지함과 서기 두 놈이 여기를 지나갔구나!"
라고 하였다. 그러니 조남명은 비록 도덕은 높았으나 소년 시
절부터의 호탕한 기운은 아직도 없어지지 않은 것이었다.
　조남명의 집안 식구들이 아침에 밥을 짓는데 밥솥에서 땡땡
땡 소리가 울려 나왔다. 모든 식구들이 다 말하기를,
　　"이는 참으로 흉칙하고 괴상한 징조다."
라고 하였으나 남명만이 홀로 천연히 정색하고 밥 짓는 여종을
불러 말하기를,
　　"삼단으로 횃불을 만들어 솥 밑에다 때면서 솥이 가는 대
　로 따라가되 간섭하지 말아라."
고 하였다. 이에 계집종들이 그 명령을 따라 횃불을 들고 계속
솥 밑에 불을 때면서 30리를 가 덕산(德山)이라는 곳에 멈췄
다. 그때서야 밥이 비로소 다 되어 남명은 식구들을 거느리고
그 밥을 먹고 거기에다 터를 잡아 강당을 세우고 주거지로 삼으

---

66) 1517～1578, 조선왕조 선조 때의 학자. 호는 토정(土亭). 한산(韓
　山) 사람. 이 책 제10장 이지함편(李之菡篇) 참조.
67) 1523～1591, 조선왕조 선조 때의 학자. 호는 이와(頤窩) 또는 구청
　(龜青)・고청(孤青). 이 책 제17장 서기편(徐起篇) 참조.

니 그것이 드디어 서원(書院)[68]이 되었다.

9. 조광조(趙光祖)

조광조의 자는 효직(孝直)이요 호는 정암(靜菴)이다. 젊었을 때 그는 주야를 가리지 않고 고생을 참으면서 책을 읽었다. 그 책 읽는 소리가 맑고 깨끗하여 달밤을 타고 새어나갈 적에는 금 속성이 반공에서 흘러나오는 것 같았다. 이웃집 처녀가 그 소리를 듣고 담에 붙어서 몰래 엿들으면서 연모함을 이기지 못하여 담을 넘어와 창을 열고 뛰어 들어가 책상 머리에 앉으려 했다. 정암 선생이 책 읽기를 끝내고 잠시 있다가 묻기를,

"당신은 어떤 처녀인데 밤을 무릅쓰고 여기에 왔소?"
라고 하니 그 여자가 말하기를,

"저는 이웃집 처녀입니다."
라고 하였다. 다시 진실을 심문하니 그녀가 말하기를,

"저는 판서 허즙(許緝)의 딸입니다. 당신의 책 읽는 아름다운 소리를 듣고, 그 소리를 따라 여기에 왔다가 얼떨결에 여기까지 왔습니다."
라고 하니 정암 선생은 크게 놀라 정색을 하고 크게 꾸짖어 가로되,

"당신은 양반집 처녀로서 행동을 그르침이 이와 같으니, 내가 당신을 죽여, 당신 집안을 망하지 않게 하겠소."
라고 하고서 칼을 뽑아들어 그녀에게 주면서,

"당신은 이 칼로 스스로 목숨을 끊으라."
고 하니, 그 처녀가 사양하지 않고 그 칼을 받아서 칼을 뽑아 스스로 죽으려 한다. 정암 선생이 말하기를,

"당신이 이렇게 하니, 반드시 개과천선하려는 것이오. 반드시 허물을 뉘우쳐 착해지려는 것이니 조금 감하여 벌을 주

---

68) 경상남도 산청군 시천면 평원리에 있는 지금의 덕천서원(德川書院)의 모체가 되었다.

겠소. 속히 밖으로 나가서 매화나무 가지를 꺾어 오시오."
라고 하였다. 그 처녀가 그 말대로 밖으로 나와서 회초리 세 개
를 꺾어 가지고 들어왔다. 선생은 꾸짖으며 말하기를,
　"나도 양반집의 수재요, 당신 또한 양반집의 딸인데, 담
　을 넘어 상종하다가 만일에 탄로가 나면, 두 집안에 망신이
　클 것이오. 그러니 어찌 참을 수가 있으리오? 그러니 만약
　에 당신을 경계하지 않는다면 당신은 마음을 돌리지 않을 것
　이오. 그러니 일어나 회초리를 맞음으로써 그 죄를 경계하시
　오."
라고 말했다. 이에 처녀는 감읍하면서 일어나 말하기를,
　"오직 명령대로 하겠습니다."
라고 하였다. 이에 선생이 종아리 세 대를 때려서 보냈다. 그
처녀는 부끄러움을 이기지 못하고 자중하다가 다른 집안으로
시집을 가서 세 아들을 연거퍼 낳았다. 그 아들들이 성장하자
연달아 등과하여 벼슬이 대간(大諫)에 이르렀다.
　그 때 마침 기묘사화(己卯士禍)[69]가 일어났다. 그녀의 남편은
남곤(南袞)[70]·심정(沈貞)[71]의 무리요, 세 아들은 모두 간관의
직책에 있어 정암 선생을 모함하려고 선생과 관련이 있는 일로
꾸며서 상소하여 죽이고자 하였다. 그 때 그 여인이 그 소리를
듣고 급히 남편에게 하는 말이,

---

69) 조선왕조 중종 14년(1519)에 일어난 사화(士禍). 홍경주(洪景舟)·남
　　곤(南袞) 등 수구파(守舊派)가 이상정치(理想政治)를 주장하던 조광
　　조(趙光祖)·김정(金淨) 등 연소 신진파(新進派)를 사사(賜死) 또는 유
　　배(流配)시킨 사건.

70) 1471～1527, 조선왕조 중종 때의 문신. 자는 사화(士華). 호는 지정
　　(止亭), 의령(宜寧) 사람. 성종(成宗) 25년(1494) 문과에 급제. 기묘사
　　화(己卯士禍) 때에 예조판서로 있으면서 조광조(趙光祖) 이하 여러 선
　　비를 모함하여 죽임.

71) 1471～1531, 조선왕조 중종 때의 상신(相臣). 자는 정지(貞之). 풍
　　산(豊山) 사람. 연산군 때 정국공신(靖國功臣)으로 화천부원군(華川府
　　院君)의 봉군을 받았음. 지낭(知囊)으로 기묘사화를 조성하였고 중종
　　때는 좌의정에 오름. 중종 26년(1531) 신묘(辛卯)에 형사(刑死)되어,
　　이항(李沆)·김극핍(金克愊)과 함께 신묘삼간(辛卯三奸)으로 불리었음.

　“제가 평생에 죽을 죄를 진 일이 있는데 감히 당신 앞에 숨길 수 있겠습니까 ?”

라고 하고서 지난 날의 일들을 모두 고백했다. 그리고 나서 세 아들에게 말하기를,

　“너희들은 무슨 일로 대현(大賢)을 죽이고자 하느냐? 정암 선생은 만고의 충신이요 절의가 있는 군자다. 이렇게 충직하고 어진 이를 죽이면 하늘이 반드시 재앙을 내려서 끝이 좋지 않을 것이오, 천고에 소인의 이름을 면하지 못할 것이다. 또 내가 눈을 감고 말하지 아니하여 우리 부자가 소인의 무리에 잘못 빠지는 것을 볼 수가 없어서 감히 속마음을 드러내니, 원컨대 당신 부자들은 잘 생각해 보세요.”

라고 하였다. 이에 세 아들이 물어 가로되,

　“어머님께서는 어째서 그런 말씀을 하십니까 ?”

하니, 그 어머니가,

　“내가 입밖에 내지 못할 말을 부득이 발설해서 세 며느리의 비난을 면하고자 하는 것이다.”

라고 하면서, 치마를 걷어 두 정갱이의 매맞은 흔적을 세 아들에게 보였다. 그리고 나서 하는 말이,

　“만약에 조정암 선생의 현명함이 아니였더라면 내가 어찌 너희들의 어머니가 될 수 있었을 것이냐? 이렇게 볼 때 그는 대의군자이니라.”

라고 하였다. 이에 그 남편은 부인이 자기의 잘못을 꺼리지 않는 것에 탄복하고 조정암의 높은 의리에 깊이 감격했다. 한편 세 아들은 어머니가 대의를 잊지 않는 것을 들어서 놀라고 조정암 선생의 큰 절개에 크게 감격해서 곧 상소를 중지하고 그 즉시로 남곤·심정 무리들과 인연을 끊어 버렸다.

10. 이지함(李之菡)

　이지함의 자는 형중(馨仲)이요, 호는 토정(土亭)이다. 괴이한

일을 행하기를 좋아했다. 쇠화로를 머리에 쓰고 그 위에다 패랭이를 얹고서 밤낮으로 길을 가다가 배 고프면 그 화로를 벗어 시냇가에다 걸어 놓고 밥을 지어서 먹기도 하고, 또 쇠화로에다 물을 담았다가 식으면 씻어 말려서 다시 쓰기도 했다. 잠이 오면 길가에다 지팡이를 꽂아 놓고 서서 자는데 왕래하는 소와 말에게 부딪치면 동서로 움직여가면서 자다가 사오일이 지난 후에야 비로소 잠이 깼다.

어느 날 그가 한 곳에 이르러 돌로 변하여 길가에 누우니 사람들이 보고서 돌이라고 말했다. 그때 한 노인이 소의 등에다 소금을 싣고 그 앞을 지나다가 돌아보고 꾸짖기를,

"심하도다, 이지함의 장난이여. 네가 이런 해괴한 일을 하지 않는다면 내가 너를 군자로 대우해서 올바른 학습을 시켜 주겠다."

라고 하니 토정이 그 말을 듣고 놀라 일어나 쫓아갔다. 그러나 그 소가 가는 것이 날아가는 것 같아 한 산모퉁이를 지났는데 그 간 곳을 알 수가 없었다.

토정이 아산군수(牙山郡守)로 있을 때에 옛 제도에 의해서 그 군청에서 소금 백여섬을 사 모아야 했다. 그래서 그 고을의 해당 관리가 소금을 사 오자고 고했으나 토정은 허락하지 않았다. 그래서 그 관리는 소금을 사 올 수가 없었고 감영(監營)[72]으로 납부할 기한이 임박했으므로 걱정한 나머지 두세번 나서서 말씀드렸다.

그러자 하룻 저녁에는 토정이 관예(官隷)[73] 수십명에게 명하여 삼태기와 삽 등을 가지고 배를 타고 바다 위로 남쪽을 향하여 갔다. 토정은 손에 꿩의 꼬리를 들고 법대로 배를 움직이니 배가 가는 것이 날으는 것과 같았다. 그래서 한 곳에 다다르니 하얀 산이 하늘에 닿을 것 같았다. 배를 그 산 밑에 대고 관예들로 하여금 그 산 밑을 파게 했다. 그랬더니 그 산이 모두 소금

---

72) 감사가 직무를 보는 관아.
73) 관가에서 부리는 하인들. 관하인(官下人).

으로 되어 있었다. 그래서 삽으로 파고 삼태기로 날라 순식간에 배를 가득 채워 가지고 돌아와 곧 감영에서 배당한 분량의 소금을 갖다 바치고 남겼는데, 나머지를 다 쓸 수가 없었다.

토정이 젊었을 때 서화담(徐花潭)의 문하에 가서 공부할 때에 그집 종이 사는 사랑채에서 살고 있었다. 그런데 그 집 종의 아내가 토정의 생김이 뛰어남을 흠모해서 때때로 눈길을 주었으나 토정은 무관심했다. 어느 날 그집 종이 일이 있어 먼 시장에 가게 되었다. 그 아내가 밤중에 일어나 밥을 지으면서 그 남편을 재촉하여 깨우고서 하는 말이,

"닭이 울었소. 당신 빨리 식사하고 빨리 다녀 오세요."

라고 한다. 그러나 그 종은 마음 속으로 의심이 나서 문 밖으로 나가는 척하고 자기 집 울타리 틈으로 엿보니 그 아내가 곧 토정이 자는 방으로 들어가 사랑을 호소하고 있는 것이 아닌가. 이에 토정이 꾸짖어 말하기를,

"내가 당신 남편과는 주인과 나그네의 의리가 있는데 어찌 당신을 사랑할 수 있으리오. 당신은 빨리 나가시오."

라고 하였으나, 그 여자는 듣지 않고 점점 가까이 다가왔다. 토정이 대로하여 지팡이로 때리니 그녀는 울면서 좀 멀어졌다가 지팡이를 놓으면 또 다가왔다. 토정이 또 때리면 물러나고, 이렇게 하기를 한 식경(食頃)이나 하였으나 끝내 사랑을 이루지 못했다. 이에 그 남편이 토정의 인격을 흠모해 마지 않아 화담선생께 가서 이 사실을 고했다. 이에 화담 선생이 기뻐서 말하기를,

"정말로 그랬느냐? 내가 한번 보겠다."

하고서 일어나 그 종의 뒤를 따라가서 창 밖에서 엿보니 과연 종의 말대로였다. 이튿날 화담 선생이 토정에게 말하기를,

"자네는 학력(學力)을 이미 이루었으니 내가 자네의 스승이 될 수 없네. 자네는 돌아가 자네 마음대로 행해도 끝내 군자의 도를 잃지 않을 것이니라."

라고 하였다.

토정이 집으로 돌아와 책을 읽는데 눈으로 밖을 보지 않았다.

이웃집에 농사군의 아내가 있어서 토정의 글 읽는 소리를 듣고 깊이 흠모하여 담장을 엿보기 3년이로되 한 번도 돌아보지 않았다. 그 농삿군이 몸을 숨기고 몰래 보니 토정이 앉아 책을 읽는 것이 태연자약하였다. 그 농부가 서화담 선생에게 가서 고하니 서화담은 토정을 불러 말하기를,

　"자네가 나의 스승이지, 내가 자네의 스승은 아닐세."
라고 하였다.

　어느날 토정은 율곡(栗谷) 선생댁으로 갈 적에 도립(陶笠)[74]을 쓰고 허리에는 굵은 새끼를 동이고 갔다. 이를 본 율곡 선생이 웃으면서 말하기를,

　"선생은 어째서 이런 괴상한 복장을 하고 다니시오?"
하고 물으니 토정이 대답했다.

　"내가 세상의 길흉선악(吉凶善惡)을 시험해 보았는데 모든 병 중에서 간질병이 가장 나쁩니다. 때문에 벽 틈에 누워서 백회혈(百會穴)[75]로 바람을 받아 3개월이 되니 과연 간질병이 생기고 그 병을 내가 치료해 보았으나 끝내 효력이 나타나지 않아 병마가 뜻대로 낫지 않았습니다. 그래서 이 도립과 새끼줄을 착용하고 어떤 절로 가서 벽을 향한 지 3개월 후에야 병이 비로서 물러갔었습니다."

　토정이 소금장사 하기를 좋아해서 시장으로 소금을 팔러 갔다가 저물어 돌아오는데 강가의 풍경이 정말로 좋고 그윽한 흥취가 일어 홀로 말 위에서 채찍을 두드리니 풍악이 되어 리듬이 묘하게 꼭 맞았다. 그 때 한 사람이 있어 뒤를 따라오면서 장단을 맞추며 감탄하였다. 토정이 그 자가 이인(異人)인가 의심하여 한 번 채찍을 잘못 쳐서 그 사람을 시험하니 그 사람이 한탄하면서 말하기를,

　"아깝도다, 서툴구나."
하므로 토정이 크게 놀라 말에서 내려 그 사람에게 다가가서 말

---

74) 흙을 구워 도자기 모양으로 만든 모자.
75) 정수리의 숫구멍 자리.

을 걸려고 한즉 그 사람은 대답도 하지 않고 빨리 가는데 쫓아 갈 수가 없었다.

그후에 토정이 서울 안에 머물러 있을 때 우연히 길거리로 나가니 장(蔣)도령이라는 자가 있는데 본디 미치광이로 불렀으나 실은 신선에 속하는 사람이었다. 그가 종로 네거리에 가로 누우니 문득 시체로 변해 버리고 조금 있다가 썩어 문드러져 악취를 쏟아냈다. 사람들은 모두 피하여 다녀 길거리는 텅 비었다. 토정이 홀로 가까이 가서 보고 손으로 그의 발가락을 들어 구부려 그 이빨로 물으니 장도령은 아파 일어나더니 문득 간곳이 없어졌다.

토정은 학식이 고명하여 스스로 처사(處士)로 여겨 벼슬길에 나가지 안했다. 그래서 당시의 사람들은 그를 철관도사(鐵冠道士)[76]라고 불렀다. 그의 과부 된 큰 누이가 매우 가난하게 살았는데 그 빈곤을 견디지 못하므로 토정이 그 누이집의 가난을 걱정했다.

그때 장안으로부터 10리쯤 되는 동쪽 들판에 큰 연못이 하나 있었는데 사방이 5리쯤 되고 그곳 땅이 삼남(三南)[77]으로 통하는 큰 길가에 있으므로 호조(戶曹)[78]에 진정해서 불하를 받게 하였다. 그리고서 나무로 만든 인형 네 개를 만들어 연못 안에 세워 두니 행인이 무수히 왕래하는 곳이라 네 개의 인형이 사람들을 보고 크게 웃으며 물결 위에서 뛰면서 춤을 췄다. 사람들이 모두 괴상히 여겨서 흙덩이를 던지니 인형은 맞지 않고 물 속으로 들어갔다가 다시 나와 뛰면서 춤추며 크게 웃었다. 사람들이 모두 흘려서 돌멩이를 던졌다. 장안 사람들이 이 이야기를 듣고 모두 나와 연못가에 모여서 귀천·노소·관동(冠童)[79]·

---

76) 쇠로 모자를 만들어서 쓰고 다닌 도사라는 뜻으로 이지함(李之菡)을 부르는 별칭.

77) 충청남북도·전라남북도·경상남북도 지방의 총칭.

78) 조선왕조 때 육조(六曹)의 하나. 호구(戶口)·공부(貢賦)·전곡(錢穀) 등에 관한 일을 맡음.

79) 어른과 아이. 관례(冠禮)를 한 사람과 관례를 아니한 아이.

남녀를 막론하고 흙덩이를 던지고 혹은 돌멩이를 쉬지 않고 계
속 던져 몇 개월 안에 그 연못을 메워 버렸다. 그 뒤 논을 풀어
경작하니 곡식을 만 말이나 생산되는 좋은 논이 되었다. 씨를
뿌려 처음으로 몇천석의 소출을 내었는데 1천 석을 담아다가
누이네집에 싸 두어서 가난을 면하게 했다. 그 뒤 매년 노적(露
積)[80]이 이미 수천석이나 되니 그 누이는 가난을 벗어나 부자
가 되었다.

11. 무명전(無名傳)

영남에 선비 세 사람이 있어 신명(神明)께 고하여 가로되,
  "원하노니 우리 세 사람은 함께 진사(進士)에 급제하기를
바랍니다. 그렇지 않으면 홀로 영광의 길을 원하지 않습니
다. 비록 어느 때 초시(初試)[81]에 붙더라도 세 사람이 함께
연명으로 오르지 아니하면 회시(會試)[82]를 보지 않겠나이다."
라고 하였다. 그들은 삼십이 되어 다행히 함께 진사에 합격해
서 성균관에 들어가 십여년 동안 객지의 고생을 하다 보니 의복
이 남루해졌다.
  어느날 저녁 달 밝은 밤에 세 사람이 한 방에 모여 난간에
의지하여 달을 감상하면서 고향 생각에 정히 괴로워하는데, 이
가 옷 속에서 스물스물 꿈틀거렸다. 그래서 그들은 이를 잡으
면서 말하기를,
  "임금님 몸에도 이가 있을까?"
라고 하니, 한 사람이 말하기를,
  "이라는 놈은 사람 몸에 붙어 사는 것인데 임금님 몸이라

____

80) 벌판에 쌓아 둔 곡식.
81) 과거(科擧)의 맨 처음 시험. 지방과 서울에서 식년(式年)의 전 해 가
   을에 치름.
82) 문무과(文武科) 과거(科擧) 초시(初試)의 급제자(及第者)가 서울에
   모여 다시 보는 복시(覆試). 여기서의 급제자가 다시 전시(殿試)를 보
   게 되었음.

고 어찌 없겠는가?"
라고 하고, 또 한 사람은 말하기를,

"이라는 놈은 대체로 해진 옷 속에서 생겨나는 것인데, 임
금님 옷은 비단 옷이요 또 자주 갈아 입으시니 이가 없겠지."

라고 하면서 두 패가 되어 다투기를 마지 않았다. 그런데 그 다
투는 소리가 점점 커져서 문득 수라장이 되었다.

그때 성종대왕이 미행(微行)하다가 성균관 담 밖을 지나가
다가 그들의 싸우는 소리를 듣고 크게 웃으면서 궁으로 돌어왔
다.

세 사람은 밤이 깊어 방으로 들어가 막 잠이 들려고 하는데
방문이 갑자기 열리더니 밖으로부터 붉은 비단 보따리 하나가
던져졌다. 세 사람이 놀라 일어나 촛불을 밝히고 보자기를 열
어보니 그 안에는 비단 한 조각을 열 겹으로 둘러쌌다. 차례차
례 열어 보니 거기에는 '어슬[御虱]83)'이라 씌어 있었다.

세 사람이 크게 놀라 이상하게 여기고 이튿날 들으니 성균관
시험이 다음 날 있다고 하였다. 세 사람이 과장으로 들어가 어
제(御題)84)를 우러러보니 영남의 유생들에게 어슬을 내린 데 대
해 사례하는 내용으로 지으라는 것이었다. 만장(滿場)한 유생
들은 시제(試題)의 의미를 알지 못하여 모두 백지를 냈고, 이
세 사람만이 자기들이 다투던 말들을 늘어 놓아 글을 지어 올
려서 세 사람이 함께 합격했다. 그래서 전에 약속했던 것이 정
성으로 이루어짐이 이와 같았다.

12. 전우치(田禹治)

진사(進士) 전우치가 젊었을 때에 산사(山寺)에 올라 책을 읽
는데 절 안에 텅 비어 있는 방이 하나 있었다. 그 방에 사는 사
람은 꼭 죽는다고 했다. 그 소리를 들은 전우치는 그 방을 깨끗

---

83) '임금님의 이'라는 뜻으로, '어(御)'는 임금님을 의미하는 접두사.
84) 임금님이 친히 보이는 과거의 출제 제목.

이 청소해 놓고 살기로 하였다. 촛불을 밝히고 책을 읽는데 밤중에 한 여자가 문을 열고 들어왔다. 전우치는 못본 체하고 꼼짝도 하지 않고 계속 책을 읽었다. 그 여자가 앞으로 다가와 책상 머리에 앉아서 아양을 떨며 갖은 교태를 부렸다. 전우치가 끝까지 돌아보지 아니하자 여자는 끝내 손으로 책을 가리면서 희롱했다. 전우치는 미리 비단실을 주사(朱砂)[85] 물에다 염색해서 상자 속에다 넣어 놓았었는데, 그는 왼손으로 그녀를 껴안고 오른손으로 그 실을 가져다가 사지를 묶어서 대들보 위에다 거꾸로 매달아 놓고 다시 책을 읽으니 그녀가 백방으로 애걸하며 각종 보화로써 용서를 빌었다. 전우치는 들은 척도 하지 않았다. 시간이 흘러 새벽이 되어 닭이 장차 울려 하자 그녀는 가냘픈 소리로 애걸하면서 말하기를,

"목숨이 경각에 있으니 원컨대 천지간에서 제일 비싼 보배라도 바치겠습니다."

라고 말하였다. 이에 전우치가 말하기를,

"무슨 보배냐?"

라고 물으니, 그녀가 말했다.

"이 절 뒷 동산에 가면 열 길이나 되는 절벽이 있고, 절벽문이 방금 열려 있습니다. 만약 그 안으로 들어가시면 초당 한 칸이 있고 그 안에는 책상이 있는데 책상 위에 한 권의 책이 있습니다. 당신은 그것을 가지고 나와서 보십시오."

전우치가 그 말대로 절벽 밑에 가니 석문이 있다. 그 안으로 들어가 책을 집어 보니 이상한 글을 해석한 책이었다.

전우치가 가져다가 붓으로 주사물을 찍어 글자마다 동그라미를 치니 그녀는 점 찍을 때마다 문득문득 놀라 애걸하는 것이었다. 전우치가 장절(章節)마다 비점(批點)[86]을 찍고 나머지가

______

85) 짙은 홍색 광택이 있는 육방(六方)의 수정 계통의 덩어리 형태로 되어 있는 광물. 수은과 유황과의 화합물(化合物)임. 정제하여 물감이나 한방(漢方)의 약으로 쓰임.

86) 문장 가운데 요처(要處)나 묘처(妙處)의 오른편 또는 위에 찍는 점.

불과 4, 5 매 남았는데 그녀는 거의 절명한 상태였다. 전우치가 비로소 그녀를 풀어 주었다.

그 여자가 문 밖으로 나가자마자 문 밖에서 사람의 목소리가 났다. 전우치가 나가 보니 전우치의 집의 종이 아버지의 부고를 가지고 왔다. 전우치가 황급히 집으로 돌아갔으나 허사였다. 전우치는 비로소 그 요물에게 속은 것을 깨닫고 다시 절로 돌아와 보니 책 가운데 비점을 찍은 것은 다 내버리고 다만 안 찍은 너댓장만 가져갔다.

전우치가 이 책을 공부하여 요술을 잘 부렸고 이상한 일을 많이 행하였다.

서울에 있는 재상집에서 잔치를 베풀고 손님을 청하니 조정에 있는 고관들이 문 밖에 모두 모였고, 진열해 놓은 음식이 매우 호화스러웠다. 그래서 모든 손님들이 취하여 쓰러져 집에 돌아가는 것을 잊어 버렸다. 그러다가 문득 깨니, 풀더미의 돌무더기 위에 누워 있었으며 음식물들을 돌아다보니 말똥·돼지똥들이었다.

어느날 전우치가 서화담 선생을 찾아 뵙고 물러나와 문 밖으로 나가니 모든 산이 하늘에 닿고 가시나무숲이 빽빽한데 맹호와 독사가 이를 갈며 피를 빨려고 덤벼들었다. 전우치가 다방면으로 신술(神術)을 시험했으나 끝내 빠져 나갈 수가 없어서 도로 서화담 선생 앞으로 돌아가서 모자를 벗고 머리를 조아리며 사죄하니 서화담 선생이 큰 소리로 꾸짖었다.

"너는 그런 요술을 감히 어른 앞에서도 시험하려드느냐?"

전우치는 머리를 조아리며 사죄했다. 그제서야 서화담 선생은 비로소 돌아갈 길을 열어 보내주었다.

13. 서경덕(徐敬德)

서경덕의 자는 가구(可久)요, 호는 복재(復齋)이니 사람들은 그를 화담 선생이라 칭했다. 12세에 신승(神僧)을 따라 산 속의 절

로 공부하러 들어갔다. 하루는 중이 화담에게 말하기를,

　"너는 마땅히 집으로 돌아가라. 내일은 반드시 이상한 사
　람이 너를 찾아올 것이니 너는 그를 잘 대접해 보내라."

라고 하였다. 그리하여 화담이 집에 가 있으니 한 손님이 오는
데 화양건(華陽巾)[87]을 쓰고 학창의(鶴氅衣)[88]를 입고 작은 당
나귀를 타고, 푸른 옷을 입은 동자 두 명을 거느리고 나는 듯
이 오고 있었다. 화담이 문 밖으로 나가 기다리다가 읍하고 맞
이하여 들어오니 손님이 말하기를,

　"나는 태백산 사람인데 자네가 특이한 사람이라고 하여 특
　별히 와서 방문하는 것이네."

라고 하였다. 화담이 일어나 사례하고 육경(六經)[89]의 깊은 뜻을
물었더니, 천문(天文)·지리(地理)·인사(人事) 및 상위(象緯)[90]
·의복(醫卜)[91]·비선(飛仙)[92]의 술수까지 나그네가 응답하는 것
이 물 흐르는 것같이 막힘이 없었다. 이에 화담이 마음 속으로
탄복하고 이 손님의 도술은 우리 스승도 따라가지 못할 것이라
고 여겨 절개를 꺾어 가르침을 받았다. 한편 손님도 화담의 영
리하고 숙성함을 감탄하고 하룻밤을 묵어 돌아갔다.

　화담은 다시 절로 올라가 그 손님과 문답했던 이야기를 낱낱
이 그의 스승에게 고했다. 스승은 그 이야기를 다 듣고 나서 화
담에게 말하기를,

---

87) 도사(道士)가 쓰는 모자. 화산(華山) 모양으로 아래와 위쪽의 모양과
　　넓이가 같은 모자.
88) 윗옷의 한 가지로 흰 창의에 가를 돌아가며 검은 형겊으로 넓게 꾸민
　　것. 여기서 '창의'는 벼슬아치가 평시에 입는 윗옷으로 소매가 넓고 뒷
　　솔기가 갈라진 것이다.
89) 중국의 여섯 가지 경서(經書), 곧 〈역경(易經)〉·〈서경(書經)〉·〈시
　　경(詩經)〉·〈춘추(春秋)〉·〈예기(禮記)〉·〈악기(樂記)〉 또는 〈예기〉 대
　　신에 〈주례(周禮)〉를 넣기도 함.
90) 해와 달과 금목수화토의 다섯 별을 합하여 말함. 따라서 음양오행설
　　을 의미하기도 함.
91) 의술(醫術)과 점복(占卜). 사람의 병을 고치는 기술과 사람의 운명을
　　점치는 점술을 말함.
92) 날아 다니는 신선(神仙).

  "나는 별 재주가 없으니 너는 더 묻지 말라."
하고는 벽을 향해 눈을 감고 앉아 합장하고서 말도 하지 아니
하고 먹지도 아니하기를 3일 동안 한 후에 비로소 눈을 뜨고
식사를 받았다. 식사가 끝난 뒤 그 중은 화담에게 말하기를,

  "너는 내 뒤를 따라오라."
라고 하고서 배낭을 지고 육환장(六環杖)[93]을 짚고서 뒷산 절벽
으로 올라가 서화담을 돌아다보며,

  "너는 내 겨드랑이에 바짝 붙어서 눈을 감고 뜨지 말라."
라고 하고서 서화담을 끼고 공중으로 뛰어 올라 서쪽으로 향하
여 가니 다만 귓가에는 바람 소리만 들리고 며칠이 지났는지 알
지 못하는 사이에 한 곳에 다달았다. 중이 화담에게 눈을 뜨라
하므로 화담은 정신을 차려 눈을 들어보니 어떤 산에 와 있는
지를 알수가 없었다. 중이 배낭 속에서 표주박을 꺼내어 약가루
를 물에 타서 한 잔을 먼저 마신 다음에 화담에게 마시게 하니
화담은 정신이 상쾌해지고 배고픔과 추위를 느끼지 못하였다.

  그 산 위에는 고목의 동산이 있었는데 나무의 크기는 수십리요
그늘은 수백리였다. 중이 패도(佩刀)로써 나무 조각 5개를 도려
내어 배낭 안에다가 감춘 뒤에 또 약가루를 꺼내어 물에다 타서
마시고는 곧 서화담을 옆에 끼고 공중으로 날라 되돌아 절 안
으로 이르렀다. 그동안의 날짜를 계산해 보니 꼭 6일 만이었
다.

  그 중은 방안을 깨끗이 청소하고 병풍과 휘장을 쳐 놓고는 화
담을 등뒤에 숨겨 놓았다. 그리고 앞에다 책상을 갖다 놓고 배
낭 안에서 5개의 동자 인형을 꺼내 놓는다. 그리고 나서 그것
들을 오색으로 칠을 하여 탁자 위에 올려 났는데, 동쪽에는 푸
른 것, 서쪽에는 흰 것, 남쪽에는 붉은 것, 북쪽에는 검은 것,
중앙에는 노란 것이었다. 그리고 나서 중은 여의장(如意杖)[94]을

---

93) 6개의 고리로 장식한 지팡이란 뜻으로 도사나 고승들이 흔히 짚고
   다녔음.
94) 지팡이 이름. 이 지팡이를 가지면 변화를 마음대로 부릴 수 있다 함.

짚고서 설법하고 한참 동안 기다렸다. 초경(初更) 말이 되니 동구 밖에서 함성이 크게 일어나 산천을 진동시킨다. 이에 청동(靑童)이 먼저 나가 싸워 한참만에 대패하여 돌아온다. 백동(白童)이 계속 하다가 또 패하고, 적동(赤童)·흑동(黑童)이 차례로 패하고, 마지막에 황동(黃童)이 나가 싸워 새벽이 되어 돌아와 승첩을 보고했다. 이에 중이 화담을 데리고 문밖으로 나가보니 아홉 꼬리 달린 여우가 동구 밖에서 죽어 나자빠졌다. 중이 화담에게 말하기를,

“저번에 너를 찾아왔던 손님이 바로 이 여우다. 이 여우는 유소씨(有巢氏)[95] 때에 태어나 천지조화를 훔쳐 먹고 우주간을 종횡해도 모든 귀신이 그를 대적하지 못한다. 그가 먹는 것은 천하의 모든 나라 안에서 특이한 남자의 정혈(精血)[96]과 오장(五臟)[97]이다. 너의 기질이 특이하다는 소리를 듣고 너를 잡아 하루 양식을 삼으려고 너를 방문하여 자세히 보니, 너의 몸을 신명이 보호하고 있기 때문에, 가볍게 범할 수가 없으므로, 네가 액운을 당할 때를 기다려서 너를 살해하려 한 것이다. 따라서 너를 구제하는 계책은 반드시 유소씨 이전의 물건이라야 가히 그 놈을 먹을 수 있으므로, 내가 전날에 벽을 향하고 정신을 내보내 천지간을 두루 살피다가 한 방법을 얻어냈으니 전날에 베어온 나무가 삼팔(三八)[98]이 생성되는 초기에 생겨났기 때문에, 내가 그 나무를 베어다가 오방신장(五方神將)[99]을 만들어 그것들로 하여금 맞서 싸우게 하여 간신히 이겨냈다. 이후로는 자네에게 반드시 그런 재앙이 없을 것이니 노력하여 학문에 힘써야 하느니라.”

라고 하였다. 그리고 나서 화담에게 물러가 자라고 하므로 화

---

95) 중국 고대의 전설적인 성인(聖人). 새가 보금자리를 만들고 사는 것을 보고 사람에게 집을 만들 것을 가르쳤다 함.
96) 생생한 피.
97) 다섯 가지 내장. 곧 간장·심장·비장·폐장·신장.
98) 오행(五行)에서 ‘三八’은 나무(木)를 말함. 여기에서는 만물이 창조될 때 맨 먼저 이루어진 나무를 뜻함.
99) 동·서·남·북·중앙의 오방(五方)을 맡은 신장, 방위신(方位神).

담은 피곤하여 곯아떨어졌다가 날이 밝아 일어나 보니 그 중이 간 곳이 없었다. 화담은 놀라 사면으로 찾아보았으나 그 중의 소리나 그림자도 볼 수가 없었다. 대체로 화담이 배운 바는 모두 이 중의 가르침에서 받은 것이다.

화담 선생이 서사정(逝斯亭 ; 松京 동쪽 10리 밖에 花潭이 있는데 개울가 돌 위에 이 정자를 지었음.)에서 도를 강론하고 있는데 갑자기 소나기가 퍼부었다. 이때 나이가 겨우 14, 5세쯤 되는 동자가 비에 쫓겨 대문 안에 서 있는 것이었다. 동자는 의복이 깨끗하고 생김생김이 그림 같으며 영명한 빛이 사람을 쏘아 기상이 우뚝하며 행동거지에 법도가 있고 언어가 청아했다. 화담이 바라보고 그의 생김이 이상하다고 여겨 사람을 시켜 불러 들이니 그 동자가 들어와 절하며 뵈었다. 화담이 묻기를,

"그대는 어찌하여 여기를 지나가게 되었는고 ? "

라고 물으니 그는 대답하기를,

"저는 본래 영남 사람으로 집안이 큰 화를 당하여 모든 가족이 다 죽고 저 한 몸만 화를 피하여 유리걸식하다가 우연히 여기에 오게 되었습니다. "

라고 하였다. 화담은 매우 불쌍히 여겨 먹을 것을 주며 머물게 하였다. 그런데 그 동자의 재주와 학식이 출중해서 이해가 빨라 학문을 가르친 지 몇개월 만에 통하지 않음이 없었다. 천지의 이치와 귀신의 묘함과 하도(河圖)[100]와 낙서(洛書)[101]로 괘(卦)를 그려 가며 설명하는데, 그 형세가 마치 대나무가 칼을 맞아 쭉쭉 쪼개지듯 그 해설이 시원스러웠다. 이에 화담이 크게 기이하게 여겨 그 집안의 문벌을 물어보았더니 사대부의 집이었다고 한다.

---

100) 옛날 중국 복희씨 때에 황하에서 용마(龍馬)가 등에 지고 나왔다는 55점의 그림. 낙서(洛書)와 더불어 〈주역〉의 기본 이치가 되었음. 원본은 〈皇王圖〉라 되어 있음.

101) 옛날 중국 하(夏)나라 우(禹)임금이 치수(治水)할 때 낙수(洛水)에서 나온 신귀(神龜)의 등에 있었다는 45점의 글씨. 팔괘(八卦)의 법도여기에서 나왔다 함. 원본에는 〈覇書〉로 되어 있음.

　화담 선생에게는 한 딸이 있었는데 정숙하고 귀여우며 나이가 그 동자와 서로 비슷했다. 화담이 속으로 그 동자를 사위로 삼고자 결심하고 안에 들어가 부인에게 말하니 아내는 난색을 표하며 하는 말이,
　“뿌리도 분명하지 않고, 화를 당한 집안에서 살아남은 목숨하고 어떻게 결혼을 시킬 수가 있소?”
라고 말하였다. 화담이 이에 대답했다.
　“그렇지 않소. 이 아이가 비록 천미한 집안에 태어났으나, 호걸은 속세와 관계가 없어, 구속할 수 없는 법. 하물며 이 아이는 본디 영남지방 선비의 자손으로서 재주와 학식이 출중할 뿐만 아니라 그의 용모를 보면 봉의 눈에다 용의 콧등이요. 겸터에다가 풍성한 뺨이라, 빈드시 부귀공명을 누릴 상이요. 집안일은 가장이 결정하는 것이니 당신은 관여하지 마시오.”
부인은 마음에 흡족하지 않았으나 감히 다시 말할 수가 없었다. 힘써 그 뜻을 따라 예를 치루려고 길일을 택하여 날짜가 10일 이내로 박두했다.
　어느날 화담이 그 동자와 더불어 일찍 일어나 경서의 뜻을 강론하고 있었는데, 그날은 가을비가 처음으로 개어 맑은 해가 창위로 떠올라 날씨가 깨끗하고 공기가 맑았다. 화담이 문득 그 동자를 직시하니 바야흐로 여우에 홀리는 기운이 있었다. 급히 종을 불러 그 동자를 뜰 아래 끌어내어 줄로 꽁꽁 묶게 하고서 버럭 소리 질러 말하기를,
　“네가 감히 끝까지 나를 속일 테냐? 이실직고하라.”
하니 동자는 안색을 고치지 않고 용모를 가다듬고 천천히 대답하기를,
　“제가 선생님의 끝없는 은혜를 받아온 지 일년이 다 되어가 부자의 의리와 사제의 도리를 겸하고 있사옵니다. 저에게 만약에 죄가 있다면 꾸짖어 주시고 때려 주시고 또 끝내 뉘우치지 않으려 한다면 쫓아내셔도 좋습니다만, 끌어내다 결

박시키고 협박하시는 것은 실로 제가 바라는 바가 아닙니다.
그러니 감히 벌주시기를 원합니다. ”
라고 하였다. 이에 화담이 종에게 명하기를,
　“사당 뒤쪽에 있는 잣나무의 한 가지를 베어 오라. ”
라고 하였다. 종이 명을 받들어 나무가지를 베어왔다. 화담이
그것을 쪼개어 횃불을 만들어서 그 소년을 비춰보니 한 마리 늙
은 여우였다. 선생이 크게 꾸짖어 말하기를,
　“너는 이미 이와 같이 탄로가 났는데도 숨기려 하느냐? ”
하니 여우가 울면서 말하기를,
　“저는 본디 태백산 늙은 여우의 정기(精氣)입니다. 제 어미
의 나이는 천 세요, 제 나이는 구백 세로서 천지조화의 묘를
터득하지 아니함이 없습니다. 그래서 제가 제 어미에게 말하
기를 ‘제가 듣건대 송경(松京)에 서화담 선생이라는 사람이 있
어서 술수(術數)를 좀 안다고 하기에 제가 속여 보겠습니다’
라고 하니, 제 어미가 말하기를 ‘내가 일찍이 송경에 여러
번 갔었는데 서화담이 두려운 게 아니라 그 사당 뒤에 있는
잣나무가 두려워서 감히 들어갈 수 없었단다.’하기에 저는
그렇게 여기지 아니하고 당돌하게 왔다가 발각되었으니 죽어
도 남은 죄가 없겠습니다. ”
라고 하였다. 이에 화담 선생은 사람을 태백산으로 보내어 어미
여우도 붙들어다가 모자를 함께 죽여 버렸다.
　화담 선생은 도덕으로 고명하여 중종 때 참봉(參奉)[102]을 특별
히 제수했으나 고사하고 나아가지 않았다. 그뒤에도 여러 번
조정에서 불렀으므로 마지 못해 출사(出仕)하였다. 마침 동지
(冬至)를 만나 고관(古官)을 하례하기 위하여 입시(入侍)했을 때
선생은 많은 사람들이 앉아 있는 가운데서 홀로 웃고 있었다.
곁에 있던 중종대왕이 이상히 여겨 묻기를,

---

102) 조선왕조 때 각 능(陵)・원(園)・종친부(宗親府)・돈령부(敦寧府)・
　　봉상시(奉常寺)・사옹원(司饔院)・내의원(內醫院)・군기시(軍器寺)와
　　기타 여러 관아에 속하던 종9품 벼슬.

"선생만이 어째서 홀로 웃으시오 ? "

하니 대답하기를,

"공주 마곡사(마곡사는 서울로부터 3백리 거리임.)에서 수천 명의 중이 오늘밤 큰 가마솥에다 콩죽을 쑤는데 상좌중 한 사람이 밤 새워 죽을 쑤다가 그의 비천함을 이기지 못하여 솥 속에 빠져 죽습니다. 여러 중들은 그것도 알지 못하고 모두 그 죽을 먹을 것이니 그 형상이 가소로와 웃고 있습니다. "

하였다. 중종대왕이 크게 놀라 곧 승전색(承傳色)[103]으로 하여금 천리마를 타고 성화같이 그 절로 달려가 콩죽을 쑤던 가마솥을 뒤져보게 하니 과연 서화담의 말과 같았다. 그 사신이 급히 돌아와 그 정상을 보고하니 상감이 이로써 화담 선생의 신통력을 알았다.

화담 선생이 젊었을 때 지리산 속에 있는 작은 암자에 들어가 독서했다. 그 암자 뒤에는 커다란 바위가 우뚝 서 있는데 그곳은 중들이 신선이 되어가는 곳이었다. 그 암자의 풍속에 여러 중이 나이대로 차례로 이름을 적는데 감히 하나의 차례라도 잘못되면 안되는 것이다. 매년 5월 5일에 그 차례를 간택하는데 그때 간택된 중은 진수성찬과 다과를 풍성하게 장만하여 부처님 앞에 공양한다. 또한 여러 중들은 가마를 들고 절을 한 바퀴 도는데 깃발들을 늘어뜨리고 징을 울리며 북을 치고 나아가서 바위 위에다가 가마를 올려 놓으면 노을이 일어 채색을 이룬 가운데 신선이 되어간다.

화담 선생에게 딸린 한 밥 짓는 중이 또한 신선이 되어갈 차례가 되었다. 그 중은 그날이 멀지 않자 사정을 자세히 알리면서 이별하는 것같이 하였다. 이에 선생이 말하기를,

"선연(仙緣)과 인연(人緣)이 각각 다르나, 어찌 한 솥의 밥을 먹은 의리가 없겠느냐? 마땅히 그날 나를 한번 찾아오는 것이 좋겠다. "

라고 하고서 미리 영성한 베로써 적삼과 바지 한 벌을 만들어

---

103) 조선왕조 내시부(內侍府)의 한 벼슬. 왕지(王旨)를 전달함.

웅황(雄黃)[104] 물감을 들여 말려서 상자 속에 넣어 두었다. 그 밥짓는 중이 그 신선되는 날을 맞이하여 여러 부처님들에게 공양하고 화담 선생에게 와서 사직하여 말하기를,

"소승이 이로부터 선생님을 영원히 이별하오니 부디 건강하옵소서."

라고 하고서 합장하며 절하고 물러난다. 이때 선생은 상자속에서 적삼과 바지 한 벌을 꺼내주면서 하는 말이,

"천상과 인간은 다르지만 인정은 같으니, 이것을 정표로 주는 것이오. 다행히 웃으면서 물리치지 말고 가사(袈裟) 위에다가 입으면 구름 속의 길이 황홀하여 신선이 빨리 될 것이오."

라고 하였다. 그 중이 그 가르침을 받아 그 옷을 입고 가마를 타고 가니, 그 가마를 짊어진 중들이,

"저 노선사(老禪師)는 참 복도 많네. 구름이 드리우고 노을이 일어난 가운데 신선이 되어가는구나."

하였다.

여러 중들이 크게 재를 올리고 3일 후에 다시 그 바위 밑에 가 보니 신선이 되어간 중이 돌 위에 드러누워 취한 것도 같고 죽은 것도 같았다. 여러 중들이 말하기를,

"이 선사는 선연(仙緣)에 다다르지 않았는데 일찍 죽어 이런 재앙을 받는구나."

하였다. 화담 선생이 우두머리 중으로 하여금 그 중을 업고 오게 해서 치료하게 하였다. 그때 선생은 땔나무꾼 한 사람에게 도끼를 지니게 하고 같이 가니 큰 구렁이 한 마리가 그 바위 위에 죽어 나자빠져 있었다. 선생이 그 나무꾼에게 그 뱀의 골절을 토막치게 하니 진주가 여러 개 나왔다. 선생은 그 나무꾼에게 그것을 주어 가난을 면하게 하였다.

---

104) 누런 빛의 그림 물감. 진채(眞彩)에 속하는데 좀 탁(濁)함.

14. 정순붕(鄭順朋 ; 貫 溫陽)[105]

정순붕에게는 세 아들이 있어 장남은 북창(北窓) 염(磏)이요, 둘째는 고옥(古玉) 작(碏)이요, 막내는 감사 현(礥)이다. 현은 즉 후처 소생이다. 북창은 태어날 때부터 바탕이 아름답고 술수학(術數學)에 조예가 깊었다. 순붕이 연경(燕京)에 가게 되매 북창은 제자군관(弟子軍官)[106]이 되어 따라갔다. 연경에 도착하니 여러 나라의 사신이 일제히 모였다. 북창은 각 외국의 말로써 그 나라 외교관과 수작하는데 매우 유창했다. 여러 나라의 명산 대천과 인물 보화를 두루 알지 못함이 없었다. 그래서 여러 나라 사신들이 매우 놀라 탄복했다 한다.

그들 형제가 모두 명현이 되었으나 홀로 막내 현만이 매우 요사스럽고 악해서 그 아비를 을사사화를 일으킨 흉악한 당으로 인도하게 했다. 이것은 모두가 현의 소위(所爲)다. 북창이 그 아버지에게 몰래 고하기를,

"우리 집을 망쳐 놓을 놈은 저 현입니다. 저 현은 여우의 요정입니다. 아버님께서 만약에 제 말을 믿지 못하신다면 눈 앞에서 시험해 보이겠습니다."

라고 하고서, 현을 불러 앞에다 앉혀 놓고, 북창이 그의 등 뒤 몇 치 밖에서 손으로 당기며 현을 일어나게 했으나 현이 일어나지를 못했다. 아버지 순붕이 이상하게 여겨서 그 까닭을 물으니 북창이 말하기를,

---

105) 1484~1548, 조선왕조 중기의 문신. 자는 이령(耳齡), 호는 성재(省齋), 온양(溫陽) 사람. 인종 원년(1545) 지중추부사(知中樞府事)가 되었을 때, 명종이 즉위하자 소윤(小尹)으로서 윤원형(尹元衡) 등과 함께 을사사화(乙巳士禍)를 일으켜 윤임(尹任) 등 대윤(大尹)을 제거하는 데 앞장을 섰음. 이 해 좌의정까지 올랐으나 선조 3년(1570) 관작(官爵)이 추탈(追奪)됨.

106) 외국에 사신으로 갈 때 그 사신의 아우나 아들 등 가족이 그 사신을 호위하여 가는 군관.

　"제가 여우의 꼬리를 잡았기 때문에 일어나지 못하는 것입니다. 아버님께서 양찰하시기를 바랍니다."
라고 하였으나, 순붕은 오히려 그리 여기지 않고 한결같이 현의 말만 들으면서 도리어 북창 형제를 의심했다.

　이에 북창은 자기 힘으로는 아버지가 막내 현에게 빠진 것을 구제할 수가 없다고 여겨서 과천(果川)으로 물러나서 살았다.

　막내 현도 문장가로 황해감사가 되어 부용당(芙蓉堂)에 있는 고금의 제판(題板)107)을 보고 모조리 떼어다 버리게 하고 다만 자기의 시 한 수만 걸어 놓게 하니 내용은 이러하였다.

　　연꽃 향기 달빛에 하늘을 맑게 하는데
　　또한 어떤 사람이 옥피리를 부는고?
　　열두굽이 난간이 꿈 속에도 없으니
　　벽성(碧城)108)의 가을 생각이 정말로 아득하구나.
　　〔荷香月色可淸霄　更有何人弄玉簫?
　　十二曲欄無夢寐　碧城秋思正迢迢.〕

15. 정　염(鄭磏)

　정염의 자는 사결(士潔)이요, 호는 북창(北窓)인데 순붕(順朋)의 맏아들이다. 선생은 본디부터 병이 있어 맑고 파리했다. 아침이면 반드시 입을 다물고 정좌하여 음식을 대하였고 해가 뜨면 비로소 입을 열었다. 밤이면 오똑히 단좌하여 밤새도록 자지 않았다. 마음가짐이 높고 밝으며 의리를 깊히 따지며 모습이 구름 속의 학이나 바람 앞의 매미와 같았다. 선생은 정덕(正德)109) 병인년(1506)에 태어났다. 허심탄회하고 고명하며 유

---

107) 종이나 비단 또는 널빤지에 그림을 그리거나 글씨를 써서 방안이나 문 위에 걸어 놓는 액자(額子), 편액(扁額).
108) 황해도 서남부에 있는 지명.
109) 중국 명(明)나라 무종(武宗)의 연호. 1506~1521.

교·도교·불교 3교에 통달하지 않음이 없었다. 잡다한 술법과 기이한 술수에 이르기까지 배우지 않아도 능히 통달하였다. 일찍이 중국에 들어갔을 때에 어느 한 사람이 다가와서 오행(五行)을 물었다. 그때 옆에 있던 머슴이 눈을 크게 뜨고 자세히 들여다 보아 선생이 묻기를,

    "자네도 또한 이것을 아느냐?"
하니, 대답하기를,
    "깊은 뜻을 조금 압니다."
하였다. 선생이 그와 말을 나누어보니 그는 곧 운수학(運數學)에 정통한 자였다. 그와 더불어 천문(天文)을 보니 곧 일월성신의 운행이 분명하였고, 그와 고금(古今)을 논하니 치란(治亂) 흥망의 자취기 훤하였다. 선생이 그에게 묻기를,

    "자네가 품고 있는 바가 이미 이와 같은데 어찌하여 여기
    서 나무를 져다가 온돌을 덥히는 일로 먹고 사는가?"
라고 하니 그가 대답하기를
    "저는 본디 촉(蜀)나라 사람인데 운명이 기박(奇薄)하여 이
    렇게 하지 아니하면 고생 고생하여 이미 죽었을 것입니다."
라고 하였다. 선생은 기유년(1549)에 죽으니 44세였다.

16. 이준경 (李浚慶 ; 字 星甫, 慶州人)

이준경의 자는 원길(元吉)이요, 호는 동고(東皋)이다. 어려서부터 가난하여 40세가 되어도 과거에 합격하지 못했다. 술수학(術數學)에 아주 밝아 궁달(窮達)에 괘념하지 않았다. 동고의 처제가 가장 연소자로서 알성과(謁聖科)[110]에 합격하였을 때 동고의 장인은 평안감사가 되어 있었다. 동고가 동서의 집으로 가서 묻기를,

---

110) 조선왕조 때 임금이 성균관(成均館)에 행행(行幸)하여 알성하고 나
  서 보이던 과거. 일정한 때 없이 보이었음. 알성이란 임금이 성균관 문
  묘(文廟)의 공자 신위(神位)에 참배하는 것.

　　"언제 기영(箕營 ; 平安道 監營)에 문안드리러 가겠는가?"
하니 그 사람이 대답하기를,

　　"앞으로 모일(某日)에 떠날 계획입니다."
라고 하였다. 동고가,

　　"나도 또한 기영에 가고자 하나 종과 말이 없어 동서와 같이 가고 싶은데 자네의 종과 말을 빌려 주는 것이 어떻겠는가?"
라고 하자, 그 사람은 마음 속으로 웃으면서 억지로 그러겠다고 응답했다. 그러나 속으로는, 그가 염치가 있으니 나의 신은(新恩)[111]의 행차에 어떻게 함께 갈 수 있으며 더군다나 나의 종과 말을 빌려 타고 갈 수 있겠는가 하고 생각했다. 어쩔 수 없어 응락의 대답은 하였지만 속으로 언짢게 여겼다.

　　과연 떠날 날짜가 되니 동고는 걸어서 동서네 집으로 와서 말과 종을 빌려 타고 함께 기영으로 갔다. 기영에 도달하기 몇 십리 밖에서 사람을 시켜서 먼저 통지하기를,

　　"이서방이 신은하는 동서와 함께 옵니다."
하니 평양감사 부인이 듣고서 혀를 차며 말하기를,

　　"이서방은 염치도 없는 자로구나. 비록 매우 곤궁하지만 육족(六足)[112]도 준비하지 못하고 동서의 신은의 행차에 따라 온단 말인가?"
라고 하였다.

　　마침내 그들 일행이 당도하자 평양감사는 작은 사위의 장원급제를 환영할 겨를도 없이 먼저 동고의 손을 잡고 하는 말이,

　　"내가 바야흐로 자네가 오기를 고대했는데, 속으로 자네가 탈 것을 준비 못했을까 봐 걱정했었네. 그런데 자네가 이것을 준비해 가지고 오니 어찌 기쁘지 아니한가?"
라고 하였다. 부인이 그 소리를 듣고 대로하여 말하기를,

　　"대감은 이서방한테만 홀리니 이상한 일이오."

---

111) 과거(科擧)에 새로 급제한 사람.
112) 발이 모두 여섯 개란 뜻으로 말과 마부를 말함.

라고 하고서 급히 대감을 들어오라 청하니 감사가 듣고 웃으며
일어나 안으로 들어왔다. 부인이 성을 내면서 하는 말이,
　　"대감은 이런 큰 경사를 만나 신은 사위를 환대하지 아니
　하고 이서방하고만 무슨 그리 급한 말이 많소?"
라고 하였다. 감사가 웃으면서
　　"부인은 작은 사위를 사랑하고 나는 늙은 사위를 사랑하는
　것이 또한 좋지 않소?"
라고 하고서 신은한 사위를 불러 몇 차례 왔다갔다 하다가 부
인을 보고 하는 말이,
　　"부인은 마땅히 여러 아이들과 함께 노시오. 나는 곧 큰 사
　위와 함께 좀 이야기할 것이 있소."
라고 하고서 일어나 나왔다.
　　저녁 때가 되자 동고는 여러 아들을 불러 놓고 말하기를,
　　"너희들은 마땅히 신은한 매부와 더불어 별당에서 잔치를
　베풀어 노는 것이 좋겠다."
라고 하였다. 그래서 온 감영의 빈객(賓客)과 편비(褊裨)[113]들
이 모두 신은 사위를 따라 밤새도록 놀며 즐겼다.
　　그러나 감사만은 큰 사위와 함께 사람의 출입을 막고 함께
자는데, 나이가 겨우 13세인 감사의 손자가 별당으로 가지 않고
할아버지 곁에서 자기를 바라면서 하는 말이,
　　"저는 마침 감기가 들어 저 곳으로 갈 수가 없어서 여기서
　자겠습니다."
하였다. 이에 할아버지가 말하기를,
　　"네가 정 그렇다면 먼저 잠을 자거라."
하였다. 그래서 그 손자가 자는 척하고 엿들으니 장인과 사위
가 그 인정(人定)[114] 때를 기다렸다가 일어나 앉아서 문답하는
데 그 말이 매우 길고 때로는 한탄을 나타내기도 했다. 내용인

---

113) 조선왕조 때 각 군영(軍營)의 부장(副將).
114) 밤에 통행을 금하기 위하여 종을 치던 일. 큰 도시(都市)에서 저녁
　　2경(二更)에 28수(二十八宿)를 상징하여 28번 큰 종을 쳤는데 이에 따
　　라 성문(城門)도 닫았음. ↔파루(罷漏).

66

즉 나라를 근심하는 말들이었다. 동고가 말하기를,

　"이런 때에 장인께서는 그 일을 감당하시겠습니까?"

라고 하니 평양감사가 말하기를,

　"아닐세, 내가 반드시 모년 모월 모일에 꼭 죽을 것이니 자네가 어찌 무관심할 수 있겠는가?"

라고 하였다. 동고가 잠잠히 한참 있다가,

　"장인께서 가르쳐 주십시오."

라고 하였다. 평양감사가 말하기를,

　"자네는 반드시 금년 가을에 등과(登科)할 것이고, 이러 이러한 때에 이르면 대신이 될 걸세. 나는 근심할 필요가 없으나 또 한 가지 난처한 일은 심통원(沈通源)[115]을 어떻게 처리할 것인가?"

라고 하니, 동고가 말하기를,

　"이것은 또한 잘 생각해야 됩니다. 제가 마땅히 별당에다 가두고 그의 계획을 행하지 못하게 하겠습니다."

라고 하였다. 이에 평양감사는 무릎을 치며 감탄하여 말하였다.

　"자네의 생각이 이렇게까지 깊으니 나라일에 관해서는 근심하지 않아도 되겠네. 그러니 내가 죽어도 무슨 유한이 있겠는가?"

그의 손자는 이와 같은 소리를 들었으나 무슨 소린지 알 수가 없었다. 평양감사는 동고를 십여일 동안 머물게 하여 환대하다가 신은 사위를 먼저 보내고 뒤에 며칠 있다가 동고를 보낼 때에 백금 천냥을 주면서 하는 말이,

　"후일에 반드시 쓸 곳이 있으리니 그 때 자네 마음대로 쓰게."

---

115) 1550~1617, 조선조 선조 때 문신. 자는 맹용(孟容). 시호는 충혜(忠惠). 1582년(선조 15) 예문관에 들어간 후 공·예·이조의 좌랑이 되고 제주목사를 지냈으며, 조정에 들어와 이·예조 참의, 대사성 등을 역임, 대사헌에 승진하였다. 그 후 호조판서·우찬성을 지내고 우의정에 오르고 곧 영의정에 이르렀으며, 1613년(광해군 5) 소실된 경복궁 재건에 공로가 있어 상을 받았다.

라고 하였다.

그 해 가을에 동고는 과연 과거에 급제하였고, 명종대왕 말년에 이르러서는 영상이 되었으며 심통원은 국척(國戚)의 위치에 있으므로 좌상이 되었다.

명종대왕이 환우가 위중한데 후사가 없었다. 심통원 좌상은 그 문제에 관하여 매우 관심을 갖고 있었다. 하루는 동고가 좌상과 더불어 약원(藥院)116)에 있으면서 심좌상에게 말하기를,

　　“그 환약을 소매 속에 넣고 들어가서 대감께서 내어 놓으시오.”

라고 하니 심좌상이,

　　“그럽시다.”

라고 대답하고 관리로 하여금 그 환약을 가지고 가게 했다. 그 때 동고가 정색을 하고 하는 말이,

　　“이렇게 위급한 때에 임금님께 바치는 약을 어찌 다른 사람의 손을 거치게 할 수 있소?”

라고 하니 심좌상이 놀라 하는 말이,

　　“대감의 말이 옳소이다.”

하고서는 곧 일어나 약원의 누각으로 올라갔다. 동고가 즉시 쇠빗장으로 누각문을 단단히 잠그고 급히 임금님께 들어가 큰 소리로 아뢰기를,

　　“국본(國本)117)이 정해져 있지 아니하니 비옵건대 성교(聖敎)118)를 내려 주십시오.”

라고 하니, 명종대왕은 입안으로 다만 덕흥(德興)이라고만 말할 뿐 더 말을 잇지 못했다. 동고가 더 큰 소리로 아뢰기를,

　　“신이 귀가 먹어 옥음(玉音)119)을 잘 알아 듣지 못하오니 원컨대 큰 소리로 말씀해 주십시오.”

---

116) 조선왕조 대궐 안의 의약을 맡은 내의원(內醫院)의 별칭.
117) 동궁(東宮), 즉 왕세자를 말함.
118) 임금의 교명(敎命). ‘교명’이란 조선왕조 때, 왕비 또는 세자를 책봉(册封)하던 임금의 명령.
119) 임금의 음성.

라고 하고서 주서(注書)[120] 황대수(黃大受)를 돌아보고 말하였
다.

　　"덕흥군 제삼자(德興君 第三子)"[121]

라고 하니 황대수가 큰 붓으로 여섯 글자를 써서 관리보고 읽
어 보게 한 다음 '三'자를 '參'자로 써 놓고 뒤돌아 나왔다. 그
뒤에 동고는 늘 주서 황대수의 민첩함을 칭찬하였다 한다.

　평양감영에서 전날 장인과 수작한 말이 곧 이 일인 것이다.
여기에서 옛날 사람들이 입신할 때에 자기 몸을 위해서 꾀하지
않고 선견지명에 깊었음을 볼 수가 있다.

　선생이 우연히 여주(驪州) 청심루(淸心樓)에 갔을 때 뜰 위에
포도가 무르익어 있었고 한 관동(官童)[122]이 그것을 지키고 있
었다. 선생이 관동에게,

　　"내가 심히 목이 마르니 그 포도 몇 송이만 따오너라."

라고 하니 그 관동이 완강히 거절하면서,

　　"소인은 관청의 명령을 받고 며칠 동안 이것을 지키고 있
　는 중입니다."

라고 하는 말이 매우 공손치 못하고 또 그대로 밖으로 나가 버
렸다. 동교는 노하여 차고 있던 칼로 그 포도의 뿌리를 잘라 버
리니 관동이 한 마디 말도 없이 관청 안으로 달려갔다.

　이윽고 태수가 걸어나와 청심루 위로 올라와 웃으면서 동고
선생에게 말하기를,

　　"그대가 포도를 자시고 싶으면 안으로 들어와 유쾌하게 한
　잔 하심이 어떻겠습니까?"

라고 하므로, 선생은,

　　"삼가 받들겠습니다."

---

120) 조선왕조 때 승정원(承政院)의 정7품 벼슬.
121) 덕흥군은 조선조 14대 선조의 아버지. 이름은 초(岹), 중종의 서자
　　로 창빈(昌嬪) 안씨(安氏) 소생. 명종이 후사(後嗣)없이 승하하니 그의
　　아들 하성군(河城君)이 즉위하여 선조가 되었는데, 그가 바로 덕흥군의
　　제3자이며, 덕흥군은 선조의 즉위 후에 대원군이 되었다.
122) 관청(官廳)에서 심부름하는 아이.

라고 하였다. 태수가 곧 선생을 데리고 관아로 들어가 주연을
크게 베풀고 포도를 따다가 큰 쟁반에 담아서 바치라고 하였
다. 거기서 며칠 동안 머물며 마셨는데 태수가 선생에게 하는
말이,

　"제가 평시에 술수(術數)를 좀 이해하는데 어느날 귀한 사
　람이 이 청심루를 지나갈 것을 알게 되었습니다. 그래서 관
　동으로 하여금 그 포도를 지키게 했는데 다행히 당신을 만나
　니 선생은 후일에 나라의 주춧돌이 될 것이라, 제 자손들을
　부탁하고자 합니다. "
라고 하였다.

17. 서 기(徐起 ; 宇 動之, 唐城人)

　서기는 충청도 공주 사람의 종이었다. 그 어미가 16세 때에
상전의 집으로 심부름갔다가 하루는 길가에서 목화를 따는데 갑
자기 소나기를 만나 바위굴 속에 피해 들어가 쉬고 있었다. 그
때 어느 한 남자도 등에 봇짐을 지고 가다가 비에 쫓겨 이 바위
속으로 들어왔다. 그 남자는 이 젊은 여인이 먼저 들어온 것을
알고 완력으로 간음하려 들었다. 그녀는 힘으로 항거할 수가 없
어 더 버티지를 못하게 되고 곧 순종하여 잉태하게 되어 고청(孤
靑)[123]을 낳았다. 그 뒤로 그 어미는 청상 과부가 되어 수절하며
살았다. 이 고청이 나이 겨우 8세에 그 어머에게 하는 말이,

　"남들은 모두 아버지가 있는데 어째서 나만 아버지가 없습
　니까 ?"
라고 하니 그 어머니가 그 때의 일을 사실대로 말해 주었다.

　이 고청은 다음 날부터 책을 끼고 그 바위 속으로 들어가서
책을 읽다가 저녁이 되어서 돌아왔다. 이렇게 하기를 거의 몇

---

123) 조선왕조 선조 때의 학자 서기(徐起)의 호. 구청(龜靑) 또는 이와
　　(頤窩)라고도 하였으며, 만년에 계룡산(鷄龍山) 고청봉(孤靑峰) 아래에
　　서 18년 동안 학도를 많이 길러 내었음. 고청초로(孤靑樵老)라고도 함.

달을 했는데 어느날 저녁 때 소나기가 갑자기 오더니 어떤 한 사람이 비를 피하여 기어 들어와 바위굴 속을 돌아보고 껄껄 웃었다. 그때 고청이 묻기를,

"손님께서는 왜 웃으십니까?"

라고 하니 그 사람은 대답하기를,

"오래 전에 내가 여기에서 우스운 일을 한번 벌였었는데 네가 알 바 아니다."

라고 하였다. 고청이 얼굴빛을 고치고 절하며 물어 말하기를,

"제 마음 속에도 생각하는 바가 있으니 어르신네께서는 제가 어리다고 무시하지 마시고 그 우스웠던 일을 자세히 말씀해 주시기 바랍니다."

라고 하였다.

이에 그 사람이 말하기를,

"내가 8년 전에 우연히 이 길을 지나다가 비를 피하여 이곳에 들어왔다가 이러이러한 일이 있었는데 지금은 그녀가 보이지 않아 그저 웃었을 뿐이네."

라고 하였다. 고청이 업드려 통곡하면서,

"제가 어르신네의 자식입니다. 우리 어머니는 아직도 수절하면서 어르신네를 기다리고 있습니다. 어르신네 한번 가 보십시다."

하므로, 그 사람이 기쁨을 이기지 못하여 아이를 따라 그 집으로 가 보니 그 어미가 한참 바라보다가,

"과연 내 남편이오."

하였으므로 드디어 함께 살았다.

서기가 어렸을 때 그 주인을 섬김에 있어 부지런하고 조신했다. 하루는 나무하러 산으로 들어갔다가 날이 저물어 빈 몸으로 돌아왔다. 이렇게 하기를 3일 동안이나 하였다. 주인이 괴상히 여겨 물으니 서기가 대답하기를,

"마침 새가 한 마리 있어 땅 위로 몇 자쯤 날아 오르다가 그치고, 다음날에는 또 서너 자쯤 날아 오르고, 3일째는 십

여 자쯤 날아 오르는데, 그 까닭을 알지 못하겠으므로, 3일 동
안 이치를 궁구하다가 나무를 하지 못하고 빈 손으로 돌아왔
습니다."
라고 하였다. 그 주인이 놀라 묻기를,
　"그러면 그 새는 무슨 새더냐?"
라고 하므로,
　"속칭 종달새라고 합니다."
라고 답했다. 그 종달새는 실은 종지리새〔從地理鳥〕이다. 방금
봄빛이 따뜻하여 땅의 기운이 위로 떠오르므로 이 새가 땅에서
태어나 날마다 점점 높이 올라가기 때문이다.

　그 주인이 크게 놀라 그를 양민(良民)으로 풀어 주면서 말하
기를,
　"너는 끝내 남의 집 종이 될 사람이 아니다. 너를 특별히
속량(贖良)124)시켜 줄 터이니 네 마음대로 하여라."
라고 하였다. 그 이후 그는 많은 책을 읽어 세상에서 유명한 선
비가 되었다.

　그 뒤 그는 성동주(成東州)125)·이토정(李土亭)과 함께 제주도
로 들어가 한라산에 올라 남극의 노인성(老人星)126)을 바라보았
다. 대체로 남극성은 지하 36도로 들어가 있어서 땅 위에서는
볼 수가 없지만 오직 한라산은 동쪽 끝의 땅이 끝나는 곳에 있
으므로 매년 춘분과 추분에는 남극 끝에 있는 몇 개의 별이 잠
시 나타났다가 도로 숨어 버린다. 이 학설은 기삼백(碁三百) 소

---

124) 종을 풀어 주어서 양민(良民)이 되게 함.
125) 조선조 명종 때의 학자 성제원(成悌元)의 호. 자는 자경(子敬). 성
　　리학을 깊이 연구하여 정통하게 되었으며, 한편 지리학·의학·복술 등
　　을 배우고 벼슬을 싫어하였다. 만년에 이르러 유일(遺逸)로서 보은현감
　　을 지낼 때 산수에 노닐며, 하는 일이 없는 듯하여도, 직무에는 충실하
　　였고 그 혜택이 백성에까지 미쳤으며, 정년이 되어 공주의 옛집으로 돌
　　아와, 다시는 벼슬에 뜻을 두지 않았다.
126) 남극노인성(南極老人星)의 준말로 남극 부근의 하늘에 있는 별을 말
　　한다. 광도(光度)는 겨우 6등(等)이며, 중국에서는 사람의 수명을 맡아
　　보는 별이라 하여 이것을 보면 오래 산다고 함.

72

주(小註)[127]에 보이는데 성동주와 이토정이 발견한 것이었다.

성동주와 이토정은 제주도로부터 돌아오고 서기 혼자만이 바다를 건너 중국으로 가서 공자(孔子)와 주자(朱子)의 화상을 얻어 가지고 귀국, 공주 땅 공암서원(孔嵓書院)[128]에 봉안하고 그가 원장(院長)이 되었다. 이에 원근의 여러 선비들이 운집하여 배우기를 요청했다.

어느날 새벽에 여러 선비들이 일어나 보니 서기가 간 곳이 없이 없어졌다. 그 뒤 4, 5일이 지나서야 돌아왔다. 그때 선비 중에 윤진사(尹進士)라는 이가 있어 집으로 돌아가겠다고 하므로 서기가 이유를 물으니 윤진사가 말하기를,

"제자가 되기 위하여 온 것은 글을 배울 뿐만 아니라 선생님의 동정까지 살펴서 모범을 배우자고 온 것인데, 선생님께서는 곁의 사람들에게도 알리지 아니하고 밤을 타서 종적을 감추고 자취를 숨기셨으니, 제자로서의 의혹이 심해집니다. 그래서 돌아가려고 하는 것입니다."

라고 하였다. 서기가 웃으면서,

"자네의 말이 옳네. 그러나 내가 어찌 그런 이치를 몰라서 괴상한 짓을 했겠는가? 어젯밤에 외출했다가 돌아와서 천기를 보니 처사성(處士星)이 남쪽으로 흘러가므로 송운장(宋雲長;字 翼弼)[129]이 망명하여 보은(報恩)에 도착한 것 같더라. 그래서 이 일이 매우 비밀을 요하므로 학생들에게 알리지 않고 보은에 가 보았더니 송운장이 과연 도착하였더라. 그래서 그

---

127) 〈서경(書經)〉 요전(堯典)에 '朞 三百有六旬有六日'이란 구절이 있고 그 작은 주에 위와 같은 뜻의 기록이 있다고 보았음.
128) 조선조 14대 선조 때의 학자 서기(徐起)가 공주군(公州郡) 반포면(反浦面) 공암리(孔嵓里)에 세운 서원(書院)으로, 후에 16대 인조 3년(1625년)에 충현서원(忠賢書院)이라고 사액(賜額)했음.
129) 1534~1599, 선조 중기의 학자 송익필(宋翼弼)의 자. 호는 구봉(龜峰), 시호는 문경(文敬), 본관은 여산(礪山), 사련(祀連)의 아들. 이율곡(李栗谷)·성우계(成牛溪)와 사귀어 성리(性理)를 논하여 통달했고, 예학(禮學)에도 뛰어났으며, 특히 문장에 능해 8문장가의 한 사람이라 하였고, 시에도 이름이 있었다.

와 더불어 며칠 동안 은근한 얘기를 나누다가 돌아온 것이다.”
라고 대답하였다. 그 때 보은의 원은 중봉(重峰) 조헌(趙憲)[130]이
었다. 그런데 서기는 보은으로부터 돌아온 후는 늘 기쁘지 않
은 안색을 하였다. 윤진사가 그 까닭을 묻되,

　“선생님께서는 어째서 기쁜 안색이 없으십니까?”
라고 하니 서기가 대답하기를,

　“송운장이 보은에 오자 보은의 원이 귀빈으로 대우하니 손
님을 대하는 예법이 너무 지나치더라. 송운장은 망명한 자이
라 죄인인데 관에서 성대한 음식을 제공하니 법도로 볼 때 올
바르지 않다. 그러므로 내 마음이 편치 않은 것이다.”
라고 하였다.

　서기가 일찌기 여러 학생들에게 말하기를,

　“너희들은 공명(孔明)[131]을 만나고자 하느냐? 사람들이 말
하기를 ‘구봉(龜峰)이 공명과 비슷하다’ 하나 나는 공명이 구
봉과 비슷하다 하겠다.”
라고 하였다.

　구봉은 송익필이다. 익필의 아버지의 이름은 사련(祀連)[132]이

---

130) 1544~1592, 조선왕조 선조 때의 문신・학자. 자는 여식(汝式), 호
　　는 중봉(重峰)・도원(陶原)・후율(後栗). 이이(李珥)・성혼(成渾)의 문
　　인(門人). 직간(直諫)으로 왕의 노여움을 받아 유배・파직(罷職)・강등
　　(降等) 등 파란이 많았으나, 임진왜란 때 의병을 일으켜 금산(錦山)에
　　서 싸우다 7백명 의병 및 아들 완기(完基)와 함께 전사함.
131) 중국 삼국시대 촉한(蜀漢)의 정치가인 제갈양(諸葛亮)의 자(字).
132) 송사련(宋祀連 : 1496~1575)의 이름. 조선 중기 신사무옥(辛巳誣獄)
　　의 밀고자. 사예(司藝) 안돈후(安敦厚)의 첩의 딸인 감정(甘丁)의 아
　　들, 안처겸(安處謙)의 고종(姑從) 사촌. 성장함에 따라 자기 지위가 미
　　천한 것을 한탄하고 안당의 반대파였던 심정(沈貞)에게 아부, 벼슬이
　　관상감 판관에 이르렀다. 그의 처남 정상(鄭鏛)과 함께 1521년(중종
　　16) 안처겸 등의 모역사건을 조작하여 옥사를 일으켜 안당・안처겸 등
　　안씨 일문을 죽이게 하고 당상관에 올랐다. 그후 선조조에 이르기까지
　　4대조를 섬기면서, 절충장군・시위대장 등의 벼슬을 지냈다. 죽은 뒤
　　딸은 종실(宗室)에 시집가고 아들 5형제도 다 명문 집안에 장가 들어
　　구봉(龜峯) 송익필(宋翼弼) 등 쟁쟁한 학자가 나오는 등 집안이 한때
　　번창하였으나 1586년(선조 19) 안당의 증손 안노(安璐)의 처 윤씨의 상

74

요, 사련의 어머니는 감정(甘丁)이다. 감정은 곧 안당(安塘)[133]의
여종이었는데 올리어 첩을 삼으니 섬김이 간절하였으나 저주(咀
呪)사건이 있어서 안씨 집으로부터 쫓겨났다.

송사련이 성장함에 사람됨이 영리하고 제법 술수학(術數學)을
이해하므로 안당이 다시 데려다가 사랑하기를 처음과 같이 다
르지 않게 하여 매우 친한 사이가 되었다.

기묘사화 때 재상 안당이 귀양을 가고 안당의 아들[134]은 현량
과(賢良科)[135]에 합격한 자인데, 위인이 걸출하여 남곤(南袞)·
심정(沈貞)이 어진 선비들을 많이 죽인 데 대하여 분개해서, 조
앙(趙鞅)[136]이 진양(晋陽)의 군대를 동원해서 임금 곁의 악당

소로 안당의 무죄가 밝혀지자 송씨 집안도 맞상소하여 싸우다가 결국
패하여, 성명을 갈고 시골로 도망하였다.

133) 1460~1521, 조선조 중종 때의 상신. 자는 언보(彦寶), 호는 영모당
(永慕堂), 시호는 정민(貞愍), 본관은 순흥(順興), 돈후(敦厚)의 아들.
1481년(성종 12) 과거에 급제, 사관(史官)을 거쳐 중종 초에 대사간(大
司諫)이 되었다. 1515년(중종 10)에 이조판서가 되어 구폐를 혁신하고
어진 선비를 등용하였다. 1518년(중종 13) 좌찬성(左贊成)이 되었다가
다시 이조판서, 이어서 우의정(右議政)이 되었다. 1519년 기묘사화가
일어나자 영의정 정광필(鄭光弼)과 함께 억울하게 걸린 사람들을 구하
려고 변호하다가 파면되었다. 1521년(중종 16) 그의 아들 처겸(處謙)은
남곤(南袞)·심정(沈貞) 등 간신들이 어진 사람들을 없애 버리는 것을
보고, 그들을 숙청하려다가 도리어 화를 입어 동생 처함(處諴)도 함께
처형되었다. 안당도 이 때 사사(賜死)되었다. 명종 때 누명을 벗고 벼
슬도 복구되고 시호도 받았다. 행동이 신중하고, 말이 적고, 청렴 공정
하며 옳은 일에 용감해서 공로가 많은 인재였다.
134) 안당의 큰아들 안처겸(安處謙)과 둘째 아들 안처근(安處謹)을 말함.
중종 14년(1519) 둘이 함께 연벽천과(聯璧薦科)에 합격하여 학유(學諭)
에 올랐는데, 심정(沈貞)·남곤(南袞) 등이 정권을 좌우하면서 못된 일
을 많이 하므로 이들을 제거하려다가 도리어 화를 입어 신사무옥(辛巳
誣獄)에 사형을 당하였다.
135) 조선왕조 중종 13·14년에 조광조(趙光祖) 등의 주청으로 보이던 과
거. 한(漢)나라 현량방정과(賢良方正科)를 본떠 경학(經學)에 밝고 덕행
(德行)이 높은 사람을 천거케 하여 대책(對策)만으로 시험하여 뽑았음.
136) 중국 춘추시대 진(晋)나라 사람. 조간자(趙簡子)라고도 함. 정공(定
公) 때 재상이 되었는데 나라가 어지러워지자 순인(荀寅)·범길사(范
吉射) 등이 쳐들어왔으므로 진양(晋陽)으로 도망가 있다가 나중에 복
귀하여 순인·범길사 등을 내쫓았음.

을 쓸어 버린 것을 본받으려 했다. 그래서 송사련과 더불어 모의했었다. 재상 안당이 이 소식을 듣고 자기의 아들을 잡아다가 조정에다 보고하려 하니 좌우 사람들이 간하여 이 일이 겨우 가라앉았다. 재상 안당의 부인이 돌아갔을 때 송사련이 자신의 운명을 점쳐 보니 초헌(軺軒)을 탈 운수였다. 그래서 초상 때의 조객록(弔客錄)137)을 역적 모의자의 명단이라고 하며 고변(告變)하여 안씨네 일족이 모두 화를 당하게 했다. 그 뒤 신묘년(辛卯年, 1531)에 사건이 뒤집혀 여러 어진 이들이 모두 신원(伸寃)되었다.

선조대왕 때 송사련은 이미 죽고 송사련에게 아들이 셋이 있었는데 장남이 부필(富弼)이요, 차남이 한필(翰弼)이요, 막내가 익필(翼弼)이었다. 그들은 모두 문학으로 유명한데 특히 이필은 율곡 이이·간이(簡易) 최립(崔岦)138)·아계(鵝溪) 이산해(李山海)139)와 더불어 어려서부터 함께 공부했는데 익필이 항상 접장(接長)140)이 되었다. 송익필은 문벌은 비록 낮았으나 바탕이 특출하여 학문하여 이름이 높아질 것을 가히 알 수 있었다.

동서의 두 당파가 일어나자 익필은 서인파가 되어 동인을 비방하는 한편 이산해·백유함(白惟咸)141)의 간사함을 배척했다.

---

137) 조객의 이름을 적은 책.

138) 1539~1612, 조선왕조 선조 때의 학자. 자는 입지(立之), 호는 동고(東皐), 개성(開城)사람. 승문원 제조(承文院提調)를 지냄. 문학과 사학에 달식하여, 당시의 자문(咨文)과 주청(奏請)에 대한 글은 거의 그의 손으로 되었음.

139) 1539~1609, 조선왕조 선조 때의 상신. 자는 여수(汝受). 호는 아계(鵝溪)·종남수옹(終南睡翁). 선조 22년(1589)에 영의정이 됨. 북인(北人)으로서 정철(鄭澈) 등을 탄핵하여 몰아내었고 자신도 나라를 그르치고 왜적을 불러들였다는 죄목으로 쫓겨났으나 선조가 승하할 때 원상(院相)이 되었음.

140) 선생(先生).

141) 1546~1618, 조선왕조 선조 때의 문신. 자는 중열(仲悅). 본관은 수원(水原), 휴암(休菴) 인걸(仁傑)의 아들. 1570년(선조 3)에 사마시에 급제, 재랑(齋郎)이 되고, 1576년(선조 9) 이조정랑에 승진했다가 1589년 정여립(鄭汝立)의 난이 일어나자 상경하여 사간원 헌납(獻納)에 임명되고 상소하여 시사를 논하였으며 이때부터 조정의 신망을 얻게 되

이산해가 처음에는 송익필과 매우 친하다가 이때에 이르러 꺼리고 원망함이 더욱 깊어졌으며, 안당의 후손들은 송사련의 무고를 항상 원망하고 있었다. 그래서 안씨의 후손들은 이산해·백유함 두 사람과 합작하여 송익필의 할머니인 감정이 안당 집안의 계집종으로서 첩이 되었으나 결국은 내쫓겨 노비 족보에서 제명되자 그 자손들이 종의 신분을 벗어나고자 하여 무고한 것이라고 하였다. 이에 송사련의 무덤을 헤치고 관을 꺼내어 쪼개고 시체를 매질하고서 송익필의 가족들을 체포하게 하니 매우 급하게 된 송익필 형제의 자식들은 모두 도망가 숨어 화를 피하였다. 송익필이 장차 도망가려 할 때 시를 지었는데,

> 평생에 스스로 옛 사람의 예법에 따라
>
> 삼일 동안이라도 군자의 갓을 벗은 일이 없네.
>
> 낙화암 아랫 집에서 그것들을 태우고
>
> 새벽 하·늘에 돌아가는 꿈은 물과 구름 사이에 있네.
>
> 〔平生自服古人禮 三日頭無君子冠.
>
> 燒盡落花巖下宅 曉天歸夢水雲間.〕

라고 하였다. 그는 가면서도 스스로 은혜를 생각하며 연산(連山)[142] 사계(沙溪)[143] 댁으로 전전하다가 당진(唐津) 조첨지(趙僉知) 집으로 들어가 거기서 종신했다 한다.

어 또 다시 이조정랑을 거쳐 의정부 검상사인(檢詳舍人)에 이르렀다. 1591년(선조 24) 신묘(辛卯)의 옥사로 명신들이 많이 귀양갈 때 유함도 경흥(慶興)에 귀양갔다. 다음 해 임진란이 일어나자 용서를 받고 돌아와 직제학에 임명되었다. 그 후 부승지에 전임되고 1597년 정유재란 때 호군(護軍)으로 명나라 사신 정응태(丁應泰)와 함께 명에 다녀왔다. 이이첨(李爾瞻) 등의 당쟁에 관여하여 부안(扶安)에 귀양갔다가 용안의 옛집으로 옮겨지고 곧 용서되어 개성에서 살았다.

142) 충청남도 논산군(論山郡)의 한 지명.

143) 조선왕조 중기의 예학자(禮學者) 김장생(金長生)의 호. 자는 희원(希元), 광산(光山) 사람. 송익필(宋翼弼)과 율곡(栗谷)의 제자로, 송시열(宋時烈)의 스승. 선조 35년(1602) 청백리(淸白吏)로 녹선(錄選)됨. 인조 때 공조참의(工曹參議)·행호군(行護軍)을 거쳐, 형조참판에 임명되었으나 받지 아니함. 예론(禮論)을 깊이 연구, 조선 예학의 태두로 예학파의 주류를 형성함.

18.　곽재우(郭再祐)

　　곽재우는 호가 망우당(忘憂堂)인데 영남 지방의 현풍(玄風)[144] 사람이다. 어려서부터 기개가 있어 큰 뜻을 품었으므로 자질구레한 일에 얽매이지 않았다. 남명(南溟) 조식(曹植)의 손녀 사위가 되니 남명이 매우 사랑했다.

　　곽재우는 그의 아버지가 연경(燕京)에 사신으로 가자 자제군관(子弟軍官)이 되어 따라갔었는데 그곳에서 붉은 비단을 가지고 돌아와 사당에 감추어 놓았다.

　　임진년(1592)이 되어 왜란이 일어나자 모든 고을에서는 바람을 바라보듯 도망가 버리므로 왜적의 병세(兵勢)는 무인지경을 달리는 듯했고, 지방의 방백(方伯)과 수령(守令)은 모두 머리를 싸매고 도망갔다.

　　이때에 곽재우는 수십명의 강도들을 모아 의병장으로 삼고 붉은 비단으로 옷을 해 입힌 다음 대장의 깃발에는 〈천강홍의대장군(天降紅衣大將軍)〉이라고 썼다. 그리해서 동쪽 골짜기로부터 북을 치며 나오자 왜구가 몰려와 포위했으나 이들의 형체나 그림자마저 없어졌다. 또 남북의 골짜기에서도 그렇게 하여 사방 골짜기에서 북을 치고 나오는데 모두가 홍의장군이었다. 왜놈들은 이들을 골짜기 신(神)들로 여겨 감히 주둔하지 못하고 점점 흩어져 버렸다. 현풍과 대구(大邱) 사이에 적의 진영이 한결같이 비었다고 하나, 군사가 적기 때문에 크게 이길 수가 없었다. 그래서 그는 항상 유격병을 출몰시켜 왜적을 쫓을 뿐이었다.

　　조정에서 이 소식을 듣고 비로소 유곡찰방(幽谷察訪)에 임명했었는데 나중에 벼슬이 병사(兵使)에 이르렀다. 임진난을 평정한 뒤에는 드디어 도인(導引)[145] 벽곡(辟穀)[146]에 힘써 조정에서

---

144) 경상북도 달성군(達城郡)에 있는 지명.
145) 도가(道家)에서 행하는 일종의 치료·양생법(養生法). 관절·체지(體肢)를 굴신(屈伸)·동작시키거나, 정좌(靜坐)·마찰·호흡을 행함.
146) 곡식은 안 먹고 솔잎·대추·밤 등을 조금씩 먹고 사는 일.

여러 번 불렀으나 따르지 않고 곧 상소를 올렸는데 그 상소에,

　〈모든 산의 소나무 잎이 모두 저의 양식입니다.〉

라고 하니 가히 명철보신(明哲保身)[147]이라 할 수 있겠다.

19. 김 덕 령 (金德齡)

　김덕령 장군은 전라도 광주(光州) 사람이었다. 호는 익호(翼虎) 장군 또는 무골(無骨)장군이라 하는데 대체로 평시에는 뼈와 살이 모두 부드러워 분별이 없었으나 화가 났을 때는 온 몸이 모두 뼈이며 살이 없었다. 임진란 때 자신은 모친상 중에 있었으나 난을 틈타 의병장이 되어 자주 전공을 세워 벼슬이 병사(兵使)에 이르렀다. 후에 역모에 걸려들었는데 그 공사(供辭)[148]에 말하기를,

　"나에게는 두 가지 큰 죄가 있으니, 난을 틈타 군사를 일으켜 모친상을 마치지 못한 것이 그 하나요, 외람되이 곤임(閫任)[149]에 이르렀으나 마침내 큰 공이 없는 것이 그 두번째입니다. 임금님의 신하가 되어 이렇게 큰 죄를 지었으니 어찌 감히 죽음을 피하려 하겠습니까?"

라고 하였다. 선조대왕이 듣고 측은히 여겨서 제신들에게 물으니 여러 대신들이 말하기를,

　"덕령이 역모를 했다는 것은 유언비어에서 나온 말입니다. 뚜렷한 근거가 하나도 없어서 진실로 애매합니다."

라고 했다. 그러나 서애(西厓) 유성룡(柳成龍)만이 홀로 한 마디가 없었다. 상감이 까닭을 물으니 유성룡이 대답하기를,

　"덕령에게 죄가 있는지 없는지는 신은 사실 알지 못합니다. 다만 김덕령이 만약 혹 모반을 했다면, 만조 제신들이 그 죽기로 맹세한 목숨을 막을 수 있었겠습니까? 전하께서는 이

147) 총명하고 사리에 밝아, 일을 잘 처리하여서 몸을 보전함.
148) 죄인(罪人)의 범죄 사실을 진술하는 말.
149) 병마(兵馬)를 통솔하는 직임(職任).

런 뜻으로써 시험삼아 여러 제신들에게 물어 보십시오. 제신
이 어떻게 대답하겠습니까?"
라고 하여 그렇게 물어보니 제신들은 모두 잠자코 한 마디도 없
으므로 드디어 그를 죽이게 되었다.

덕령이 젊었을 때에 산중에서 사냥을 하다가 한 곳에 다다르
니 길가에 나무가 하나 있고, 나무 아래에는 돌 축대가 있는데
축대 위에 한 노인이 있어 의관을 하고 있는 모습이 심히 위엄
이 있었다. 얼굴과 모양이 준걸스럽고 말쑥하였다. 덕령은 그
풍의(風儀)를 사모해서 드디어 앞으로 나아가 공손히 읍하고 앉
았다. 노인은 기쁜 모습으로 더불어 말하니 가히 단번에 친구
가 되어 오래 된 벗과 같았다. 노인이 덕령에게 말하기를,
　　"나는 자네에게 간절히 바라는 바가 있으니 자네는 내 청
　을 들어 주겠는가?"
하므로, 덕령이 말하기를,
　　"명령만 내려 주십시오."
라고 하였다. 이에 노인이 말하기를,
　　"내가 이 산 속에 살고 있는데 불행히 사나운 아들이 있는
　데 그 악행이 비길 데가 없네. 더구나 그 용감한 힘을 다른
　사람이 따를 수가 없을 걸세. 이제 내가 늙어서 그놈을 제어
　할 수가 없는 형편인데 자네의 용감한 힘으로써 그 아이를 복
　종시켜 우리 아이가 딴 판이 된다면 얼마나 좋겠는가?"
라고 하였다. 덕령은 흔쾌히 응낙하고 노인의 뒤를 따랐다. 냇
물을 쫓아 깊히 들어가 십여리를 들어가니 아름다운 골짜기가
나타나는데 수석이 아름답고 띠풀집이 깨끗하며 꽃과 대나무가
뜰에 가득했다. 노인이 김덕령의 손을 이끌고 방 안으로 들어
가 큰 대접으로 술을 따라 마시게 하고는 손으로 사랑채 아래
의 한 방을 가리키면서,
　　"그 아이가 저 방에 있으니 자네는 그리로 가 보게."
라고 하므로, 덕령이 손에 쇠채찍을 들고 저벅저벅 걸어가 문
에 걸터앉아 보니 그는 나이가 15, 6세 되어 보이는 총각이었다.

얼굴이 그림같이 생겼는게 방금 머리에 빗질을 하고 앉아 있었다. 덕령이 버럭 소리를 내서 꾸짖기를,

"애, 빨리 나와 내 명령을 받아라."

라고 하니, 그 아이가 냉소하면서,

"내 비록 성인(成人)은 되지 못했으나 이미 아이가 아닌데 생전에 보지도 못한 나그네가 무슨 일로 와서 그 말씨가 어찌 그리 불손하고 모욕적이오?"

라고 한다. 덕령이 곧장 들어가 휘려 갈기니 그 아이는 왼손으로 머리카락을 잡고 오른손으로 빗을 잡은 채로 막아 덕령이 칠 수가 없었다. 덕령은 노기가 충천하여 채찍질하는 법을 따라 극력으로 공격했으나 그 아이가 손 닿는 대로 막음으로 한바탕 격투가 벌어졌다.

노인은 난간에 기대어 앉아 이 광경을 보고 빙그레 웃더니 덕령을 부르며 말하기를,

"장난은 이미 끝났네. 그만두고 돌아옴이 좋겠네."

라고 하였다. 김덕령이 이미 그 아이를 적대할 수가 없고 또 그 노인의 말이 이상하여 급히 나와 방에 올라오니 노인은 또 술을 따라 주면서 마시게 했다.

이윽고 그 아이가 빗질을 끝내고 옷을 매만져 입고 천천히 걸어서 들어와 김덕령 앞에 무릎을 꿇고 앉았다. 그러자 노인이 그에게 말하기를,

"너는 어째서 감히 귀하신 손님과 더불어 힘겨루기를 하느냐?"

라고 하자, 그 아이가 웃으며 대답하기를,

"어찌 감히 힘겨루기를 할 수 있겠습니까? 이 어르신께서 억지로 장난을 걸어오므로 부득이해서 응수를 했을 따름입니다."

라고 하였다. 노인이 웃으면서 덕령에게 말하기를,

"내가 품은 바가 있으니 그대는 들어보소. 나는 어려서부터 제법 용감한 힘이 있었고 나의 세 아들도 모두 날래고 용감

했으나 내 생각에 우리들은 이 세상에 용납될 수 없는 몸이라 여겨 세 아들을 데리고 이 산속으로 깊히 들어와 큰 애와 둘째 애는 사냥을 해다가 입에 풀칠을 하고 있고, 이 아이는 나이가 아직 어리기 때문에 문 밖으로 내보내어 공부를 시키지 못하고 있소. 이 막내 아이는 기력이 세어 이 세상에는 대적할 이가 없다고 너무 지나치게 으시대므로 내가 한번 경계하고자 자네에게 우리 아이와 장난을 시켜본 것인데, 자네는 오히려 우리 아이를 힘으로 제압하지 못했으니 앞으로 깊이 경계하기를 바라네."

라고 하였다. 김덕령이 그 말을 듣는 순간 등에 진땀이 흘러 일어나서 절하고 가르침을 요청했다.

날이 저물자 큰아들과 둘째아들이 등에 짐승을 지고 오는데 곰·호랑이·돼지·사슴 등으로 각각 십여마리씩이나 지고 왔다. 노인이 그들에게 말하기를,

"귀한 손님이 오셨으니 너희들은 의관을 갖추고 나와서 뵈어라."

라고 하니 두 아들은 짊어지고 온 것들을 뜰 안에다 내려 놓더니 안에 들어가 옷을 바꿔 입고 나와 손님에게 큰 절을 하고 앉았다. 노인이 두 아들에게 말하기를,

"이 손님이 바로 광주의 김덕령이라는 분이시다. 너희들이 항상 만나보고 싶어하던 어른이신데 다행히 지금 만나뵙게 되었으니 마땅히 고기를 삶고 술을 걸러 오늘 저녁을 기쁘게 지내는 것이 어찌 좋은 일이 아니겠느냐?"

라고 하니 두 아들이 명을 받고 나가 짐승을 잡아 고기를 삶고 맛있는 술을 걸러 무릎 꿇고 큰 쟁반과 큰 동이에다가 올리니 노인이 먼저 한 사발 마시고 다음에 김덕령에게 권하고서 후에 세 아들에게 이어서 마시게 했다. 술이 얼근해지자 천하 영웅들의 득실을 설명하고 병법과 검술의 장단(長短)을 강론하는데 등불을 돋우어 밤이 새도록 지껄여도 싫증이 나지 않았다. 이렇게 3일 동안 묵은 뒤에 덕령이 돌아가기를 청하니 노인은 세

아들로 하여금 동구 밖까지 배웅케 하고서 신신당부하는 말이,
　"자네는 재주를 감추어서 일생 동안 속세의 화난에 걸리지 않도록 하시게."
라고 하니 덕령이,
　"삼가 가르침을 받들겠나이다."
라고 대답했다.

그 뒤 김덕령이 체포되어 서울로 올라올 때 길가에 한 장부가 있어 왼손으로 술병을 잡고 오른손에는 큰 대접을 들고서 금오랑(金吾郞)[150]에게 하는 말이,
　"나와 저 죄인은 친구 사이라서 술을 한 잔 권하려고 합니다."
라고 하고서 술을 따라 덕령의 입에 부어 주며 책망하기를,
　"전에 우리가 처음 만났을 적에 우리 선친께서 그대에게 신신당부하신 것이 바로 이 때문이었소. 그런데 그대는 이미 화를 자초하였으니 누구를 원망한들 무슨 소용이 있겠소? 원컨대 그대는 삼가 천명을 받아 친한 친구들에게 근심을 끼치지 않도록 하시오."
라고 하였다. 덕령이 울면서 사례하기를,
　"이것이 모두 나의 죄요."
라고 하니 그 사람이 눈물을 뿌리고 헤어져 갔다.

김덕령이 젊어서 사냥을 좋아하여 강원도의 깊은 산속을 들어갔을 때다. 별안간 호랑이 한 마리가 앞을 막자 덕령이 활을 잡아당겨 쏘려고 하면 호랑이는 문득 피해 달아나고, 활을 놓으면 호랑이는 또한 덤벼들었다. 이렇게 하기를 수십차례나 하였다. 덕령이 온 힘을 다하여 쫓아가다 보니 높은 산에 다다르게 되었다. 이미 날은 저물고 호랑이가 간 곳을 알 수가 없었다.

그가 말을 끌고 사방을 헤메다가 산 밑을 굽어보니 한 마을이 있어 불빛이 껌뻑껌뻑했다. 덕령이 산을 내려와서 그 마을로 들어

---

150) 의금부 도사(義禁府都事).

가 보니 집 한 채가 있었는데 문짝들이 다 떨어진 것이 빈집 같았다. 말에서 내려 그집으로 들어가 뜰에 서서 주인을 부르니 바깥채의 동쪽 창이 문득 열리며 소복한 여인이 나와서 말하기를,

　　"오빠는 왜 이리 늦게 오세요?"

라고 하는 것이었다. 덕령이 무슨 까닭이 있으리라 의심하면서 거짓으로 대답하기를,

　　"내가 일이 있어 이제야 온다."

라고 하고서 방으로 들어가 예를 마치고 앉았다. 그 여인이 묻기를,

　　"숙부님과 숙모님도 안녕하신가요?"

라고 하자 덕령은 적당히 대답하였다. 그러자 그 여인은,

　　"우리 집안은 큰 화를 당하여 부모님과 형제들이 모두 죽고 저만 홀로 남아 오직 오빠가 와서 구해 주기를 바라고 있습니다. 이제 오라버니께서 오셨으니 이는 틀림없이 하늘이 도와 주시는 것입니다."

라고 하고서 곧 일어나 안으로 들어갔다. 이윽고 계집종이 저녁상을 올리는데 그릇과 반찬이 정결하여 입에 맞았다. 김덕령이 식사를 마치고 밤이 깊어 잠자리에 들려 할 때에 한 계집종이 한 통의 편지를 안으로부터 가지고 와서 내어 놓고 돌아간다. 김덕령이 그 편지를 뜯어 열어 보니 거기에는 대략 이런 사연이 적혀 있었다.

　　〈소녀는 머리를 조아려 백배하면서 호소하나이다. 저의 집안은 원래 벼슬한 큰 양반 집안이었는데 저의 할아버지가 세상을 피하여 이곳에 들어와 여기에 자리잡고 농토를 많이 장만하여 부리는 종들이 수백명이나 되었었습니다. 그 종들 중에 한 흉한이 있어 날쌔고 사나왔는데, 그 자가 제 상전 부자를 죽였답니다. 그래서 지금은 저 한 몸만이 남아 있습니다. 그 놈이 저를 강제로 자기 사람으로 만들고자 해서 소녀는 굴욕을 참고 좋은 말로 달래기를 '일이 이 지경이 되었으니 어찌할 수 없소이다. 내가 당신과 마땅히 백년해로할 것이나

지금 부모님의 거상이 아직 3년이 끝나지 않았는데 만약에 당신과 결혼한다면 우리집 종들이 마음 속으로 복종하지 않아 부리기가 어려울 것입니다. 3년상이 끝날 때까지 기다려 주세요. 3년 후에는 약속을 이행하겠습니다. 만약 내 말을 듣지 않는다면 나는 자살하고 말 것이오'라고 하니 그 놈 또한 그리여겨 억지를 부리지 아니하고 3년상이 끝나기를 기다리고 있습니다. 그래서 소녀는 밤낮으로 신령님께 빌면서 의기가 있는 장부가 나타나 내 부모의 원수를 갚아 주기를 바라고 있던 차에, 뜻밖에 오늘 나으리의 음성을 들으니 그 힘은 반드시 이놈을 죽일 수 있겠기에 감히 나으리께 그 놈을 제거해 주십사고 요청하는 바입니다. 그 자는 방금 외출하여 내일 아침에나 돌아옵니다. 천만번 헤아려 주옵소서.〉

김덕령 장군이 이 편지를 반도 읽어 내려 가지 않았는데 자신도 모르게 화가 치밀어 오르는 것을 깨닫지 못했다. 다 읽고 나서 노기충천하여 그놈이 돌아오기를 기다리는데 날이 밝자 그 여인이 하는 말이,

　　"주인도 없는 집에서 오빠 잘 주무셨나요?"

라고 하자 김덕령은 대답하여 말하기를,

　　"먼 길을 오느라고 고단하여 곯아 떨어졌었네."

라고 대답하고 스스로 생각하기를, '어제 호랑이가 막은 것은 하늘이 나로 하여금 이 사람에게 복수를 해 주게 하려는 것이었구나'하였다. 아침밥이 들어와서 먹기 시작하여 다 끝내기도 전에 그 자가 밖에서 돌아왔는데 그 모양이 흉칙하고 사나왔다. 문앞에서 곧장 바라보고 중언부언하기를,

　　"손님은 어디서 온 분이오?"

라고 하자, 그 여인이 말하기를,

　　"여기 앉으신 분은 저의 고종 사촌오빠인데 우리 집이 상을 당했다는 소식을 듣고 특별히 조문하러 오신 것입니다."

라고 하니 그 놈은 그 말을 믿고 의심하지 않았다. 김덕령이 그 여인에게 거짓으로 말하기를,

  "내가 어제 날이 저물어 이 곳으로 왔기 때문에 동구 밖의
  길이 분명치 않네. 내가 바야흐로 돌아가려고 하는데 저 사
  람을 시켜 큰 길 입구까지만 인도하게 하면 어떻겠는가?"
라고 하자, 그 여인은 응낙하고서 그 자에게 이르기를,

  "이 어른을 모시고 따라가서 길을 가리켜드림이 좋을 것같
  습니다."
라고 하였다. 그 자가 좋다고 하였다. 그래서 김덕령이 그 여
인과 작별하고 동구 밖으로 나오면서 그 자에게 말하기를,

  "자네는 앞서가면서 길을 인도하게."
라고 하니 그 종놈은 김덕령의 말안장에 활과 화살이 걸려 있
는 것이 마음에 걸리는지 앞으로 나가려고 하지 않으면서 하는
말이,

  "제가 뒤를 따르면서 말을 몰겠습니다."
하였다. 이에 김덕령은 그 자의 용감한 힘이 어느 정도인지 알
수가 없어서 가볍게 덤벼들지 못하고 걸어서 몇 리를 오니 마침
꿩 한 마리가 앞을 날아갔다. 덕령이 활을 잡아당겨 화살을 쏘
아 그 꿩을 맞히니 꿩이 화살에 맞아 앞 산에 날아 떨어졌다.
그 종놈이 급히 달려가 꿩을 집으려 할 때에 김덕령이 뒤에서
화살을 쏘아 머리통을 맞추는데 화살이 도착하기도 전에 그자
가 화살을 잡아 꺾어 버리고서 곧 뛰어 돌아가면서 하는 말이,

  "먼저 이 년을 죽인 다음 저 놈을 죽여도 되겠다."
라고 하니 김덕령은 그 여자가 해를 입을까 두려워서 말을 놓
아 쫓아갔다. 그 종놈은 이미 그 집으로 돌아가 그 여인이 있
는 곳을 찾았다. 그때 계집종이 변소로 갔다고 하므로 그놈이
바야흐로 변소로 들어갔으나 보이지 않아 주저할 때에 김덕령
이 쫓아 들어와 안마당으로 돌입해서 큰 소리로 꾸짖으니 그
종놈은 덕령을 보자 몸을 돌려 곧장 다가왔다. 김덕령은 말 위
에서 바깥채 담을 뛰어 넘으니 그 종놈도 문득 담을 넘어 쫓아
온다. 김덕령이 바깥뜰에서 안뜰로 들어오니 종도 또한 쫓아왔
다. 이렇게 십여 차례 하자 김덕령의 겨드랑이 밑에 있는 날개

에 힘이 돋혀 점점 기운이 소생해 오는데 종놈은 혈기가 점점 쇠하여 차차 힘이 빠졌다. 김덕령은 그 종놈의 사나운 기운이 점점 줄어듦을 보자 그놈에게 육박해 들어가 수십합을 싸우니 그놈의 머리가 깨져 유혈이 낭자하다. 살아날 수가 없는 그놈이 뜰 가운데 주저앉아 큰 소리로 울부짖었다. 이 때 김덕령은 채찍을 휘둘러 무수히 구타하면서 주인을 살해한 죄를 꾸짖으니 그놈은 나가 자빠졌다.

이에 김덕령은 아가씨가 어디에 있느냐고 급히 찾으니 계집 종이 옆방 문을 열었다. 그 여인이 그 방 속으로부터 나와 한편 울면서 한편으로는 사례했다. 김장군은 방에서 나와 바깥채에 앉아서 우두머리 종을 불러 하는 말이,

"온 동네 사람들을 불러 모아라."

라고 하여 그 종놈이 두려워서 따랐던 자 백여 명을 색출하여 모두 죽여 버렸다. 그리고 나서 그 여인에게 이별을 고하니 그 여인이 울면서 하는 말이,

"앞으로 저를 어찌 하려 하십니까? 제가 은혜를 갚지도 못했으니 원컨대 종첩이 되어 나으리의 시중을 들면서 조석으로 모실까 하나이다."

하니 김덕령이 정색을 하며 말하기를,

"우리는 이미 내외종간의 남매의 의리를 맺었으니 어찌 이리 망발이 심하시오. 누이의 일생을 내가 알아서 처리하겠소."

라고 하고서 그는 집에 돌아와 그 여인의 혼처를 두루 구하였다. 때마침 김덕령의 사촌 동생 김덕년(金德年)이 조실부모하여 특별히 김덕령 장군에 의해서 길러졌는데 위인이 용맹하여 보통 인물이 아니었다. 그래서 그에게 말하기를,

"내가 이번에 동쪽으로 여행을 하다가 마침 의매(義妹)를 하나 얻었는데 그 집의 문벌이 혁혁하고 또 전답이 굉장히 많고 부리는 종들도 천여명이나 되더라. 만일 네가 이 절대 가인을 배필로 삼아서 평생 동안 즐기면 누가 이보다 나을 자

가 있겠느냐?"

라고 하였다. 그리고 김덕령은 다시 그 여인의 집으로 가서 길일을 택하고 혼수를 풍성하게 장만, 날짜가 되어 혼례식을 올렸다. 그후에 그 여인은 다섯 아들을 연달아 낳았는데 두 아들이 과제에 급제하여 부귀해지니 세상에서 흔히 있는 일이 아니었다.

왜(倭;日本)의 추장(酋長) 평수길(平秀吉;豊臣秀吉)[151]은 본래 중국 사람이었다. 그가 어릴 때에 그의 어미가 업고서 바다의 배 속에서 구걸하러 다니다가 표류하여 일본에 간 것이다. 그는 성장하여 나무를 팔아다가 먹고 살았다. 어느날 관백(關伯)[152]이 산 속으로 사냥하러 갔다가 평수길이 산더미만큼이나 땔나무를 지고 있는 것을 보고서 마음 속으루 기특하게 여겨 데리고 돌아와 양자를 삼고 병권(兵權)을 맡겼다. 하루는 어떤 섬에서 반란이 일어났다고 하므로 관백이 평수길로 하여금 그 반란군들을 정벌하도록 했는데, 그 때 어떤 사람이 관백을 습격하여 죽이고 그 자가 스스로 관백이 되었다. 평수길이 변란의 소식을 듣고 곧장 돌아와 갑옷을 벗고 맨 몸으로 싸워 복수하고 나서 스스로 임금이라 칭했다. 그리고 나서 섬안의 모든 공신들에게 성(姓)을 하사했다. 그 뒤 평수길은 10여년 동안 나라를 잘 다스리고 군대를 강화시키니 옥상가옥(屋上架屋)[153]의 격이었다.

이에 평수길은 생각이 교만해지고 뜻이 커져 조선을 침범해서 중국을 치려고 우리 나라에 국서를 보내왔다. 그의 어머니가 그를 잉태했을 때에 달이 품안으로 들어왔는데, 그때 그 달

---

151) 도요또미 히데요시〔豊臣秀吉〕를 우리말로 읽은 것. 일본 전국시대의 무장. 미천한 집안에 태어났으나, 오다노부나가(織田信長)의 부장으로 무공을 세워 출세하더니, 그 주인이 죽은 후에 국내를 통일하여 태정대신(太政大臣)이 됨. 해외 침략의 야심을 품고 조선에 파병하여 임진왜란을 일으켰으나 실패함.
152) 옛날 일본에서 천황(天皇)을 보좌하여 천하를 다스리던 중직(重職).
153) 지붕 위에 지붕을 얹는다는 뜻. 있는 위에 무익하게 거듭함의 비유.

빛이 비친 영역을 자기의 땅으로 삼겠다고 온 힘을 기울여 우리 나라를 침범하겠다는 것이었다.

결국 우리 나라는 그의 침략을 받아 임금님은 평안도 의주 근처 용만(龍灣)[154]으로 피난가서 중국에 급함을 고하니, 명나라 신종(神宗) 황제는 천하의 병력을 동원, 이여송(李如松)[155]으로 대장을 삼아 출동하여 우리 조선을 구하게 하였다. 그 때 우리 나라에서는 이순신(李舜臣)으로 하여금 남쪽에서 왜적을 토멸하게 하고, 권율(權慄) 장군은 육지에서 싸웠으며, 김덕령은 그 서쪽을 공격하여 사방을 방어하였다.

중국의 도사가 이 소식을 듣고 중국 조정에 상소하기를,

"평수길은 본래 중국 태생으로 그는 늙은 용의 정기로 태어난 자입니다. 평수길이 죽지 아니하면 병화가 끝나지 않으니 원컨대 신에게 5천 명만 빌려 주신다면 마땅히 저 용추(龍湫)[156]를 막고 그 늙은 용을 잡아 때려 죽인 후이면 평수길은 스스로 죽게 될 것입니다."

라고 하였다. 황제가 의심이 나서 허락하지 아니하였더니 그 도사가 세 번 연거퍼 상소를 올렸다. 이에 할 수 없이 천자가 허락하니 도사는 과연 용추를 말리고 그 용을 잡아 죽이자 평수길이 곧 죽어 버렸다.

---

154) 평안도 신의주 근처에 있던 지명. 임진왜란 때 선조가 이곳으로 피난을 갔었음.

155) 중국 명(明)나라의 무장(武將). 자는 자무(子茂). 호는 앙성(仰城). 선조 25년(1592) 임진왜란 때 우리 나라를 도우려고 와서 평양에서 고니시유끼나가(小西行長)를 격파했으나 벽제관(碧蹄館) 싸움에서 고바야까와다까가끼(小早川隆景)에 패(敗)하고, 적극적인 활동을 하지 않았음.

156) 폭포수(瀑布水)가 떨어지는 바로 밑에 있는 깊은 웅덩이. 용이 살다가 승천했다는 연못.

20.　제 말(諸末)[157]

　영남 지방 성주(星州) 땅에 정세규(鄭世規)[158]라는 자가 있었는데 문장을 잘 하는 선비였다. 임자년(1612) 정월 보름에 그는 성주 관아 안으로 들어가 성주목사(星州牧使)의 자제와 더불어 그 자제의 집에서 책을 읽었다. 마침 서늘한 가을을 만나 밤이 깊었는데 변소에 갔다 돌아올 때 달빛이 뜰에 가득하였다. 그 때 그 집 뒤의 대나무 숲속에서 의관을 한 관원이 손짓으로 정세규를 부르면서 말하기를,

　"그대는 잠깐 머무르시오. 내가 할 말이 있소."

라고 하였다. 정세규가 놀랍고 두려워 뜰 안에 서 있는데 그 관원이 느릿느릿 걸어와 정세규에게 읍하며 하는 말이,

　"그대는 놀라지 마소. 나는 이승 사람이 아니오. 나는 임진란 때 의병장 진해(鎭海) 사람 제말(諸末)이오. 나는 본디 호적에 편입한 백성으로 농사를 직업으로 삼았는데, 임진란을 당하여 여러 고을이 바람 불듯이 패배하고, 적의 형세는 날로 강성하여 내가 울분을 참지 못하고 의병을 일으켜 죽음을 맹세하고 적을 토벌했었소. 그때 곽재우(郭再祐)는 내 휘하의 편비(編裨)였는데 처음에 왜적과 정호(鼎湖)에서 싸워 이겨 행재소(行在所)[159]에 보고했더니 조정에서는 나는 성주목사로 임명하고 곽재우는 유곡찰방(幽谷察訪)으로 삼았었소. 그 싸

---

157) 임진왜란 때 의병장. 경상도 고성(固城)의 상인(常人)이었다. 임진란 때 의병을 일으켜 왜적을 물리쳐 공이 컸다. 곽재우와 함께 조정에 알려져 성주목사가 되었으나 부임한 지 두 달만에 병사(病死)했다. 후에 병조판서가 추증되고 충장(忠壯)이라는 시호가 내려졌다.

158) 1583~1616, 조선조 인조 때의 대신. 자는 군칙(君則). 호는 동리(東里). 시호는 경헌(景憲). 본관은 동래. 율(慄)의 아들. 1613년(광해군 5) 사마시에 합격. 금부도사(禁府都事)를 비롯하여 안산군수가 되었다가 병으로 사임하였다. 1636년 충청도관찰사로 있던 중 호병을 맞아 적진에 나가기도 했으며, 후에 벼슬이 이조판서 · 형조판서에 이르렀다·

159) 임금이 멀리 거동할 때에 일시 머무는 곳.

움의 공로의 높고 낮음은 이것으로써 가히 미루어 알 수가 있
소. 나는 성주로 부임한 지 달포만에 갑자기 사나운 병에 걸
려 죽었소. 그러나 그 후 곽재우와 김덕령은 모두 역사에 이
름을 남겼소. 결국 내 이름 석 자는 매몰되고 공적도 인정
이 되지 않아 후세 사람들이 나 '제말'이라는 사람이 있었는
지조차 알지 못하니 매우 슬프오. 그래서 지금 간청할 것이
있으니 내 무덤은 진해 땅에 있고 그 무덤 전후 좌우에는
여러 무덤이 겹겹이 쌓여 있소. 모든 귀신이 내 묘를 침범하
므로 내가 매우 괴롭소. 무덤도 형체가 거의 일그러져 거의
묘역이 없소. 그대는 나를 위하여 이곳 원님께 약간의 비용
을 요청하여 당신이 손수 진해로 가서 내 무덤을 개축해 주
시고 내 무덤 곁에 있어 핍박해 들어오는 무덤들을 제거해
주신다면 나는 마땅히 그대의 은혜에 후히 보답하겠소. 그러
니 그대는 이 일을 해 주시겠소? 내가 낮에 시 한 수를 지
었소.

　　물은 흘러 구름과 함께 가고
　　하늘은 아득히 달과 더불어 외롭네.
　　적막한 성산(星山 ; 星州)땅 관소에서
　　저승의 혼은 있는가 없는가?
　　〔水流雲共去　天逈月同孤.
　　　寂寞星山舘　凼魂有也無?〕
　　시가 비록 보잘것 없으나 그대는 잘 기억했다가 세상에 전
해 주시오."

라고 하였다. 그런데 그 시 속에 있는 창혼(凼魂)에서 '凼'자는
유음(幽陰)[160]의 幽자다. 외워 전할 때에 혹 유(幽)자를 잘못 전
한 것일 것이다. 그 사람은 또 말하기를,
　　"내 이름은 이 고을의 〈선생안(先生案)〉[161] 속에 있소. 그대

---

160) '어둡고 그늘졌다'는 뜻으로 저승을 가리키는 말.
161) 각 관아에서 전임(前任) 관원의 이름·관명(官名)·생년월일·본적
　　같은 것을 기록한 책.

가 믿지 못한다면 그 책을 꺼내 보신 후에는 알 수가 있을 것이오. 내 말이 거짓이 아니오.”

라고 하고서 질문에 따라 대답하는데, 천고의 흥망과 모든 성현들의 영혼의 장구존몰(長久存沒)에 대해서도 뚜렷하게 모두 지적하면서 논했다. 이윽고 별이 빗기고 달이 기울자 읍하고 숲 속으로 들어갔다.

정세규가 이튿날 아침에 이 고을 원님에게 말해서 〈선생안〉을 꺼내어 보니 과연 임진년에 제말이 이곳에 부임해 온 지 두 달 만에 죽었다고 기록되어 있었다. 정세규가 이 사실을 원님에게 자세히 고하여서 약간의 비용을 얻어 가지고 진해로 가서 제말의 자손들을 찾아 보니 겨우 두세 집만이 남아 있는데 형편들이 말이 아니었다. 그의 자손들과 더불어 그 무덤을 개축하기를 꾀하는데 제말이 또한 경상감사의 꿈에 나타났다. 그래서 경상감사가 비장(裨將)[162]을 보내어 그 일을 감독하게 했다. 정세규가 그 비장과 더불어 힘을 합쳐 봉분을 쌓고 곁에 있는 다른 여러 개 무덤을 파 버렸다.

그해 4월에 정세규가 과거에 급제하니 사람들은 모두 제말의 영혼이 저승에서 도와 준 결과라고 했다. 그 뒤 정세규는 이 일을 조정에 상주하여 정표(旌表)[163]의 은전을 기원했으나 증거할 만한 문헌이 없었다. 그래서 임진란 때 사적을 두루 참고해 보니 오직 〈이약포집(李藥圃集)〉[164] 안에만 이렇게 기록되어 있었다.

　〈제말의 공로가 곽재우보다 높았다.〉

그런데 근래에 듣건대 조정으로부터 제말의 공로를 추증하고 그 6대 방손을 등용하여 제사를 받들게 하였다니 제말의 영혼이 구천 아래에서도 감읍하리라 여겨진다.

---

162) 감사(監司)·유수(留守)·병사(兵使)·수사(水使)·견외사신(遣外
　　使臣)들을 따라 다니는 관원(官員)의 하나.
163) 사람의 선행(善行)을 칭송하고 이를 세상에 드러내어 널리 알림.
164) 이해수(李海壽;1536~1599)의 문집. 이해수는 자가 대중(大仲), 호
　　는 약포. 전의(全義) 사람·예조참의를 지냈음.

21. 무언옹(無言翁) 유씨(柳氏)[165]

　서애(西厓) 유성룡(柳成龍)의 숙부는 평상시에는 바보와 같았다. 그러나 입으로는 오만한 말을 하지 아니하고 마음 속으로는 경영하는 바가 없었다. 그래서 비록 한 집안 사람이라도 모두 그를 숙맥이라 하였다. 그 후 신묘년(1591)에 문득 서애에게 말하기를,

　　"오늘 저녁에는 반드시 구걸하는 중이 지나가다가 와서 재워 달라고 할 것이니 자네는 그 중을 내 집으로 보내게."
라고 하였다. 서애가 마음 속으로는 비록 믿지 않지만 억지로 응낙했다. 저녁이 되자 과연 한 중이 나타나 재워 달라 하므로 서애는 사람을 시켜 그 중을 숙부의 집으로 가게 하였다. 그 숙부는 그 중을 방으로 들게 하고 잘 대접하면서,

　　"나는 평생에 불법을 듣기를 좋아하오니 선사께서는 나를 위해서 말씀해 주시오."
라고 하였다. 그래서 그 중은 부처님에 대한 설법을 하게 되었고 무언옹은 그 이야기를 듣다가 밤이 깊은 후에야 비로소 잠자리에 들었다. 중도 고단하여 깊이 잠들어 버렸다. 그때 무언옹(無言翁)이 갑자기 일어나 그 중의 배 위에 걸터 앉아 왼손으로 그 목을 누르고 오른손에는 칼을 잡고 찌르려고 하면서,

　　"조용하라. 너는 정말로 내 손에 죽을 줄 몰랐느냐?"
라고 하니, 그 중은 놀라서 두려워하며 애걸한다. 무언옹은 칼을 그 중놈의 목에다 대고 여러 번 찔러 죽이려 하니 중이 백방으로 살려 달라고 애걸한다. 마침내 무언옹이 칼을 던지고 내려앉으면서 하는 말이,

---

165) 서애 유성룡의 숙부가 바보 같다 하여 치숙(癡叔)이라 부르기도 하는데 당시 일본 간첩이 중으로 변장하고 건너왔다가 이렇게 혼나고 간 이야기는 지금도 경상도 안동군지에 기록되어 있다. 안동군청편 〈내 고장 전통 가꾸기〉 130~132pp. 참조.

“운수로다. 내가 너를 죽인들 무슨 이익이 있겠느냐 ? 너
는 돌아가 너의 임금한테 고하기를 삼가 인명을 많이 살상하
지 말라고 하여라. 지금 복덕(福德)이 우리 나라에 있으니 침
범하는 자는 반드시 하늘이 재앙을 내릴 것이다. 우리 나라
가 비록 위험하지만 망하게 되지는 않을 것이다. 너희 임금
이 비록 강하지만 반드시 먼저 망하게 될 것이니 삼가고 삼가
라. ”
라 하니, 그 중이 ‘네네’ 하며 백번사죄하고 그 집을 떠났다.

22. 무명 씨(無名氏)

나라에 한 재상이 있어 나이가 칠십이 지나자 물러나와 강가
의 정자에 살면서 쉬고 있었는데 그의 바둑 두는 법이 귀신 같
았다. 그래서 세상에서 그를 국수(國手)[166]라고 칭했다. 벼슬을
그만둔 뒤로는 집안이 쓸쓸였다. 그러던 차에 봄날은 길고 강위
에 새가 오락가락하는데 그 재상이 책상에 홀로 기대어 앉아 정
히 괴로워하고 쓸쓸히 여겼다. 그때 갑자기 한 소년이 밖으로
부터 들어와 방에 올라와 넙죽 절을 한다. 그 재상이 묻기를,
　“자네는 어느 고을에 살며 왜 나를 찾아왔는고 ? ”
하니, 그 소년이 대답하기를,
　“저는 본디 영남 사람인데 전국을 유람하다가 이곳에 이르
렀는데 이 강가의 정자의 풍경이 볼 만하여 염치 불구하고 이
렇게 들어왔습니다. 존엄을 범하여 두렵습니다. ”
라고 하였다. 상공(相公)이 말하기를,
　“홀로 강아에 앉아 상대할 사람이 없는데 자네가 왔으니
얼마나 다행한가. 같이 놈세. ”
라고 하였다. 나그네가 그 재상의 앞쪽을 보니 책장과 바둑판
이 있어 대감에게 묻기를,

---

166) 바둑·장기 등의 예능이 한 나라에서 일류(一流) 가는 사람.

“바둑을 좋아하십니까?”

라고 하였다. 재상이 대답하기를,

“어려서부터 바둑 두는 버릇이 있는데 마침 대국할 사람이 없었네. 자네 바둑 좀 좋아하는가?”

라고 했다. 그 소년이 말하되,

“잘은 못하지만 조금 배웠습니다.”

라고 하였다. 그 재상이 매우 기뻐하여 대국하는데 그 소년이 두는 바둑의 법이 평생에 처음 보는 것이라 마음 속으로 놀랍고 막판에 집을 세어 보니 피차에 한 점의 승부도 없이 비겼다. 재상이 크게 놀라서 하는 말이,

“내가 젊어서부터 오늘날까지 이 나라 안에서 바둑으로는 유명한 자라 대국해 보지 아니한 자가 없고 나의 적수는 없었네. 그런데 지금 자네의 바둑 두는 것을 보니 내가 백은 양 보해야겠네. 청컨대 다시 한번 두어 보세.”

라고 하더니, 상공은 바둑판을 밀어 놓고 손을 여미고 일어나 공경하여 말하기를,

“그대는 천상 선인이오, 인간의 고사(高士)가 아니로다. 이 늙은 놈이 크게 공경하는 예를 잃었으니 원컨대 존귀한 손님께서는 굽어 살펴 용서하소서.”

하니 소년이 사례하고 앉아 반나절쯤 이야기하다가 곧 진언(進言)하기를,

“대감께서는 오늘 안에 반드시 큰 화를 당할 것인데 아직도 예방을 해 놓지 않았습니까? 대감을 위하여 걱정이 됩니다.”

라고 하였다. 그 재상이 깜짝 놀라 하는 말이,

“제가 어리석어 알지를 못하니 원컨대 존객께서는 말씀해 주십시오. 무슨 일이지요?”

라고 하니 소년이 말하기를,

“대감은 일찍이 의주부윤(義州府尹)을 지내셨지요?”

라고 물었다. 그렇다고 했다. 이에 또 묻기를,

“그때 늙은 포교(捕校)[167]를 때린 일이 있지요?”
라고 하니 노인이 한참 잠잠히 있다가,
　“그렇소.”
라고 답했다. 그 소년이 또 말하기를,
　“그 포교에게는 다섯 아들이 있는데 검술을 배워 오늘까지 20년이나 되었습니다. 그 중에 두 아들이 신통 변화의 경지에까지 이르렀습니다. 그런데 오늘 신시(申時)에 5형제가 함께 올 것입니다. 그래서 일이 이미 급하게 되었으니 대감께서는 급히 안으로 들어가 내당(內堂)에 숨고, 중당(中堂)을 청소하고 중당에다가 교의를 내어 놓고 붉은 비단 한 필과 흰 비단 두 필을 내어다가 교의 아래에 두고, 물 두 통을 떠다가 교의 앞의 양쪽에다 두십시오.”
라고 했다. 그 재상이 그 말대로 모든 준비를 마치고 소년에게 고했다. 소년은 재상과 더불어 안으로 들어가 재상을 청하여 교의 밑으로 들어가 앉게 하고 붉은 비단을 물에 적셔 교의를 둘러쳐 틈이 없게 하고, 흰 비단을 흰 물통 속에 담궈 놓고서는 소년이 의자 위에 걸터앉아 그들을 기다리고 있었다.
　해가 저물어 저녁때가 되자 삭풍이 문득 일어나 쉬쉬 불어닥치니 뜰의 나뭇잎이 어지러이 나부껴 떨어지는데 청색·홍색의 두 무지개가 방 속으로 가로놓인다. 그 때 두 사나이가 무지개를 타고 날아 들어오는데 몸에는 짧은 옷을 입고 머리에는 뾰죽한 모자를 썼다. 연환검(聯環劍)[168]을 들고 마루 위에 서서 소년을 직시하면서 묻기를,
　“이 집 재상은 어디 있느냐?”
라고 하니, 소년이 사나운 목소리로 크게 꾸짖어 말하기를,
　“너희는 먼 시골의 천한 자로서 어찌 감히 재상집 내당까지 돌입하느냐?”
라고 하였다. 이에 두 사나이가,

───────────────

167) 포도부장(捕盜部將)의 별칭으로 조선왕조 포도청의 한 벼슬.
168) 칼의 일종. 여러 개의 고리를 이어서 줄을 만들어 놓은 칼일 듯.

"우리들은 우리 아버지가 죄도 없이 비명에 죽은 것을 슬퍼해서 복수하고자 검술을 배운 지 오늘까지 20여년이 됐네. 너 같은 조무래기를 죽이기 위해서 내가 차마 칼날에 피를 묻힐 수 있겠느냐? 너는 잔말 말고 재상이 있는 곳만 말하라!"

고 윽박지르면서 때리지 않고 또 말을 걸어왔다. 소년은 속으로,

'너희들을 죽여 보내려고 와서 기다린 지 이미 오래 되었으니, 나와 승부내기를 한 후에 이들이 하는 데로 내맡겨 두리라.'

라고 생각하고 있는데 그 때 두 사나이가 말하기를,

"네가 과연 우리하고 한바탕 붙어 보려면 제대로 갖추고 나오는 것이 좋겠다!"

라고 하였다. 소년이 말하기를,

"나는 이미 준비하고 너희들을 기다린 지 오래 되었다."

라고 하였다. 그 때 두 사나이가 통 속에 들어 있는 흰 비단을 보고서 하늘을 우러러 웃으며 말하기를,

"검보(劍譜)에 이른 바 백불희(白佛戲)[169]라는 것은 곧 신인(神人)의 기술이라고 하였다. 옛날 황제(黃帝)[170] 헌원(軒轅)[171] 때에 풍후(風后)[172]가 재상이 되고 역목(力牧)[173]이 장수가 되어 이 재주를 피워 치우(蚩尤)[174]를 생포한 뒤로는 세상에 전해지지 않은 지 오래 되었다. 그런데 너는 감히 이런

---

169) 검법(劍法)의 일종일 듯.

170) 중국의 전설상의 제왕. 복희씨(伏羲氏)·신농씨(神農氏)와 더불어 삼황(三皇)이라 일컬어짐. 기원전 2700년경 천하를 통일하자 문자·수레·배 등을 만들고, 도량형·역법(曆法)·음악·잠업(蠶業) 등 많은 문물과 제도를 확립하여, 인류에게 문화 생활을 전해 주었다 함.

171) 옛날 중국 전설상의 임금인 황제(黃帝)의 이름.

172) 옛날 중국 황제(黃帝) 때의 재상. 성이 풍(風), 이름이 후(后)임.

173) 중국 황제(黃帝) 때의 장군.

174) 중국의 전설상의 인물. 신농씨(神農氏) 때 난리를 일으켜 황제(黃帝)와 탁록(涿鹿)의 들에서 싸우다가 패전하여 포살되었다 함. 후세에는 제(齊)나라의 군신(軍神)으로서 병주(兵主)의 신(神)이라 불리어 팔대신의 하나로 숭배되었음.

기술로 상대하려 드느냐?"
라고 하였다. 소년은 기꺼이 웃다가 대로하여 일어나 두 손에 칼을 잡고 발 밖으로 날아 올라갔다. 두 놈도 또한 따라나와 중천으로 떠올라 갔다. 그때 다만 흰 비단 조각이 보일락말락하며 구름과 하늘 사이에서 번득이며 날고 있음을 볼 수 있었다. 이어 황혼이 되니 흰 눈이 꽃을 날려 어지러이 내려오는데 그때 두 놈의 머리가 땅 위로 떨어졌다. 소년이 냉엄하게 내려와 교의에 앉으니 나머지 세 놈이 형들의 죽음을 보자 뒤이어 들어와 앞에 섰다. 소년이 칼을 어루만지며 말하기를,

　　"너희들의 두 형이 이미 죽어 내 칼날 속의 영혼이 되어 버렸고, 그 머리통은 내 수중 안의 밥이 되어 버렸으니 너희들은 내 적수가 되지 못한다."
라고 하고서 그 세 놈의 사지를 찢어서 쫓아 보냈다.

　그리고 나서 소년은 종들을 불러 이 두 놈의 해골을 끌고 나가게 하는데 선혈이 낭자하여 뜰 위에 가득했다. 이에 소년은 돌아가겠다고 하니 재상이 울면서 백배사례하고 이름이나 알려 달라고 간청했다. 그 때 소년이 말하기를,

　　"이는 내가 하고자 하는 일이 아니오. 우연히 여기를 지나다가 불행히 그 자들을 만나 부득이해서 한번 장난해 본 것입니다. 사람을 죽이는 일은 나쁜 일입니다. 목숨을 죽인 사람이 어찌 이름을 남길 수 있겠습니까? 나으리께서는 천번 만번 몸 조심하십시오."
하고서 말을 마치자 문득 보이지 않았다.

　그 재상이 의주부윤으로 있을 때, 포교를 죽인 것은 불법이 아니었다. 법대로 생명을 다룬 것은 정당한 일이었다. 그러므로 하늘이 신인을 시켜 그를 도와 구해 준 것이다.

23. 최생전(崔生傳)

　경기도 가평군(加平郡)에 최씨라는 사람이 있었는데 선비의 아

들이었다. 어려서 아버지를 잃고 어머니만 의지하고 살았다. 그의 어머니의 성은 유(柳)씨인데 성질이 엄격하고 법도가 있었다. 이 아들 하나뿐인 어머니는 그를 올바른 방법으로 교육시켜 아들이 제멋대로 하지 못하게 했다. 그래서 집안 식구나 노비들도 불경스럽거나 무리한 일을 가히 그 부인 앞에서 말하지 못했다.

나이 겨우 15세인 이 최씨는 영특하고 숙성하여 눈이 샛별 같고 얼굴이 둥근 달 같으며, 입은 붉은 칠을 한 것 같고, 손가락은 부드러운 냉이 같으며, 피부는 물분을 바른 것 같아 반악(潘岳)175)과 두목(杜牧)176)이 다시 이 땅에 태어난 것 같았다.

그의 어머니의 본댁은 춘천(春川)에 있었는데 양부모가 살아 계셨고 그곳까지는 2백리 길이었다. 한번은 그 어머니가 아들에게 외조부모를 가서 뵙고 오라고 하므로 최씨는 며칠을 걸어서 외가에 도착하여 열흘 동안 묵다가 돌아오게 되었다. 최씨는 수십리 길을 떠나 큰 고개를 넘다가 큰 눈을 만났다. 잠깐 사이에 눈이 한 길 남짓 깊게 쌓여서 종과 하인이 눈 속에 빠져 죽어 갈 곳을 알지 못했다. 위험을 무릅쓰고 눈 속을 헤치며 고개에 올라 사방을 바라보니 고개 아래 시냇가에 한 정자가 있어 눈 속에 우뚝한 데, 천 개의 산봉우리는 옥으로 깎아 세운 듯하고 만 개의 폭포는 구슬을 부수는 것 같았다. 그 안에 학창의(鶴氅衣)를 입고 화양건(華陽巾)을 쓴 한 노인이 있었는데, 푸른 옷을 입은 동자[靑童] 몇 명을 거느리고 난간에 기대 앉아 설경을 구경하고 있었다. 최씨는 고개를 내려와 정자 있는 곳으로 가서 정자에 올라가 그 노인에게 절을 하고서 묻기를,

"큰 눈을 만나 고개 위에서 종과 말을 잃고 이 지경이 되었으니 노인께서는 저에게 살 길을 말씀해 주십시오."

---

175) 247~300, 중국 서진(西晉)의 문인(文人). 자는 안인(安仁). 유려(流麗)한 시문을 썼으며 망처(亡妻)를 애도한 〈도망시(悼亡詩)〉는 유명함. 또, 미남이었으므로 미남의 대명사로도 쓰임.
176) 803~853, 중국 당(唐)나라 말기의 시인. 자는 목지(牧之). 호는 번천(樊川). 시풍(詩風)은 호방하면서도 또한 아름다움. 두보(杜甫)에 대하여 소두(小杜)라고도 함.

라고 하였다. 이에 노인은 청의(靑衣) 동자를 불러 녹옥장(綠玉
杖)[177]을 가저오게 해서 손에 들고는 서쪽의 작은 고개를 가리
키면서 하는 말이,

　　“이 골짜기로부터 시내를 따라올라가 저 고개를 넘으면 인
　가가 그 밑에 있을 터이니 그곳에서 하룻밤을 쉴 수 있노라.”
했다. 최씨가 그 말대로 시내를 거슬러 올라가며 길을 찾으니
가는 체로 눈을 뿌린 듯 살짝 눈이 내려 깊지 않아 금방 작은
산 위에 올라가 원근을 바라보니 오색 구름이 둘러 있고 나는
듯한 지붕이 보일 듯 말 듯하였다. 꾸불꾸불 내려와 동네로
들어서니 짧은 옷과 푸른 두건을 쓴 사람이 길가에 있다가 길
을 인도한다. 그래서 큰 대문 밖에 이르니 도리 위에 ‘자운문
(紫雲門)’이라고 황금 빛깔의 글자가 적혀 있었다. 푸른 두건
을 쓴 자가 인도하여 옥 같은 뜰 아래에 이르르니 우의(羽衣) 선
관(仙官)이 흰 구슬로 만든 침대 위에 앉아 있었다. 최씨는 놀
랍고 두려워 방에 들어가 절하고 손길을 맞잡고 물러났다. 선
관이 말하기를,

　　“애야, 이리 와 앉아라. 눈을 무릅쓰고 멀리 왔으니 반드시
　배 고프고 추을 것이다. 빨리 녹설차(綠雪茶)를 갖다가 마시
　게 하라.”
하여 차를 주므로 다 마시고 나니 다시 유리잔에다가 여의유(如意
乳)[178]를 담아다가 주었다. 최씨가 그것을 또 마시고 나니 정신이
상쾌해져서 갑자기 기갈을 잊었다. 선관이 최씨에게 말하기를,

　　“네가 비록 인간 세상에서 태어나 자랐으나 여기에 있는 내
　딸과 하늘이 정한 인연이 있어 사위로 삼을 것이니 사양하지
　말라. 문벌이 서로 맞으리라.”
라고 하고서, 작은 아들을 불러 들였는데 나이가 겨우 7세쯤
되는 아이였다. 선관이 그 아이에게 말하기를,

---

　177) ‘푸른 옥(玉)으로 만든 지팡이’라는 뜻으로 보배로운 지팡이를 말함.
　178) 젖의 일종. 이 젖을 마시면 생각하는 바대로 이루어진다는 뜻의 상
　　상적인 음료.

　　"신랑이 이미 왔으니 네 누이의 결혼 날짜를 속히 정하여
예식을 행하는 것이 좋겠다."
하니 그 아이가 달력을 뒤져 손가락을 꼽아 세어 보고 대답하
기를,
　　"모레가 가장 좋은 날이니, 예를 올림이 좋겠습니다."
하였다. 이에 최씨가 말하기를,
　　"험한 길을 오느라고 보따리와 의복이 남루하고, 또 어머니
가 집에 계시니 어머니에게 고하고 결혼을 해야 옳을 것입니
다. 세상에 법도를 무시하고 중매도 없이 결혼식을 해도 되
겠습니까?"
라고 하였다. 선관이 말하기를,
　　"천생배필이라, 사람의 힘으론 될 수 없는 것이니, 너는 더
말하지 말라. 나에게도 생각이 있느니라."
하고서 그 작은 아들에게 이르기를,
　　"너는 신랑으로 하여금 사랑방에 물러가 쉬게 하라."
라고 하므로, 작은 아들이 데리고 나가 채색 가마에 태워서 생
관(甥館)[179]으로 나아가니 세간과 음식이 모두 인간 세상의 것
이 아니었다. 혼례식을 올리는 날엔 그 의복이 화려하고 그 가
구들이 찬란하여 그 부귀함을 말로 이루 다 표현할 수가 없었다.
혼례식을 마치고 침실로 들어가니 침대·병풍·커튼 등이 금·
옥·구슬·비취 등으로 만들어 눈이 부시고, 시비 수십명이 아
릿따운 모습으로 각기 수건 등속을 들고서 좌우에 둘러서 있는
데, 패물을 찬 모습이 알차고 그들의 태도가 영롱하여 움켜잡
고 싶을 정도였다. 최씨는 정신이 나가 취한 듯 꿈 속에 있는
것 같이 전전긍긍하며 감히 신부의 곁으로 가까이 갈 수가 없
었다. 며칠 밤을 지난 후에야 점차 눈에 익고 정이 들어 사랑
에 깊이 빠져 날짜가 지나는 줄도 모르고 엄벙덤벙하는 사이에

---

179) 옛날 요(堯)가 순(舜)을 사위로 삼을 때 본궁 다음인 부궁(副宮)에
　　머물게 했는데, 사위를 생(甥)이라 했기 때문에 사위가 임시로 머무는
　　방을 생관이라 함.

겨울이 지나고 봄이 돌아왔다. 그래서 3월 보름이 되니 천기가 화창하고 달빛이 하늘에 가득한데 신부가 신랑에게,

　　“이 곳에 머무른 지가 꽤 오래 되었으나 경치를 한 번도 구경 못했으니 높은 곳에 올라가 선경을 구경해 봄이 어떻겠습니까?”

하므로, 신랑은 좋다고 응낙했다. 신부가 시비에게 백옥으로 만든 두 가마를 가져오게 하고서 신랑과 신부는 각각 한 가마씩에 타고 시비들로 하여금 메게 하였다. 그들은 저 높고 높은 3층으로 된 옥대(玉臺) 위에 올라가니 누각이 겹겹이요, 침대가 층층이라. 신랑과 신부가 올라가 앉으니 각종 보석문들이 차례대로 열린다. 그러더니 앞에는 큰 바다가 나타나고 바다 위의 파도는 다듬은 거울 같아 수레와 말을 구분할 수가 있었다. 또 점점이 산들이 몰려 있는데 그 바다의 동쪽이 방장산(方丈山)[180]과 봉래산(蓬萊山)[181]·낭원(閬苑)[182]·현포(玄圃)[183] 등 십주(十洲)[184]·삼산(三山)[185]인데 그것들이 자라 등어리 위에서 떴다 가라앉았다 했다. 구슬 같은 구름과 붉은 노을이 그 사이를 빙 둘러섰는데 뽀죽한 산봉우리와 우뚝한 섬들이 그 앞에 나열되어 있다. 여기에 여러 신선들이 날새를 타고 학을 타고 배회

---

180) 삼신산(三神山)의 하나. 동해에 있다고도 하며 또는 지리산이라고도 함.

181) 중국에서 가상적으로 이름 지은 삼신산(三神山)의 하나. 동쪽 바다 가운데에 있어서 신선이 살고, 불로초(不老草)와 불사약(不死藥)이 있다는 영산(靈山). 또는 금강산을 이르기도 함.

182) 신선(神仙)이 산다는 곳.

183) 중국 곤륜산(崑崙山) 꼭대기의 선인(仙人)이 산다는 전설상의 곳.

184) 신선(神仙)이 산다는 섬. 조주(祖洲)·영주(瀛洲)·현주(玄洲)·염주(炎洲)·장주(長洲)·원주(元洲)·유주(流洲)·생주(生洲)·봉린주(鳳麟洲)·취굴주(聚窟洲)를 말함.

185) 중국의 전설(傳說)에 나오는 봉래산(蓬萊山)·방장산(方丈山)·영주산(瀛洲山)의 세 산. 동해(東海)에 있다 하며, 진시황(秦始皇)이 동남 동녀(童男童女) 수천 명을 보내어, 불로불사약(不老不死藥)을 구하였다는 이야기가 있음. 이곳에는 황금(黃金)·백은(白銀) 등으로 지은 궁궐(宮闕)이 있다 함. 우리 나라의 금강산(金剛山)과 지리산(智異山)과 한라산(漢拏山)을 가리키는 말이기도 함.

하면서 생황(笙簧)과 피리를 부는데 그 소리가 깨끗하고 맑다. 또 상서로운 봉황새가 오르락내리락 날아다니는데 그 멋진 경치를 구경하느라고 오래 앉아서 돌아갈 것을 잊었다. 밤이 깊어서야 달빛을 타고 돌아왔다. 이후로는 매양 바람이 맑고 달이 밝은 밤이면 누대에 올라가 그 즐거움을 누리느라고 돌아가는 것을 잊었다.

이윽고 1년이 되어 겨울에 눈이 뜰에 가득하고 바람에 나부끼는 잎이 뒤섞여 떨어질 때에 신랑이 문득 생각해냈다. 지난 겨울에 고개에서 눈을 만나 종과 말이 엎어져 죽고 고향집이 아득하여 조석으로 문안드리지 못한 것을 생각하니 서글퍼져 눈물이 흐른다. 신부가 놀라 묻기를,

"제가 들으니, 임금이 근심하면 신하가 굴욕을 당한다고 합니다. 당신은 어째서 근심하는 빛이 있소이까? 제가 잘못하여 그 죄를 알지 못하겠습니다."

하므로, 신랑이 눈물을 거두고 대답하기를,

"나는 본래 세상 사람으로 위로 편모를 모시고 있는데 오래도록 문안을 드리지 못했고 집을 나와 돌아가지 못한 것이 1년이 더 되었습니다. 어머니는 반드시 내가 죽었으리라고 여기고 눈물을 머금고 대문 밖에 서서 바라보시며 밤낮을 잊고 상심하시며 낙담하실 것이니, 그 죄가 커서 불효막심합니다. 누가 나보다 더한 사람이 있겠습니까? 생각이 이러하니 어찌 슬프지 아니하리오?"

하였다. 신부가 용모를 가다듬고 위로하기를,

"저도 또한 대장부에게는 반드시 부모를 생각하는 마음이 있겠으나 표현하지 않음을 의아히 생각했었습니다. 제가 마땅히 부모에게 고하여 돌아가시라고 허락하시도록 말씀을 드려 떠날 차비를 하여 드릴 테니 근심하지 마옵소서."

하고서 곧 가서 호소했다. 다음날 선관이 신랑을 불러 말하기를,

"사람의 정의가 진실로 그러하니 너에게 돌아가기를 허락하노라. 그러니 지체하지 말고 속히 돌아가거라."

하였다. 최씨가 이별하고 대문 밖으로 물러나오니 작년에 잃어
버렸던 종과 말이 대문 밖에 와서 고대한 지가 오래 되었다 한
다. 최씨가 크게 놀랍고 기뻐서 하는 말이,

"너는 어떻게 살아나서 여기서 기다리고 있느냐?"

하니 종이 말하기를,

"나리께서는 죽음만 생각하시고 살아 남은 것은 생각하지
아니하시니 나리께서는 어떻게 살아 계셨습니까?"

하니 최씨가 대답하기를,

"나는 굴러 이 곳에 와서 어진 주인을 만나 지금까지 편안
히 살고 있었다."

라고 하였다.

최씨가 그 말을 타고 그 종을 거느리고 곧 그의 집에 당도하
여 그의 늙은 어머니에게 절을 하니 어머니는 눈물을 흘리며 손
을 잡고 하는 말이,

"네가 작년 겨울에 떠난 뒤로 기한이 지나도 돌아오지 않
아서 사람을 우리 친정에 보내서 알아 보니 너는 곧 돌아
갔다고 말하더라. 그래서 내 생각에 너는 반드시 호랑이나
표범의 굴에서 죽지 않았다면 도적들이 우굴거리는 숲속에
서 해를 당했을 것이라고 여겼다. 너는 어떻게 살아 돌아왔
느냐?"

라고 하였다. 최씨는 본래 그 어머니의 위엄을 두려워하여 감
히 이실직고하지 못하고 거짓으로 꾸며서 말하기를,

"저는 중도에서 병이 들어 1년이 넘도록 낫지 않았는데 이
제야 비로소 조금 차도가 있길래 밤낮을 가리지 않고 달려
왔습니다."

라고 하니 그의 어머니도 그러려니 여겼다.

병자년(1636) 봄이 되자 문득 인마(人馬)가 어떤 곳으로부터
와서 봉한 편지를 하나 바치니 곧 선관 내외분의 편지였다. 그
편지를 열어 보니 대략 다음과 같은 내용이었다.

〈금년 겨울에 너희 나라에는 반드시 큰 난리가 일어나 생

령(生靈)이 모두 어육(魚肉)이 될 것이다. 그래서 이 편지를 보내니 이 뜻을 어머니께 잘 아뢰어 모시고 오라. 할 말은 많으나 이만 줄인다.〉

최씨는 그 편지를 가지고 방으로 들어가 꿇어 앉아 전 날에 있었던 일과 지금의 일을 자세히 아뢰었다. 그리고 곧 행장을 수습하여 집을 떠난 이후로는 다시는 소식이 없었다.

24. 강도록(江都錄)

병자년(1636) 12월에 의주부윤(義州府尹) 임경업(林敬業)[186]의 장계(狀啓)[187]에, 적병이 구련성(九連城)[188] 밑에까지 쳐들어와 점점 그수가 많아져 강을 건너온다고 하였다. 또 12월 13일에는 평안도병사(平安道兵使) 유림(柳琳)[189]의 장계에, 적병이 이미 안주(安州)[190]를 건넜다고 했고, 14일에는 도원수(都元帥) 김자점(金自點)[191]의 장계에, 적병이 이미 봉산군(鳳山郡)[192]에 이르렀

---

186) 1594~1646, 조선왕조 인조 때의 무장(武將). 자는 영백(英伯), 호는 고송(孤松), 평택(平澤) 사람. 이괄(李适)의 난에 출전하여 훈 1등이 되고, 병자호란 때 의주부윤(義州府尹)으로 백마산성(白馬山城)에서 청(淸)나라 진로를 차단하였음. 그 후 여러 번 명(明)과 합세, 청을 치고자 하였으나 번번이 실패하였고 끝내 청나라에 붙잡힌 바, 김자점(金自點)의 모함으로 옥사함. 시호는 충민(忠愍).

187) 지방 감사(監司)의 명령 또는 왕명(王命)으로 지방에 파견된 관원(官員)이 왕에게 서면(書面)으로 보고하는 계본(啓本).

188) 만주 압록강 연안에 있는 옛 성. 의주(義州) 맞은 편에 있는 작은 촌락으로 한(漢)나라 때는 안평구(安平口), 당(唐)나라 때는 박작성(泊汋城)이라 하였고, 금(金)나라 때에는 아홉 성을 이어 쌓았음.

189) ?~1643, 조선왕조 인조 때의 무신. 병자호란 때 평안도 병마절도사(兵馬節度使)로 평양성을 지키다가 남하하는 청군(淸軍)을 추격, 금화(金化)에서 크게 무찌름. 뒤에 청국의 요청으로 명(明)나라를 칠 때 싸움을 피하고 귀국하여 부하들은 화를 당했으나 병으로 화를 면하였음. 시호는 충장(忠壯).

190) 평안남도에 있는 한 지명. 청천강에 연하여 있음.

191) ?~1651, 조선왕조 인조반정 때의 공신(功臣). 자는 성지(成之), 호는 낙서(洛西). 낙당(洛黨)의 영수로서 관은 영의정까지 올랐음. 그후 효종(孝宗)이 청(淸)나라를 치려 한다는 사실을 청나라에 밀고하여,

다 하였다. 그러자 조정의 모든 신하들과 서울의 백성들이 모두 놀라 움직이고, 적의 형세는 이미 극에 달하여 백방으로 생각해 보아도 어찌할 수가 없었다.

판윤(判尹) 김경징(金慶徵)[193]은 곧 체찰사(體察使) 김류(金瑬)[194]의 아들이다. 상감은 특별히 그를 검찰사(檢察使)로 임명하여 강화도를 지키게 하고서 김유에게 묻기를,

"경의 아들 경징은 강화도를 지킬 수 있는 대장감인가?"

하니 김유가 대답하기를,

"신의 자식은 다른 재능은 없고, 만약에 강화도를 지키게 한다면 그가 최선을 다하지 않겠나이까?"

라고 하였다. 임금님은 또한 부제학(副提學) 이민구(李敏求)[195]를 부찰사(副察使)로 삼아 김경징과 더불어 먼저 강화도로 보냈다.

15일 아침에 원임대신(元任大臣)[196] 윤방(尹昉)[197]·김상용(金尙

역모(逆謀)로써 주살당함.

192) 황해도의 한 군. 북은 황주군(黃州郡), 동은 서흥군(瑞興郡), 남은 재령군(載寧郡)과 평산군(平山郡), 서는 재령군에 접함.

193) 1589~1637, 조선왕조 인조 때의 문신. 자는 선응(善應). 순천(順天) 사람. 인조반정의 공으로 정사공신(靖社功臣)에 한성부 판윤(漢城府 判尹)을 지냈으며, 병자호란 때 강도검찰사(江都檢察使)로 있었는데 강화가 함락되자 수비에 소홀했다는 대간(臺諫)의 탄핵으로 사사(賜死)됨.

194) 1571~1648, 조선왕조 인조 때의 공신(功臣). 자는 관옥(冠玉), 호는 북저(北渚). 인조반정(仁祖反正) 때 공을 세워, 정사공신(靖社功臣)이 됨. 병자호란 때에는 영의정으로서 화의를 주장함. 문장에 능하고 명필로도 이름이 남. 시호는 문충(文忠).

195) 조선 인조 때의 문관. 자는 자시(子時), 호는 동주(東州). 병자호란 때 화의를 주장하다가 윤집(尹集)의 논박을 받고 중지하였으며, 검찰부사(檢察副使)가 되어 빈궁(嬪宮)을 호위하고 강화도에 들어갔다가 화의 후에 돌아와 경기우도 관찰사가 되었으나 강화 함락의 책임으로 영변에 귀양가서 위리안치(圍籬安置)되어 종시 풀리지 못하고 죽었다.

196) 이전(以前)에 관직을 지냈던 대신들.

197) 1563~1640, 조선왕조 인조 때의 대신. 자는 가회(可悔), 호는 치천(稚川). 인조반정으로 우의정·좌의정을 거쳐 1627년(인조 5) 영의정에 이르렀고, 1636년 병자호란 때 묘사제조(廟社提調)로서 묘사를 받들고 강화(江華)에 들어가 사위(社位) 40여 주를 땅에 파묻어 적화(賊火)를 면케 했으나, 난이 끝난 후 왕후(王后) 1위를 분실한 책임을 논

容)[198], 예조판서 조익(趙翼)[199], 참판 여이징(呂爾徵)[200], 정낭(正郞) 최시우(崔時遇), 종묘령(宗廟令) 민헌(閔獻), 직장(直長) 이의준(李義遵), 봉사(奉事) 여이중(呂爾中), 사직령(社稷令) 민성(閔晟), 참봉(參奉) 유적(柳積) 등이 종사(宗社)를 모시고 갔다. 봉림대군(鳳林大君)[201]·인평대군(麟坪大君)[202] 및 그들의 부인과 원손(元孫)[203]과 공주·옹주·부마 등 여러 종실이 모두 강화도로 들어갔다. 사재(四宰) 박동선(朴東善)[204], 판부사(判府事) 정광복(鄭光福), 전판서(前判書) 이상길(李尙吉)[205], 동지

하는 조론(朝論)에 인조도 하는 수 없이 연안(延安)에 귀양보낸 후 곧 고향에 방환시켰다. 이해 겨울 영중추부사에 승진하였다.

198) 1561~1637, 조선왕조 인조 때의 문신. 자는 경택(景擇), 호는 선원(仙源). 인조반정 후에 예조판서·이조판서에 전임되고, 1632년(인조 10)에 우의정이 되었다. 병자호란 때 묘사(廟社)를 모시고 강화도에 건너갔으나 적병이 강화성으로 쳐들어와 함락하게 되자 화약에 불을 질러 자살하였다. 동생 상헌(尙憲)·사위 장유(張維)도 모두 문장에 이름이 났으며 명신으로 알려져 있다.

199) 1579~1655, 조선조 효종 때의 상신. 자는 비경(飛卿). 호는 포저(浦渚). 1602년 문과에 급제 후 호당(湖堂)에 있었고, 효종 초년에 좌의정까지 지냈다, 성리학(性理學)을 전공하고, 효성이 지극한 우국지사이다.

200) 1588~1656, 조선 인조 때 문신 자는 자구(子久). 호는 동강(東江). 함양(咸陽)사람. 병자호란 때 강화도에 들어갔었고 난리 후에 이조참판, 경기감사를 역임했음.

201) 조선왕조 효종(孝宗)이 임금이 되기 전의 이름.

202) 1622~1658, 조선왕조 인조(仁祖)의 셋째 아들. 휘(諱)는 요(㴭), 자는 용함(用涵), 호는 송계(松溪). 병자호란 때 부왕(父王)을 남한산성에 호종(扈從), 볼모로 심양(瀋陽)에 갔다 왔으며 제자백가(諸子百家)에 정통하였음.

203) 왕세자의 맏아들.

204) 1562~1649, 조선왕조 인조 때의 충신. 자는 자수(子粹), 호는 서포(西浦). 1623년 인조가 반정하자 일약 대사간(大司諫)이 되어 간신들을 몰아내고 옳은 길을 되찾고 폐정(弊政)을 개혁하여 새 조정에 크게 이바지했다. 이괄(李适)의 난과 정묘호란 때에 공주와 강화에 왕을 모시고 간 공으로 정사(靖社) 공신이 되고 금주군(錦州君)의 봉함을 받았다. 성품이 후하고 무거워 큰 일에는 사리의 공정을 지켰다.

205) 1556~1637, 조선조 인조 때의 충신. 자는 사우(士祐). 호는 동천(東川). 인조반정 후 불리워서 승지·병조참의·공조판서에 이르러 기사(耆社)에 들고, 평난호성정사진무원종(平難扈聖靖社振武原從)의 공

(同知) 정효성(鄭孝成)[206] 등 여러 노인과 어른들이 전교(傳敎)를 받아 먼저 강화도로 들어갔다.

　승지 한흥일(韓興一)[207]이 빈궁(嬪宮)을 모시고 또한 강화도로 향하고 예조판서 조익이 중도에서 뒤로 처졌다. 이날 오후에 적병의 선봉이 이미 창릉(昌陵)[208]에 도달했다. 임금님은 친히 세자와 백관들을 거느리고 피난하려고 창덕궁으로부터 나왔는데 시위(侍衛)에 차질이 생겨 망극하기 짝이 없었다. 전사대(前射隊)가 청파(靑坡)[209]에 이르기도 전에 철갑기병 오랑캐 군사들이 거의 모화령(慕華嶺)[210]에 이르렀다. 임금님이 강화도로 갈 형편이 못됨을 아시고 드디어 남대문에 주저앉아 여러 재상 신하들에게 대책을 묻고 땅을 치며 통곡하니 장사와 신하들이 누가 통탄하지 않았겠는가?

　이조판서 최명길(崔鳴吉)[211]이 앞으로 나와 임금님 앞에서 아

신이 되고, 병자호란에 묘사(廟社)를 따라 강화에 갔다가 1637년(인조15) 청병이 강화로 육박해 오자 목매어 자살하였다. 좌의정이 추증(追贈)되고 시호도 내렸으며, 강화의 충렬사(忠烈祠)에 함께 모셨다.

206) 1558~1637, 자는 술초(述初), 호는 휴휴자(休休子). 진주(晋州) 사람. 벼슬은 충청도 관찰사에 이르렀다.

207) 1587~1651, 조선왕조 중기의 문신. 자는 진보(振甫), 호는 유시(柳市). 인조 2년(1624) 과거에 급제, 사간(司諫) 등을 지냈으며, 인조 14년 병자호란이 일어나자 동부승지(同副承旨)로 신주(神主)와 빈궁(嬪宮)들을 강화(江華)에 호위함. 그후 전주부윤(全州府尹)·우승지(右承旨) 등을 역임. 봉림대군(鳳林大君)이 볼모로 청나라에 잡혀갈 때 대군호행재신(大君護行宰臣)으로 배종(陪從)함. 귀국 후 여러 벼슬을 거쳐 우의정에까지 오름. 시호 정온(靖溫).

208) 서오릉(西五陵)의 하나. 조선왕조 예종(睿宗)과 예종비(睿宗妃) 안순왕후(安順王后)의 능. 경기도 고양군(高陽郡) 신도읍(神道邑) 용두리(龍頭里) 경릉(敬陵)의 북쪽 언덕에 있음.

209) 서울 남대문밖 서쪽의 지명. 지금의 효창공원(孝昌公園) 근처의 이름.

210) 모화관(慕華館) 뒤의 고개. 지금의 영천(靈泉)에서 홍제동으로 넘어가는 무악재를 가리킴.

211) 1586~1647, 조선왕조 인조 때의 정치가. 자는 자겸(子謙), 호는 지천(遲川). 병자호란 때에 남한산성에서 항서(降書)를 써서 청나라에 항복하고, 평화의 길을 열었음. 인조 15년에 우의정, 그 후 영의정을 지냄. 시호는 문충(文忠).

뢰기를,

　“신이 용골대(龍骨大)[212] 마부대(馬夫大)[213]에게 달려가 만나보고 그 선봉을 멈추게 하겠습니다.”

라고 하고서 계책을 올리는데, 체찰사(體察使) 김유로 하여금 훈련도감(訓練都監)[214]에 딸린 군사와 내삼청(內三廳)[215]에 속한 포수들을 거느리고 성문을 막고 있는 사이에 대가(大駕)는 즉시로 광주산성(廣州山城；南漢山城)으로 들어가 적을 피하자는 것이었다. 그리고 나서 최명길을 곧 동지(同知) 이경직(李景稷)[216]과 더불어 필마단창(匹馬單槍)으로 적진을 향하여 달려가 홍제원(弘濟院)[217]에서 적을 만났다.

　이 때 상감은 말을 돌려 구리개〔銅古介〕[218] 수구문(水口門)[219]을

---

212) 중국 청(淸) 나라의 장군. 원명은 영고이대(英固爾岱). 청나라 태종(太宗)의 신임을 받던 장군으로 병자호란 때 우리 나라에 쳐들어 왔고 그 후도 수차 내왕하여 조선의 형편을 살폈음.

213) ?~1640, 중국 청(淸)의 장군. 청나라 태종의 신임을 받고, 조선의 병자호란 때 내침했다. 그 후 사신으로 수차 왕래, 조정 신하간에 알려졌다. 마복대(馬福大)·마태부(馬太夫)라고도 부른다.

214) 임진왜란(壬辰倭亂) 뒤에 오위병제(五衛兵制)가 무너지고 생긴 오군영(五軍營)의 하나. 서울의 수비를 담당함. 선조(宣祖) 27년(1594)에 베풀어서 고종(高宗) 19년(1882)에 폐함.

215) 조선왕조 때의 내금위(內禁衛)·겸사복(兼司僕)·우림위(羽林衛)의 총칭. 현종(顯宗) 7년(1666)에 셋을 합하여 금군영(禁軍營)을 베풀었으므로 금군영을 내삼청이라고도 함.

216) 1577~1640, 조선왕조 인조 때 문신. 자는 상고(尙古), 호는 석문(石門). 오윤겸(吳允謙)을 따라 종사관으로 일본에 다녀왔으며, 폐비론(廢妃論)이 일어나자, 5년 동안 고향에 내려가 있었음. 병자호란 때는 왕을 모시고 남한산성(南漢山城)에 있었으며 돌아와 호조판서가 됨. 시호는 효민(孝敏).

217) 조선왕조 때, 지금의 서울 서대문구 홍제동(弘濟洞)에 있던 원(院)의 하나. 중국 사신(使臣)이 성(城)안에 들어오기 전에 이곳에서 쉬며 예복으로 갈아 입었음.

218) 서울특별시 중구 을지로 1, 2가의 옛 이름. 동현(銅峴)이라고도 했음.

219) 성 안의 물이 흘러 나가는 수구에 있는 문. 광희문(光熙門)의 이칭(異稱).

빠져 급히 남한산성으로 향할 때 심기원(沈器遠)[220]으로 하여금 서울의 유도대장(留都大將)을 삼고 체찰사 김유와 훈련대장 신경진(申景禛)[221]은 군사를 거느리고 남한산성으로 들어가니 군대의 이동이 번개보다도 빨랐다. 그러니 살아 있는 백성들의 어지러움은 가히 표현할 수가 없었다.

아! 서울 장안의 백성들은 얼결에 뒤범벅이 되어 노인네를 부축하고 어린애를 이끌며 혹은 지고 혹은 이고서 얼음판 위를 걸어가며 통곡하니 그 통곡하는 소리가 하늘에 닿았다. 남대문으로부터 나온 백성은 인천(仁川)·남양(南陽)[222] 등지로 피난 가는데, 혹은 바닷가로 혹은 섬으로 전전하다가 충청도·전라도로 가기도 하고 또 강원도로 가기도 했다. 그 때 백발노인과 청춘 소녀들이 혹은 잃어버리기도 하고 혹은 붙들고 하면서 골육지친(骨肉之親)들이 어지러이 도망가니 어찌 애통하지 아니한가? 철기(鐵騎)가 별같이 널려 있고 깃대가 바람에 휘청거리는데 사나운 풍설 속으로 달아나는 수많은 피난민들은 모두 살려 달라는 소리뿐이었다. 그 때 임금님은 남한산성 속으로 들어가 있었는데 적병이 곧장 남한산성 밑에까지 이르렀어도 사람들은 모두 남한산성과 강화도는 옛부터 하늘이 만들어 놓은 곳이라 종묘사직에는 결코 걱정할 것이 없을 것이라고 하였다. 그러나 강화도에서는 그 섬으로 건너가게 하는 명령을 모두 검찰사에게 위임했으므로 권세가 없는 사대부나 일반 백성들은 도무지 건너갈 방법이 없었고, 더군다나 빈궁이 나룻가에 이르러 3일 간이

---

220) ?～1644, 조선왕조 인조 때의 상신(相臣). 자는 수지(遂之). 청송(靑松) 사람. 인조반정의 공로로 정사공신(靖社功臣)이 되고 좌의정으로 수어사(守禦使)를 겸했으나, 회은군(懷恩君) 덕인(德仁)을 왕에 추대하려고 모의하다가 주살(誅殺)되었음.

221) 1575～1643, 조선조 인조 때의 상신. 자는 군수(君受). 본관은 평산(平山). 인조반정 때의 공으로 공·병조참의가 되었다가 병조참판에 뽑혀 훈련원 3대장(大將)을 겸하고, 정국공신(靖國功臣)의 칭호와 평성군(平城君)에 피봉되고 그해 겨울 금병(金兵)이 대거 침입하자 큰 공을 세워 병조판서·우의정을 거쳐, 1642에 영의정이 되었다.

222) 경기도 화성군(華城郡)에 있는 지명. 서해안 남양만에 위치함.

나 머물렀으나 검찰사가 끝내 건너 드리지 않고 저희 식구만 건너 놓으려 하는 까닭으로 상하에서 시위하는 내신들이 그 분함을 이기질 못하고, 기근이 막심하고 적의 기세가 극해서 빈궁이 통곡해 우시며 또한 그 분함을 이길 수가 없었다. 빈궁은 타고 온 연의 발을 걷어 올리고 김경징을 불러 꾸짖기를,

"나라가 위급하고 주상이 외적 가운데 포위되어 있어 종사의 위급이 조석에 달려 있고 더군다나 그대는 조상 때부터 대대로 국록을 받아오고 있는 터에 지금 또 중대한 임무를 맡아 진충보국해서 이름을 드날림이 신하된 도리이거늘, 지금 그대 가족만 건너 놓느라고 하루 아침에 배은하는 생각을 가졌으니 이 무슨 도리요? 내가 여기에 머문 지 이미 3일이 지났으나 건너 보내지 않으니, 이것이 신하된 자의 도리이요? 내가 여기 머물러 죽는다면 다른 날 군신의 의리가 어떻게 되겠소?"

라고 하면서 말을 마치지 못하고 통곡하니 좌우에서 모시고 있던 신하들이 분개함을 이기지 못하여 한꺼번에 큰 소리로 크게 꾸짖기를,

"너는 선대로부터 국록을 후하게 받고 지금은 나라에 배은하는 큰 도적 김경징이라 하겠다!"

라고 하면서 땅을 치며 통곡하자 그 소리가 하늘에까지 들렸다.

강도유수(江都留守) 장신(張紳)은 빈궁께서 아직 건너지 못했다는 소리를 듣고 극력 도강에 힘썼다. 그러나 김경징의 가족은 모두 건너가 대가족이 이미 안전하였다. 빈궁이 나룻가에 이르러 3일 간 머물렀을 때 만민들의 애통함을 통촉하지 아니할 수가 없었다. 그래서 원손의 등을 어루만지며 통곡하면서,

"너는 후세에 왕실에 태어나지 말라. 저 명사 대부가 되어 저 나라를 저버리는 김경징 같은 자가 어찌 한두 사람이겠는가?"

라고 하고서 더욱 서글피 우셨다.

정축년(1637) 정월 20일 통진(通津)[223] · 김포(金浦) · 파주(坡

州)·고양(高陽) 백성 및 서울 사람들이 강화도 나룻가로 도망와 태산같이 모였으나 강을 건널 수가 없고, 뒤로는 적병이 몰아닥쳐 혹은 죽고 혹은 약탈당하여 순식간에 산과 들에 적을 피하는 백성들이 살 길을 찾아 헤맸다. 아, 강화도는 금성탕지(金城湯池)[224]라 비록 백만의 적이 와도 쳐들어올 수 없는데 망령된 책임자 김경징, 바보스러운 이민구, 실속없는 장신이 자신들의 위치만 튼튼히 하여 조석으로 편안히 누워 국가의 존망은 전혀 생각하지도 않고 밤낮으로 담소하면서 평상시와 다름이 없으니 이것이 무슨 심사인가?

　아, 주상은 외로운 성에 포위되어 있어 조석의 존망을 알지 못하는데, 김경징은 꿈에라도 그런 것에 관심을 가지지 않고 있다. 주상은 화살과 돌 가운데 또 풍설 가운데 서서 겹으로 근심하면서 조금도 마음을 늦추지 않는데, 김경징은 신하된 몸으로 따뜻한 방에서 가죽옷을 입고 추위를 피하여 편안히 있다. 또 임금님은 한 조각 외로운 성안에서 밤낮으로 통곡하시는데, 김경징은 처첩을 거느리고 주야로 담소하고 있으며, 임금님은 군대를 위안시키며 친히 성곽을 순수하는데, 김경징은 군무를 보지 않고 한 번의 장계도 올리지 않았으니 이 자의 죄악에 누가 이를 갈지 않겠는가?

　아, 강화도에 있는 모든 늙은 신하들은 말 한 마디 못하고 크고 작은 일을 오로지 김경징에 맡겼고, 그는 늘 말하기를,

　　"아버님은 체찰사가 되고 나는 검찰사가 되어 온 나라의 큰
　　일을 우리 부자가 아니면 누가 담당하겠느냐?"

라고 말하고 있었다. 그러니 김경징의 어리석고 망령됨을 이로 미루어 가히 알 수 있다.

　당시의 진사(進士) 심희세(沈熙世)·윤성지(尹誠旨) 등이 김경징의 말을 듣고 분함을 이기지 못하여 글을 써서 김경징에게 주

---

223) 경기도 김포군(金浦郡) 월곶면(月串面) 군하리(郡下里)에 있는 옛 읍(邑). 한강(漢江) 입구를 지키는 군사·행정의 요지였음.

224) 방비가 아주 견고한 성.

었는데 다음과 같았다.

〈임금님은 외로운 성에 포위되어 있으면서 사졸(士卒) 백관(百官)과 더불어 성을 지키느라고 수고하시고 계시오. 강화도는 오로지 나으리에게 맡겨 국가의 사직과 빈궁과 두 대군과 여러 대신들이 모두 이 섬에 들어와 있소이다. 국가의 흥망이 곧 이 강화도를 지키느냐 지키지 못하느냐에 달려 있소이다. 그런데 나으리는 국가의 큰 임무를 맡고 있어 그 직책을 맡을 만하다고 여겨 검찰사란 직위까지 주었는데, 만약에 나으리가 충성을 다하지 않는다면 어떻게 되겠습니까? 아, 한번 성이 무너지면 백성들이 모두 어육이 되고 종사가 망할 것이라. 비록 아이들이라도 어찌 탄식하지 않겠소? 나으리는 남한산성도 생각하지 아니하고 임금님도 생각하지 아니하고 부모도 생각하지 않습니까? 나으리의 아버지가 체찰사가 되어 남한산성에 있으면서 형세가 이 지경에까지 이르러 산과 들에는 짐승들이 배회방랑하니 우리들이라고 어찌 속이 없겠소. 강개를 이기지 못하여 나으리 앞에 몸을 던지고자 하니 잘 살펴 그 직책을 완수해 주시오.〉

김경징이 이 편지를 보고 곧 분개하여 그 편지를 내던지고 일어나 버럭 소리지르며 하는 말이,

　　"초야의 천한 백성이 감히 우리 부자를 욕해?"

라고 하니 윤성지가 큰 소리로 꾸짖기를,

　　"나으리는 나라의 중한 임무를 맡고서도 전적으로 마음을 다하지 아니하고 있습니다. 지금은 술잔이나 들고 희희낙락할 때가 아니옵니다."

라고 하였다. 김경징과 이민구가 끝내 받아들이지 않고 구박하여 쫓아 보내니 이후로는 유식한 사대부와 섬 속의 주민들이 혀끝만 찰 뿐이었다.

원임대신(元任大臣) 김상용(金尙容)이 비변사(備邊司)[225]에 앉

---

225) 조선왕조 때, 군국(軍國)의 사무를 맡아서 처리하던 관아. 처음 중종(中宗) 때 삼포왜란(三浦倭亂)의 대책으로 베풀었으며, 변방에 일이

아 김경징을 불러다 말하기를,

　　"지금 주상께서는 산성에서 포위되시어 조석의 존망을 알
　지 못하는데 비록 포위된 성은 생각하지 않는다손치더라도
　너의 늙은 아버지는 생각해야 하지 않느냐? 삼남지방의 군사
　를 독려 선발해다가 성을 굳게 지킴이 사실상 합당한데 너는
　여기 편안히 앉아 적군의 형세가 위급한 것을 알지 못하니
　이 일을 어떻게 감당하겠느냐?"

라고 하고서 통곡하니, 김경징은 직인을 땅에 내던지고 곧 일
어나 얼굴빛을 고치면서,

　　"이 일은 내가 알 바 아니니 원컨대 대감은 현인을 택해서
　임명하시오."

라고 말했다. 이때 부찰사 이민구가 마음이 매우 불안하여 김
경징의 앞으로 달려가 허락을 받고 곧 일어나 큰 배를 잡아 타
고 가족들과 함께 도망갈 궁리를 하니 김상용이 그 소리를 듣
고 탄식하면서,

　　"세상에 어찌 처자를 데리고 도망가는 부찰사가 있느냐?"

라고 하니 이민구가 끝내 도망가지 못했다.

　그 때 어떤 사람이 적진 안에서 도망와서 말하기를,

　　"적병이 서울의 삼강(三江) 곳곳에 머물러 있으면서 백성들
　집에 있는 재물을 모으고 금산(禁山)[226]에서 소나무·잣나무를
　베어다가 작은 배를 만들기를 독촉하니 그들의 생각이 반드
　시 이 강화도에 있는 것 같다."

하였다. 이에 김경징이 박장대소하면서 말하기를,

　　"강 속의 얼음판이 금석과 같이 단단한 데 적병이 어떻게
　배를 움직일 수 있는가?"

　일어날 때마다 임시로 설치하다가, 을묘왜변(乙卯倭變)을 계기로 하여
명종(明宗) 10년(1555)에 상치아문(常置衙門)이 됨. 임진왜란 때부터
는 정치의 중추기관으로 변모하여 의정부(議政府)를 대신해서, 명실 공
히 최고 아문이 되었다가 정조(正祖) 때에는 도로 규장각(奎章閣)에 그
기능을 빼앗기고 고종(高宗) 2년(1865)에 이르러 의정부에 합치었음.
226) 함부로 나무를 베지 못하도록 나라에서 금하는 산.

라고 하고서 그대로 종사관(從事官) 윤양(尹瀁)[227]을 호남지방으로 보내어 군량미를 실어오게 했다. 그때가 정월 23일이었다.

그날 밤 초경에 양도진(量道津) 태수 김정급(金正及)이 김경징에게 보고서를 올렸는데,

〈적병 천여명이 작은 배를 이끌고 거의 나룻가에 도착했으니 밤중에 반드시 조수를 타고 강을 건널 것입니다.〉

라고 했다. 김경징이 비로소 잠을 깨어 크게 놀라는데 그 모양이 마치 어미를 잃은 망아지 같았다.

종사관 이일상(李一相)[228]과 박일(朴一)이 곧 강변으로 나와 대약철환(大藥鐵丸)[229]을 군사들에게 나누어 주는데 하나하나 갯수를 세어 주는 것이 평상시와 같았다. 이에 군졸들이 혀끝을 차며 탄식했다. 이튿날 아침에 김경징이 군사들을 거느리고 천천히 나와 성 밑에 서니 군사들이 모두 맨손을 들고 따른다. 사람들이 모두 김경징에게 말하기를

"강화도에 무기가 태산같이 쌓여 있는데 사용하지 않으니 오늘 쓰지 아니하면 언제 쓸 것인가?"

하였다. 이에 김경징이 대답하기를,

"여기에 있는 무기는 모두 우리 아버지가 만들어 놓은 것이라. 내가 어떻게 마음대로 쓰는가?"

라고 하니 그 말만으로도 그의 어리석음을 알 수 있다.

연미정(燕尾亭)은 풍덕군수(豊德郡守) 이선연(李善延)이 지키

---

227) 1603~1641, 자는 심원(深源), 파평(坡平) 사람. 병자호란 때 강화도로 들어가 검찰부사 이민구의 종사관으로서 군량미를 실으러 호남지방으로 나간 사이 강화도가 함락되었다. 그뒤 승정원 주서(承政院注書)·춘추관 기사관(春秋館記事官)·병조좌랑(兵曹佐郎)·결성현감(結城縣監)을 지냈음.

228) 1612~1666, 조선왕조 현종 때의 문관. 자는 함경(咸卿), 호는 청호(靑湖). 1628년(인조 6) 17세로 문과에 4위로 급제, 5년 간 집에서 경사(經史)를 읽은 후 비로소 조정에 나아가 설서(說書)로 시작하여 벼슬이 예조판서에 이르렀다. 도량이 크고 성질이 깨끗하고 충효(忠孝)를 겸전(兼全)하였으며 사후 우의정이 추증되었다.

229) 총알의 일종이나 미상.

고, 열미정 북쪽은 개성유수(開城留守) 한인급(韓仁及)[230]이 지키
며 갑곶(甲古之 ; 甲串)[231]은 김창영(金昌英)·유정량(柳貞亮)이 지
키고, 잉이성(芿以城) 밑은 해숭위(海嵩尉) 윤신지(尹新之)[232]가
지켰다. 한흥일(韓興一)·정백형(鄭百亨)[233] 등은 자기 집의 종
들을 거느리고 남대문 위에 앉아 있고, 회은군(懷恩君)[234]·금림

230) 1583~1644, 조선왕조 중기의 문신. 자는 원지(元之). 호는 현석
　　(玄石)·서석(瑞石). 광해조 초에 등과. 수찬(修撰)·정언(正言)등 벼슬
　　을 지냈으나 계축옥사(癸丑獄事) 때 사직함. 인조반정 후 재등용되어
　　형조판서 등 여러 벼슬을 거친 다음 지돈령부사(知敦寧府事)까지 오름.
231) 경기도 강화군 강화면에 위치한 강화도(江華島) 북부 염하(鹽河) 서
　　안의 어촌(漁村). 이첨(李詹)의 〈이섭정기(利涉亭記)〉에 의하면 한강
　　과 임진강이 합류하여 조강(祖江)이 되어 서쪽 바다로 흘러들면서 별류
　　(別流)로 이 지형을 이룬 것으로, 고려 고종 때 원(元)의 침공을 받아
　　이곳으로 피란할 때 군사의 갑옷만 벗어 쌓아도 건널 수 있었다 하여
　　갑곶이라 명명하였다.
232) 1582~1657, 조선조 선조(宣祖)의 부마(駙馬). 자는 중우(仲又),
　　호는 연초재(燕超齋), 15세에 선조의 혜정옹주(惠貞翁主)의 부마가 되
　　어 해숭위(海嵩尉)에 책봉되었다. 위인이 총명하고 널리 사귀었으나 이
　　름을 나타내려 하지 않고, 오로지 내수(內修)에 힘썼다. 인조가 이를중
　　히 여겨 능묘(陵廟)의 대사 때마다 반드시 감독케 했으며, 드디어 정일
　　품(正一品)에 이르러 위(位)가 재상과 같았다. 병자호란 때 명을 받아
　　노병재신(老病宰臣)들과 함께 강화(江華)에 들어가자 묘사(廟社)를 지
　　키고 있던 아버지는 그를 소모대장(召募大將)으로 죽진(竹津)에 있게
　　했다. 갑진(甲津)이 패하고 적이 부성(府城)에 육박해 오자 군사를 이
　　끌고 성을 나가 죽기를 결심하고 홀로 말을 달려가다가 적을 만나자 절
　　벽에 몸을 던져 자결하려 했으나 구호되었다.
233) 조선 인조 때 충신. 자는 덕후(德後), 진주(晋州) 사람. 벼슬은 시강
　　원(侍講院) 필선(弼善), 사헌부(司憲府) 장령(掌令) 등을 지냈는데, 특
　　히 병자호란 때 강화도에 들어가 있다가 강화도가 함락되자 기동하지
　　못하는 늙은 아버지와 함께 자살했음.
234) ?~1644, 조선왕조 인조 때의 왕족. 조선조 제 9 대 성종(成宗) 대
　　왕의 현손(玄孫)이며 성종대왕의 2남 계성군(桂城君)의 증손이다. 1637
　　년(인조 15) 부사(副使)로 심양(瀋陽)에 가서 종실(宗室)의 포로들을
　　본국에 귀환시킬 것을 교섭하고 돌아왔다. 후에 청원부원군(靑原府院
　　君) 심기원(沈器遠) 등이 모반함에 있어 왕으로 추대함을 받았다는 혐
　　의에 관련되어 사사(賜死)되었으며 가족들도 연좌되고 재산이 몰수되
　　었다.

116

군(錦林君)[235]은 여러 종실(宗室)[236]을 거느리고 동대문 위에 앉아 있으며, 또 민광훈(閔光勳)[237] 여이징(呂爾徵) 등은 서대문 위에 앉아 있고, 북문에는 지키는 사람이 없었다. 이곳은 적병들이 쉽게 넘을 곳인데 이렇게 지키는 사람이 없고 백성들이 도탄에 빠져 있으니 종묘사직이 어떻게 지탱될 수 있었겠는가? 이윽고 적병 수천명의 기마병이 저편에 모여서 홍이포(紅夷砲)[238]를 어지러이 쏘니 그 소리가 천지를 진동하여 산이 무너지는 것 같았다. 따라서 인심은 혼란해져 의지할 곳이 없었다.

김경징·이민구가 겁이 나 먼저 도망가려 하다가 앞뒤를 가리지 못하고 창고 바닥에 앉아 정황을 살피지를 못하니 덩달아 군졸들도 놀라 정렬조차 하지 못했다.

적병 2천여 명이 작은 배 2척에 타고 강 중류로 다가오니 김경징이 두려워 먼저 도망가고자 두 대군과 정승 앞에 나아가서 성 안의 일이 매우 엉성하여 자기가 성 안으로 들어가 성을 지킬 계획을 준비하겠다고 했다. 이에 호조좌랑(戶曹佐郞) 임선백(任善伯)[239]은 방료사(放料事)[240]로 창고 바닥에 함께 앉았다가 김경징이 도망가려고 꾀하는 것을 알고 분개함을 이기지 못하여 대군 앞으로 달려가 말하기를,

---

235) 조선왕조 인조 때의 왕족. 성종(成宗)대왕의 6남 봉안군(鳳安君)의 증손. 이름은 개윤(愷胤).
236) 임금의 친족(親族).
237) 조선 중기의 문신. 자는 중집(仲集), 여흥(驪興) 사람, 정중(鼎重)·유중(維重)의 아버지. 벼슬은 관찰사를 지냈고 65세에 졸했음.
238) 조선 중기에 수입된 서양식 대포(大砲)의 일종. 1631(인조 9) 정두원(鄭斗源)이 명나라에서 돌아올 때 서양문물을 수입, 그 중에 〈홍이포제본(紅夷砲題本)〉 1책을 가져와 홍이포가 소개된 기록이 있으나 이것이 처음이었는지 알 수 없다.
239) 1596~1656, 조선 중기의 문신. 자는 경여(慶餘), 풍천(豊川) 사람. 병자호란 때에 정부의 화폐를 싣고 강화도에 들어갔다가 강화도가 함락되자 곧바로 운반하여 약탈을 모면했음. 승문원(承文院) 판교열(判校閱), 영흥부사(永興府使)를 지냈음.
240) 나라에서 매달 주는 요(料)를 나누어 주는 관직.

"국가의 존망이 이곳을 지키느냐 못지키느냐에 달려 있으니 각 군의 군대를 정리하여 힘껏 방어함이 합당한데, 지금 대장이 성 안으로 들어갈 계획을 하는 것을 보니 군대들이 반드시 패망할 것입니다. 검찰사가 성 안으로 다시 들어가는 것은 불가합니다."

라고 하였다. 대군이 고개를 끄덕이고 김경징을 불러 말하기를,

"방호사의 말이 실로 매우 옳으니 그대는 성안으로 들어가서는 안되오."

라고 하니, 김경징은 창고 바닥에 쭈그리고 앉아 어찌 할 바를 모를 때에 두 대군과 김상용 · 박동선이 성 안으로 다시 들어가고 그 나머지 여러 장수와 군졸들은 각각 흩어졌다.

　중류에 떠 있던 적선 2척의 적병들이 각각 방패를 들고 배를 저어 곧장 강화도로 건너온다. 강도유수 장신은 갑곶 밖 수십리에 있는 잉읍성(芿邑城)에 있다가 전선을 거느리고 적병을 막고자 했으나, 그때 조수물이 느리게 올라와 갑곶까지 이르지 못하고 멈춘다. 큰 전선이 움직일 수가 없게 되었다. 장신은 뱃머리에 서서 가슴을 칠 뿐이었다.

　충청수사(忠淸水使) 강보흔(姜普昕)이 연미정으로부터 전선을 거느리고 적군의 길을 가로자르자 적선이 물러나려는 듯했으나 강보흔은 화살 한 대도 쏘지 아니하고 물결을 타고 달아났다. 그래서 강화도에 있는 전선 60여 척과 8천여 명의 군대가 제대로 한 번도 적을 막아 보지 못했으니 이것은 모두 체찰사의 잘못이었다. 아, 국가의 명운이 하루 아침에 달려 있는데 신하된 도리로 어찌 개탄스럽지 아니하겠는가? 천도가 무심하여 적병이 스스로 사멸하지 아니하니 성 안의 시민들이 서로 통곡하며 물에 투신하여 죽을 뿐이었다. 적선 2척이 강화도 해변에 육박해 오니 군사들은 총과 활을 버리고 다투어 물 속으로 뛰어들었다. 아, 태산같이 많던 무기를 미리 나누어 주었더라면 어찌 이러한 지경에 이르겠는가? 성 안의 백성들의 생사가 순식간에 달려 있는데 모두 애통하면서 말하기를,

"섬 안에 있는 무기를 어디에다 쓰려느냐?"
하며 김경징을 꾸짖는 소리를 하늘도 또한 들었다.

적군의 가죽배는 생가죽으로 붙들어 매고 송진으로 때워 만든 것으로 조수를 타서 띄우니 무인지경같이 쳐들어왔다. 강화도 사람들은 혼비백산하여 한 사람도 막을 계책이 없었다. 이렇게 무너지자 건너편에 주둔했던 적군들은 그 형세를 보고 곧 가죽배 30여 척을 강 위로 띄워 어지러이 앞을 다투어 건너왔다. 김경징과 이민구는 황급히 말을 타고 달려 작은 배를 집어 타고 도망갔다. 이때 적선 30여 척이 이미 상륙하여 적군들이 도보로 또는 말을 타고 하여 모두 성 안으로 들어오는데 무기를 든 그 모습이 마치 달과 별이 늘어선 듯이 삼엄하고 깃발들의 빛이 눈바람 속에 나부끼며 북소리가 하늘까지 울리고 무기의 번쩍임이 온 땅에 가득했다.

이 때 빈궁이 궐문 위에 앉아서 적세의 급함을 바라보나 계책이 없어 궐문 밖으로 나와 땅을 치고 통곡하며 궁인들을 거느리고 성 밖으로 적을 피하려 하였으나 성문이 닫혀 있어 어찌할 수가 없었다. 이런 사유를 비변사에 전하니 비변사에서는 회답하기를,

〈백방으로 정성을 다하여 방어하고자 하오니 빈궁께서는 조금도 요동하시지 말기를 바랍니다.〉
라고 하였다. 이에 빈궁은 마침내 붙잡히는 우환을 면할 수 없을 것 같아 내관 김인서(金仁瑞)를 불러 부탁하기를,

"나와 두 대군은 죽어도 애석할 것이 없으나 종묘사직을 어디에다 받들고? 다만 원손(元孫)은 급히 바닷가에라도 숨기어 끝까지 보전케 한다면 어찌 충성스럽지 않겠느냐? 너희들은 김경징의 일을 본받지 말라. 3백년을 이어 내려온 나라를 너희들에게 부탁하노니 너희들의 이름이 어찌 우리 나라 역사서에 뚜렷하게 기록되지 않겠느냐? 또 후에 전하께서 너희들을 보면 반드시 너희들의 충성을 생각할 것이니 신하된 의리로 이보다 더 아름다움이 있겠느냐?"

라고 하면서 말을 마치지 못하고 오열하며 통곡하니, 김인서 등
이 머리를 숙이고 교시를 받아 원손을 업고 성문을 나가려 하는
데 이미 문이 닫혀 버렸다. 그래서 목숨을 끊으려 할 때에 수문
장 민광훈이 문을 열어 주어 나가니 적병 천 여명이 성 밖에
당도해 있으면서 거짓으로 말하기를,

“장차 화친하려고 하니 문을 열어 줌이 어떻소?”
라고 하자 원임대신 윤방(尹昉)이 곧 문을 열어 주라 하였다.
천하에 어찌 이런 일이 있는가? 적병 몇 놈이 말을 타고 곧장
대궐로 쳐들어가 종묘와 사직을 짓밟고 욕하며 또한 기마병을
풀어 놓아 닥치는 대로 죽이고 약탈하며 동리를 모두 불태우니
그 불빛이 하늘까지 번졌다. 김상용이 남문 위에 앉았다가 적
의 형세의 위급함을 보고 남한산성을 향하여 두 번 절하면서,

“신은 일국의 대신으로 나라의 은혜를 조금도 갚지 못했고,
지금 전하께서는 외로운 성에 포위되어 친히 손수 군대를 순
찰하시는데 소신은 끝내 강화도를 막지 못하여 국가의 사직
과 빈궁·원손·양 대군이 적중에 잡혀 있으므로 신은 백번
죽어도 어찌 가석하다 하오리까. 원컨대 전하께서는 다른 날
에 태평가를 부르며 만만세를 누리소서.”
라고 하면서 말을 마치지 못하고 스스로 화약더미 위로 투신해
서 죽었다. 그러자 동지(同知) 정성(鄭城)·전장령(前掌令) 정백
형(鄭百亨)·전참의(前參議) 홍명형(洪命亨)[241]·필선(弼善) 윤전
(尹烇)[242]·판사(判事) 이시직(李時稷)[243]·주부(主簿) 송시영(宋

241) ?~1636, 조선조 중기의 열사. 자는 계통(季通). 호는 무적당(無
　　適堂). 1612년(광해군 4) 문과에 장원급제, 여러 벼슬을 거쳐 형조참
　　의에 이르렀다. 1634년(인조 12) 성절사(聖節使)로 명나라에 다녀와서
　　한 때 면직되었다가 다시 승문부제조(承文副提調)가 되었다. 이때에
　　병자호란이 일어나 강화도(江華島)로 들어가 나라의 형세를 한탄하다
　　가 노장(老將) 김상용(金尙容)과 함께 화약에 불을 질러 자살했다. 이
　　조판서를 추증하고 강화의 충렬사(忠烈祠)에 배향하였다.
242) ?~1636, 조선조 인조 때의 문관. 자는 정숙(靜叔), 호는 후촌(後
　　村). 1636년(인조 14) 병자호란 때 필선(弼善)으로 강화도에 들어가 호
　　적이 침입하매 이시직(李時稷)·송시영(宋時榮) 등과 더불어 북성을 순
　　시하다가 형세가 불리함을 알고 두번이나 목을 매어 자살하려다가 뜻을

120

時榮)²⁴⁴⁾ 등도 이에 따라 죽으니 충절이라 할 수 있고 늠름하
도다.

아, 체찰사 김유의 부인이 곧 목을 매어 죽으니 가소롭고 가
소롭다. 그의 아들 김경징은 그 어미를 어느 땅에 버렸는고?
무수한 적병들이 사방에서 노략질을 하고 부자를 죽이고, 혹은
처첩을 약탈하고 남녀를 불문하고 종과 주인이 매한가지였다.
혹은 칼에 혹은 화살에 맞아 죽고 또한 약탈당하니 전에 없는
일이었다. 마니산(摩尼山)²⁴⁵⁾ 밑으로 피가 흘러 도랑을 만들고
마니산 위에서는 곡성이 하늘을 진동하니 대저 산천귀신과 곤
충초목도 또한 슬피 울었다.

아, 전도정(前都正) 심현(沈誢)²⁴⁶⁾은 곧 심즙(沈諿)²⁴⁷⁾의 형이

이루지 못하고 다시 칼로 자신을 찔렀으나 죽지 않으매 적이 다가오면
서 도망하라고 하니 적을 욕지거리하다가 피살되었다. 이조판서를 추증
하고 강화의 충렬사에 모셨으며 순조 때에 대대로 계속해서 모시라는
명령이 내렸다.

243) 1572~1637, 조선조 인조 때의 문관. 자는 성유(聖兪), 호는 죽창
(竹窓). 1624년 문과에 급제. 전적(典籍)·병랑(兵郞)·정언·장령(掌
令)·필선(弼善)·장악원정(掌樂院正) 등을 역임하고 병자호란에 통곡
하면서 강화도에 들어갔다가, 이듬해 정월에 호적이 강화도에 침입하매
태복사부(太僕司簿) 송시영(宋時榮)과 더불어 죽기를 결심하고 시영이
먼저 자결하자 묘 둘을 파서 하나는 비워 놓고 시영을 매장하고, 종에
게 자기를 거기에 매장케 하고 옷을 벗어 종들에게 맡겨, 염을 하도록
부탁한 다음 활끈으로 목을 매어 죽었다. 이조판서로 추증하고 고향에
정문을 세워 충의를 표창했으며 강화도 사람들은 충렬사를 세워 순절한
사람들을 제사하였다.
244) 1588~1637, 조선 인조 때의 문신. 자는 공선(公先)·무선(茂先).
호는 야은(野隱), 시호는 충현(忠顯), 본관은 은진. 1627년 정묘호란
때 동지를 모아 의병을 일으키려 하자 김장생(金長生)이 추천하여 참
봉(參奉)이 되고 그뒤 봉사(奉事)·직장(直長)·주부(主簿) 등을 지
냈다. 1636년 병자호란이 일어나자 강화도로 들어갔다가 강화도가 함
락되매 자결했다. 후에 좌찬성이 추증되고 충렬사에 모셔졌다.
245) 강화도(江華島) 남단(南端)에 위치한 산 이름.
246) 1568~1637, 조선조 인조 때의 문신. 자는 사화(士和). 1636년 병
자호란 때 종사(宗社)를 따라 강도(江都)에 들어가 가묘(家廟)의 위패
(位牌)를 땅에 묻고 손수 유소(遺疏)를 써 놓고 자결하였다. 그 후 인
조가 환도하여 그 유소를 보고 그의 충절에 감탄하였으며, 그의 처 송

다. 그는 적의 형세가 급박해지고 있다는 말을 조카 심강구(沈
康鷗)[248]에게서 듣고 급히 작은 배를 구하여 나루에 나가 정박
하고 백부인 현에게 말하기를,

　　“급히 이 배를 타고 적병을 피하여 생명을 보존함이 좋지
않겠습니까?”
라고 하니 심현이 개연히 탄식하면서 말하기를,

　　“종묘사직을 봉안할 땅이 없고 왕자와 비빈이 적진에 체포
되어 있는데 나만 어찌 살기를 바라겠느냐? 사는 것이 죽는
것만 같지 못하다.”
라고 하고서 의관을 매만지고 난 후에 남한산성을 향하여 네 번
절하면서,

　　“임금님은 한 조각 외로운 성에서 적진에 둘러싸여 있는데
신은 나라의 은혜에 보답할 수 없으니 살아서 무슨 면목이
있겠습니까? 여기에서 죽음으로써 나라의 은혜에 보답하고자
합니다. 업드려 비옵건대 전하께서는 다른 날 태평해진 뒤에
만세의 노래를 부르고 만수무강하시기를 바라나이다.”
라고 하고서 그의 부인 송씨를 돌아보고 말했다.[249]

　　씨도 같이 죽었으매, 고향에 정문(旌門)을 세우고 자손을 불러 등용하
　　였다. 이조판서에 추증되고, 시호를 받았으며 강화도 충렬사에 제향되
　　었다.
247) 1569~1644, 조선조 중기의 문관. 자는 자순(子順). 호는 남애(南
　　崖). 인조반정 때 병조참의가 되었으며, 1636년 병자호란 때 청나라와
　　화의가 성립되자 왕족인 능봉군(綾峯君)은 왕의 동생으로, 심즙은 대신
　　으로 가장하고 강화회담에 참여했으나 실패, 1644년 아들 동구(東龜)가
　　심기원(沈器遠)의 모반에 연좌되어 정배되자 병이 심해져서 죽었다.
248) 1594~1660, 조선 중기의 문신. 자는 문징(文徵). 호는 청봉(晴峯).
　　즙(諿)의 아들, 현(誢)의 조카. 1615년(광해 8) 진사에 합격, 1624년
　　(인조 2) 문과 급제, 벼슬은 종부시정(宗簿寺正)·응교(應敎)·집의(執
　　義)를 거쳐 사간(司諫)까지 지냈음. 정의감이 강하여 청음 김상헌의 충
　　절을 변호하다가 관직을 물러난 일도 있다. 병자호란 때 강화도로 들
　　어가 백부인 현(誢)의 부하로 있었다.
249) 원문이 이 대목에서 끝나고 있어, 심현이 부인 송씨에게 무어라고
　　말했는지는 모르나 부인 송씨도 남편과 함께 자살했음.

靑鶴集
（雲鶴先生事蹟）

운학 선생(雲鶴 先生)의 사적(事蹟)

(1) 도인(道人)들의 만남

명(明)나라 세종숙황제(世宗肅皇帝) 38년(1559)은 곧 우리 나라 명종대왕(明宗大王) 14년이다. 선생은 이 해 7월 초파일 신시(申時)에 인제(麟蹄) 현고촌(玄高村)에서 태어났다. 5세 되던 해에 선비(先妣) 신평이씨(新平李氏)가 신계(新溪)[1] 율탄(栗灘)[2] 동쪽으로 이사하니, 선생도 따라 옮기셨다. 선생의 나이 겨우 16세 되던 해에 벌써 도가(道家)에 높은 뜻이 있는데나 또 선친(先親)의 유서(遺書)를 얻어 벼슬길을 구하지 아니하고 오로지 격물치지(格物致知)를 궁구하는 데 전적으로 뜻을 두었다·

만력(萬曆；明 神宗 年號, 1573~1619) 을해년(1575；宣祖 8) 여름 4월에 집 앞 괴목정(槐木亭)에 앉아 〈주역(周易)〉을 읽었는데, 홀연 한 우바새(優婆塞)[3]가 곁에서 몰래 듣고 한참 있다가 말하길,

"내가 팔도(八道)를 두루 돌아다니며, 〈주역〉 읽는 것을 많이 들어왔지만, 아직 당신처럼 읽는 사람을 일찍이 보지 못했소. 당신은 입도자(入道者)라 할 수 있소."

하며 소매 속에서 책을 한 권 꺼내 건네주며 또 말하기를,

"이 책을 가지고 산에 들어가면 곧 극증고진사(克證高眞師)와 좋은 친구로 사귈 수 있을 것이오."

하였다. 그래서 선생이 그 중의 거주지와 성명을 물었으나, 그는 대답도 하지 아니하고 가버렸다. 후에 스승을 모신 자리에서 물어보니 그가 바로 동해(東海) 가운데의 소연자(脩然子) 손

---

1) 신계(新溪) : 황해도 동북부에 있는 지명.
2) 율탄(栗灘) : 황해도 신계읍 남쪽 12리에 있는 여울.
3) 우바새(優婆塞) : 속세에 있으면서 불교를 믿는 남자. 또는 불교를 믿는 남자의 총칭.

문재(孫文載)라고 하였다. 그래서 선생은 담정산(澹定山)[4] 속에 들어가 거처하였다.

임오년(1582 ; 宣祖 15)에 선생이 금장강(錦障江)[5]에서 약을 팔 때, 강가에서 머리에는 패랭이를 쓰고, 지팡이를 짚은 사람을 만났다. 그 사람은 선생을 한번 보고는, 곧 마음 속에 있는 이야기를 다 털어 놓으며 반나절 동안 서로 이야기를 나누다가 후에 오대산(五臺山) 기린대(麒麟臺)에서 만나기로 기약하고 헤어졌다. 과연 그 기약한 날짜에 가니, 7명의 선인(仙人)이 바위 위에 죽 늘어앉아 있었다. 선생이 7명의 선인을 우러러보며 절을 하니, 7인은 웃음을 머금고 손을 잡으며 각기 자기의 도호(道號)를 말하되 성명(姓名)은 고하지 않았다. 앞에 앉아 있는 사람이 금선자(金蟬子)인데, 바로 금장강(錦障江)에서 만났던 그 사람이었다. 그 다음 사람들은 채하자(彩霞子)·취굴자(翠窟子)·아예자(鵝蕊子)·계엽자(桂葉子)·화오자(花塢子)·벽락자(碧落子) 등이었다. 이 7인은 세상에서 뛰어난 재주와 지략을 지닌, 하늘과도 통하는 인물들로서, 때를 만나지 못해 강호(江湖)에 자취를 감추고 천하를 두루 돌아다녀 오랑캐 땅이나 중국 땅에도 막힘이 없었다. 7인은 함께 청학상인(靑鶴上人)에게 사사(師事)하였다.

'청학상인'이란 분은 우리 나라 갑산(甲山) 사람으로, 성은 위씨(魏氏)이고, 이름은 한조(漢祚), 자는 중염(仲炎)이다. 어려서 백우자(百愚子)를 쫓아 다녀서, 격물치지(格物致知)에 능했고 성장해서는 중국 사람인 양운객(楊雲客)을 만나 함께 이술(異術)을 배웠다. 그런 후에 여러 나라를 두루 돌아다녀 산림(山林)의 우두머리가 되어, 만년에 우리 나라로 돌아와 청학동(靑鶴洞)[6]에서 살았으므로 '청학상인'이라 한다.

이에 7인은 운학 선생(雲鶴先生)을 이끌고 청학동(靑鶴洞)을 방

---

4) 담정산(澹定山) : 강원도 강릉 남쪽에 있는 산.
5) 금장강(錦障江) : 강원도 영월 동쪽에 있는 강.
6) 청학동(靑鶴洞) : 지리산 안에 있는 마을. 이인로(李仁老)의 〈청학동기(靑鶴洞記)〉로 유명함.

문하여 위선생(魏先生)에게 사사하니, 위선생은 곧 운학 선생에게 '편운자(片雲子)'란 호를 지어 주었다. 그러니 나는 곧 편운자의 문인(門人)이다.

내가 무자년(1588 ; 宣祖 22)에 과거에 낙방하여 실의에 빠져서 고향으로 돌아오는 길에 저탄(楮難)[7]에서 편운자 선생을 만났다. 처음엔 선생을 알아보지 못했는데, 선생께서 나를 불러 말씀하시길,

　"관서(關西)의 조여적(趙汝籍)아, 어찌하여 그리 처량해 하느냐?"

라고 하였다. 나는 놀라 이상하게 여기고, 드디어 스승으로 섬겼다. 그래서 책을 짊어지고 형설의 공을 닦은 지가 이제까지 60년이 되었다.

선생께서 돌아가신 후로 고인(高人)의 종적이 영원히 사라지는 것을 염려하여, 이제까지 내가 귀로 듣고 눈으로 본 약간의 사적을 주워 모아 기록해 두려는 것이다. 청학상인(靑鶴上人)께서 말씀하시길,

　"호남(湖南)의 금선자(金蟬子)는 한라산(漢拏山)의 영웅이고, 관서(關西)의 취굴자(翠窟子)는 압록강(鴨綠江)의 정령(精靈)이며, 연(燕)나라 사람 채하자(彩霞子)는 양화(陽和)[8]의 후신이고, 초(楚)나라 사람 화오자(花塢子)는 조빈(曹彬)[9]의 혼이

---

7) 저탄(楮灘) : 저탄(猪灘)의 오기(誤記). 황해도 평산읍(平山邑) 동남쪽 나루에 있는 개울 이름.

8) 양화(陽和) : 중국 명나라 사람 장원변(張元汴)의 호. 절강(浙江) 산음(山陰) 사람. 자는 자신(子藎). 호를 불이재(不二齋)라고도 함. 시호는 문공(文恭). 융경(隆慶) 때 진사(進士). 벼슬은 한림시독(翰林侍讀)을 지냈다. 매우 효성스러웠고 그의 학문은 왕수인(王守仁)을 신봉했다. 저서에 〈소흥부지(紹興府志)〉·〈운문지략(雲門志略)〉·〈한림제서선수(翰林諸書選粹)〉·〈불이재문선(不二齋文選)〉 등이 있음.

9) 조빈(曹彬) : 중국 송나라 영수(靈壽) 사람. 자는 국화(國華), 시호는 무혜(無惠), 후주(後周)의 하중도감(河中都監). 후에 송나라에 귀속하여 촉(蜀)을 친 공로가 있다. 검교태사(檢校太師)·겸시중(兼侍中)을 지냈고, 노국공(魯國公)에 봉해졌다. 죽은 뒤 제양군왕(濟陽郡王)에 추증되었음.

128

돌아온 것이며, 요동(遼東)의 아예자(鵝蕊子)는 우림(羽林)[10]의
별이고, 여진(女眞)의 계엽자(桂葉子)는 하괴(河魁)[11]의 별이
며, 저 태원(太原) 지방의 벽락자(碧落子)는 변방의 맹호(猛
虎)의 정령(精靈)이고, 해서(海西) 지방의 편운자(片雲子)는
구름 가운데의 백학(白鶴)의 혼이다.”
라고 하셨다.
청학상인께서 또 말씀하셨다.
“우리 나라의 풍속에는 귀한 것은 숭상하고 천한 것은 억압
하는 풍습이 심하다. 아름다운 것을 표창하고, 착한 것을 포
상하는 것은 모두 명문귀족(名門貴族)으로부터 나왔다. 그래
서 산 속에 묻혀 사는 사람들은 인멸되어 버렸다. 따라서 무
명한 사람 중에서는 몇몇 고사(高士)가 있을 뿐이다. 화담(花
潭) 서경덕(徐敬德)의 훌륭함이 전해 내려올 수 있었던 것은,
아마도 박순(朴淳)[12]·허엽(許曄)[13]·오윤겸(吳允謙)[14]이 그의

---

10) 우림(羽林): 별 이름. 천군(天軍)을 관장하는 별.

11) 하괴(河魁): 별 이름. 술(戌)의 방향에 있음.

12) 박순(朴淳): 1523~1589, 조선 선조 때의 재상. 자는 화숙(和叔),
   시호는 문충(文忠), 본관은 충주, 우윤(右尹) 우(祐)의 아들. 서경덕
   (徐敬德)에게서 글을 배우고 같은 문인(門人) 퇴계(退溪)와 사귀었다.
   벼슬은 영의정까지 지냈고 동서 분당이 확실시되자 영평(永平) 백운산
   (白雲山)에 숨어 살았다. 저서에 〈사암집(思庵集)〉 6권이 있음.

13) 허엽(許曄): 1517~1580, 조선 선조 때의 문신. 자는 태휘(太輝),
   호는 초당(草堂), 본관은 양천(陽川), 군자감(軍資監) 부봉사(副奉事)
   간(澗)의 아들, 서경덕(徐敬德)에게 학문을 배우고 노수성(盧守成)과
   벗하였으며 동인(東人)의 영도자로 벼슬을 30년 했으나 생활이 검소했
   다. 일찍이 경상도관찰사로 김정국(金正國)이 찬수한 〈경민편(警民編)〉
   을 보충하여 일반에 반포하고 또 〈삼강이륜행실(三綱二倫行實)〉을 출
   판했음.

14) 오윤겸(吳允謙): 1559~1636, 조선중기의 재상. 자는 여익(汝益),
   호는 추탄(楸灘), 본관은 해주(海州), 희문(希文)의 아들. 우계(牛溪)
   성혼(成渾)에게 글을 배웠고 여러번 좌천되었다가 인조반정 이후에
   이조판서(吏曹判書)가 되었다. 인재등용에 있어 공평무사하여 친소를
   가리지 않았다. 이괄(李适)의 난과 정묘호란을 거치면서 왕과 왕세자
   의 피난에 동행하였다. 그후 영의정을 지냈으며 죽은 후에 광주(廣州)
   의 구암서원(龜巖書院)에 모셔졌다.

행적에 빛을 더하고, 윤색해 빛낸 덕분일 것이다. 서경덕의
시에 이런 것이 있다.

이 몸이 부끄러움 없이 중천(中天)에 서니,

흥이 청화(淸和)한 경지로 들어가도다.

내 맘이 경상(卿相)을 박대한 게 아니라,

종래부터 본 뜻은 산천에 있었네.

성명(誠明)15)의 일에 최선을 다하고

현묘한 십중 계략에도 조금 채찍을 대었도다.

경(敬)을 주로 하여 공을 이루어야 바야흐로 천지 신명께

답할 수 있으니,

창에 가득 찬 바람과 달에 스스로 유연(悠然)하네.
　〔將身無愧立中天,
　　與入淸和境界邊.
　　不是吾心薄卿相,
　　從來素志在林泉.
　　誠明事業恢遊刃,
　　玄妙機關少着鞭.
　　立敬功成方對越,
　　滿窓風月自悠然.〕16)

용문(龍門) 조욱(趙昱)17)은 서경덕의 시에 화답하기를,

---

15) 성명(誠明):〈중용〉에서 나온 말. 정성으로부터 밝아지는 것을 성이
　라 하고, 밝음으로부터 정성스러워지는 것을 가르침이라 한다. '정성스
　러우면 곧 밝아지고, 밝으면 곧 정성스러워진다(自誠明 謂之性, 自明
　誠 謂之敎. 誠則明矣 明則誠矣)'라고 한 데서 나와, 수양함에 있어서
　마음의 자세를 표현하는 말임.
16) 원시의 제목은 '증보진암(贈葆眞庵)'이다. 서화담의 시에 '독참동계
　희증보진암 조경양욱(讀參同契 戱贈葆眞庵 趙景陽昱)'이라는 시가 있
　으니, 이 시도 보진암에 있는 조욱(趙昱)에게 보낸 것이 확실함.
17) 조욱(趙昱):1498∼1557, 조선 명종 때의 학자. 자는 경양(景陽)·
　보진재(葆眞齋), 호는 우암(愚菴), 본관은 평양(平壤), 판관(判官) 수
　함(守諴)의 아들. 조정암(趙靜庵)·김충암(金冲庵)의 제자. 기묘사화

지인(至人)의 마음의 자취는 본래 하늘과 같고,
하잘것없는 지혜는 구구하게 한쪽에만 막혀 있네.
부질없이 초헌(軺軒)과 의상(衣裳)을 베풀어 질
곡(桎梏)을 만드니,
누가 성시(城市)가 곧 임천(林泉)임을 알 것인가?
배는 급류를 만나면 노를 돌리기 어렵고,
말이 긴 여정을 가노라면 채찍을 맞음이 합당하도다.
성(誠)과 경(敬)은 본래 쉬운 것이 아니며,
그대의 아름다운 시귀를 읊으며, 그러한 까닭을 묻노라.

〔至人心迹本同天,
　小知區區滯一邊.
　謾設軒裳爲桎梏,
　誰知城市即林泉?
　舟逢急水難回棹,
　馬在長程合受鞭.
　誠敬本非容易物,
　誦君佳句問其然.〕

라고 하였다. 이는 대개 경계하는 의미이다.

연산군(燕山君) 때에 이혜손(李惠孫)이란 사람이 있었다. 호는 백우자(百愚子)이고 자는 유후(裕後)이며, 금성(金城)[18]의 보리진(菩提津)[19] 가에서 살았다. 사람됨이 현묵(玄默)하여 하루 종일 바보와 같았다. 그러나 그는 의리(義理)를 궁구하여 명계(冥契)[20]에 달통, 다가올 운수와 과거의 일을 잘 알았으며, 먼곳

(己卯士禍)에 연좌되었으나 연소(年少)로 모면하였고 용문산(龍門山)에 은거하여 경지(經旨)를 가르치니 많은 학자가 모이고 용문선생이라 불렀다. 명종 때 장수현감(長水縣監)을 지냈다. 시문(詩文)·필화(筆畫)에 능하였고 서화담(徐花潭)·이퇴계(李退溪) 등 당세의 현사들과 벗하였다. 저서에 〈용문집(龍門集)〉이 있다.
18) 금성(金城):지금의 강원도 금화군(金化郡) 금성면(金城面).
19) 보리진(菩提津):강원도 금성(金城) 북쪽에 있는 나루 이름.
20) 명계(冥契):말은 하지 않지만 마음이 서로 맞음. 알지 못하는 마음.

의 일을 보고 듣는 도술(道術)을 배워 통달하였다. 그래서 그 짝을 지을 만한 사람이 전후에 없었다. 그러나 그는 집안이 한미(寒微)하고 가정이 가난하여 농업과 상업에 자취를 감추었다가 마침내 새가 빈 산에 들어가는 격이 되고 말았으니 애석하다.

　백우자(百愚子)가 일찍이 시를 짓기를,

> 한가히 바라보고 세상 일을 알며,
> 조용히 조수물을 보고 천기(天機)를 깨닫노라.
> 〔閑望浮雲知世事,
> 　靜觀湖水悟天機.〕

라고 하였으니, 그의 마음 속이 깨끗하고 자연스러운 모습을 살펴볼 수가 있다.

(2) 한국도류(韓國 道流)의 역사(歷史)

금선자(金蟬子)는 이렇게 말했다.

　"변지(卞汦)의 〈기수사문록(記壽四聞錄)〉은 우리 나라 도류(道流)의 무리를 기록했는데, 거기에서 언급하기를, '환인진인(桓因眞人)[21]은 명유(明由)[22]에게서 업을 받았고, 명유는 광성자(廣成子)[23]에게서 업을 받았는데, 광성자는 옛날의 성인

---

21) 환인진인(桓因眞人): 환웅(桓雄)의 아버지. 고기(古記)에 의하면 아들 환웅이 세상에 내려 오고자 하므로 태백산에 내려 보냈다 함. 단군신화에 나오는 천제(天帝)로 '천제환인'(天帝桓因)이라고 하는데 여기에서는 '환인진인'이라고 하였다.
22) 명유(明由): 우리 나라의 옛날 신선의 이름.
23) 광성자(廣成子): 옛날 신선의 이름. 공동산(崆峒山) 석실(石室) 속에 살았는데 황제(黃帝)가 몸을 다스리는 요체를 묻자, '당신의 몸을 수고롭히지 말고, 당신의 정신을 요동시키지 말며, 당신의 생각을 악착스럽게 갖지 않으면 곧 장수할 수 있다'고 하였음.

이다.

환인진인은 동방 선파(仙派)의 조종이고, 환웅천왕(桓雄天王)은 환인의 아들이다. 아버지의 뜻을 계승하여 사실을 기술하고, 바람·비·오곡(五穀) 등의 3백6십여 가지의 일을 주재(主宰)하시어, 우리 나라 백성을 교화시켰다. 단군이 대업(大業)을 계승해 10년 간 교화하니, 구이(九夷)가 모두 그를 존경하여 천왕(天王)으로 추대하였다. 쑥으로 만든 정자와 버드나무로 만든 대궐에서 머리를 땋고서 소 위에 걸터앉아 세상을 주관해 다스린 지 1418년 만에 아사산(阿斯山)[24]에 들어가 신선이 되었다. 그의 자손들이 번창하여 그 당시 큰 나라 9개 국과 작은 나라 12개 국이 모두 단씨(檀氏)였다.'라고 하였다.

그 후에 문박씨(文朴氏)[25]가 있어 아사산(阿斯山)에 살았는데, 그는 얼굴이 아름답고, 눈이 모지게 생겼으며, 단군의 도를 능히 체득할 수 있었다.

영랑(永郞)[26]은 향미산(向彌山) 사람인데, 90세가 되어서도 얼굴빛이 어린아이 같았으며, 백로 깃으로 만든 관을 쓰고, 쇠와 대로 만든 지팡이를 짚고, 호수와 산을 소요하다가 드디어 문박씨(文朴氏)의 업을 이어받았다. 마한(馬韓) 때 신녀(神女) 보덕(寶德)은 바람을 타고 다니고 거문고를 안고 노래를 하는데 그 모습이 마치 가을 물속의 부용(芙蓉) 같았으며 이 사람이 영랑(永郞)의 도를 계승하였다.

신라 초에 표공(瓢公)이란 사람이 있어, 그는 동해로부터 표주박을 타고 와서 신라의 명재상이 되었다. 그는 옥을 삶아 먹고, 나무를 부드럽게 하여 옷을 해 입었으며, 바람과 비를 부르고 짐승들을 쫓고 꾸짖었다. 그는 마침내 설악산으로 들어갔는데, 이는 선가(仙家)의 별파(別派)이다.

---

24) 아사산(阿斯山): 아사달산(阿斯達山)의 준말로 평양 부근의 백악산(白岳山) 또는 황해도 구월산(九月山)이라고도 함.
25) 문박씨(文朴氏): 옛날 우리 나라 신선 이름.
26) 영랑(永郞): 신라 사선(四仙) 중의 한 사람. 지금의 영랑호(永郞湖)·영랑봉(永郞峯) 등의 이름이 이에서 비롯된 것임.

가락국(駕洛國) 거등왕(居登王) 때 담시선인(昙始仙人)이란 분이 있었는데 그는 칠점산(七點山)[27]으로부터 내려왔다. 그의 모습은 차가운 옥같이 빛나고, 그의 말씨는 불경(佛經) 읽는 소리 같았다. 그는 초현대(招賢臺)[28]에서 임금을 만나뵙고 말하길,

'임금께서 자연스럽게 다스린다면, 백성은 자연적으로 풍속이 이루어질 것입니다.'

라고 하였다. 그에게 좋은 음식을 대접하였으나 사양하고 받지 않고 풍향지(楓香脂)[29]·도라지 등을 찾아 먹으니, 이 사람은 곧 표공(瓢公)의 유파(流派)이다.

물계자(勿稽子)[30]란 사람은 신라 때 명신(名臣)으로 공을 세웠으나, 상을 받지 못하였다. 그래서 거문고를 들고 사이산(斯彝山)으로 들어가, 봄에는 수풀 속에서 거처하고 겨울에는 동굴에서 살았다. 효공왕(孝恭王) 때 옥룡자(玉龍子；道詵)[31]가 풍악산(楓岳山；金剛山)에서 만났는데 동안(童顏)에다 피부가 아이와 같으며 술병을 들고 노래하는데 나이를 물으니 거의 8백세라 하였다. 이 사람은 곧 칠점산(七點山；昙始仙人을 指稱)의 후예이다.

옥보고(玉寶高)[32]란 분은 학금산인(學琴山人)이고, 이순(李

---

27) 칠점산(七點山)：경상남도 양산(梁山) 남쪽에 있는 산.
28) 초현대(招賢臺)：경남 김해 동쪽에 있는 산.
29) 풍향지(楓香脂)：단풍나무의 진. 지혈(止血)·종기(腫氣)·피부병 같은 것을 치료하는 데 씀. 백교향(白膠香)이라고도 함.
30) 물계자(勿稽子)：196～229, 신라 내해왕 때의 지사(志士). 임금이 포상(浦上) 8국을 칠 때 국가에 크게 공을 세웠으나 자기의 공을 알아 주지 않자 세상에 숨어 살았음.
31) 옥룡자(玉龍子)：827～898, 신라 말의 중 도선(道詵)의 호. 속성은 김. 영암(靈岩) 출신. 15세에 중이 되어 오랜 수도 생활 끝에 옥룡사(玉龍寺)에 자리 잡고 거기서 일생을 마치려 했다. 신라 헌강왕이 그의 명성을 듣고 궁중에 초청하므로 불려 갔다가 다시 산으로 들어갔다. 신라 말 고려 초의 풍수설의 제1인자로 한국 도참설에 많은 영향을 끼쳤다.
32) 옥보고(玉寶高)：신라 경덕왕 때의 악사. 사찬(沙湌) 공영(恭永)의 아들. 지리산 운산원(雲山院)에 들어가 금법(琴法)을 닦고 거문고의 새로운 가락 30곡을 지었으며 금법을 속명득(續命得)에게 전하였음.

134

純)[33]이란 분은 습은고사(習隱高士)인데, 이들은 곧 보덕(寶德)의 분파이다. 대세(大世)와 구칠(仇柒)[34]은 남해에 배를 띄워 타고 갔으며, 도선(道詵)과 원효(元曉)는 불교에 몸을 의탁했으니, 이들은 곧 물계자(勿稽子)의 유파이다.

최치원(崔致遠)은 문장이 정밀하여 여러 사람 가운데에서 탁월하였다. 12세에 당나라에 들어갔다가, 28세에 우리 나라로 돌아와 중 정현(定玄)·현준(賢俊)과 도우(道友)가 되었다. 그가 지나간 곳으로 경주(慶州)의 남산(南山), 강주(剛州)[35]의 영산(永山), 합주(陜州 : 陜川)의 청향산(淸香山), 지리산(智異山)의 쌍계(雙溪)인 듯한데, 이런 곳들은 모두 명승지이다. 만년에는 가야산(伽倻山)에 들어가 다시 세상에 나오지 않았다. 이 사람은 곧 대세(大世)와 구칠(仇柒)의 유파이다.

그 후 청평산(淸平山)의 이명(李茗), 두류산(頭流山)의 곽여(郭輿)[36]도 역시 한 유파이다. 최당(崔讜)[37]·한유한(韓惟漢)[38]

---

33) 이순(李純) : 신라 경덕왕 때 사람. 임금에게 총애를 받아 직장(直長)이 되고 벼슬은 대내마(大奈麻)에 이르렀다. 763년(신라 경덕왕 22년) 어느날 갑자기 벼슬을 버리고 산으로 들어가 여러 번 불렀으나 나오지 않았다. 머리를 깎고 중이 되어 단속사(斷俗寺)를 짓고 거기에 살다가 임금이 음악에 몹시 빠졌다는 소문을 듣고 그것을 간하여 그만두게 함.

34) 대세(大世)와 구칠(仇柒) : 신라 때 은사(隱士)들.〈삼국사기〉신라본기 진평왕조(眞平王條)에 보임.

35) 강주(剛州) : 경상북도 의성(義城)의 옛 이름.

36) 곽여(郭輿) : 1059~1130, 고려 예종 때의 은사. 자는 몽득(夢得). 사어금기(射御琴棋)를 잘했으며 홍주목사(洪州牧使)를 지냄.

37) 최당(崔讜) : 1135~1211, 고려 말기의 문인. 시호는 정안(靖安). 최유청(崔惟淸)의 아들. 어려서부터 학문을 좋아했고 동중서문하평장사(同中書門下平章事)에 이르러 치사(致仕)했다. 만년에 벼슬에서 물러난 여러 선비들과 기로회(耆老會)라는 모임을 만들어 즐기니 당시 사람들이 지상선(地上仙)이라 부름.

38) 한유한(韓惟漢) : 고려 때 은사. 대대로 서울에 살면서 벼슬하지 않는 집안에 태어났다. 최충헌이 정권을 마음대로 하여 벼슬을 파는 것을 보고 장차 난리가 닥치리라 하고 처자를 데리고 지리산으로 들어가 외부와 단절했다. 세상에서 그의 절개를 고상하게 여겨 서대비원록사(西大悲院錄事)로 불렀으나 나가지 않았다. 곧 깊은 산골로 들어가 종신토록 나타나지 않았다. 얼마 안 있어 거란과 몽고의 침입이 있었다.

역시 같은 유파(流派)이다.

혜륵(惠勒)·아도(阿道)[39]·흑호(黑胡)[40]·학선(鶮仙)은 모두 불가의 고사(高士)이다.

이들의 뒤를 이어받은 중 정호(丁皓)는 예전 전서(典書) 이백박(李伯博)의 아우이다. 비록 몸은 절에 의탁하고 있었으나 선가(仙家)의 진리를 흠모하여 한음산(漢陰山)에 거처하며 과일과 채소를 먹고 살면서 스스로 호를 모진당(慕眞堂)이라고 하였다. 일찍이 강주(降州)[41]의 정자를 지나다가 한 소년을 만나 청담(淸談)을 나누었다. 그 소년은 청산유수로 이야기를 잘하여 상대편을 상쾌하게 하였다. 그 소년은 백림거사(柏林居士)라 스스로 호를 붙였는데 성명은 한식(韓湜)이었다. 그는 마침내 벼에 시를 지어 붙였는데 그 시는 다음과 같았다.

일찍이 선조(先朝 ; 高麗)에서 오얏나무 심을 때를 보더니
동풍이 불어 24절기 지나 봄이 돌아왔네.
시를 천년 묵은 화표(華表)[42] 기둥에 써 넣고,
청산의 한 움큼의 티끌에 눈물 뿌리네.
단풍나무 언덕에는 새벽의 신륵사(神勒寺)[43] 종소리가 울리고,
안개 낀 모래 밭의 저녁 피리소리가 광릉진(廣陵津)[44]에 들리네.

---

39) 아도(阿道) : 고구려의 중. 아버지는 중국 위(魏)나라 아굴마(我堀摩). 다섯살 때 출가하여 신라 미추왕 2년(263)에 신라에 와서 절을 많이 지었다고 함.
40) 흑호(黑胡) : 묵호자(墨胡子)의 오기(誤記)일 듯. 묵호자는 신라에 처음 불교를 전한 고구려 고승(高僧).
41) 강주(降州) : 충북 진천(鎭川)의 옛 이름.
42) 화표(華表) : 묘 앞에 세우는 문·망주석(望柱石) 따위.
43) 신륵사(神勒寺) : 경기도 여주군 여주(驪州)에 있는 절. 신라 시대 창건한 것으로 추정됨.
44) 광릉진(廣陵津) : 지금의 서울특별시 성동구와 송파구 사이에 있는 한 강가의 나루 이름. 광나루.

가을 바람에 잔잔한 파도 위의 노를 천천히 젓는데
누각 위에서는 여동빈(呂洞賓)[45]을 알아보는 사람 하나 없네.

〔曾見先朝種李辰,

　東風二十四回春.

　題詩華表千年柱,

　灑淚靑山一掬塵.

　楓岸曉鐘神勒寺,

　烟沙晚笛廣陵津.

　秋風緩擊滄浪枻,

　樓上無人識洞賓.〕

그리고 곧 강 안개 속으로 걸어 들어가 버렸다. 후에 김맹(金孟)[46]의 〈은일록(隱逸錄)〉을 살펴보니 한식(韓湜)이라는 사람은 고려 명종 때 사람인데, 그의 아버지 한순(韓順)이 정중부(鄭仲夫)에게 해를 당했으므로 산에 들어가 도를 닦았다고 하였다. ”

연산(燕山) 정사년(1497)에 이종준(李宗準)[47]·이즙(李曾)[48]·

---

45) 여동빈(呂洞賓) : 중국 당(唐) 나라 때의 도사. 이름은 암(嵓·巖), 자가 동빈. 또는 여조(呂祖)라고도 함. 호는 순양자(純陽子)·회도인(回道人)·회선생(回先生). 황소(黃巢)의 난 때 종남산(終南山)으로 이사한 후 행방불명. 속칭 팔선(八仙) 중의 한 사람. 저서에 〈여조전서(呂祖全書)〉가 있음.

46) 김맹(金孟) : 1410~1483, 조선 초기 사람. 자는 사진(士進). 본관은 김해. 처사(處士) 극일(克一)의 아들. 벼슬은 집의(執義)에 그쳤으나 천성이 청렴하여 아부할 줄 몰랐다. 다섯 임금을 섬겨 여러 번 어려운 경우를 겪었으나 모두 잘 넘겼다. 다만 술을 몹시 좋아하였으며 벼슬이 낮아 집이 가난해도 태평했다. 말년에 수도에 힘썼다. 형 한분과 아우 셋이 모두 무고하여 명절 때는 만나 다섯 늙은이가 서로 뺨을 비비고 목을 끌어 안으며 아이들같이 놀아 온 고을이 칭찬하였다.

47) 이종준(李宗準) : ?~1499, 조선 중기의 문신·학자. 자는 중균(仲鈞). 호는 용재(慵齋). 경주 사람. 김종직(金宗直)의 문인. 의성현령(義城縣令) 때 〈경상도지도(慶尙道地圖)〉를 제작함.

48) 이즙(李曾) : 이증(李增)의 오기(誤記)일 듯. 이증(1525~1600)은 조

이계맹(李繼孟)[49]·이수공(李守恭)[50]·권오복(權五福)[51]·권경유(權景裕)[52]·이목(李穆)[53]·정희량(鄭希良)[54] 등 여러 사람이 여

선 선조 때의 공신. 자는 가겸(可謙), 호는 북애(北崖). 본관은 한산(韓山). 이색(李穡)의 7세손. 1589년(선조 22)에 간장(諫長)으로 정여립(鄭汝立)의 옥(獄)을 추궁한 공으로 평난(平難) 공신이 되고 형·예·공조판서를 역임, 의정부 좌우참찬에 이르렀으며 성질이 청렴하여 세 차례나 대사성을 사퇴했다.

49) 이계맹(李繼孟) : 1458~1523, 조선 초기의 문신. 자는 희순(希醇), 호는 묵곡(墨谷), 시호는 문평(文平). 본관은 전의(全義). 1489년(성종 20) 문과에 급제. 1498년 무오사화(戊午士禍)에 연좌되어 영광에 귀양갔다. 돌아와 대사헌을 지냈으며 1509년 경기감사를 지내고 평안감사, 호·형·예조판서, 좌찬성(左贊成)을 거쳐 1519년 기묘사화에는 병을 이유로 김제(金堤)에 있다가 다시 좌찬성에 임명되었다.

50) 이수공(李守恭) : 1464~1504, 조선 성종 때의 문신. 자는 중평(仲平), 본관은 광주(廣州). 영의정 극배(克培)의 손자. 1498년 무오사화로 귀양갔다가 1501년 사죄되었으나 1504년 갑자사화 때 화를 입어 피살되었다.

51) 권오복(權五福) : 1467~1498, 조선 성종 때 학자. 자는 향지(嚮之), 호는 소유(小游)·수헌(睡軒), 본관은 예천, 권오기(權五紀)의 동생. 문장 필법이 탁월하여 한원(翰苑)에 뽑혀 옥당에 들어갔다. 사관이 되었을 때 김종직이 〈조의제문(吊義帝文)〉을 써서 단종을 의제에, 세조를 항우에 비유했는데 김일손이 이 글을 싣고 권오복이 김종직의 사전(史傳)을 적어 넣어 이것이 문제가 되어 무오사화가 일어났고 이로 인해 김일손 등과 같이 피살되었다.

52) 권경유(權景裕) : ?~1498, 조선 성종 때의 문관. 자는 군요(君饒)·자범(子汎), 호는 치헌(癡軒), 본관은 안동. 판관 질(瓆)의 아들. 1485년 문과에 급제, 연산군 때 제천현감(堤川縣監)이 되었는데 이에 앞서 사관으로 있을 때 김종직의 사전(史傳)을 사초(史草)에 실어 무오사화 때 연좌되어 김일손 등과 처형되었다.

53) 이목(李穆) : 1471~1498, 조선 연산군 때의 문관. 자는 중옹(仲雍), 호는 한재(寒齋), 시호는 정간(貞簡), 본관은 완산(完山), 개국공신 이백유(李伯由)의 5세손. 일찍이 김종직(金宗直)에게 학문을 배웠고 성종(成宗) 때에는 바른 말을 잘한다 하여 명성을 떨쳤고 연산군 때 무오사옥(戊午史獄)에 연루되어 죽음을 당하였다. 후에 공주의 충현서원(忠賢書院)에 제사하였다.

54) 정희량(鄭希良) : 1469~?, 조선 연산군 때의 문관. 자는 순부(淳夫), 호는 허암(虛庵), 본관은 해주, 연경(延慶)의 아들. 연산군 때 여러 번 간언하여 필화를 당하였는데 무오사화(戊午士禍) 때 난언(亂言)을 범하고도 난을 고하지 않았다 하여 의주로 귀양가기도 했다. 성질이 강건하고 문장과 시에 능하며 또 음양학에 밝았으며, 영달에 마음이 없었다.

138

주(驪州)의 청심루(淸心樓)에 올라가 술잔을 들고 시를 읊다가, 저물녁에 남은 술을 들고 돌아오는 갈에 평량자(平涼子)란 사람을 만나니, 그는 전에 지었던 시 수십 수를 자랑하다가 홀연 이별을 고하고 떠나버렸다. 그런데 그때 그는 깨끗한 서첩(書帖) 하나를 빠뜨리고 갔다. 그래서 여러 사람이 그것을 가져와 보니 한 편의 시가 있었다.

버들 잎이 바람 따라 보전(寶殿)에 오르니,
뜰에 가득 찬 도리화(桃李花)는 모두 안색(顏色)이 없네.
어두운 가운데 한 마리 기러기는 어느 곳으로 날아가는가?
한계령(寒溪嶺)과 경포대(鏡浦臺) 사이에서 출몰하는도다.
〔柳葉隨風升寶殿,
　滿庭桃李摠無顏.
　冥冥一鴈飛何處?
　出沒寒溪鏡浦間.〕

아! 누가 유자광(柳子光)이 무오옥사를 일으켜 여러 사람이 모두 화를 만날 줄 알았으리오? 유독 정순부(鄭淳夫 ; 鄭希良)만이 관서(關西)로부터 망명하여 한계령과 경포대 사이에서 백우자(百愚子)를 따라 다녔으니 정순부 같은 사람은 가히 기미를 알아챈 어두움 속의 기러기라고 할 수 있으리라.

편운자(片雲子)가 말하였다.
"신당(新堂) 정붕(鄭鵬)[55]이 죽을 때 공중에서 생황 소리가 울려 퍼졌고, 참지(參知) 정곤수(鄭昆壽)[56]는 일찍이 관청에

---

55) 정붕(鄭鵬) : 1467~1512, 조선 중종 때의 문관. 자는 운정(雲程), 호는 신당(新堂), 본관은 해주(海州), 현감 철견(鐵堅)의 아들. 성종 때 벼슬이 양사(兩司)를 거쳐 교리에 이르렀으나 갑자사화(甲子士禍)에 몰려 귀양갔고 중종 때 복직되어 청송(靑松)부사 재직 중에 죽었다. 일찍 김굉필(金宏弼)의 밑에서 공부하여 성리학에 통하였다. 또한 천성이 청백하여 의가 아닌 것은 행하지 않았다.

앉아 있다가 갑자기 사라져 버렸으며, 윤군평(尹君平)[57] 역시 기이한 사람이었다. 그의 몸은 늘 매우 뜨거워, 매번 쇠조각 여러 개를 양 겨드랑이에 끼우면 금방 쇠조각은 화로 속에 넣었던 것같이 뜨거워지곤 하여서, 차가운 쇠조각을 대신 바꾸어 끼곤 하였다. 또 날씨가 춥고 더운 것을 가리지 않고 목욕을 했으니, 비록 동짓날이라도 반드시 정화수 한 동이를 등에 퍼부운 연후에야 편안히 지낼 수 있었다.

처사(處士) 이유(李愈)는 자가 퇴부(退夫)로, 자호(自號)는 소두자(梳頭子)인데, 지리산의 자초동(紫草洞)에서 은거하였다. 그는 자초동의 산수를 매우 사랑하였으며 매일 천 번씩 머리를 빗었다. 그는 시에서 이렇게 말하였다.

나무 빗으로 머리를 빗고, 대나무 빗으로도 또 빗어
천 번이나 빗으니, 이가 이미 없어졌네.
어떻게 큰 빗 천 개쯤 얻어
백성들의 머리 속 이를 남김없이 없앨가?
〔木梳梳了竹梳梳,
　梳却千回虱已除.
　安得大梳千萬隻,
　盡梳黔首虱無餘?〕

---

56) 정곤수(鄭昆壽) : 1538~1602, 조선 선조 때의 명신. 초명은 규(逵), 자는 여인(汝仁). 호는 백곡(栢谷)·경음(慶陰)·조은(朝隱). 시호는 충익(忠翼), 본관은 청주(清州), 대호군(大護軍) 승문(承門)의 아들. 명종 때 예안(禮安)의 도산정사(陶山精舍)로 퇴계(退溪) 이황(李滉)을 찾아가 〈심경(心經)〉을 배웠다. 후에 임진왜란을 당하자 선조를 모시고 서행(西行)하였고 명나라에 청병하는 등 많은 공로를 세우고 의정부좌찬성(議政府左贊成)으로 있다 죽었다. 후에 훈(勳) 1등 호성(扈聖) 공신·영의정이 추증됨.

57) 윤군평(尹君平) : 생몰미상, 조선시대 이인(異人). 서울 사람으로 젊어서 무예를 익혀 군관이 되었다. 북경(北京)으로 가다가 이인(異人)을 만나 〈황정경(黃庭經)〉을 전수받아 수련법을 익혔다. 당시에 전우치(田禹治)와 더불어 도술이 가장 높았다. 80세에 시해(尸解)하였다 한다.

비록 은일하는 선비라 하나 세상을 다스릴 재주가 있어 대추 꽃이 피고 난 후 열매가 맺고, 뽕나무 잎으로 실을 토해 내듯이 조그만 부끄러움도 없다고 말할 수 있다.

광진자(狂眞子) 홍유손(洪裕孫)[58]은 자가 여경(餘慶)이다. 향리(鄕吏)로서 본읍(本邑)의 일을 괴로워하여 물러나 지방으로 유람다니다가 금강산에 이르러 시를 지었다.

몸은 단군이 개국한 무진년(B. C. 2333)보다 먼저 태어나
눈으로 기왕(箕王 ; 箕準)이 마한(馬韓)을 세운 것을 보았네.
이제 영랑(永郎)과 더불어 수부(水府)에서 노닐다가
또한 봄 술을 가지고 인간 세상에 머무네.
〔身先檀帝戊辰歲,
　眼及箕王號馬韓.
　今與永郎遊水府,
　又牽春酒滯人間.〕

그의 시는 사람으로 하여금 신선의 흥취를 일으키게 한다.
동해 가운데 세 봉우리가 있는 섬이 있다. 두리산(頭里山)에 올라 바라보니 그 모양이 소가 누워 있는 것 같았고, 섬 안에는 산이 있는데 그 봉우리 이름이 천장(泉長)·화죽(花竹)·수형(秀馨)이라 하였다. 진사(進士) 전호인(田好仁)이 배 젓는 기술을 배워 바다를 건너 섬에 들어가 보니, 8,9칸쯤 되는 초가집이 느티나무 숲속에 숨어 있었다. 그 집은 깨끗하고 아름다

---

58) 홍유손(洪裕孫) : 생몰미상, 조선 중종 때의 시인. 자는 여경(餘慶), 호는 조총(篠叢)·광진자(狂眞子). 본관은 남양(南陽), 부리(府吏) 순치(順致)의 아들. 가세는 대대로 청빈(淸貧)하였으나 성질이 방달(放達)하여 얽매이지 않았다. 김종직(金宗直)에게 배웠고 추강(秋江) 남효온(南孝溫)과 함께 산천을 돌아다니며 시주(詩酒)로 세월을 보냈다. 또, 김수온(金守溫)·김시습(金時習) 등과 교유하며 시율(詩律)로 화합하여 이름을 떨쳤다.

왔으며, 집 주인은 자호(自號)를 압모도사(鴨毛道士)라 하고, 집 이름은 수당(脩堂)이라 하였다. 그리고 당의 명(銘)을 이렇게 써 놓았다.

인생은 얼마나 사노?
흰 망아지 문 틈을 지나는 것 같네.
이 마음과 몸을 괴롭혀
먹고 살기에 허덕이네.
공화(空花)[59]를 쫓아 달리고,
수월(水月)[60]을 막거니 들거니 하네,
매실(梅實)을 말하면 입이 시고,
낭떠러지를 생각하니 발이 떨리네.
제호탕은 최상의 맛이지만
드디어 독약이 될 수도 있네.
한결같이 스스로 한가한 몸
신령한 동자(童子)는 삭막하다네.
고고하게 높은 현관을
어째서 일찍이 건너지 않았는가?
배나무·대추나무를 기르려면
가시덤불을 베어야 하네.
구슬 거울을 얼음에 갈고
단전(丹田)에 옥을 심네.
정문(頂門)을 똑바로 보면
육통(六通)[61]에 끝이 없네.

---

59) 공화(空花) : 안화(眼花). 눈병에 걸린 눈으로 허공을 바라보면 공중에 꽃이 있는 듯이 보이는 것처럼 번뇌로 말미암아 떠오르는 여러 가지 망상.

60) 수월(水月) : 물에 비친 달. 만물은 실체가 없는 공(空)임을 비유한 말.

61) 육통(六通) : 천지(天地)·사방(四方). 또는 음양(陰陽)·풍우(風雨)·회명(晦明).

용을 몰고 봉황새를 타고
푸른 하늘을 소요하네.
〔人生幾何？
白駒過隙.
勞此心膂,
營營衣食.
空花逐趨,
水月抗提.
談梅口酸,
想崖足澀.
醍醐上味,
遂成毒藥.
一自閑骨,
靈童索寞,
孤峭玄關.
何不早涉？
養來梨棗,
剪去荊棘.
瑤鏡磨氷,
丹田種玉.
頂門正眼,
六通無極.
檥龍駕鳳,
逍遙碧落.〕

또 시 한 수가 있다.

꽃다운 풀길을 찾으며 생각하니
꽃이 떨어지는 마을이 어디인가?
나의 아름다운 연못의 곡식을 보니
부용화 한 송이 피어 있네.

〔尋思芳草逕,
　　何處落花邨？
　　觀我金塘粟,
　　芙蓉一朶存.〕

　전호인(田好仁)이 예를 차리고, 먹을 것을 구하니 도사가 동자에게 명하여 과일 10개를 주었다. 그런데 과일은 돌처럼 딱딱해서 씹을 수가 없었다. 도사가 다시 밥 한 그릇을 주고 밥을 반만 먹게 하고서,

　　"이 그릇은 정양사(正陽寺)⁶²⁾의 불기(佛器)이니 돌아가는 길에 전해 주라."

하였다. 그리고 전호인이 도사와 가까이 지낼 수 있기를 구하니 허락했다. 전호인은 사례하고, 그 그릇을 절에 돌려주니 그 그릇은 정양사에서 재를 올릴 때 잃어버린 것이었다. 전호인은 길가는 도중에 그 밥의 반만 먹고 남겨 두니 하룻밤만 자면 다시 밥이 가득 채워졌다. 그 후에 전호인이 가족을 이끌고 그 섬으로 들어가 보니, 그 도사는 이미 가버려 없고 오래 된 그 집은 퇴락했는데, 돌 위에 시가 씌어져 있었다.

　　삼한(三韓)의 상사(上舍)⁶³⁾인 전호인(田好仁)은
　　황등도(黃藤島)로 나를 찾아오라.
　　〔三韓田上舍,　訪我黃藤島.〕

　그러나 전호인은 황등도가 도대체 어디에 있는지 알 수 없어서 실망하고 돌아갔다. 그는 나이 100살이 되어서도 머리카락 한 오리도 희어지지 않았으며, 보는 사람마다 그때 일을 이야기하곤 하였다.

---

62) 정양사(正陽寺) : 금강산에 있는 표훈사(表訓寺)의 말사. 백제 무왕 원년(600)에 관륵(觀勒)이 짓고, 신라 문무왕 원년(661)에 원효대사가 중건하였음.

63) 상사(上舍) : 생원(生員)・진사(進士).

우리 취병공(翠屛公)의 휘는 미정(美廷)이고, 자는 옥여(玉汝)이며 정통(正統 ; 明 英宗 年號. 1436～1449), 갑자년(1444 ; 世宗 26)생이다. 공의 어머니 조씨(趙氏)가 꿈에 인왕산(仁旺山)에 오르니, 하얀 구름 한 조각이 하늘로부터 내려와 머리에 얹히자 관이 되므로 이내 빙긋이 웃으며 깨어났다. 그리고서 바로 임신하여 공을 낳았다. 공은 어렸을 때부터 시명(詩名)이 있었는데, 사람들이 청사재동(靑絲才童)이라 불렀다. 연산군 때, 봉양군(奉陽君)[64] · 안양군(安陽君)[65]의 일로 관직을 삭탈당하여 장연(長淵)으로 귀양가서 이내 세상 일과 인연을 끊고, 자호(自號)를 취병거사(翠屛居士)라 하였다. 병술년(1466) 금사사(金沙寺)[66]에 이르러, 병으로 몸져 눕게 되었다. 어느날 저녁 갑자기 시 한 수를 지었다.

아직 연하(烟霞)를 사랑하는 병이 낫지 않았는데
안기생(安期生)[67]이 편지를 전하네.
삼천리나 먼 요해(瑤海)의 길을
달을 부르며 가는 채찍을 재촉하네.
〔未了烟霞病,
　安期信字傳.
　三千瑤海路,
　呼月促征鞭〕.

그는 이 시를 쓰고 이튿날 초저녁 달이 뜰 때에 운명하였다. 생각컨대 신선과의 인연이 있었으리라 여겨진다. 취병거사의

---

64) 봉양군(奉陽君) : 조선 성종대왕의 제 6남인 봉안군(鳳安君)의 잘못된 표기일 듯.
65) 안양군(安陽君) : 조선 성종대왕의 제 3남. 봉안군과 같이 귀인(貴人) 정씨(鄭氏) 소생으로 연산군 생모 윤씨 폐출사건에 관계되어 죽음을 당했음.
66) 금사사(金沙寺) : 황해도 장연군(長淵郡)에 있는 절 이름.
67) 안기생(安期生) : 중국 진(秦)나라 때 신선의 이름.

부인 광주김씨(光州金氏)는 모습이 추했는데 스스로 창암(蒼岩)이라 호하였으며, 〈가례(家禮)〉[68] · 〈예기(禮記)〉 · 〈논어(論語)〉 · 〈효경(孝經)〉을 익혀 알아서 대의(大義)에 통하였다. 평소에 시를 짓는 일이 없더니 취병거사가 양양(襄陽)에 갔을 때 따라가 시 한 수를 지었다.

덕에 의거해 인(仁)을 좋아하면 사람이라 할 수 있으니
화려한 비녀, 보배로운 패물은 몸을 편안하게 할 수 없네.
기름진 음식과 봉록(俸祿)도 나는 오히려 두려워하느니
위로는 임금님의 법이 있고, 아래로는 백성들이 있기 때문이네.
〔據德好仁可謂人,
　華簪寶珮莫安身.
　脂膏俸祿吾還畏,
　上有王章下有民.〕

정덕(正德 ; 明 武宗年號. 1506~1521), 무진년(1508 ; 中宗 3)에 꿈을 꾸었는데 푸른 바다 한가운데로 들어가, 한 높은 산에 오르니, 꽃과 나무가 뒤덮여 있고, 안개와 노을이 짙고 옅은데, 버드나무 아래 그림 같은 누각 한 채가 보이고 그 집은 단청이 빛났으며, 짐승의 날카로운 울음소리가 들렸다. 그런데 네 명의 여자가 나와 맞이하며,

"부인! 어째 이리 늦게 오십니까?"
라고 하며 부축해 방에 들어가 술을 올리고, 낮은 소리로 노래를 하였다.

난새 한 쌍이 날아가 돌아오지 않으니

---

68) 주례(朱禮) : 〈주자가례(朱子家禮)〉의 준말. 가례에 관한 주자의 학설을 명(明)나라 구준(丘濬)이 수집하여 만든 책.

146

벽도화[69] 그림자 속에 천태산[70]에서 늙는구나.
빨리 돌아오라, 빨리 돌아오라.
바다의 구슬 산봉우리에서 풀잎 잔으로 함께 취해 보세.
〔鸞羽一雙去不回,
　碧桃花影老天台.
　早歸來早歸來,
　海上瑤峰共醉葉盃〕

그 뒤 3일 만에 세상을 떠나니 비로소 그 전생의 몸이 바다 속의 신선세계에서 온 것을 알 수 있었다.

(3) 도인(道人)들의 대화(對話)

을유년(1585 ; 宣祖 18)에 채하자(彩霞子)가 와서 위선생〔魏漢祚〕을 뵙고 말하였다.

"우리 나라에 최근 들어 재변이 많습니다. 장성(將星)[71]이 은하수를 지나매 물이 붉게 파도치니 재앙이 장차 어디에 있겠습니까?"
이에 위선생이 대답하기를,
"10년이 못되어 왜란이 있을 것이다."
라고 하였다. 이에 채하자가 말하기를,
"일찍이 오행(五行)의 이치를 살펴볼 때, 생왕방(生旺方)[72] 사이에 목욕(沐浴)[73]이 있으니 나라를 세우는 데도 또한 그러합

---

69) 벽도화(碧桃花) : 벽도나무의 꽃. 복숭아나무의 한 가지로 천엽(千葉)의 꽃이 희고 아름답다.
70) 천태산(天台山) : 중국 절강성 천태현에 있는 명산. 수(隋)나라 때 지의(智顗)가 여기서 천태종(天台宗)을 열었다.
71) 장성(將星) : 장수의 별. 하괴성(河魁星)을 말함.
72) 생왕방(生旺方) : 오행(五行)으로 따져 보아 길한 방위.
73) 목욕(沐浴) : 은혜를 입는다는 뜻.

니다. 주(周)나라의 유왕(幽王)[74]과 여왕(厲王)[75], 한(漢)나라 때 애제(哀帝)[76]와 평제(平帝)[77], 당(唐)나라의 천보(天寶)[78]와 송(宋)나라의 정강(靖康)[79] 때에도 대개 그러했습니다. 이제 조선이 나라를 세운 지 2백여 년에 이런 운수가 장차 다가올 것입니다."

라고 하였다. 이에 벽락자(碧落子)가 말하길,

"세상 운세가 쇠하려 하는데, 그 기미가 먼저 동남쪽에서 일고 있습니다. 동남쪽이라면 왜(倭)가 아닙니까? 썩은 나무에는 벌레가 생기고, 벽에 틈이 있으면 바람이 그 틈으로 새어들어옵니다. 난적의 무리는 대개 이런 때를 타서 침노하기 마련입니다."

라고 말했다.

계엽자(桂葉子)가 이르길,

"어제 천랑성(天狼星)[80] 하나가 서북쪽으로 떨어졌고, 하나는 동남쪽으로 떨어졌습니다. 서북쪽에는 발승사(勃承思)란 적이 있다고 들었으니, 동남쪽은 반드시 왜놈들일 것이오."

라고 하였다. 이에 취굴자(翠窟子)가 말했다.

---

74) 유왕(幽王) : 생몰미상. 기원전 8세기 경의 중국 주(周)나라의 12대 왕. 성명은 희열(姬涅). 황후·황태자를 폐위시키고 총희(寵姬) 포사(褒姒)를 황후로 앉히고 그 아들을 태자로 책봉함. 포사를 웃게 하기 위하여 평시에도 종종 봉화(烽火)를 올리어 제후를 모이게 하는 등 방자한 짓을 저질렀다.

75) 여왕(厲王) : 주(周)나라 제10대왕.

76) 애제(哀帝) : 중국 전한(前漢) 제12대 황제. 성은 유(劉). 이름은 흔(欣). 관제(官制)를 많이 고침.

77) 평제(平帝) : 중국 전한의 제14대 황제. 성명은 유간(劉衎). 아버지는 중산효왕(中山孝王). 애제의 뒤를 이어 9세에 즉위. 왕망(王莽)이 대사마(大司馬)가 되어 실권을 잡고 찬탈의 기회를 노리던 중 평제가 장성하여 사태를 알아차리게 되자 왕망에 의해 독살당함. 시호는 효평황제(孝平皇帝).

78) 천보(天寶) : 742~756, 당(唐)나라 현종(玄宗) 때의 연호.

79) 정강(靖康) : 1126~1127, 송(宋)나라 흠종(欽宗) 때의 연호.

80) 천랑성(天狼星) : 큰 개자리의 별인 시리우스의 중국 칭호. 항성 가운데서 광도가 가장 세다. 낭성(狼星)·신성(辰星).

148

"국초 이래로 죄 없는 사람을 많이 죽였습니다. 노산군(魯山君)[81]의 을해사변(乙亥史變)[82], 연산군 때의 무오사화 및 기묘사화·을사사화·정미사화·기유사화 등으로 인한 원한의 기운이 구름으로 변해 동남쪽으로 떨어졌으니, 생각건대 흉적의 무리로 변하여 장차 조선에 해를 끼칠 것 같습니다."

편운자(片雲子)는 이렇게 말했다.

"태세(太歲)가 있는 방위와 월건(月建)의 신(神)은 사람의 힘으로는 거역할 수 없는 것입니다. 왜(倭)가 지금 조선의 동남쪽에 위치해 있으니 곧 임진년(1592) 4월에 반드시 군사를 일으켜 쳐들어올 것입니다."

금선자(金蟬子)도 말하였다.

"최근에 영남지방으로부터 오면서 종종 왜놈들을 만났습니다. 곧 상주(尙州) 읍내에서 고기파는 자가 2명, 해인사(海印寺)내에 화부(火夫)가 2명, 전주(全州) 시내에서 빗 파는 자가 2명, 서울의 창의문(彰義門 ; 紫霞門)에서 술 파는 자 1명, 홍인문(興仁門 ; 東大門)에서 나무 져다 파는 자 1명, 송도(松都)에서 짚신 파는 자, 구월산(九月山) 패엽사(貝葉寺)[83]에서 밥을 구걸하는 자, 평양엔 채소 파는 자가 있습니다. 이들은 모두 왜국의 정탐꾼인데 현재 한 놈도 잡지 못하고 있으니 조선은 가히 무인지경(無人之境)이라 할 수 있습니다."

---

81) 노산군(魯山君) : 조선 왕조의 단종(端宗)이 세조에게 왕위를 빼앗기고 강봉(降封)된 칭호.

82) 을해사변(乙亥史變) : 1455년(단종 3∼세조 1) 윤6월에 단종대왕이 숙부인 세조에게 왕위를 선위한 역사적인 사변. 이에 단종은 상왕(上王)이 되었으나 곧 사육신(死六臣)들의 상왕복위 모의가 김질(金礩)의 배반으로 발각되어 참형된 뒤 1457년 단종은 노산군으로 강봉되어 영월에 추방되었다가 그뒤 금성대군(錦城大君)의 단종복위 사건이 발생하여 그해 12월 24일 단종은 16세로 시해되었음.

83) 패엽사(貝葉寺) : 황해도 신천군(信川郡) 용진면(用珍面) 구월산(九月山) 속에 있는 절. 신라 중엽 법심선사(法深禪師)가 세웠음. 당승(唐僧)인 패엽 대사(貝葉大師)가 지었다고도 함.

이에 편운자(片雲子)가 말하길,

　"청컨대 두세 사람과 함께 조선과 일본 두 나라를 염탐하여 나라의 힘의 경중이 어떠한지 살펴보고 오게 허락해 주십시오."

라고 하니 위한조 선생님이 좋다고 허락해 주었다.

　이에 편운자·금선자·취굴자는 동래(東萊)에서 출발하여 쓰시마도〔對馬島〕로 들어가 그 곳에서 왜인의 복장을 하고, 왜놈같이 걸으며, 이끼도〔一岐島〕에 이르러 7일을 묵고, 하까다〔博多州〕에 이르러선 2일 간 묵었으며 나가도〔長門；現 山口縣〕에서 3일 동안 체류하고, 소오고관〔竈戶關〕에서 7일 체류하였으며, 비로관(尾路關)에 도착해서 4일 간 체류하고 효꼬관〔兵庫關〕에서 3일, 왕성(王城；京都)에서 6일 간, 방전산(芳田山)에 들어가 8일 동안 돌아다니다가 남해도(南海道)로 들어갔다. 동해도(東海道)·산음도(山陰道)의 은기주(隱岐州)·유황도(硫黃道)의 도사주

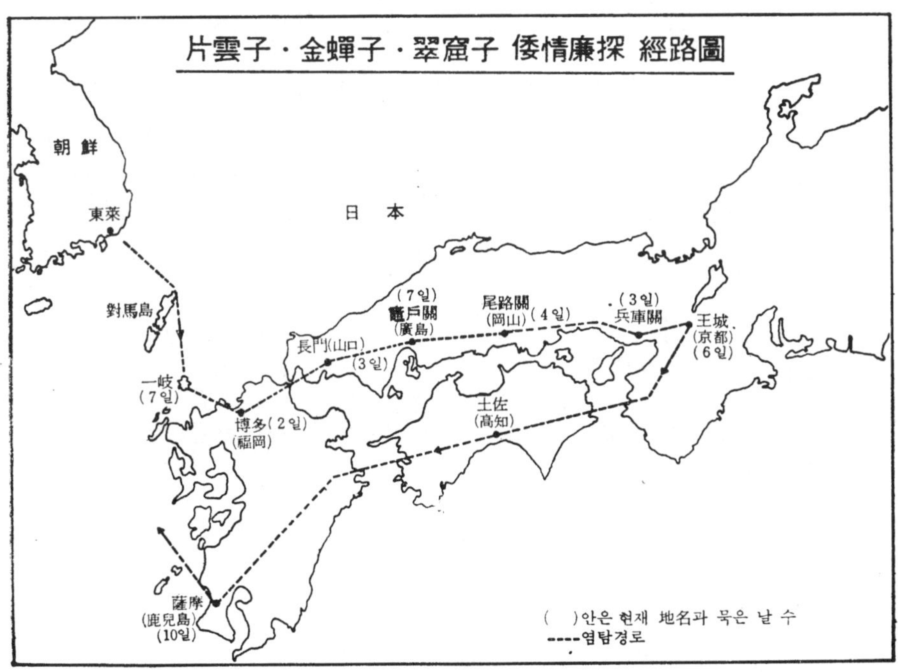

150

〔土佐州〕에 이르렀고, 사쓰마도(薩摩島)에서 10일 간 체류하고 돌아왔다.

이 때 위선생님은 장백산(長白山) 낙주동(落珠洞)에 계셨다. 세 사람이 선생을 뵈오니, 선생이,

"양국의 인재가 어떻든가?"

라고 물었다. 이에 금선자가 다음과 같이 말했다.

"왜국의 기이주(紀伊州)에 등명신(藤明臣)이란 자가 있는데 그런 차를 구한다면 일본이나 조선에서 가히 그와 대적할 만한 사람이 없습니다. 그러나 그는 은을 가공하고 쇠를 단련하는 자이기 때문에 천하여 조정에서 그를 등용하지 아니하므로 우리 나라에서는 조심하지 않아도 됩니다. 그 다음으로 우주(羽州)의 중 강정(康正)과 닛고오진〔日光鎭〕의 마문도(馬文道)는 우리 나라 함흥(咸興)의 이팽년(李彭年), 양구(楊口)의 이방걸(李邦傑)과 적수가 될 만한 자들입니다. 그러나 이 3명 역시 조정에 등용되지 못했으니, 양국의 승패에 문제가 되지 않습니다. 그러나 그들을 주도하는 평수길(平秀吉 ; 豐臣秀吉)이란 자는 본래 길하지 못한 자로 흉적의 모태로 태어나 결코 우리 나라 왕의 복력(福力)과 비교할 바가 못됩니다. 또한 그 휘하에서 일을 맡은 사람으로 평의지(平義智 ; 宗義智)는 우리 나라의 정문부(鄭文孚)84)가 대적할 만하고 중 겐소〔玄素〕는 이원익(李元翼)85)이 대적할 만하고, 중 수등(守藤)은 신격

---

84) 정문부(鄭文孚) : 1565~1624, 조선 선조 때의 의사(義士). 자는 자허(子虛). 호는 농보(農圃). 해주 사람. 북평사(北評事)로 있을 때 임진왜란이 일어나자 경성(鏡城)에서 의병을 일으켜 국경인(鞠景仁) 등의 반란을 평정한 뒤에 이괄(李适)의 난에 연류되어 애매하게 죽음. 시호는 충의(忠毅).

85) 이원익(李元翼) : 1547~1634, 조선 선조 및 인조 때의 명신. 자는 공려(公勵). 호는 오리(梧里). 전주 사람. 임진왜란 때 완평부원군(完平府院君)으로 봉해졌으며 광해군 때는 폐모론에 반대하여 일시 유배되기도 함. 인조반정 때 인목대비가 광해군을 죽이고자 하였으나 간하여 무사하게 함. 누차 영의정을 지냈으나 청렴결백하고 성품이 온화하고 서민적 성품으로 '오리정승'으로 애칭되었다.

(申格)이, 마다시(馬多時)는 김응서(金應瑞)[86]가, 평행장(平行長 ; 小西行長)은 한극성(韓克誠)이, 심안돈오(沈安頓吾)는 김성일(金誠一)이, 청정(淸正 ; 加藤淸正)은 이순신(李舜臣)이, 평조신(平調信)은 고언백(高彦伯)[87]이, 종일(宗逸)은 이항복(李恒福)이, 소서비(小西飛)는 이일(李鎰)[88]이, 원가강(源可康)은 윤두수(尹斗壽)[89]가, 귤지정(橘知正)은 류성룡(柳成龍)이 대적할 만합니다. 오직 귤강문(橘康文)이라고 하는 자의 지략과 용맹은 우리 나라에선 대적할 만한 사람이 없을 정도입니다. 만약 이 사람이 우리 나라를 쳐들어온다면 위태롭습니다. 그래서 돌아올 때에 본포(本浦)의 수신(水神)을 달래어 귤강문이 지나갈 때 질풍을 일으켜 그로 하여금 되돌아가게 하였으니,

---

86) 김응서(金應瑞) : 1564~1624, 조선 중기의 무장. 뒤의 이름은 경서(景瑞). 자는 성보(聖甫), 본관은 김해. 무과에 급제, 1592년 임진왜란 당시 별장(別將)으로 다음해 1월 명나라 장수 이여송(李如松)과 합류하여 평양성을 탈환했고 뒤이어 경상좌병사가 되어 부산을 탈환했는데 100여명의 귀순왜병이 있었다.

87) 고언백(高彦伯) : ? ~1609, 조선 중기의 무신. 교동(喬桐)의 향리(鄕吏)였는데 무과(武科)에 급제하고 종군(從軍)하여 공이 있었다. 상소를 올려 스스로 양주(楊州)로 돌아가 적을 물리치기를 청했다. 선조가 특별히 관직을 높여 양주목사(楊州牧使)에 배수하여 능침(陵寢)을 보호하게 했다. 언백은 항시 군대를 능 주위에 잠복시켜 틈을 보아 적을 사살했다. 이로써 능을 온전히 할 수 있었다.

88) 이일(李鎰) : 1538~1601, 조선 선조 때의 무장. 자는 중경(重卿), 시호는 장양(壯襄). 본관은 용인(龍仁). 관찰사 백지(伯持)의 후손. 1558년 무과에 급제하고 오랑캐 니탕개(尼湯介)가 난을 일으켰을 때 이를 평정했다. 임진왜란 때 선봉장으로 평양을 수복하고 돌아와 무용대장으로 서울을 방위했으며 1601년 남병영(南兵營)에서 병을 얻어 남병사를 사직하고 돌아오는 길에 정평에서 죽으니 좌의정이 추증되고 경종 때 시호가 내렸다.

89) 윤두수(尹斗壽) : 1533~1601, 조선 선조 때의 문신. 서인(西人)의 거두. 자는 자앙(子仰). 호는 오음(梧陰). 해평(海平) 사람. 임진왜란 때 어영대장・우의정, 평양에 가서 좌의정이 됨. 함흥(咸興)으로 몽진(蒙塵)하자는 것을 막고 의주(義州)로 갈 것을 주장하여 그의 선견지명을 칭찬받음. 선조 37년 영의정에 올랐다. 문장과 글씨에도 뛰어났으며 저서로 〈연안지(延安志)〉, 〈평양지(平壤志)〉 등이 있다. 시호는 문정(文靖).

더 걱정하지 않아도 될 것입니다. 또 돌아오는 길에 김포(金浦) 지역을 바라보니 우리 임금의 왕기가 왕성하여 아름다우니, 조선은 또 무엇을 걱정하겠습니까?"

  병술년(1586 ; 宣祖 19)에 위선생님은 추지령(楸池嶺)[90]에서 거처하셨다. 어떤 사람이 바위 사이로 불빛이 새나오는 것을 보고 찾아와, 선생과 대화를 하였다. 그리고 곧 위선생님의 문인이 될 것을 청했다. 그 사람은 바로 광주(光州)의 김덕령(金德齡)[91]이었다. 그가 공명(功名)에 대해 이야기하자 선생님이 말하길,

  "그대의 용맹을 보니, 예민하나 과단하지 못하고, 그대의 지략을 보니, 성겨 세밀치 못하며, 그대의 관상을 보니, 박하여 복이 적을 것이네. 만약 나를 따라다니면 영원히 천수를 보존할 수 있을 것이네."

라고 하였다. 그러나 김덕령은 내심으로 그럴 리가 없다고 믿지 아니하며 가 버렸다. 그 후에 과연 임진왜란을 당하여 김덕령은 호익장군(虎翼將軍)에 임명되었다. 그러나 그는 모든 책략과 통솔이 엉성하고 어그러져 군대를 장악해 다스린 지 3년이 되었어도, 기록될 만한 조그만 공도 세우지 못했다. 이에 몰래 사람을 위선생님에게 보내 왜군을 토벌할 책략을 물었다. 이에 선생이 말하길,

  "참새를 잡지 못하면 몸이 함정에 빠질 것이다."

라고 하였다. 김덕령은 선생의 말뜻을 알아듣지 못했다. 그래서

---

90) 추지령(楸池嶺) : 강원도 통천군(通川郡) 벽양면(碧養面)과 회양군(淮陽郡) 안풍면(安豐面) 사이에 있는 재.

91) 김덕령(金德齡) : 1567~1596, 임진왜란 때의 의병장. 자는 경수(景樹). 광주 태생. 선조 25년(1592)에 조정에서 종군령이 내려 호익장군의 호를 받고 이듬해 권율(權慄) 휘하에서 진해·고성을 방어하였으며 의병장 곽재우와 협력, 적을 무찔렀다. 뒤이어 이몽학(李夢鶴)의 반란 때 다시 의병을 모았으나 무고를 받아 옥사함. 시호는 충장(忠壯).

얼마 안되어 이몽학(李夢鶴)[92]이 모반을 일으켜 홍산(鴻山)[93] 등 일곱 군데 읍을 함락시키고 김덕령과 같이 공모한 것이라 거짓 말을 하니, 이에 김덕령은 연좌되어 죽음을 당했다.

위선생님이 속리산(俗離山)에 계실 때 어느날 편운자(片雲子)에게 말씀하시기를,

"이지함(李之菡)[94]은 자기 재주를 믿고 온 세상을 만만하게 보는데, 이제 이곳에 이를 것이다."

라고 했다. 그날 저녁 소금 파는 장사가 문전에 이르러 묵고 갈 것을 청했다. 선생이 그와 이야기를 나누니, 그 장수는 탄복하며 곧 뜰 아래로 내려가 재배하면서 제자가 되겠다고 애걸하며 말했다.

"우물 안의 개구리 같은 저는 감히 재주를 믿고 세상을 만만하게 보지 못하겠습니다. 그러나 왜란이 바야흐로 급박해 졌으니, 왜구를 제어할 책략을 가르쳐 주십시오."

라고 하였다. 선생님이,

"알지 못하네."

라고 대답하시니, 그는 다시 팔진변화(八陣變化)의 방법을 가르쳐 줄 것을 청하였다. 선생은 모래와 돌을 배열해 놓고, 이지함으로 하여금 그 가운데 들어가게 하니, 그는 모래바람으로 해서 살아나갈 길을 분별치 못하였다. 이에 선생이 말씀하시길,

---

92) 이몽학(李夢鶴) : ?~1596, 조선 선조 때 반란자. 서울 출생의 서얼로서 그 아버지에게 몰려나 충청·전라도 지방을 왕래하다가 모속관(募粟官) 한현(韓絢)의 선봉장으로 예속되어 그와 함께 충청도 홍산(鴻山)에서 난을 일으킴. 이에 조정에서 권율과 김덕령 등에게 토벌하게 하였다. 이에 마침내 대세가 불리해지자 그의 부하 임억명(林億明) 등이 이몽학의 머리를 베어 가지고 항복해 왔다. 후에 잔당도 체포되어 100여 명이 서울로 압송되었다.

93) 홍산(鴻山) : 현재의 충남 부여군 홍산면.

94) 이지함(李之菡) : 1517~1578, 조선 선조 때의 학자. 호는 토정(土亭). 한산(韓山) 사람. 화담(花潭)의 문인. 기재(奇才)와 탁행(卓行)으로 유명하며 〈토정비결(土亭祕訣)〉은 그의 저서라 함. 물욕이 없었고 의학·천문·지리 등 다방면에 능통했고 괴이한 거동·예언·술수 등의 일화가 많다. 벼슬은 아산현감을 지냈다. 시호는 문강(文康).

154

　　"여름 벌레에게 얼음을 말할 수 없다고 하더니 곧 이것을 두고 하는 것이다."

라고 하였다. 이지함이 작별을 고하고 떠났다. 선생님은,

　　"장차 또 찾아올 것이다."

라고 하고서 곧 수양산(首陽山)[95] 청라동(靑蘿洞)으로 이사하셨다.

　　하루는 선생이 구월산(九月山)에 올라갔다. 취굴자(翠窟子)가 묻기를,

　　"단군(檀君)은 어찌하여 당장리(唐莊里)[96]로 옮겼습니까?"

라고 물었다. 이에 선생님은 다음과 같이 대답하였다.

　　"단군에게는 재주 있는 아들 4명이 있었으니 곧 부루(夫婁)·부소(夫蘇)·부우(夫虞)·부여(夫餘)라 불리우는 사람들이다. 하후(夏后)[97]가 도산(塗山)[98]에서 제후들을 불러 모을 때에 부루(夫婁)는 사신의 임무를 받들어 입조(入朝)했다. 구이(九夷) 중의 알유(猰貐)[99]가 난을 일으키자, 부여(夫餘)는 중외(中外) 각국의 군사를 모아 토벌하여 평정했다. 나라에 질병이 돌 때에는 부우(夫虞)가 의술과 약으로 백성을 살리었다. 산에 사나운 짐승이 많으니, 부소(夫蘇)가 불을 지르고 사냥하여 짐승들을 몰아냈다. 이 네 왕자의 공로는 당세의 으뜸이 되는 것으로, 후세에까지 그 업적이 드리워졌다. 요(堯)임금 때 9년 동안 홍수가 나고, 우(禹)임금은 8년 동안 치수 사업을 했

---

95) 수양산(首陽山) : 황해도 해주 고을 동쪽 5리에 있는 산.

96) 당장리(唐莊里) : 당장경(唐莊京). 황해도 문화면 구월산에 있는 지명. 단군이 나라를 세우고 1천5백년 동안 다스리다가 기자(箕子)에게 나라를 넘겨주고 나서 은퇴해 숨은 곳.

97) 하후(夏后) : 우(禹)를 말함. 그는 중국 하(夏)나라 시조라 전해짐. 구년치수(九年治水)로 유명함.

98) 도산(塗山) : 산 이름. 중국 안휘성(安徽省) 회원현(懷遠縣) 회하(淮河) 동쪽에 있다. 우(禹)가 여기에서 제후들을 불러 모았다.

99) 알유(猰貐) : 짐승의 이름. 이리와 비슷하며 사람을 잡아 먹는다고 함. 빨리 달린다.

는데, 홍수로 등주(登州)[100] · 내주(萊州)[101] 바다가 하늘에 닿을 정도로 범람했고, 패수(浿水)[102]도 불어 넘쳐 평양이 물에 잠겼었다. 이에 네 왕자가 이 산에 올라 토지의 마땅함을 살펴, 당장리(唐莊里)에 도읍했다. 이제 물의 형세를 살펴본즉, 동쪽으로 흐르고, 원 땅이 건조하다. 이후에 만약 용진(茸津)에 조수(潮水)가 생기고, 마령(馬嶺)에 돌이 일어나면, 이곳은 다시 왕자의 터전이 될 것이다. ”

금선자(金蟬子)가 다음과 같이 말하였다.
　“우리 나라엔 장군이 될 인재들이 각 대마다 있었다. 동명왕(東明王) 때의 무골(武骨)[103], 온조왕(溫祚王) 때의 을음(乙音)[104], 유리왕(琉璃王) 때의 부분노(扶芬奴)[105], 대무신왕(大

---

100) 등주(登州) : 중국 춘추시대 모자국(牟子國). 당나라 때 등주(登州)를 설치. 지금의 산동(山東) 모평현(牟平縣).
101) 내주(萊州) : 중국의 지명. 동래군(東萊郡)이라고도 함. 지금의 산동성 동액현(東掖縣).
102) 패수(浿水) : 압록강(鴨綠江). 또는 지금의 평안도(平安道) 대동강(大同江)을 말한다 함.
103) 무골(武骨) : 고구려 시조 주몽(朱蒙)의 신하. 처음 주몽이 부여로 도망가 모둔곡(毛屯谷)에 이르렀을 때 재사(再思) · 무골(武骨) · 묵거(默居)를 만나 각기 극씨(克氏) · 중실씨(仲室氏) · 소실씨(小室氏)를 내려 주며 신하가 되어 능력을 펼칠 것을 청하고 함께 졸본천(卒本川)에 이르러 고구려를 세웠다.
104) 을음(乙音) : ?~23, 백제의 시조 온조왕의 족부(族父 : 씨족의 우두머리). 지식과 담력이 있었으며 B.C. 17년(온조왕 2) 우보(右輔)가 되어 병사(兵事)를 맡아보면서 온조왕의 창업과 백제 건국에 크게 이바지하였다.
105) 부분노(扶芬奴) : 고구려 동명왕 때의 장군. 동명왕이 처음 나라를 세웠을 때 건국 직후였으므로 의식이 갖추어 지지 못해 비류국(沸流國) 사신이 다녀갈 때마다 예를 갖추어 송영(送迎)할 수 없어서 왕이 이를 창피하게 여기니 부분노는 비류국에 들어가 고각(鼓角)을 훔쳐 왔다. 비류왕이 후에 이 사실을 알았어도 항의하지 못하였다. B.C. 32년에 장군이 되어 행인국(荇人國)을 정벌하고 변경을 자주 침략하는 선비를 무찔러 이를 속국으로 만들게 하였다.

武神王) 때의 **괴유**(怪由), 다루왕(多婁王) 때의 흘우(屹于)[106],
신대왕(新大王) 때의 답부(答夫), 조분왕(助賁王) 때의 석우로
(昔于老)[107], 동천왕(東川王) 때의 유유(紐由)[108], 중천왕(中川
王) 때의 달가(達賈)[109], 서천왕(西川王) 때의 발삽(勃颯), 봉
상왕(峰上王) 때의 고노자(高奴子)[110], 미천왕(美川王) 때의
소실상부(少室常夫), 삼근왕(三斤王) 때의 진로(眞老)[111], 지증
왕(智證王) 때의 이사부(異斯夫)[112], 진흥왕(眞興王) 때의 거

---

106) 흘우(屹于) : ?~49, 백제 동부(東部) 사람. 다루왕(多婁王) 3년
(A.D. 3)에 말갈(靺鞨) 군사를 마수산(馬首山) 서쪽에서 무찔렀다. 이
에 왕이 기뻐하며 상을 내렸다. 7년(A.D. 34)에 좌보(左輔)를 배수받
았고 21년에 죽었다.

107) 석우로(昔于老) : 신라 내해왕(奈解王)의 아들이며 흘해왕(訖解王)의
아버지. 조분왕(助賁王) 때 감문국(甘文國)을 토벌하고 왜인(倭人)을
무찔렀다. 고구려가 북쪽 변방을 침입해 왔을 때에도 나아가 이기고는
밤에 돌아오는데 병사들이 모두 추워했다. 이에 우로는 손수 장작으로
불을 지펴 모두가 감격하였다.

108) 유유(紐由) : ?~246. 고구려의 충신. 동부(東部) 사람. 위(魏) 나
라 관구검(毌丘儉)이 군사를 거느리고 쳐들어와 환도성(丸都城)이 함락
되어 정세가 위급해지자 유유는 왕에게 헌책하여 항복을 가장하고 위
군(魏軍) 중에 들어가 위의 장군을 찔러 죽이고 같이 죽었다. 이에 위
군은 대패하고 물러났다. 국토가 회복되자 1등공훈과 구사자(九使者)에
추증되고 아들 다우(多優)도 대사자(大使者)의 벼슬을 받았다.

109) 달가(達賈) : 고구려 서천왕(西川王)의 동생. 서천왕 11년(280)에 숙
분래(肅愼來)가 침입해 변방의 백성을 괴롭히므로 달가를 파견하여 정
벌케 했다. 달가는 천로성(擅盧城)을 함락시키고 추장을 죽이고 600여
가구의 집을 부여 남쪽 오천(烏川)에 옮겨 살게 했다. 왕이 이에 크게
기뻐하여 달가를 안국군(安國君)에 봉했다.

110) 고노자(高奴子) : 고구려 때의 명신. 봉상왕(峰上王) 때 선비(鮮卑)
의 모용외(慕容廆)의 침입을 막아 왕을 구하였다. 후에 신성태수(新城
太守)로 등용되어 선정을 베풀었다.

111) 진로(眞老) : ?~497, 백제 동성왕 때의 장군. 삼근왕 때 덕솔(德
率)의 직에 있었는데 해구(解仇)가 반란을 일으키자 이를 평정하였다.
동성왕 때에 병관좌평(兵官佐平)이 되어 내외병마사(內外兵馬事)를 겸
임하였다.

112) 이사부(異斯夫) : 신라의 장수. 성은 김씨. 내물왕(奈勿王)의 4대
손. 지증왕 때 나주군주(羅州郡主)가 되어 우산국(于山國)을 정복하였
다. 또 신라의 최초 국사수찬(國史修撰)은 그의 제의에 의한 것이었다.

칠부(居柒夫)[113], 영양왕(嬰陽王) 때의 을지문덕(乙支文德), 의
자왕(義慈王) 때의 복신(福信)[114]·은상(殷相), 무열왕(武烈王)
때의 김유신(金庾信), 문무왕(文武王) 때의 품일(品日)[115]·문
충(文忠), 신무왕(神武王) 때의 김양(金陽)[116]·장보고(張保皐)
가 있다.

　　고려시대에는 태조(太祖) 때의 유금필(庾黔弼)[117]·박수경
(朴守卿)[118], 현종(顯宗) 때의 강감찬(姜邯贊)·정신용(鄭神
勇)[119], 문종(文宗) 때의 최석(崔奭)[120], 선종(宣宗) 때의 유

---

113) 거칠부(居柒夫) : 신라의 상대등(上大等). 성은 김씨. 내물왕의 5대
　　손. 고구려에 가서 혜량(惠亮)에게 불경(佛經)을 전했고 진흥왕 때 왕명
　　으로 신라의 역사인 〈국사(國史)〉를 수찬(修撰)하였다.
114) 복신(福信) : ?~663, 백제 의자왕의 종제(從弟). 의자왕 때 좌평
　　으로 있었는데 사비성(泗沘城)이 나·당 연합군에 함락되자 흑치상지
　　(黑齒常之) 등과 임존성(任存城)에서 항전하였다. 후에 의자왕이 당나
　　라에 항복하자, 도침(道琛)과 함께 일본에 가 있던 왕자 풍(豐)을 영립
　　(迎立)하여 백제 중흥을 꾀하였으나, 4년 만에 좌절되었다.
115) 품일(品日) : 신라 태종무열왕 때의 장군. 화랑 관창(官昌)의 아버
　　지. 문무왕이 친히 고구려를 침략할 때 귀당총관(貴幢摠管)으로 종군
　　하였고 670년 백제를 공격하여 많은 공을 세웠다.
116) 김양(金陽) : 808~857, 신라 신문왕 때의 공신. 자는 위흔(魏昕).
　　태종무열왕의 9세손. 흥덕왕이 죽은 후 아들이 없자 왕의 당제(堂弟)
　　균정(均貞)을 옹립하려다 실패하여 산야에서 숨었다. 문성왕이 그를 대
　　각간(大角干)에 추증하고 태종 능렬(陵列)에 배장(陪葬)하였다.
117) 유금필(庾黔弼) : ?~941, 고려 태조 때의 무장. 시호는 충절(忠
　　節), 평주(平州) 사람. 태조를 도와 도통(都統) 대장군으로 후백제를
　　정벌하여 멸망시켰다. 성종 때 태사(太師)로 추증되고 태조 사당에 함
　　께 모셨다.
118) 박수경(朴守卿) : ?~964, 고려 초기의 공신. 본관은 평주(平州),
　　대광위(大匡尉) 지윤(遲胤)의 아들. 태조를 도와 원윤(元尹)이 되었으
　　며 고려 개국에 큰 공이 있다. 그는 용감하고 지략이 많았다.
119) 정신용(鄭神勇) : 고려 현종 때 흥화진(興化鎭)의 대장군. 거란군을
　　물리치는 데 큰 공을 세웠다. 현종이 상서우복야상주국(尙書右僕射上
　　柱國)에 추증했다.
120) 최석(崔奭) : 고려 선종 때 상신. 초명은 석(錫). 시호는 예숙(譽肅).
　　창원(昌原) 사람. 벼슬은 수태보문하시랑동중서문하평장사(守太保門下
　　侍郎同中書門下平章事)·판이예부사(判吏禮部事)에 이르러 죽었다. 문
　　학에도 조예가 깊었다.

158

홍(柳洪)121), 숙종(肅宗) 때의 윤관(尹瓘), 명종(明宗) 때의 박
경승(朴景升), 고종(高宗) 때의 조충(趙冲)122)·김희제(金希
磾)123), 원종(元宗) 때의 김방경(金方慶)124), 충렬왕(忠烈王)
때의 원충갑(元冲甲)125), 공민왕(恭愍王) 때의 정세운(鄭世
雲)126)·유탁(柳濯)127)·최영(崔瑩), 공양왕(恭讓王) 때의 박

121) 유홍(柳洪) : ?～1019, 고려 선종 때 문관. 시호는 광숙(匡肅),
    정주(貞州) 사람. 선종 때 벼슬이 시중(侍中)에 이르렀고, 〈춘추좌전
    (春秋左傳)〉과 병가(兵家)의 비결에 정통하였다. 나라에 내우외환이 생
    길 때마다 고사를 인용하여 방책을 결정하여 거의 적중하였다.
122) 조충(趙冲) : 1171～1220, 고려 때의 문신·무장. 자는 담약(湛若).
    시호는 문정(文正), 본관은 횡천(橫川), 영인(永仁)의 아들. 고종 때
    거란(契丹)족을 무찔러 평정하였다. 죽은 후 개부의동삼사문하시중(開
    府儀同三司門下侍中)이 추증되었고, 또한 고종의 묘정에 배향되었다.
123) 김희제(金希磾) : ?～1227, 고려의 장군. 본래 군산도(群山島) 사
    람이었으나, 그의 조상이 상선(商船)을 따라 개성(開城)에 가서 개성인
    이 되었다. 고종 때 금나라 우가하(于哥下)의 침입을 격퇴하여 항복을
    받았다. 전라도순문사(全羅道巡問使)로 있을 때 참소 당하여 바다에 투
    신자살했다.
124) 김방경(金方慶) : 1212～1300, 고려 후기의 명장. 자는 본연(本然),
    시호는 충렬(忠烈). 본관은 안동, 신라 경순왕의 후예. 어려서는 뜻
    을 학문에 두고 독서에 열중, 소년시절에 과거에 급제, 벼슬이 병부상
    서·한림학사에 이르렀다. 삼별초(三別抄)의 난을 평정하였고 두 번에
    걸친 일본원정에 몽고군과 함께 출전하였으나, 모두 실패하였다. 후에
    부하 장병들의 민폐를 막지 않은 것과 정동(征東) 후의 불공평한 논공
    행상으로 민심을 잃어, 죽은 후 고향인 안동에서 장례를 지내지 못하
    였다. 충선왕 때 벽상삼한삼중대광(壁上三韓三重大匡)에 추증, 신도
    비(神道碑)를 세웠고, 시호를 내렸다.
125) 원충갑(元冲甲) : 1250～1321, 고려 충숙왕 때 공신. 원주(原州) 사
    람. 체구는 작으나 매서워 눈빛이 번갯불 같았다 함. 충렬왕 때 합단
    (哈丹)의 적이 철령(鐵嶺)을 넘어와 침략하므로 이를 원주 치악산성
    밑에서 몰살하여 큰 공을 세워 나중에 공신의 칭호까지 받았다.
126) 정세운(鄭世雲) : 고려 공민왕 때의 장군. 본관은 광주(光州). 공민
    왕을 따라 원(元)에 갔다와 대호군(大護軍)에 승진, 왕이 즉위하자 1등
    공신이 되었다. 공민왕 8년에 홍건적이 쳐들어와 서울이 함락되자 울
    분을 참지 못하고 적을 소탕할 것을 주청하였다. 마침내 총병관(摠兵
    官)이 되어 홍건적을 물리치고, 서울을 수복하였다. 후에 김용(金鏞)의
    시기로 암살당하였고 사후에 첨의정승(僉議政丞)에 추증되었다.
127) 류탁(柳濯) : 1311～1371, 고려 공민왕 때의 상신. 자는 춘경(春卿).
    본관은 고흥(高興), 청신(淸臣)의 손자. 담력 있고 무예에 능했으므로

위(朴葳)[128] · 변안렬(邊安烈)[129] 등이 있다.

　조선시대에는　이지란(李芝蘭)[130] · 최윤덕(崔潤德)[131] · 김종서(金宗瑞) · 어유소(魚有沼)[132] · 남이(南怡) · 황형(黃衡)[133] ·

일찍이 음관으로 조정에　나갔다. 벼슬은 경상도순무사 겸 병마사 · 좌승상에 이르렀다. 노국공주(魯國公主)의　영전(影殿) 신축을 반대하다가 하옥 후 석방, 신돈(辛旽)과 관련되었다는 무고로 교수형을 당했다.

128) 박위(朴葳) : 고려 말기의 장군. 본관은 밀양. 우왕 때에 김해(金海) 부사가 되었고, 요동정벌(遼東征伐) 때에　이성계(李成桂)를 따라 위화도(威化島)에서 회군하고 최영(崔瑩)을 몰아낸 후, 대마도(對馬島)를 쳐서 크게 이기고 돌아왔다. 조선 초에　양광도절도사(楊廣道節度使)가 되어 왜구를 물리치기도 했다.

129) 변안렬(邊安烈) : 고려 공민왕 때 문 · 무관. 본래 심양(瀋陽 : 奉天) 사람인데, 원나라 말기의 병란으로 공민왕을 따라 와서 원주(原州)를 본관으로 받았다. 최영(崔瑩)과 같이 제주를 정벌하였고, 후에　이성계(李成桂)의 부장이 되어 왜구를 크게 쳐부수기도 했다. 공양왕 초에 삼사사(三司事)로 임명되었으나, 김저(金佇)의 무고로 한양(漢陽)에 유배 유배지에서 사형되었다.

130) 이지란(李芝蘭) : 131~1402, 조선의　개국공신. 본성은 퉁(佟), 초명은 두란티무르(豆蘭帖木兒). 자는 식형(式馨), 시호는 양렬(襄烈), 여진의 천호 아라부카(阿羅不花)의　아들. 부인은 혜안택주 윤씨 및 곡산강씨(태조비 신덕왕후의 질녀). 개국 후 이씨를 사성받고 이름도 지란으로 고쳤다. 건주위를 정벌하고 청해백(靑海伯)에 봉해졌다.

131) 최윤덕(崔潤德) : 조선 초기의 무장. 자는 여화(汝和). 호는 임곡(霖谷). 시호는 정렬(貞烈). 본관은 통천(通川). 어려서부터 활을 잘 쏘아 아버지와 함께 사냥을 다녔다. 세종 때 쓰시마를 정벌하였고 장수로 있기를 30년, 그 위력이 변경에　떨쳤다. 벼슬이 좌의정에까지　오르고 죽었다.

132) 어유소(魚有沼) : 조선 초기의 무관. 자는 자유(子游), 시호는 정장(貞莊). 본관은 충주(忠州). 명장 득해(得海)의　아들. 세조 때 이시애(李施愛)의 난을 평정하였고, 북변의 병마사를 맡아 야인들을 잘 다스렸다. 성품이 유하고 너그러웠으며 글도 잘했다. 일을 처리하는 데 매우 치밀하여 학자의 기풍이 있었다. 일단 전투가 벌어지면 판단이 정확하고 용감무쌍하여 대적할 자가 없었다.

133) 황형(黃衡) : 1459~1520, 조선 중종 때 무신, 자는 언평(彦平), 시호는 장무(莊武), 본관은 창원, 시정(寺正) 예헌(禮軒)의 아들. 북쪽의 야만인을 토벌하고 삼포의 왜란을 평정하는 등 무공이 많으며 벼슬은 평안 함경절도사를 거쳐 지충추부사까지 역임했다.

류담년(柳聃年)[134] · 남치근(南致勤)[135]의 무리가 모두 그러한
장수들이다. 그 외에 뛰어난 인물로 설계두(薛罽頭)[136] · 흑치
상지(黑齒常之)[137] · 왕사례(王思禮)[138] · 이회옥(李懷玉) 같은
사람이 있다.

상여(相如 ; 黑齒常之)는 백제 서부(西部) 사람이다. 깊은 꾀
와 원대한 계략으로 의사(義士)들을 모아, 10일도 안 되어서,
옛 성 2백여 개를 모두 회복하였으니 가히 장렬(壯烈)하다
할 만하다. 그리고 당나라에 투항하여 공을 세워 벼슬이 대
도독(大都督)에 이르렀다.

왕사례(王思禮)는 본래 고구려 사람인데, 포로로 잡혀 중국

---

134) 류담년(柳聃年) : ? ~1526, 조선 중기의 무신. 시호는 양무(襄武).
   본관은 문화, 관(觀)의 증손. 성종 때 무과에 급제, 1510년 삼포의 왜
   란 때 황형(黃衡)과 함께 이를 토벌하고 1513년 병조참판이 되었다. 15
   16년 건주위(建州衛)의 야인(野人)의 세력 팽창에 잘 대비하고 벼슬이
   좌참판에 이르렀다. 죽은 후 1537년 장경왕후(章敬王后)의 희릉(禧陵)
   을 천장할 때, 능묘 속에서 바위가 나와 전의 희릉감사관원을 지낸 책
   임으로 직첩이 추탈되었다.
135) 남치근(南致勤) : ? ~1570, 조선 중기의 무신. 자는 근지(勤之).
   본관은 의령. 좌의정 지(智)의 증손. 1528년 무과에 급제, 1555년 전라
   좌방어사가 되어 왜구를 격파하고, 그후 전라도순변사 한성부판윤에
   승진되고, 경기 황해 평안 삼도토포사가 되어 1562년에 임꺽정을 잡아
   죽였다.
136) 설계두(薛罽頭) : 신라의 장군. 골품(骨品)에 의한 인재등용에 불만
   을 품고, 621년(진평왕 38) 당나라에 가서 좌무위과의(左武衛果毅)가
   되었다. 이때 당나라의 고구려 정벌에 종군, 요동에 이르러 주필산(駐
   蹕山)에서 고구려의 군사와 싸우다가 전사했다. 1등 공으로 대장군에
   추증되었다.
137) 흑치상지(黑齒常之) : 백제의 장군. 나·당연합군에 의하여 백제가 망
   하자 조국광복운동을 펴서 패잔병 3만명을 모아 2백여 성을 회복, 전세
   를 떨쳤다. 그러나 후에는 당군에게 투항, 당나라로 건너가 많은 무공
   을 세우고 연국공(燕國公)에 봉해졌으나 그 공을 시기한 주흥(周興) 등
   의 무고로 조회절(趙懷節)의 역모사건에 옥사되었다.
138) 왕사례(王思禮) : ? ~761, 고구려의 유장(遺將), 견위(虔威)의 아
   들. 일찍이 당나라에 들어가서 절도사 왕충사(王忠嗣)와 함께 많은 공을
   세우고, 곽자의(郭子儀)와 함께 안남지방을 경략하고 병부상서가 되었
   다가 진국공(震國公)에 봉해졌 다.

에 들어가선, 안사(安史)의 난[139]을 토벌한 공으로 역로절도
사(驛潞節度使)가 되었다. 후에 여러 차례 당나라 명을 거절
하고 세상에서 호걸로 멋대로 살았다.

　설계두(薛罽頭)는 신라 사람인데, 늘 작은 나라에서 용납되
기 어렵다고 탄식하더니, 드디어 당에 들어가 그곳에서 공을
세워, 벼슬이 대총관(大揔官)에 이르렀다. 이상의 예로 든 사
람들로 보아, 우리 나라에도 인물이 없지 않음을 알 수 있다.”
위선생이 다음과 같이 말씀하셨다.

　“우리들 가운데 쓸모 있는 사람이 꽤 있다. 깊게 헤아리고
멀리 계략하며, 안위(安危)를 살피고 승부를 결정하며 정사
(正邪)를 분별하고 진퇴(進退)를 아는 것은 벽락자(碧落子)만
한 사람이 없다. 미간을 찌푸리고, 팔뚝을 걸어 붙이면서 적
진으로 뛰어 들어가 선봉을 꺾고, 기회를 잡아 풍운(風雲)을
변화시키는 것은 계엽자(桂葉子)보다 나은 사람이 없다. 백성
을 편안하게 하고, 사람들을 모아 부림에 공역(工役)을 잘 조
정하고, 재정을 풍족하게 하고 군대를 정비하여, 나라를 안
정되게 하는 사람으로는 아예자(鵞蕊子)만한 인물이 없다. 국
내외를 드나들면서 정탐을 잘 하며 인물을 평가하고, 풍속을
관찰하며 지리를 살피고 천시(天時)를 잘 점치는 사람으로는
취굴자(翠窟子)만한 인물이 없다. 세속을 벗어나서 청승(千
乘)의 지위를 초개같이 여기고 만종(萬鍾)의 벼슬도 짚신짝
보듯 하며, 오로지 현진(玄眞)을 사모하며 한일(閑逸)을 즐기
는 사람으로는 편운자(片雲子) 만한 인물이 없다. 고상한 담
론과 세밀한 비평을 잘하면서 유세(遊說)를 좋아하고, 사명

---

139) 안사의 난(安史之亂) : 중국　당(唐)나라 현종(玄宗)　말엽에　안록산
　　(安祿山)과　사사명(史思明)이　주동이　되어　일으킨　반란. 천보(天寶)
　　14년(755) 안록산이 먼저 군대를 일으키고 사사명이 이를 계승하여 전
　　후 9년 간이나 계속된 중국사상 유명한 큰 반란. 현종은 촉(蜀) 지방에
　　망명하여 퇴위하고, 반란군도 내부 분열을 일으켜 763년에 평정됨. 당
　　(唐) 나라의 중앙집권제는 파탄에 빠지고 중국 고대사회의 종말을 가
　　져 오는 전기가 됨.

162

(辭命)을 잘 하며, 인심을 얻어 강포한 자를 교화시키는 데
는 금선자(金蟬子)만한 인물이 없다. 미묘한 이치를 알고 고
상하고 참된 것을 보며 하늘과 사람에 통하여 격물치지(格物
致知)하며 옛날을 널리 알면서 현실도 잘 아는 이는 채하자
(彩霞子)와 같은 자가 없다. 그러나 백가(百家)의 학술을 모
두 알고, 물외(物外)의 취향을 즐기는 것은 이 여덟 사람들이
서로 양보해야 할 것이다."

이에 편운자가 다음과 같이 말했다.

"충무공(忠武公) 유응부(兪應孚)의 시에 이런 것이 있습니
다.

장군이 인의(仁義)로써 변방을 진압하니,
변방의 먼지도 맑아지고 병졸들은 졸고 있네.
낮은 길고 뜰은 비었는데, 무엇을 하고 노는가?
좋은 매 3백 마리가 누각 앞에 앉아 있네.
〔將軍仁義鎭夷邊,
　塞外塵淸士卒眠.
　畫永空庭何所玩?
　良鷹三百坐樓前.〕

또 진산군(晋山君) 하윤(河崙)의 시는 이러합니다.

십리가 뻗어 있는 뽕과 삼밭에 비 이슬 흠뻑 젖고,
산수간에서 한 잔 하고, 운연(雲烟) 속에서 늙어가네.
〔十里桑麻深雨露,
　一盃山水老雲烟.〕

위 두 수의 시에는 장군과 재상의 기상이 엿보입니다. 병
사(兵使) 김석철(金錫哲)은 중종 때 사람인데 궁중에 들어가
시를 지었습니다.

백마는 한가로이 버들 가지 끝에 매어 있고,
장군은 일이 없어 칼집에 칼을 넣어 두네.
나라의 은혜를 채 갚기도 전에 몸부터 늙어
꿈 속에 관산(關山)[140]을 밟으니, 눈은 녹으려 하네.
〔白馬閑繫柳條外,
　將軍無事劍藏鞘,
　國恩未報身先老,
　夢踏關山雪欲消.〕

백호(白湖) 임제(林悌)[141]의 자는 자순(子順)인데, 평사(評事) 이영(李瀅)을 송별하는 시는 이러합니다.

갑 속에 간성(干城)의 검(劍)이 들어 있고,
주머니 속에는 귀신 울리던 시가 들어 있네.
변방의 모래사장엔 금빛 갑옷이 깨끗하고,
관산의 달은 붉은 기를 비취고 있네.
〔匣有干城劍,
　囊留泣鬼詩.
　邊沙晴金甲,
　關月照紅旗.〕

위 두 사람은 가히 근대의 걸출한 인물이라 할 만합니다."

취굴자(翠窟子)가 다음과 같이 말하였다.

---

140) 관산(關山) : 관문(關門) 가까이에 있는 산.
141) 임제(林悌) : 1549~1587, 조선 선조 때의 문인. 자는 자순(子順),
　　호는 백호(白湖)·겸재(謙齋)·풍강(楓江)·소치(嘯痴). 본관은 나주
　　(羅州). 선조 때 예조정랑을 지냈으나 당시 선비들이 동서(東西)로 나
　　뉘어 다투는 것을 개탄하고 명산을 찾아 다니면서 비분강개 끝에 요절
　　했다. 일찍이 속리산(俗離山)에 들어가 성운(成運)에게 배웠으며, 문장
　　과 시에 뛰어난 천재였다.

 "우리 나라에 있었던 왜환(倭患)은 신라 남해왕(南解王) 때부터 시작되었습니다. 첨해왕(沾解王)은 명장(名將)을 잃었고, 흘해왕(訖解王)은 딸을 바쳐 혼인하였으며, 내물왕(奈勿王) 때에는 부현(斧峴)에서 전쟁이 있었고, 아신왕(阿莘王) 때에는 그의 태자를 일본에 볼모로 보냈으며, 박제상(朴堤上)[142]은 나라를 위해 절개를 지키다 죽었고, 눌지왕(訥祗王)은 독산(獨山)에서 패배당했으며, 자비왕(慈悲王) 때에는 월성(月城)[143]이 포위되는 굴욕을 당했고, 성덕왕(聖德王) 때에는 모벌성(毛伐城)을 축조하여 왜환을 방어하였으며, 신무왕(神武王)은 죽어 바다 속의 용이 되어 왜환을 막고자 하였습니다.

 고려 시대에 들어, 충정왕(忠定王) 때에는 왜환이 더욱 심해져 50년 간 왜란이 계속되었습니다.

 조선시대에 이르러 중종 때에 제포(薺浦)[144]의 싸움, 명종(明宗) 때 영대(靈臺)의 싸움은 모두 왜환을 당한 것인데도 우리 나라 사람으로 일본 땅에 감히 들어가 한 번이라도 싸웠다는 소리는 들어본 적이 없으니, 그 까닭은 어째서인가요?

 또 서북지방 오랑캐의 침략도 그 역사가 오랩니다. 단군왕검 때에는 남이(南夷)의 침략이 있었고, 기씨(箕氏)의 시대에는 동쪽 오랑캐의 침입이 있었으며, 위만(衛滿)시대 말에는 한인(漢人)이 예맥(濊貊)을 통해 들어와 한사군(漢四郡)을 설치했고, 고구려 대무신왕(大武神王) 때 한(漢)나라 광무제(光武帝)는 낙랑(樂浪) 땅을 공략하여 빼앗았으며, 동천

---

142) 박제상(朴堤上) : 신라 눌지왕 때의 충신. 파사왕의 5대 손. 〈삼국유사〉에는 김제상으로 되어 있다. 실성왕 때 내물왕의 아들 미사흔(未斯欣)을 일본에 볼모로 보내고, 미사흔의 형 복호(卜好)를 고구려에 볼모로 보냈다. 눌지왕이 즉위한 후 고구려에 들어가 복호를 데려왔고, 다음에는 일본으로 들어가 계책으로 미사흔을 신라로 보내고 체포되어 피살되었다. 왕은 이 소식을 듣고 슬피 통곡하고 대아찬(大阿湌)의 벼슬을 추증했다.

143) 월성(月城) : 경상북도 경주시에 있는 산성, 남천(南川)을 향하여 반달 모양을 이루고 있으며, 신라 초기에서 말기에 이르기까지 있었다.

144) 제포(薺浦) : 조선시대 왜인들의 거류를 허락한 삼포(三浦)의 하나. 제포는 내이포(乃而浦)라고도 불리는데, 현재의 경남 창원군 웅천면임.

왕(東川王) 때에는 위(魏)나라 장수 관구검(毌丘儉)이 환도성(丸都城)을 무찌르고 옥저(沃沮)를 핍박하여 숙신(肅愼) 남쪽 경계에 그 공을 돌에 새겨 세웠고, 봉상왕(烽上王) 때는 모용외(慕容廆)[145]의 군사가 여러 차례 고구려 군을 패배시키고 서천왕(西川王)의 능을 파헤쳤으며, 고국원왕(故國原王) 때 연(燕)의 모용황(慕容皝)[146]·모용패(慕容覇)[147] 등의 군사는 고구려왕을 단웅곡(斷熊谷)에서 패배시키고 미천왕(美川王)의 능을 파헤쳤으며 왕의 모후와 왕비, 그리고 5천여 명의 백성을 포로로 잡아가면서 대궐을 불태우고, 성곽을 마구 부수어 버렸습니다. 소수림왕(小獸林王) 때에는 모용농(慕容農)이 요동(遼東)을 탈취했고, 광개토왕(廣開土王) 때는 모용희(慕容熙)[148]가 침공해 와서, 7백여 리의 땅을 탈취하고, 5천여 호(戶)를 포로로 잡아갔습니다. 백제 의자왕(義慈王) 때는 소정방(蘇定方)이 군사를 정비하고 내주(萊州)로부터 침공해 와서 의자왕과 태자 효(孝)와 왕자 태(泰)·융(隆)·연(演) 세 명과 대신·장수 88명, 백성 2,707명을 포로로 잡고, 웅진(熊津；現

---

145) 모용외(慕容廆) : 전연(前燕)의 무선제(武宣帝). 선비족이며 자는 혁락양(奕洛瓖). 시호는 양(襄), 후에 무선황제(武宣皇帝)라고 추증했다. 어려서부터 영걸하였다. 진(晉) 영가(永嘉) 초에 스스로 선비대선우(鮮卑大單于)라 칭하였고 태흥(太興) 초에는 요동공에 봉해졌다.

146) 모용황(慕容皝) : 전연(前燕)의 문명황제(文明皇帝). 외(廆)의 제3남. 자가 원진(元眞). 시호는 문명황제. 영웅의 풍도가 있었고 지략도 풍부했다. 요동왕에 봉함을 받았고 진(晉) 함강(咸康) 3년에 연왕(燕王)에 즉위하였다. 용성(龍城)에 천도하여 15년 간 재위해 있었다.

147) 모용패(慕容覇) : 모용수(慕容垂)와 동일인. 후연(後燕)의 성무제(成武帝). 황(皝)의 제5남. 초명(初名)은 패(霸), 자는 도업(道業). 시호는 성무황제(成武皇帝). 어려서부터 도량이 넓었다. 전연(前燕) 때는 오왕(吳王)에 봉해졌다. 일찍이 환온(桓溫)과 방두(枋頭)를 깨뜨려 위명을 떨쳤다. 진(晉)으로부터 독립하여 스스로 연왕(燕王)이라 하였다. 후에 황제가 되었다.

148) 모용희(慕容熙) : 후연(後燕)의 소문제(昭文帝). 수(垂)의 아들. 자는 도문(道文). 시호는 소문황제(昭文皇帝). 형의 아들이 장성해서 죽자 태후 정씨(丁氏)가 태자 정(定)을 폐하고 희(熙)를 맞아들여 즉위시켰다. 재위에 있기를 7년 연호를 광시(光始)·건시(建始)라 했다.

公州) · 마한(馬韓) · 동명(東明 ; 現 扶餘) · 금련(金漣) · 덕안(德安)에 오군도독부(五郡都督府)를 설치하였습니다. 또 고구려 말에는 이세적(李世勣)이 평양에 쳐들어와 왕과 왕자 복남(福男)과 백성 20여만 명을 포로로 잡아가고, 176성에 구군도독부(九郡都督府)[149]를 설치하였습니다. 그리고 고려 현종(顯宗) 때는 거란(契丹)의 군사 40만 명이 쳐들어와 통진(通津)[150]을 함락시키고 강주(江州)[151]를 죽이고 이현운(李鉉雲)[152]을 잡아갔으며, 서도(西都 ; 平壤)를 파괴하고, 개경(開京)을 함락시켜 궁궐 · 묘당 · 민가를 불태웠습니다. 또 고종(高宗) 때는 거란의 금산왕자(金山王子)[153]의 도적떼가 영삭(寧朔)[154] · 의정(義靜) · 연운(燕雲) 등지를 약탈하여, 이의유(李義儒) · 이양호(李陽虎)를 죽이고 조충(趙冲) · 김취려(金就礪)[155]를 쫓아 내었습니다.

---

149) 구군도독부(九郡都督府) : 당나라가 고구려를 멸망시키고 그 땅에 아홉 도독을 두어 다스렸던 지방행정 조직.

150) 통진(通津) : 통천(通川)의 이명(異名)일 듯. 통주는 오늘날의 평북 선천(宣川)임.

151) 강주(江州) : 고려 현종 때의 장군. 강조(康兆)의 오기일 듯.

152) 이현운(李鉉雲) : 고려 목종 말의 장군. 서북면 도순검부사(都巡檢副使)를 지냈다. 강조(康兆)와 더불어 병사를 이끌고 대궐로 들어가 현종(顯宗)을 옹립하였다. 거란의 성종(聖宗)이 선왕을 죽인 죄는 묻는다 하여 침입하자, 강조와 함께 병졸 40만을 인솔하고 통주(通州)에서 이를 막았다. 전쟁에 패하여 생포당한 후 강조는 죽임을 당하였고, 그는 변절했다.

153) 금산왕자(金山王子) : 대요수국(大遼收國)의 시조 야사불(耶斯不)의 아들. 고려 고종 때 몽고 야율유가(耶律留哥)가 내침하매 걸노(乞奴)와 함께 9만 병력으로 압록강을 건너 영삭(寧朔 ; 平北 義州郡)에 침입해 왔고, 1219년 강동성(江東城 ; 平南 江東郡)에 침입했다가 내분이 생겨 걸노를 죽이고 왕이라 자칭하다가 곧 통고여(統古與)에게 죽었다.

154) 영삭(寧朔) : 평안북도 의주군(義州郡).

155) 김취려(金就礪) : ? ~1234, 고려 고종 때의 장군. 시호는 위열(威烈). 본관은 언양(彦陽). 음관(蔭官)으로 장군이 되어 동북계(東北界)를 진압한 후 대장군이 되었다. 고종 때 거란 왕자 금산(金山) · 금시(金始)가 대요수국왕(大遼收國王)이라 칭하고 내침한 것을 무찌르고, 그 재침도 취려가 평정하였다. 후에 벼슬이 시중(侍中)까지 되었다. 성미가 곧고 청백하여 군기를 엄정히 하고 부하를 골고루 아끼었으며 싸움에서는 지략이 뛰어나 큰 공을 세웠다.

또 몽고(蒙古)의 침략이 있어, 몽고 장수 살례답(撒禮塔)[156)]
은 월주(鉞州)[157)]로 들어왔고, 야굴(也窟)은 전주(全州)[158)]로
들어왔으며, 차라대(車羅大)는 승천부(昇天府)[159)]에 도착했
고, 산길(散吉)은 화주(和州)에 주둔했으며, 주자(周者)는 강
성(江城)을 파괴하여 전쟁이 30년 간 계속 되었었습니다. 그동
안 관서 지방의 여러 고을은 불빛이 하늘에 닿아, 자비령(慈
悲嶺)[160)] 북쪽은 모두 오랑캐 땅이 되었고, 정동성(征東省)[161)]을
설치하여, 국왕의 정권을 빼앗았습니다. 그들은 봉주(鳳州)[162)]
에 둔전(屯田)[163)]을 설치하여 민간의 재산을 약탈하고, 부녀를
색출하여 첩으로 삼아 오랑캐 자식을 낳았고, 충숙왕(忠肅王)

---

156) 살례탑(撒禮塔) : 몽고(蒙古) 초기의 장군. 일명 살리태(撒里台). 고
　　려 고종 때 몽고 태종은 금나라와 고려를 동시에 쳤는데 이때 살리탑
　　은 몽고군의 별군을 이끌고 압록강을 건너 의주를 공략, 남하하였다.
　　고려군은 이를 구주(龜州) · 안주(安州)등지에서 맞아 일시 격퇴하였으
　　나 살례탑의 몽고군은 평양을 뺏지 못한 채 남하하여 개경(開京)을 포
　　위하였다. 이에 고려는 살례탑과 화의를 맺었다. 이듬해 고려에서 강
　　화로 천도하고 몽고에 항쟁할 태세를 보이자 살례탑이 재침하였으나
　　처인성(處仁城—현 龍仁)을 공격하다가 승장(僧將) 김윤후(金允候)에
　　게 사살되었다. 그 뒤 몽고군은 사기를 잃고 북으로 돌아갔다.
157) 월주(鉞州) : 평북 구주(龜州)일 듯. 구주는 평안북도 서부에 위치
　　한다. 고려 성종 때 서희(徐熙)가 여진을 쫓고 성을 쌓아 구주(龜州)라
　　했다. 고종 때 몽고군이 침입하였을 때 병마사 박서(朴犀)가 끝까지 항
　　전하였던 곳이기도 하다.
158) 전주(全州) : 평북 안주(安州)의 잘못일 듯.
159) 승천부(昇天府) : 개성 근처 풍덕(豊德)의 옛 이름.
160) 자비령(慈悲嶺) : 황해도 서흥군에 있는 재. 일명 절령(岊嶺). 고래
　　로 평양 · 개성 사이의 중요한 통로였다.
161) 정동성(征東省) : 정동행중서성(征東行中書省). 원나라가 일본을 정
　　벌하기 위하여 고려에 설치했던 관청. 후에 고려에 대한 원의 간섭기관
　　으로 변모되어 70년간 존속되었으나 공민왕 때 정동행성의 대표기관인
　　이문소(理問所)를 혁파함으로써 정동행성을 폐지하였다.
162) 봉주(鳳州) : 현재 황해도 봉산(鳳山)의 딴 이름.
163) 둔전(屯田) : 고려 · 조선 때의 전답. 군졸 · 서리(胥吏) · 평민 · 관노
　　비들에게 미간지를 개척하여 경작케 하고, 여기에서 나오는 수확물을
　　지방관청의 경비 및 군량과 기타 국가 경비에 쓰도록 하였다. 고려 현
　　종 때부터 독자적인 제도로 자리를 굳혔다.

•충렬왕(忠烈王)을 폐하고, 충혜왕(忠惠王)을 잡아다 귀양보내 유배지에서 죽게 하였으며, 충정왕(忠定王)은 강화(江華)에서 아사(餓死)케 하였습니다. 우리 나라의 재난이 이와 같이 극도에 달하였는데도 고래로 한 명의 장수 혹은 한 명의 졸병이라도 산해관(山海關)[164]을 넘어 중국에 침입했다는 소리를 들어본 적이 없으니, 이는 어째서입니까? 천운(天運)이 줄고 땅이 편협하며, 인품이 못나 그러한 것입니까?”

이에 위선생님이 말하셨다.

“일본은 해양 만리에 뻗쳐 있는 도서들을 일일이 지키는 나라라 용이하게 빼앗을 땅이 아니며, 천연적으로 그어진 지역이라 풍속이 다르고 백성이 달라 우리 나라와 같아질 수는 없다. 중국의 정삭(正朔)[165]은 우리에게도 해당하여, 우리는 분수를 지키므로 항거하려는 생각은 없다. 또한 우리는 중국 변방 후예의 땅이라 사람들의 재주가 중국에 미치지 못하기 때문이기도 하다. 그러나 돌아보건대 이제 하늘의 운수가 동북쪽에 있고, 또한 백산(白山)[166] 이남으로 옮겨 향하니 어찌 후에 일본을 병탄하고 중국과 우열을 다툴 줄 알겠는가?”

(4) 임진왜란 중(壬辰倭亂中)의 일화(逸話)

무자년(1588; 宣祖 21) 위선생은 황악산(黃岳山)[167]에 거처하고 계셨다. 나는 편운자(片雲子)를 따라 선생을 뵈러 갔더니 마침 취굴자(翠窟子)가 와서 위선생을 뵙고 말했다.

“일본은 지금 군사를 기도(箕島)에다 모아 놓고 장차 조선으로 향하려고 합니다. 그래서 제가 동요를 지어 일본에 펴

---

164) 산해관(山海關) : 중국 하북성 동북 경계. 장성(長城)의 동단(東端)에 있는 관문. 화북(華北)·동북 왕래의 요충지임. ‘천하제일관(天下第一關)’이라 하여 중요시되었다.
165) 정삭(正朔) : 해의 처음과 달의 처음. 곧 정월 초하루.
166) 백산(白山) : 백두산(白頭山)을 지칭함일 듯.
167) 황악산(黃岳山) : 현재의 충북 황간(黃澗) 남쪽에 있는 산.

뜨리되 이르길,

　'기(箕)에서 일어나 기(箕)에서 멈추니 두려워할 것은 소나무라.'는 내용입니다."

　그 후에 왜는 과연 송(松)자를 두려워하여 청송(靑松)[168]·송화(松禾)[169] 등의 지역을 감히 들어가지 못했다. 그러니 어찌 제독(提督) 이여송(李如松)[170]에게 패할 줄이야 알았으랴?

　임진년(1592;宣祖 25) 4월, 왜병이 바다를 가득 메우며 건너와 부산(釜山)을 함락시키고 첨사(僉使) 정발(鄭撥)[171]을 죽였다. 그리고 서평(西平)[172]·다대(多大)[173] 등의 포구를 함락시키고, 경상좌수사 박홍(朴泓)[174]과 동래부사 송상현(宋尚賢)[175]을 죽였다. 왜군은 세 갈래로 나뉘어, 한 길은 중 수등(守藤)이 통솔하는 군대로서, 양산(梁山)·밀양(密陽)·청도(淸道)·대구(大丘)

---

168) 청송(靑松) : 현 경북 동부에 있는 청송군(靑松郡)을 말함.

169) 송화(松禾) : 황해도 최서단에 있는 송화군(松禾郡)을 말함.

170) 이여송(李如松) : 중국 명(明)나라의 무장. 자는 자무(子茂). 호는 앙성(仰城). 요동(遼東) 철령위(鐵嶺衛) 사람. 임진왜란 때 우리 나라를 도우려고 와서 평양에서 소서행장(小西行長)을 격파했으나, 벽제관 싸움에서 패한 후 적극적인 활동을 하지 않았음.

171) 정발(鄭撥) : 조선 선조 때의 무신. 자는 자고(子固), 호는 백운(白雲). 경주 사람. 임진왜란 초반 부산진 첨절제사(僉節制使)로 왜군을 맞아 싸우다가 중과부적으로 성을 점령당하고 전사함. 시호는 충장(忠莊).

172) 서평(西平) : 서평포(西平浦)의 준말. 부산(釜山)에 속한 땅 이름.

173) 다대(多大) : 다대포(多大浦)의 준말. 현 부산직할시 사하구(沙下區) 다대동(多大洞).

174) 박홍(朴泓) : 조선 선조 때의 무관. 자는 청원(淸源), 본관은 울산(蔚山). 경상좌도 수군절도사로 있을 때 임진왜란으로 적을 요격하였으나, 중과부적하여 본진으로 후퇴, 평안도로 옮긴 임금을 뒤따라가 성천(成川)에서 우위대장(右衛大將)을 맡았다. 후에 병조참판이 추증되었다.

175) 송상현(宋尚賢) : 1551~1591, 조선 선조 때의 무신. 임진왜란 때의 동래부사(東萊府使). 자는 덕구(德求), 호는 천곡(泉谷). 임진년 4월 5일 남문에 올라가 독전(督戰)하다가 전사하였음. 이조판서·찬성(贊成)에 추증됨. 시호는 충렬(忠烈).

170

•인동(仁同)[176]·선산(善山)을 거쳐 상주(尙州)에 이르러 이일(李鎰)을 장천교(長川橋)에서 패배시키고, 다른 한 길은 가도오교마사[加藤淸正]의 통솔하에, 장기(長鬐)[177]·기장(機張)[178]을 경유하여 우병영(右兵營)인 울산(蔚山)과 경주(慶州)·영천(永川)·신녕(新寧)[179]·의흥(義興)[180]·군위(軍威)·비안(比安)[181]을 함락시키고, 용궁(龍宮)[182]의 하풍진(河豊津)[183]을 건너 문경(聞慶)으로 나와 상주(尙州)에 있던 왜군과 합하여 조령(鳥嶺)을 넘어 충주(忠州)로 들어와 탄금대(彈琴臺)[184]에서 신립(申砬)[185]을 패배시켰다. 충주(忠州)로부터 다시 양갈래로 나뉘어 한 길로는 종일(宗一)이 통솔하여 여주(驪州)로 달려가 원호(元豪)[186]를 쫓아내고, 강을 건너 양근(楊根)[187]을 경유하여 용진(龍津)을 건너 서울 동쪽으로 나왔다. 또 한 길은 평조신(平調信)이 통솔하여 죽산(竹山)[188]·용인(龍仁)으로 갈 때 한강에 다달아 도원수

---

176) 인동(仁同) : 현 경북 구미시 인동동(仁同洞),
177) 장기(長鬐) : 경북 영일군(迎日郡)에 있던 지명.
178) 기장(機張) : 옛날 경상도 동래군에 속했던 지명. 지금은 부산에 편입되었음.
179) 신녕(新寧) : 현 경북 영천군(永川郡) 신녕면(新寧面).
180) 의흥(義興) : 현 경북 군위군(軍威郡) 의흥면(義興面).
181) 비안(比安) : 현 경북 의성군(義城郡) 비안면(比安面).
182) 용궁(龍宮) : 현 경북 예천군 용궁면.
183) 하풍진(河豊津) : 경북 예천군 용궁면에 있는 지명.
184) 탄금대(彈琴臺) : 충북 충주 북서쪽에 있는 명승지. 우륵(于勒)이 즐겨 가야금을 타던 곳이라고 전하여짐. 임진왜란 때 신립(申砬)이 왜장 고니시유끼나가(小西行長)와 이곳에서 싸우다 전사하였음.
185) 신립(申砬) : 조선 선조 때의 무장. 자는 입지(立之), 평산(平山) 사람. 임진왜란 때 탄금대(彈琴臺)에서 적을 맞아 배수진(背水陣)을 치고 싸웠으나 역부족으로 전사하였다. 후에 영의정에 추증되고 시호를 충장(忠壯)이라 했다.
186) 원호(元豪) : 조선 선조 때의 무장. 자는 중영(中英), 원주(原州) 사람. 임진왜란 때 여주목사(驪州牧使)로 있었는데, 왜군을 맞아 장렬하게 전사했다. 후에 병조판서에 추증되었고 충장(忠壯)이라는 시호를 받았다.
187) 양근(楊根) : 경기도 양평군(楊平郡)에 있던 지명.
188) 죽산(竹山) : 경기도 안성군 동북부에 있는 지명.

(都元帥) 김명원(金命元)[189]을 물리치고 서울로 들어왔다. 또 다른 한 길로는 평행장(平行長；小西行長)이 통솔하여 김해(金海)로부터 성주(星州) 무계진(茂溪津)[190]을 지나서 강을 건너 지례(知禮)[191] 금산(金山)[192]을 거쳐 영동(永同)으로 나와 청주(淸州)를 함락시키고, 한강을 건너 유도대장(留都大將) 이양원(李陽元)[193]을 물리치고 서울로 들어왔다. 또 경성에서 군사를 합쳐 임진(臨津)[194]에 이르러 신할(申硈)[195]·유극량(劉克良)[196]의 군사를 패배시키고 다시 안성역(安城驛)[197]에 이르러 양갈래로 갈리어, 한쪽 길로는 평행장(平行長；小西行長)의 통솔하에 봉산(鳳山)·황주(黃州)·중화(中和)로부터 평양(平壤)으로 진격해 들어가고, 다른 한쪽 길로는 청정(淸正；加藤淸正)이 통솔하여 곡산(谷山)

189) 김명원(金命元)：1534~1602, 조선 선조 때 사람. 자는 응순(應順), 호는 주은(酒隱), 시호는 충익(忠翼), 본관은 경주. 임진왜란 때 팔도도원수(八道都元帥)로서 서울을 지키다가 패퇴하고 다시 임진강을 지키다 실패하였으나, 평양이 적병에게 함락되자 명원은 순안(順安)에 주둔하면서 왕의 행궁을 잘 지켰다. 정유재란 때 유도대장(留都大將)으로 공을 세운 후 우의정에 올랐다.

190) 무계진(茂溪津)：경북 성주군(星州郡) 성주읍(星州邑) 동남쪽 50리에 있는 나루터.

191) 지례(知禮)：경북 금릉군(金陵郡) 지례면(知禮面) 지방.

192) 금산(金山)：현 전북 김제군 금산면(金山面).

193) 이양원(李陽元)：1533~1592, 조선 선조 때의 영의정. 자는 백춘(伯春), 호는 노저(鷺渚), 시호는 문헌(文憲). 임진왜란(1592) 초에 왕이 서행(西幸)하게 되자 유도대장(留都大將)으로 한강을 지키다가 양주로 후퇴, 해유치(蟹蹦峙) 싸움에서 남병사(南兵使) 이혼(李渾)과 함께 승리하여 그 공으로 영의정이 되었다. 후에 왕이 요동(遼東)으로 건너가 내부(內附)했다는 풍설을 듣고 통탄한 나머지 피를 토하고 죽었다.

194) 임진(臨津)：경기도 장단군(長湍郡) 안에 속한 지명. 진남(津南)·진동(津東)·진서(津西)의 3면이 이에 속함.

195) 신할(申硈)：신립(申砬)의 동생. 임난 때 남병사(南兵使)로서 임진강을 지키다가 죽음. 후에 충절의 정문이 세워졌음.

196) 유극량(劉克良)：조선 선조 때의 무장. 자는 중무(仲武). 시호는 무의(武毅). 임진왜란 때 조방장(助防將)으로 죽령(竹嶺)을 수비했다. 후에 신할(申硈)의 예하에 들어가 임진강을 지키다가 적의 유인에 끌려 들어 신할과 함께 전사했다. 의리와 절개가 뛰어났다. 후에 병조참판에 추증되고 개성 숭절사(崇節祠)에 모셔졌다.

197) 안성역(安城驛)：황해도 평산(平山)의 동쪽 50리에 있는 역.

172

노리령 (老里嶺)[198]을 넘어 철령 (鐵嶺)[199]으로 나와 북병사(北兵使) 한극성(韓克誠)을 패배시키고, 왕자 순화군(順和君)[200]·임해군(臨海君)[201]과 대신 황정욱(黃廷彧)[202]과 유영립 (柳永立)[203]을 사로잡았으며, 남병사(南兵使) 이혼(李渾)을 죽이고, 함흥(咸興)에 주둔하였다. 그들은 깃발과 무기가 죽 이어졌고, 험준한 곳을 찾아 진영을 설치하여 군대를 주둔시키고 밤에는 횃불을 신호로 하여 상응하고 낮에는 쇠북소리를 신호로 삼았다. 또 물길로는 40만 군대를 일으켜, 마다시(馬多時)의 통솔 하에 연평(延平) 바다로부터 압록강으로 향하였다.

나의 친형 조여앙(趙汝軮)은 토산(兎山)[204] 군수였는데, 피난하여 도망갔으나 나는 형을 용암(龍岩)에서 만났다. 그곳에서 함

---

198) 노리령(老里嶺) : 황해도 곡산(谷山)에서 함남 안변(安邊)으로 넘어가는 고개. 안변 서쪽 55리에 있음.

199) 철령(鐵嶺) : 강원도 회양군(淮陽郡)과 함남 안변군(安邊郡) 사이에 있는 큰 재.

200) 순화군(順和君) : 조선 선조의 서자(庶子). 이름은 보(玽), 순빈(順嬪) 김씨 소생. 1592년 임진왜란이 일어나자 강원도로 군사 모집차 갔다가 회령에서 임해군(臨海君)과 함께 왜장 가또오(加藤淸正)의 포로가 되었다. 후에 서울에 옮겨졌다가 왜군이 부산으로 철병하게 되자 황해도 해주(海州)에 있는 부왕(父王)에게로 돌려 보내졌다.

201) 임해군(臨海君) : ? ~1609, 조선 선조의 맏아들. 이름은 진(珒). 성품이 사나워서 세자에 책봉되지 못하고 아우 광해군이 세자가 되었다. 임란 때 순화군(順和君)과 동북지방으로 피난가서 가또오(加藤淸正)에게 포로가 되었다가 석방되었다. 1609년 광해군이 즉위하자 영창대군(永昌大君)과 함께 역모죄로 몰려 살해되었다.

202) 황정욱(黃廷彧) : 1532~1607, 조선 선조 때의 문관. 자는 경문(景文), 호는 지천(芝川), 시호는 문정(文貞). 1589년(선조 22) 정여립(鄭汝立)의 모반에 연좌되어 쫓겨났다가 이어 복작되었다. 임란 때 왕자 순화군(順和君)을 모시고 북서지방으로 피난갔다가 왜장 가또오(加藤淸正)에게 사로잡혔다. 왜군이 부산으로 철수할 때 석방되었지만, 이 일로 모함에 걸려 길수(吉州)에 귀양갔다가 1597년에 석방되었다.

203) 유영립(柳永立) : 조선 선조 때의 문신. 자는 입지(立之), 문화(文化) 사람. 벼슬이 병조판서에 이르렀다가 임진왜란 때 함경도 관찰사(觀察使)로 있었는데 왜군에 사로잡혔다가 탈출하였고 63세로 죽었다.

204) 토산(兎山) : 황해도 금천군(金川郡)에 있는 지명.

께 부압산(浮鴨山)[205]으로 들어가 풀 속에 숨어 있을 때, 날이 저물어 캄캄해지니 호랑이가 산 속에서 울부짖었다. 그때 갑자기 수십보 떨어진 곳에서 불꽃이 솟아 올라오므로 깜짝 놀라 자세히 살펴보니 이것 역시 피난민들이었다. 풀숲에서 나와서 그들을 만나보니, 대개 이들은 경성의 정종명(鄭宗溟)[206] 일행이었다. 그들 중에 한 사람이 말하길,

"우리들은 오랫 동안 굶주렸습니다. 그러니 저희들과 함께 촌락에 내려가 양식을 구합시다."

라고 했다. 그래서 나는 그 사람을 따라 여러 고개를 넘어 어떤 큰 부락에 이르렀다. 각기 흩어져서 빈 집에 들어가 양식 서너 가마와 개·송아지·닭·돼지 등을 찾아내가지고, 그 동네 어느 한 집에 들어가 고기를 삶고, 밥을 지어 일행 17명이 모두 실컷 먹고 마시고 나서 산으로 돌아가려고 할 때, 갑자기 포성이 문 밖에서 들리더니 함성이 일제히 일어났다. 이에 우리 일행은 놀라 사방으로 흩어져 달아났으나, 이미 왜군들이 포위하고 있었다. 결국 전부 붙잡혀 묶이게 되었다. 아마도 왜군들은 이미 건너 마을에 주둔하고 있었던 것 같은데, 우리 일행이 오는 것을 알고 군사를 이끌고 습격한 것이었다. 다음날 철원(鐵原)으로 끌고 갔는데, 거기서 포로 중 7명을 죽이고 다시 나머지 사람들을 재촉해 삭녕(朔寧)에 이르러 주둔하고서 또 3명의 포로를 죽였다. 그리고 나머지 포로들은 오랏줄을 더 심하게 단단히 매어 한 작은 집에 가두고 그 집 주위 울타리를 가시로 둘러 쌓아 놓고 저희들끼리,

---

205) 부압산(浮鴨山) : 황해도 토산면(兎山面) 부압동에 있는 산 이름. 고을 동쪽 20리에 있음.

206) 정종명(鄭宗溟) : 조선 선조 때의 문신. 자는 사조(士朝). 연일(延日) 사람. 송강(松江) 정철(鄭澈)의 아들. 임진왜란 때 용만(龍灣) 행재소에서 치른 별시(別試)에 급제 하였다. 상제(喪祭)에 관하여 우계(牛溪) 성혼(成渾)에게 배웠다. 후에 강릉부사(江陵府使)로 있다가 죽었다.

　“내일이면 모두를 죽여 그 피를 말에게 먹일 것이라.”
라고 서로 말했다. 이에 모든 포로들은 가슴을 치고 슬피 울었다. 그날 밤 3경쯤 되었을 때, 갑자기 비명소리, 사람 죽이는 소리가 나더니, 잠시 후 왜군이 주둔한 곳이 잠잠해졌다. 그러더니 어떤 두 사람이 울타리를 헤치고 들어와 창을 걷어 차고 부르길,
　“조여적은 빨리 나와라.”
라고 하였다. 이에 여러 포로들은 각기 흩어져 도망하였고, 그 두 사람은 나를 재촉해 끌고 갔다. 나는 놀라고 정신이 없어 어느 곳으로 가는지도 알지 못했다. 어떤 개천에 다다르자, 그들은 나를 앉히고 불을 켜 음식을 먹이므로 내가 불빛 아래에서 자세히 살펴보니, 그들은 바로 계엽자(桂葉子)와 벽락자(碧落子)였다. 두 사람은 나에게,
　“우리들은 편운자(片雲子) 때문에 그대를 구해 주는 것이네.”
라고 하였다. 나는 두 사람을 따라 백두산(白頭山) 낙주동(落珠洞)으로 들어가 위선생님과 편운자(片雲子)를 만났다. 그때 금선자(金蟬子)가 곁에 앉았다가 말하길,
　“조선이 개국한 지 겨우 2백년 만에 이러한 큰 재난을 당했으니, 앞으로 2백년 간의 일을 가히 미리 짐작할 만합니다.”
라고 하였다. 이에 취굴자(翠窟子)가 말하였다.
　“우리 나라의 지세(地勢)가 남쪽은 낮고, 북쪽은 높기 때문에, 기자(箕子)가 중국에서 와서 도읍하더니, 그 후손 기준(箕準)이 남쪽의 마한(馬韓)으로 달아났다가 망하고 말았습니다. 위만(衛滿)은 연(燕)나라로부터 와서 왕이 되었는데, 그의 후손들은 예(濊)로 옮겨가서 망하였습니다. 백제의 온조왕(溫祚王)은 부여(扶餘)로부터 남쪽의 부아도(負兒島)[207]로

---

207) 부아도(負兒島) : 부아악(負兒岳)·부아산(負兒山)의 오기(誤記). 일설에는 서울 삼각산의 한 봉우리인 인수봉을 말하나, 현 경기도 용인읍 서남방에 있는 부아산(404m)으로 보는 설이 유력함.

옮겼고, 초고왕(肖古王) 때에는 한양(漢陽)으로 옮겼고, 문주왕(文周王) 때에는 웅진(熊津；現 公州)으로 수도를 옮겼으며, 신성왕(神聖王) 때 이르러 사비(泗沘；現 扶餘)로 천도하였는데 그곳에서 백제는 망하였습니다. 조선의 태조는 관북지방에서 일어나 한양(漢陽)에 이르렀으니, 그 전도를 밝히 알 수 있습니다."

그리고 또 취굴자는 길게 한숨 짓고 작은 소리로,

　"자방(子方；正北方)에서 태어나 신방(申方；西南西方)에서 왕성하고 진방(辰方；東南東)에 장사지내네."

라고 하였다. 이에 편운자가 웃으며 말하길,

　"한양(漢陽；洛陽)에서 왜적 씨를 말려야 할 것이오."

라고 말을 채 끝마치기도 전에 채하자가 밖에서 들어오며 이렇게 말하였다.

　"이제 조선 사신 신점(申點)[208] 정곤수(鄭崑壽) 등이 통곡하며 군사를 원조해 주기를 간곡히 기원, 병부상서(兵部尙書) 석성(石星)[209]이 황제께 청하여 크게 군사를 움직였습니다. 이에 송응창(宋應昌)[210]이 경략사(經略使)가 되고, 이여송(李如松)은 제독(提督)이 되었으며, 양원(楊元)[211]은 좌협장군(左

---

208) 신점(申點)：선조 때의 공신. 자는 성여(聖與). 호는 척재(惕齋). 선조 때 선무공신(宣武功臣)이 되었고 평성부원군(平城府院君)에 봉해졌다. 사후에 충경(忠景)이라는 시호를 내렸다.

209) 석성(石星)：명(明)나라 신종 때의 대신. 1592년(선조 25) 임진왜란 때 명나라의 구원을 청하기 위해 사은사 신점(申點) 등을 여러 번 보냈다. 이때 석성은 병부상서(兵部尙書)로 있었는데 출병론을 강력하게 주장하여 재가를 얻었다. 그는 화·전(和·戰)의 계획을 세워 이여송(李如松)과 심유경(沈惟敬)을 각각 파견하였다. 1594년(선조 27)에 석성의 사당을 세웠다.

210) 송응창(宋應昌)：명(明)나라 신종 때의 병부우시랑(兵部右侍郎). 임진왜란에 조선에서 명나라에 구원을 청하니 응창이 경략사(經略使)가 되었다. 이여송(李如松)이 평양을 탈환하자 응창은 여송을 무고하였다. 강화회담이 진행될 무렵 본국으로 송환되어 돌아갔다.

211) 양원(楊元)：명나라의 장군. 임진왜란 때 동정제독(東征提督) 이여송(李如松)의 휘하에서 좌협(左協)대원으로 참전하였음.

176

協將軍)이 되어 왕유익(王有翼)·왕유정(王維貞)·이여매(李如梅)[212]·이여오(李如梧)·양소광(楊昭光)·사대수(査大受)·손수렴(孫受廉)·이영(李寧)·갈봉하(葛逢夏) 등 9명을 거느리고, 우협장군(右協將軍) 장세작(張世爵)은 조승훈(祖承訓)[213]·오유충(吳有忠)·왕필적(王必迪)·조지목(趙之牧)·장응충(張應忠)·낙상지(駱尚志)·진방철(陳邦哲)·곡수영(谷遂永) 등 여러 장군을 통솔하며, 중협장군(中協將軍) 이여백(李如柏)[214]은 임자강(任自強)·이방춘(李芳春)·고책(高策)·전세정(錢世貞)·주홍모(周弘謨)·방시휘(方時輝)·고승(高昇)·왕문(王門)등 여러 장군을 통솔하고 있습니다. 그리고 중군(中軍)은 방시춘(方時春)이, 기고(旂鼓)[215]는 한종공(韓宗功)이, 찬획(贊劃)[216]은 원황(袁黃)·유황상(劉黃裳)이, 독향(督餉)[217]은 애유신(艾有新)·애엽(艾葉)·몽웅(夢熊)이 맡고, 연수(延綏)·유림(楡林)·절강(浙江)의 군사를 출동시켜 온답니다. 그리고 또 내고(內庫)의 은 2만 3천 냥과 산동(山東)의 양식 10만 섬으로 돕는다니, 이제 반드시 왜적을 평정하고 조선을 회복할 것입니다."

이에 채하자가 말하기를,

"그리 되면 앞으로 우리 나라를 주도하는 자가 어찌 명나라의 후예가 아님을 알겠는가?"

라고 하였으나, 위선생은 웃으시면서 여러 사람의 말에 대답하지 않으셨다.

---

212) 이여매(李如梅) : 명나라 때 무장 이여송(李如松)의 아우. 자는 자청(子淸).

213) 조승훈(祖承訓) : 명나라 신종 때의 장군. 임진왜란 때 조선을 구원하기 위해 선발대로 5천 명을 거느리고 와서 평양성을 급습하였으나 탈환하지 못한 채 퇴각했다.

214) 이여백(李如柏) : 명나라 신종 때의 장군. 이여송의 아우. 자는 자정(子貞). 임진왜란 때 이여송 휘하의 중협장군(中協將軍)이었다.

215) 기고(旂鼓) : 군기(軍旗)와 북 등을 가지고 군사의 용기를 북돋아 주는 부서일 듯.

216) 찬획(贊劃) : 작전을 돕는 부서일 듯.

217) 독향(督餉) : 군량 보급을 맡는 부서.

　　편운자(片雲子)는 가족들을 이천(利川) 구봉동(九鳳洞)[218]에 옮기고, 다시 평양을 지나다가 그곳에서 체찰사(體察使) 유성룡(柳成龍)이 군량미를 거두어 모으고 있다는 소식을 듣고,

　　"나도 나라의 백성인데 모른 체할 수 없다."

하면서, 말을 얻어 7곡(斛)의 쌀을 구하여, 실어다 바쳤다. 이에 유성룡은 사재감(司宰監)[219]의 참봉(參奉) 벼슬에 제수하는 사령서 한 통을 보내왔다. 그후 편운자가 안악(安岳)[220]으로부터 용강(龍岡)[221]을 지나갈 때, 이원익(李元翼)·이빈(李薲)[222] 등이 왜군과 평양에서 싸워 패배하여 말은 쓰러지고, 거의 잡힐 지경에 이르렀다. 편운자는 지나가다 보니 이원익은 우리 나라 대신이므로 구하지 않을 수 없었다. 곧 부적(符籍)을 물에 잠그어 뿜으니, 왜인들이 놀라 스스로 물러나서 이원익은 탈출할 수 있었다. 이에 이원익은 막 고맙다는 말을 하려는데 편운자는 홀연 사라져 보이지 않아 내심 놀라고 의아하게 여겼다. 마침 이원익의 휘하 졸병인 오대성(吳大成)이 선생과 동향인이어서, 편운자 선생의 행적에 대해 자세히 말해 주었다. 이에 이원익은 몰래 임금께 고하여 단천군수(端川郡守)로 제수하는 사령장을 받아서 오대성을 시켜 편운자 선생을 뵙고 그것을 전하도록 하면서, 겸하여 편지 한 장을 보냈다. 내가 마침 오대성이 선생님을 뵙는 때를 만나 이원익이 보낸 편지를 보았는데, 대략의 내용은 이러했다.

---

218) 구봉동(九鳳洞) : 경기도 이천군 서쪽 용인군 경계에 있는 구봉산(九鳳山 : 九峯山)에 있던 마을.

219) 사재감(司宰監) : 조선왕조 때 궁중의 생선·고기·소금·땔나무·숯 등의 사무를 맡아 보던 관청.

220) 안악(安岳) : 황해도의 한 군. 북으로 평남 용강군(龍岡郡)과 인접한 곳으로 각종 농산물·광물이 풍부함.

221) 용강(龍岡) : 평안남도의 한 군. 남으로 대동강. 서쪽은 황해(黃海)에 임한 곳.

222) 이빈(李薲) : 조선 선조 때의 무장. 자는 문원(聞遠). 임진왜란 때 평안병사(平安兵使)를 제수받고 평양성을 지키다가 평양성이 함락되자 감사(監司) 이원익(李元翼)을 따랐다. 만년에 전원에 은거하여 살았다.

〈지난 번에 고귀하신 자취를 굽히시어 곤란 속에 빠진 생명을 구해 주셔서 이제까지 고맙게 느끼고 있습니다. 이에 한 통의 속된 물건으로 귀찮게 해드리고자 하오니, 다만 원컨대 한 지방의 백성을 보전케 해 주십시오.〉

그후 다시 함경관찰사를 선생에게 주어 청정(淸正 : 加藤淸正)을 제어하려 하니 위한조 선생이 자리에 앉아 계시다 웃으시며 말씀하시길,

"속세를 떠난 기러기가 어찌 속세의 곡식 밭에 내려앉으려 하는가?"

라고 하셨다. 편운자는 이로부터 오대성과 거래를 끊고 아주 자취를 감추었다.

이사제(李思齊)는 첨정(僉正)[223] 이우(李愚)의 아들이다. 선생님[李思淵]의 할아버지와는 삼종형제가 된다. 그는 군세고 용맹스러워 절세의 인물이었다. 그는 아우 이사주(李思周)와 함께 군사 1천여 명을 모집하여 용인(龍仁) 진곡(眞谷)에서 왜군과 맞서서 많은 포로를 사로잡았다. 그후 친족을 이끌고 독산성(禿山城)[224] 아래에서 거처하고 있었다. 창의사(倡義使)[225] 김천일(金千鎰)[226]이 그의 공을 뺏고저 반란민들이라 말하고 밤에 쳐들어가서 그들을 모두 죽였다. 편운자 선생은 그 소식을 듣고, 그들을 가엾이 여겨 금선자(金蟬子)와 함께 나아가 소식을 수소문하여 알아보니, 이사제의 아들 이자용(李自用)은 중국의

---

223) 첨정(僉正) : 조선시대 때 돈령부(敦寧府)·봉상시(奉常寺) 등에 속했던 종4품의 벼슬 이름.
224) 독산성(禿山城) : 독성산성(禿城山城)의 준말. 경기도 수원 남쪽 30리 지점에 있던 성.
225) 창의사(倡義使) : 나라에 큰 난리가 일어났을 때 의병(義兵)을 일으킨 사람에게 시키던 임시 벼슬.
226) 김천일(金千鎰) : 1537~1593, 조선 선조 때 의병장. 자는 사중(士重), 호는 건재(健齋), 언양(彥陽) 사람. 임진 세 장사의 한 사람으로 임진왜란이 일어나자 나주에서 의병을 일으켜 양화도에서 대승하고, 진주 싸움에서 성이 함락되자 자결했다. 시호는 문열(文烈).

장군 오유충(吳惟忠) 휘하의 왕신방(王新方)이란 사람에게 의탁하여 이미 중국에 들어갔고, 이사주(李思周)의 아들 이자계(李自戒)는 삭발하고 중이 되었는데 그의 승명(僧名)은 원형(元亨)이라 하였다. 편운 선생은 언진산(彥眞山)[227]에서 이자계를 찾아, 이인선(李仁善)의 딸에게 장가보내어, 장수산(長壽山)[228] 사교동(槎橋洞)에 거처하도록 하였다. 이번 길에 삭녕(朔寧) 대탄(大灘)[229]을 지나갈 때 금선자가 나룻가에다 팔진도(八陣圖)[230]를 펼쳐 놓으니, 지나가는 사람들이 모두 방향을 잃어 몇 시간 후에 곧 거두어 버렸다. 또 공강정(拱江亭)을 지날 때에 기문국(奇門局)[231]을 설치하니, 나는 새들도 그 위로 날아가질 못했다. 금선자는 여러 사람 가운데에서도 가장 뛰어나 8종의 술법(術法)이 있으니, 오뢰(五雷)[232]·둔갑(遁甲)[233]·투심(偸心)·통견(通見)·탈정(奪精)·입몽(入夢)·치원(致遠)·이수(移水)를 말한다.

(5) 매사(每事)엔 조짐이 있다

위선생이 마식산(馬息山)[234]에서 거주할 때, 여러 사람들과

---

227) 언진산(彥眞山) : 황해도 수안군(遂安郡)에 있는 산.

228) 장수산(長壽山) : 황해도 재령군(載寧郡)에 있는 산 이름. 높이 747m.

229) 대탄(大灘) : 경기도 연천군(漣川郡)과 양주군(楊州郡) 사이에 있는 나루터 이름.

230) 팔진도(八陣圖) : 8종의 모양으로 친 진법(陣法), 보통 천지풍운용호조사(天地風雲龍虎鳥蛇)의 여덟 가지로 나타내나 병가(兵家)에 따라 그 형상이 각기 다름.

231) 기문국(奇門局) : 술수(術數)의 한 가지. 10간(十干) 중 을(乙)·병(丙)·정(丁)을 3기(三奇)로 하고, 휴(休)·생(生)·상(傷)·두(杜)·경(景)·사(死)·경(驚)·개(開)를 8문(八門)으로 하였음.

232) 오뢰(五雷) : 도가(道家) 주법(呪法)의 하나. 장심뢰(掌心雷)와 같음. 중국 명(明)나라 고태진(顧太眞)이 마의도인(麻衣道人)으로부터 받은 주술법의 하나. 능히 비가 오게도 하며 볕이 나게도 하며 바람이 불고 우뢰를 치게도 한다고 함. 손바닥 안에서 행하므로 장중뢰(掌中雷)라고 함.

233) 둔갑(遁甲) : 귀신을 부리어 변신(變身)하는 술법의 한 가지.

234) 마식산(馬息山) : 함경남도 덕원군(德源郡)에 있는 산 이름.

함께 날마다 바위와 산에서 노닐면서, 옛 이야기를 전하여 준 바가 무려 수만 마디나 되건만 나는 이것들을 모두 다 진술할 수가 없다. 선생님께서 일찍이 이런 말씀들을 하셨다.

"모든 길하고 흉한 일들은 먼저 그 징조가 있기 마련이다. 부여국(扶餘國)은 머리 하나에 몸이 둘인 붉은 까마귀를 얻으니, 고구려 대무신왕(大武神王)이 두 나라를 병합할 징조였다.

백제의 온조왕(溫祚王) 때에는 우물물이 넘치고, 말이 머리 하나에 몸이 둘인 송아지를 낳으니, 점장이가 말하길,

'우물물이 넘침은 발흥의 징조이고, 머리 하나에 몸이 둘 달린 것은 마한(馬韓)을 병합할 형상이다.'

라고 하였다.

또, 백제 아신왕(阿莘王) 때에는 비단 같은 하얀 기운이 왕궁 서쪽에서 일어나더니, 얼마 안되어 접례(碟禮)[235]가 태자 훈해(訓解)를 시해하고 스스로 왕이 되었다.

신라 선덕왕(善德王) 때에는 두꺼비가 왕문지(王門池)에 모여들어 왕은 이것을 보고 말하길,

'두꺼비는 군사의 상징이니, 필시 백제가 국경을 넘어 쳐들어 올 것이다.'

라고 하고서 장수를 알천(閼川)에 보내어 백제군을 물리쳤다.

고구려 영류왕(榮留王) 때는 하얀 해가 빛을 잃더니, 드디어 천개소문(泉蓋蘇文 ; 淵蓋蘇文)의 시해 사건이 있었다.

백제가 망할 즈음엔 역시 많은 여우가 왕궁에 들어오고, 궁 안의 느티나무가 사람이 우는 소리를 내고, 궁정에 있는 우물물은 핏빛으로 변했다. 그리고 서해 바다의 물이 끓어 물고기들이 떼죽음을 당하여 사람들이 다 먹을 수가 없었다.

고구려가 망할 때에도 또한 노루떼가 물을 건너 서쪽으로

---

235) 접례(碟禮) : ? ～405, 백제 아신왕의 계제(季弟). 405년 아신왕이 죽고 접례의 중형(仲兄) 훈해(訓解)가 섭정이 되어, 앞서 397년(아신왕 6) 일본에 건너간 태자 전지(腆支)가 귀국하기를 기다리는데, 접례는 훈해를 죽이고 자립(自立)했으나 백성들에게 곧 살해되고 태자 전지가 왕위에 올랐다.

달아나고, 동명왕의 소상(塑像)이 피눈물을 흘리며 3일 동안 울었으며, 서울에 철환(鐵丸)이 비오듯 내리고, 호랑이가 성안으로 들어왔으며, 혜성(彗星)이 오거성(五車星) 사이로 나왔다.

신라 신문왕(神文王) 때에는 대나무가 섬 속에 나타나 낮엔 둘로 갈라지고, 밤엔 하나로 합해지는 일이 일어나니, 이는 태평의 상징으로 여겨졌다. 경덕왕(景德王) 때에는 한 마리 소가 5마리 송아지를 낳았고, 5말 들이 그릇만한 큰 별이 하늘 복판에 나타나 왕은 두려워하여 덕을 닦으니 재난이 없었다. 혜공왕(惠恭王) 때에는 두 개의 태양이 나타나고 세 개의 별이 궁정에 떨어지니, 얼마 안되어 대공(大恭)·대렴(大廉)[236] 이 반역을 일으켰고, 선풍(旋風)이 김유신(金庾信) 묘에서 일어나 알지왕(閼智王)의 능(陵)에 이르러, 곡하며 비탄하는 소리를 내더니, 드디어 김지정(金志貞)[237]의 난이 일어나, 김양상(金良相)이 임금을 죽였다. 애장왕(哀莊王) 때에는 돌이 저절로 일어나고, 두 개의 탑이 서로 부딪치고, 소금 실은 수레가 스스로 울더니, 드디어 언승(彦昇)[238]의 시해가 있었다. 헌덕왕(憲德王) 때에는 당은현(唐隱縣)의 바위가 백보 가량을 저절로 옮겨 가고, 패강(浿江；大同江)의 바위가 서로 부딪치더니, 김헌창(金憲昌)[239]의 반역이 있었다.

236) 대렴(大廉)：신라 혜공왕 때의 아찬(阿飡). 768년(혜공왕 4) 그의 형 일길찬(一吉飡) 대공(大恭)과 함께 반란을 일으켜 궁성을 33일 간이나 포위하다가 왕군(王軍)에게 토평(討平)당하고 일족(一族)과 함께 죽었다.

237) 김지정(金志貞)：신라의 왕족으로서, 어려서 왕위에 오른 혜공왕이 성장함에 따라 국사는 돌보지 않고 유흥만을 일삼게 되니 나라의 기강이 문란해졌다. 이 때 김지정이 반란을 일으켜 혜공왕과 왕비를 죽였으나 반란은 상대등(上大等) 김양상(金良相), 이찬 김경신(金敬信) 등의 공격으로 평정되고, 왕위는 김양상이 계승하였다.

238) 언승(彦昇)：신라 41대 헌덕 왕의 휘.

239) 김헌창(金憲昌)：？～822, 신라 헌덕왕 때의 반신(叛臣), 원성왕(元聖王)의 후손, 주원(周元)의 아들, 위계(位階)는 이찬(伊飡). 821년 웅천주(熊川州) 도독이 되었으나, 아버지 주원이 원성왕에게 밀려 왕위에 오르지 못한 데 한을 품고, 그 이듬해 반란을 일으켜 한때 장안국(長安國)을 세우고 스스로 왕이 되었으나, 신라 관군에게 패하여 웅천주에서 자살하였다.

태봉(泰封)의 왕 궁예(弓裔)는 단오절(陰 5月 5日)에 태어났는데, 집 위에 하얀 무지개가 나타났고, 그가 중이 되어서는 새가 입으로 상아 점대를 물어다가 밥그릇 속에 놓아 왕(王)자를 이루어 놓더니, 그후 과연 궁예는 10년 간의 왕업을 이루었다.

고려의 태조가 태어날 때에도 역시 신묘한 빛과 붉은 기운이 집을 둘러싸고 물에 엉기었다. 또 신인(神人)이 나타나 오래 된 거울을 파는데 그 거울 속에 글귀가 있었다.

'상제(上帝)가 아들을 진마(辰馬)에 내려 보내어 먼저 닭을 잡고, 나중에 오리를 잡는다.'

또 이르길,

'두 마리 용이 나타나 한 마리는 푸른 나무 속에 숨고, 다른 한 마리는 검은 쇠 동쪽에 나타난다.'

라고 하였다. 그때에 그것을 어떤 사람이 풀어 말하길,

'진마(辰馬)라는 것은 진한(辰韓)과 마한(馬韓)의 땅이고, 닭 계[鷄]자는 계림(鷄林)이고, 오리 압[鴨]자는 압강(鴨江)을 말한 것이다. 두 마리 용은 왕건(王建)과 궁예(弓裔)이고, 청목(靑木)은 송(松)이며, 흑금(黑金)은 철(鐵)이다.'

라고 하였다.

고려 태조가 꿈에 바다 가운데로 들어가 9층 황금탑에 올라갔으니 이것 또한 귀하게 될 징조이다. 황보씨(皇甫氏)가 꿈에 혹령(鵠嶺)[240]에 올라가자, 소용돌이가 바다 속에서 넘쳐 완전히 은빛 바다로 되더니 드디어 현종(顯宗)이 나타나 한 나라의 왕이 되었다. 목종(穆宗) 때는 우뢰가 대성전(大成殿)을 울리고, 산이 탐라(耽羅; 現 濟州道)가 있는 바다 가운데에서 솟아 오르더니, 드디어 강조(康兆)[241]의 시역(弑逆)이 있었다. 헌종(獻宗) 때

---

240) 혹령(鵠嶺) : 곡령이라고도 부름. 개성 뒷산 송악산(松岳山)을 이름.
241) 강조(康兆) : ? ～1010, 고려의 무신. 목종 12년(1009) 김치양(金致陽)의 난(亂) 때 서북면(西北面) 도순검사(都巡檢使)로 난군을 침. 목종을 죽이고 현종(顯宗)을 임금으로 내세워 세력을 떨치더니 요(遼)의 성종(聖宗)이 이신벌군(以臣伐君)을 구실로 쳐들어오매, 통주(通州)

정월 초하루 건봉사(乾鳳寺)에서 꼬리별이 해 옆에 나타나더니, 드디어 이자의(李資義)[242]의 난이 있었다. 인종(仁宗) 때에는 대풍이 불어 나무가 뽑히고 누런 안개가 사방에 꽉 차더니, 이자겸(李資謙)의 반란이 일어나 서경(西京；平壤)으로 천도하려 할 때, 새의 자취가 대궐에 나타나고, 왕의 수레가 금암(金岩)에 다다르자, 큰 별이 수레 앞에 떨어지더니, 드디어 묘청(妙淸)의 난이 일어났다. 또 해 가운데에 검은 점이 보이더니, 정중부(鄭仲夫)가 의종(毅宗)을 폐위시키고, 동해에 파도가 일더니 조위총(趙位寵)[243]이 서관(西關；西京)에서 반란을 일으켰다. 붉은 용의 기운이 혹령(鵠嶺)에서 일어나더니, 최충헌(崔忠獻)이 권력을 잡아 정치를 마음대로 행하였다. 또 예성강(禮成江) 물이 3일 간 끓어 오르더니, 드디어 고려는 망하고 말았다.

임원개(任元凱)[244]의 딸이 처음 태어날 때, 꿈에 누런 깃발이 그녀의 집에 세워지고, 깃발 끝이 선경전(宣慶殿)에까지 나부끼더니 그 딸이 자라자 아버지 임원개는 개성유수(開城留守)가 되었다. 그후 꿈에 청사당(廳事堂；廳舍)의 대들보가 부러져 큰 구멍이 생기고, 누런 용이 그 속에서 나오더니 그후 얼마 안되어

에서 맞아 항사(抗死)하였음.

242) 이자의(李資義) : ?～1095, 고려 선종 때의 문관. 고려 중서령(中書令) 자연(子淵)의 손자. 시중(侍中) 정(頲)의 아들. 선종 때 헌종을 몰아내고 여동생인 원신궁주(元信宮主)의 아들 한산후(漢山侯) 균(昀)을 왕으로 삼으려 모의하다 발각되어 장사 고의화(高義和)에게 피살되었다.

243) 조위총(趙位寵) : ?～1176, 고려 중기의 문신. 의종 24년(1170) 병부상서(兵部尚書) 겸 서경유수(西京留守)로 있을 때, 정중부(鄭仲夫)·이의방(李義方) 등이 정변을 일으켜 의종을 폐하고, 전횡(專橫)을 일삼자, 명종 4년(1174) 격문을 여러 성에 보내어 반란을 일으킴. 처음 승전하여 개경(開京) 부근에까지 이르렀으나, 패하여 참형(斬刑)당함. 처음 정(鄭)·이(李)를 토벌한다는 대의명분을 세웠으나 종말에 외세를 끌어들이려 했으므로 반역에 그치게 됨.

244) 임원개(任元凱) : 1089～1156, 나중 이름은 원후(元厚). 고려 의종 때의 문신. 중서문하평장사 의(懿)의 아들. 그의 딸이 궁중에 들어가 인종의 왕비가 되니 공예왕후(恭睿王后)이다. 묘청(妙淸)의 난에 도성을 수비하였으므로 공신의 호를 받았다.

184

서 딸이 인종의 왕비가 되었다. 그 무렵 인종은 꿈에 들깨 다섯 되와 황규(黃葵 ; 해바라기 씨) 3되를 얻었다. 조정의 대신 척준경(拓俊京)이 꿈을 풀어 말하길,

'들깨〔荏〕는 임씨(任氏)를 뜻하고 다섯 되는 다섯 아들을 뜻하며, 황규(黃葵)는 황규(皇揆)를 뜻하고, 석 되는 곧 세 왕을 뜻하는 것입니다.'

라고 말하였다. 그 후 임씨는 과연 의종(毅宗)·명종(明宗)·신종(神宗)을 낳았다."

금선자가 다음과 같이 말하였다.

"김안로(金安老)가 아직 과거에 급제하지 못하였을 때에 신선이 꿈에 나타나 시를 일러주기를,

우(禹)임금이 조공(朝貢)을 받던 산천 밖에는 봄이 무르익고,

우(虞 ; 舜)나라의 궁정 뜰 금수(禽獸)들 사이에서는 음악을 연주하네.

〔春融禹貢山川外,
　　樂奏虞庭鳥獸間.〕

라고 하고, '이 시구는 그대가 평생에 과거에 올라 이름을 날릴 것을 의미하는 것이네.'

라고 하였다. 후에 연산군 병인년(1506)에 율시(律詩)로 선비를 뽑을 때 김안로는 시구를 써서 급제하였다. 또 첨사(僉使) 김노(金魯)[245]는 어떤 사람이 그의 어린 아들을 귀갑(歸甲)이라 부르는 꿈을 꾸고 곧 아들 이름을 귀갑이라고 하였다. 그

---

245) 김노(金魯) : 1498~1548, 조선 초기의 문인, 서도가. 자는 경참(景參), 호는 동고(東皐), 본관은 안동(安東), 희수(希壽)의 아들. 1528년(중종 20) 문과에 급제. 첨지중추부사를 지냈다. 어려서부터 학론(學論)에 밝고 서도에 뛰어났으며, 왕희지(王羲之)·왕헌지(王獻之)의 전기·필적을 가지고 공부하였고, 전책(典册)·비갈(碑碣) 등을 많이 수집했다.

아들이 성장하여 김홍도(金弘度)[246]라 개명하였다. 김홍도는 후에 연방(蓮榜)[247]과 계적(桂籍)[248]에서 연이어 괴갑(魁甲；壯元)이 되니, 사람들은 귀갑(歸甲)이란 이름의 덕분이었다고 여기었다. 그리고 후에 갑산(甲山)으로 유배되어 죽으니, 귀갑(歸甲)이란 이름이 다시 징험되었다. 김정규(金正虬)는 어렸을 때, 자가 의경(宜慶)이었는데, 후에 경원(慶源)으로 유배되어 죽었다. 이교리(李校理)는 온성(穩城)으로 귀양갈 때, 제관(祭官)에 임명된 사람이 향(香)을 받는 꿈을 꾸었다. 그후 그가 귀양에서 풀려 돌아왔는데 꼭 1천 8일 만이었으니, 이것은 곧 향(香)자의 파자(破字)이다."

이번에는 취굴자가 말하였다.

"행촌(杏村) 이암(李嵒)[249]이 젊어서 태음강(太陰江)을 건널 때, 날은 어둡고 달빛도 흐린 데, 도깨비들이 불을 들고 시끄럽게 부르더니 이암을 보자 죽 늘어서서 절하며,

'정승께서 오신다.'

하더니, 그 후 이암은 대위(臺位；三公 地位)에 올랐다. 이는 도깨비들도 사람의 앞길을 내다볼 줄 아는 것이다. 이암은 만년에 벼슬을 그만두고, 식영암(息影庵)의 중과 속세 밖의 교제를 하면서, 함께 한 조각배를 타고 왕래하였다. 일찍이

---

246) 김홍도(金弘度)：1524~1557, 조선 중가의 문인. 자는 중원(重遠), 호는 남봉(南峰), 본관은 안동, 동고(東皐)의 아들, 항상 명종의 측근에 있으면서 정치의 폐단을 논하였고, 벼슬은 전한(典翰)에 이르렀다가 그의 외척 윤원형(尹元衡)의 참소로 갑산(甲山)에 유배되어 죽었다. 후에 영의정에 추증되었다.

247) 연방(蓮榜)：조선왕조 때 사마시(司馬試)인 생원과(生員科)·진사과(進士科)의 향시(鄕試)·회시(會試)에 합격한 사람의 성명을 적은 명부(名簿).

248) 계적(桂籍)：고려 이후의 과거 급제자의 명부.

249) 이암(李嵒)：1297~1364, 고려 말기의 문신. 서화가, 자는 고운(古雲), 호는 행촌(杏村), 고성(固城) 사람. 17세에 문과에 급제. 여러 벼슬을 거쳐 찬성사(贊成事)·좌정승(左政丞)·수문하시중(守門下侍中)을 지냄. 글씨에 뛰어나 동국(東國)의 조자앙(趙子昻)으로 불리었으며 그림으로 묵죽(墨竹)에도 능했음.

시를 지어 이르길,

> 뜬 세상의 공명은 곧 정승이요,
> 작은 창가의 한가한 맛은 곧 산의 중이로다.
> 그 중에서도 또한 풍류로운 곳이 있으니,
> 한 송이 매화에 불등(佛燈)이 켜 있네.
> 〔浮世功名是政丞,
> 　小窓閑味卽山僧,
> 　箇中亦有風流處,
> 　一朶梅花點佛燈.〕

라고 읊고, 그 시를 벽 위에 써 놓았다. 어느날 벽 위의 시를 다시 살펴보니 '풍류(風流)' 두 글자가 '화신(化身)'이란 두 글자로 변해 있어 이암은 괴이하게 생각하였다. 그후 이암이 병으로 그 암자에 기거하고 있었는데, 어느날 저녁 설매(雪梅)라는 나그네가 찾아와서 그의 병을 시중들다가 창을 대하고 갑자기 읊조리길,

'한 송이 매화에 불등을 켜네(一朶梅花點佛燈).'

라고 읊으므로, 그제서야 이암은 화신(化身)으로 글자가 바뀐 까닭을 깨닫고, 드디어 죽었다.

참판(參判) 이검(李儉)은 그의 부인 권씨와 매년 북두칠성에게 빌었더니, 어느날 저녁 꿈에 일곱 송이의 신선의 꽃이 하늘에서 땅으로 내려오는데, 그것들을 모두 주웠다. 그리고나서 임신하여 연달아 7형제를 낳으니, 그들의 이름을 개보(介甫)·길보(吉甫)·산보(山甫)·우보(佑甫)·평보(平甫)·원보(元甫)·형보(亨甫)라고 하였다. 세조 정축년(1457)에 개보·길보·우보가 함께 진사(進士)에 합격하고, 개보·길보는 또 바로 그 해에 다시 문과(文科)에 급제하였다. 기묘년(1459 ; 世祖 4)에는 평보가 생원(生員)이 되고, 경진년(1460)에는 원보가 진사가 되었으며, 신사년(1461)에는 형보가 생원이 되고,

임오년(1462)에는 형보의 아들 여회(如晦)가 진사가 되었다. 계미년(1463)에는 산보가 문과에 급제했고, 갑신년(1464)에는 우보가 문과에, 을유년(1465)에는 길보의 아들 원량(元亮)이 생원이 되었으며, 병술년(1644)에는 길보가 문과 중시(重試)[250]에 급제하였고, 또 같은 해에 발영시(拔英試)[251]에 발탁되었다. 무자년(1468)에 우보의 아들 안세(安世)가 무과(武科)에 급제하였고, 안국(安國)은 생원이 되고, 무인년(1470)에는 산보의 손자 고(鼻)가 생원이 되었다. 이렇게 한 가문에서 18회나 과거에 연거푸 급제한 경사는 대단한 영광인 것이다.”

이번에는 금선자가 다음과 같이 말했다.

“고려 인종 때 박형(朴衡)이란 사람은 성품이 인자스러워 남을 노와주기를 좋아하였다. 하루는 남루한 차림의 나그네가 찾아와 그의 집에서 묵게 되었는데, 그 나그네는 박형의 앞날의 잃거나 실패할 일에 대하여 자세히 이야기해 주었다. 그리고 그 나그네는 한 수의 시를 지어 주었다.

용산(龍山)에서 해가 한낮인데, 문에 귀가 있고,
건천(乾川) 가랑비 속에 사람 없네.
청계(淸溪)의 버들 빛(柳色)은 해마다 푸른데,
사람이 동풍에 거니는데 두견새 우는 봄이네.
〔龍山日中門有耳.
　乾川細雨侍無人.
　清溪柳色年年綠.
　人踏東風杜宇春.〕

그런 일이 있은 지 얼마 지나지 않아서 박형은 부모상을 당했고, 연이어 형제·처자의 상을 당했다. 집안도 아주 망해 버리니, 박형은 수심에 잠겨 유랑하며 호수·산 등지를 방

---

250) 중시(重試): 이미 과거에 급제한 사람에게 다시 보이는 시험.
251) 발영시(拔英試): 문관 정3품(正三品) 이상에게 보인 임시 과거.

랑하였다. 하루는 용산에 도착하니 대낮인데 갑자기 전의 그 시가 생각나서 건천사(乾川寺)를 물으니, 어떤 사람이 앞산 숲 속 가랑비 흩날리는 곳을 가리켰다. 드디어 그 절에 묵게 되었는데, 노승이 박형에게 '왜, 청계동(淸溪洞)을 방문하지 않느냐?'고 하면서 등리(藤梨;다래) 한 되를 주었다. 박형은 그것을 받아 가지고 청계동을 방문하니, 과연 진사 유서 (柳絮)란 사람이 있는데 그는 매우 부자였다. 그리고 일년록 (一年綠)이란 딸 하나가 있었다. 또 그 이웃에 유전(柳田)이란 자가 있었는데, 그 역시 부자였고 이년록(二年綠)이란 딸 하나가 있었다. 이 두 처녀는 나이도 같고 생각도 같아 함께 시집갈 것을 기약한 터였으나, 아직까지 시집가지 못하고 있었다. 그런데 이날 밤 두 집안에서는 모두 꿈을 꾸었는데 어떤 노인이 나타나서 '오늘 등리를 가지고 오는 신랑이 천생연분이라.'하였다. 때마침 박형이 등리를 주인에게 바치니, 주인은 매우 기뻐하며 곧 사위로 맞아들였다. 이리하여 한 번에 두 여자를 아내로 맞이했고, 집안도 풍성하여졌다. 박형이 하루는 유씨(柳氏)의 조상 묘가 있는 곳을 올라가 보았다. 근처에 인답현(人踏峴)이라 하는 산이 있으므로, 곧 올라가서 주위를 살펴보았다. 과연 인답현 아래 두 기슭이 있는데, 동쪽 산기슭 가운데에 두견화 한 떨기가 피어 있었다. 박형은 이전의 시를 기억하고는 선친의 묘를 그 두견화 아래로 이장하였다. 그 후 자손이 크게 번창하여, 아들 박승유(朴承俍)와 손자 박정혁(朴挺奕)의 벼슬이 상서(尙書)[252]에 이르렀고, 그 후에도 대대로 벼슬을 하였다."

이번에는 편운자가 말했다.

"나(李思淵)의 5대조의 휘(諱)는 배(培)요, 자는 자장(子長)인데, 영덕현(永德縣)의 관사에서 태어났으므로, 아명은 덕생

---

252) 상서(尙書) : 고려 육부(六部)의 으뜸 벼슬. 성종 14년(995)에 어사 (御事)를 고쳐 부른 것으로, 그 뒤에는 판서(判書) 또는 전서(典書)로 고쳤는데 정3품임.

(德生)이라 하였다. 어머니 김씨는 성품이 단아하고 정결하였으며, 제사를 정성껏 받들었다. 한번은 제사를 마치고 잠이 들었는데, 어떤 노인이 나타나 푸른 구슬 하나를 주며 삼키게 하는 꿈을 꾸었다. 그리고 나서 드디어 공〔五代祖〕을 낳았다. 공은 이목(耳目)이 그린 것같이 잘 생겼으므로, 정선(旌善) 신윤관(申允寬)이 공을 두고 부르길 ‘옥분신매(玉盆新梅)’라 하고, 열성공(烈成公) 황수신(黃守身)[253]은 공의 호를 ‘독송정(獨松亭)’이라 불렀다. 일찍이 참지(參知) 민대생(閔大生) 집에 잔치가 있어 참석하였다. 술김에 소의 족발에서 연꽃이 생겨나고, 물고기 꼬리에는 장미가 생겨난 것이 보이므로, 마음속으로 괴이하게 여기고 그것을 소매에 넣어 가지고 집에 돌아왔다. 술이 깨어 그것을 보니, 연꽃도 장미도 없었다. 그후 어변갑(魚變甲)[254]과 정인지(鄭麟趾)가 시험관이 되었을 때, 과연 진사·문과에 연이어 급제하였으니, 역시 우연한 일이 아니었다.

정정공(貞正公)의 아버지 문검(文儉)이 젊어서 점장이 홍수(洪修)를 만나 운명을 물으니, 홍수는 시 한 수를 적어 주었다.

독수리는 가을이 되면 그 기세가 더욱 웅장해져서,
바람을 타고 날개를 퍼득이며 달에 오르네.
당시의 일 묻지 않아 영화로우리니,
이름이 먼저 궁궐에까지 이를 것이네.
〔鵰鶚當秋勢傳雄,
乘風奮翼到蟾宮.
榮華未問當時事,

___

253) 황수신(黃守身) : 1408~1468, 조선 세조 때의 상신. 자는 계효(季孝), 호는 나부(懦夫), 시호는 열성(烈成), 본관은 장수(長水), 영의정 희(喜)의 아들.
254) 어변갑(魚變甲) : 1381~1437, 조선 초기의 문신, 자는 자선(子先), 호는 면곡(綿谷), 강릉 사람. 벼슬은 직제학(直提學)을 지냈음.

先見聲名達九重.〕

　그 해 가을 임금님이 친림(親臨)해서 치루는 전시(殿試)에서, 곽두추(郭杜秋)의 '하늘 바람이 독수리의 날개를 따른다(天風順鵬鶃之翼)'라는 글제를 내었는데, 태종대왕이 비점(批點)을 찍으며 이르길,

　'이 글을 지은 이는 분명히 전날 진사 시험에 있었던〈화살을 끼고 멀리 음산(陰山)의 독수리를 쏜다(挾矢長射陰山鵰).〉란 시구를 지은 사람일 것이다.'
라고 하였으니, 이 시구는 공이 늘 읊조리던 시이다. 그래서 드디어 급제하였다. 그 후 홍수(洪修)를 또 만나 운명을 물으매, 또 시를 써서 주었다.

　　다섯 말이 문 앞에서 요란하니
　　호수와 산의 경치가 볼 만하도다.
　　강 속의 물이 없는 곳,
　　배 건너기가 자연히 편안하네.
　〔五馬門前鬧,
　　湖山景可觀,
　　河中無水處,
　　舟渡自然安.〕

그 후 얼마 안되어 금산군수(錦山郡守)에 제수되었으니, 과연 '호산(湖山)' 두 글자가 들어맞은 것이다. 이윽고 홍가(洪舸)의 포계(褒啓)[255]로 호서관찰사(湖西觀察使；忠淸監司)로 승진하셨다.

　그 후에 또 홍수에게 앞일을 물으니, 홍수는 다시 한 수의 시를 써 주었다.

---

255) 포계(褒啓) : 각 도(道)의 관찰사(觀察使)나 어사(御史)가 고을 원의 선정(善政)을 포장하는 계문(啓聞).

숲 아래 봄이 바야흐로 다가오니,
향기롭게 경치가 깊어만 가네.
꽃이 핀 곳에 새들은 둥지로 돌아가 자는데,
한 개 화살이 홍심(紅心 ; 正鵠)을 맞추네.
〔林下春將近,
　芳菲景物深,
　花開歸鳥宿,
　一箭中紅心.〕

병인년(1446 : 세종 28) 봄에 공이 도림사(桃林寺)에 올라 봄놀이를 하였다. 바로 이날 이조판서에 제수되었다. 출사한 지 오래지 않아, 공의 집종 계산(戒山)이란 자가 있는데, 그의 처의 이름은 화개(花開)였다. 그녀가 판서 최사강(崔士康)[256] 집의 진조(眞鳥)란 종과 정을 통했다. 남편 계산은 노하여 진조를 죽이려고 어느날 저녁에 화살을 끼고 주위를 살피며 살금살금 걸어 어두운 곳에 잠복해 있었다. 때마침 영응대군(永膺大君) 이염(李琰)[257]의 서자 홍심(紅心)이란 무뢰한이 술을 좋아하여 술을 사려고 가다가 꽃이 활짝 핀 곳으로 들어가는데, 계산이 진조인 줄 알고 쏜 화살에 잘못 맞아 죽었다. 공은 이 사건으로 파직되고, 명천(明川)으로 귀양갔다. 그때, 사람을 홍수(洪修)에게 보내 자신의 운명을 물으니, 홍수는 또 시 한 수를 써서 보냈다.

봉황새가 오동나무 위로 날아 오르니,

---

256) 최사강(崔士康) : 1390~1443, 조선 초기의 명신. 시호는 경절(敬節), 전주 사람. 참찬 유경(有慶)의 아들. 벼슬은 병조판서를 거쳐 우찬성 겸 이조판서에 이르렀다. 그의 두 딸은 함녕군(諴寧君)과 금성대군(錦城大君)에게, 손녀는 임영대군(臨瀛大君)에게 출가시켰다.

257) 이염(李琰) : 조선 세종대왕의 8남 영응대군(永膺大君). 소헌왕후 심씨 소생. 해주 정씨 참판 충경(忠敬)의 딸과 결혼하였고, 후취로 예산 송씨 동지중추 부원(復元)의 딸을 맞아들였다. 처음에는 영흥대군(永興大君)으로 봉했었다. 서화에 능하고 음률에도 능통했다.

비로소 봄빛이 다음 기회에 있을 줄 믿겠네.
〔鳳凰飛出梧桐上,
　始信春光在後期.〕

라고 하였다. 공이 작고한 후에 궁녀 벽도(碧桃)가 연회석에
서 가야금을 타면서,

봉황이 역양산(嶧陽山)258) 오동나무에 와서 지저귄다.
〔鳳凰來叫嶧陽桐.〕

란 구절을 읊으니 문종(文宗)은 그 시를 지은 사람이 누군지
를 물어, 곧 공이 지은 것임을 알고는 한참을 탄식하다가 영
의정을 추증하시니, 홍수의 시의 '봄빛이 다음 기회에 있다.'
는 구절이 비로소 징험되었다.
　우리 취병공(翠屛公)의 휘는 미정(美廷)이고, 병조참판이었
는데, 버드나무가 어깨를 끌어 당기는 꿈을 꾸었다. 그후 얼
마 안되어 유광겸(柳光謙)이란 자에 의해 참소되어 파직당하
였다. 임진년(1472)에는 금빛 말을 타고 모란꽃 앞에 서 있는
꿈을 꾸었다. 그후 평안감사가 되었을 때 김준(金駿)은 대동
찰방(大同察訪)이 되어 날마다 함께 모란봉 앞에서 노니, 그때
서야 비로소 꿈 속의 조짐을 깨달으셨다.
　우리 할아버지 우윤공(右尹公)은 성화(成化 ; 明　憲宗　年號.
1465∼1487) 갑오년(1474 ; 성종 5)에 태어나 만력(萬曆 ; 明　神
宗　年號.　1573∼1620) 병오년(1606 ; 선조 40)에 작고했다. 향
년이 103세259)였다. 할아버지가 태어나는 날 좌상(左相) 송질
(宋軼)260)이 잣〔柏子〕석 되와 큰 귤 두 개를 보내왔다. 그때

---

258) 역양산(嶧陽山) : 중국 강소성 비현(邳縣) 서남쪽에 있는 산. 여기에
　　서 생산되는 오동나무는 거문고 재료로 쓰이는데 가장 적합하다고 함.
259) 1474년 출생, 1606년 졸이면 132세가 된다. 103세를 살았다면 생졸
　　년 중에 잘못 기록됨이 있을 것이다.
260) 송질(宋軼) : 1434∼1520, 조선 중기의 재상. 자는 가중(可中). 여

창암(蒼嵒)이 점쳐 말하길,

　'이 아이는 103세까지 장수할 것이고 벼슬은 2품에 이를 것이며 대감이라 불리울 것입니다.'

라고 하였는데 과연 그 말이 맞았다. 공이 내자시(內資寺)[261]에 있을 때, 꿈에 당숙 이무(李懋)와 높은 마루에서 마주 앉아 있었는데 두 미인이 옆에서 모시고 있고 한 노인이 뜰 앞에 서서 닭 우는 소리를 내는데, 그 소리가 아주 시끄러웠다. 얼마 안 있어 예안(禮安)의 원님이 되어 부임하였다. 당숙은 순창(淳昌) 원님이 되었었는데 마침 오셔서 함께 앉아 있었다. 그때 옆에서 읍의 기생 채련(彩蓮)과 연화(蓮花) 둘이 모시고 있는 것이 마치 꿈에 본 것과 너무나 흡사하여 괴이쩍게 생각했었다. 그러니 이윽고 읍리(邑吏)가 최영망(崔永望)의 옥사(獄事)를 아뢰어, 그 전후 사정을 생각해 보았다. 최중태(崔重泰)의 집은 부유하였으나, 그가 죽을 때 오직 어린 아들과 딸만이 남았는데, 그들을 돌봐줄 만한 친척이 아무도 없었다. 그러므로 같은 성씨인 최영망이 의리상 그 집안을 돌봐주었었다. 그런데 어느날 밤 그 최중태의 어린 아들·딸이 모두 칼에 맞아 죽었다. 이 일로 최영망은 옥에 갇히게 되었으나 오래도록 불복(不服)하였다. 공은 묵묵히 전날 밤의 꿈 속의 닭을 생각하고, 그의 집 근처에 고기(高起)란 자가 있는지 없는지를 물어보았다. 아전이 과연 있다고 대답하므로, 드디어 그를 체포해 엄중히 심문하니, 사실을 자백하였다. 아마도 꿈에 본 노인은 바로 최중태인 듯하다.

　공의 처음 부인은 해주오씨(海州吳氏)인데 신사년(1581 ; 선조 14)에 작고하시고, 다음 부인 신씨(辛氏)는 신묘년(1591 ; 선조 24)에 공에게 시집와서 인제(麟蹄)의 덕산촌(德山村)에

　산 사람. 도정 공손(恭孫)의 아들. 중종 때 정국공신(靖國功臣)이 되어 여산부원군에 봉해졌다. 이윽고 우의정을 거쳐 영의정에 이르렀다.

261) 내자시(內資寺) : 조선왕조 때 대궐에서 쓰는 여러 가지 식품과 직조 및 내연(內宴)에 관한 일을 맡아 보던 관청.

서 거처하였다. 대체로 이덕응(李德應)[262] 경빈박씨(敬嬪朴氏)[263]의 화(禍) 및 봉성군(鳳城君)[264]·정언각(鄭彦愨)[265]의 화로 일가가 전락하여 가문도 쇠퇴하였으므로 고향에 살면서 치산(治産)에 힘썼다. 병신년(1596 ; 선조 29), 공은 달밤에 산보하는데 갑자기 질풍과 소나기 소리가 먼 곳으로부터 다가오는 듯하더니, 한 마리 흰 돼지가 집 안으로 달려 들어가는 것을 보았다. 공은 괴이하게 여겨 그 돼지를 찾아 보았지만, 찾지 못하였다. 그러나 다음날 곳간에서 은으로 만든 돼지를 얻어, 이로부터 집안은 부유해졌고, 공은 오래도록 살다 작고하시니, 이 역시 세상에서 보기 드문 복이로다. 이로 볼 때, 대체로 길흉은 미리 정하여지지 않은 것이 없는 것이다.”

이에 금선자(金蟬子)가 그 뒤를 이어 이렇게 말하였다.

“상사(上舍 ; 生員·進士) 송문리(宋文理)와 정랑(正郎) 이숙간(李叔幹)은 함께 황화정(黃華亭)에 올라 ‘가(家)’자를 운(韻)으로 하여 시를 지었다. 송문리가 이르길,

---

262) 이덕응(李德應) : 조선 중기 사람. 자는 계운(季潤). 성주 사람. 윤임(尹任)의 사위. 명종 때 임백령(林百齡)의 협박에 속아 장인인 윤임이 봉성군을 추대하고 모의를 꾀했다고 거짓으로 고하여 살해했으나 끝내 죽음을 당하면서 몹시 후회했다.

263) 경빈박씨(敬嬪朴氏) : 조선 중종의 빈. 중종 말년에 동궁〔仁宗〕을 저주하는 작서(灼鼠)의 변이 일자, 그녀는 혐의를 받고 그녀의 소생 복성군(福城君)과 함께 귀양갔다가 1533년(중종 28)에 사사되었다.

264) 봉성군(鳳城君) : 조선 중종의 서자(庶子). 이름은 완(岏)·희빈(熙嬪) 홍씨(洪氏)의 소생. 소윤(小尹)·대윤(大尹)의 파쟁 속에서 대윤인 윤임(尹任)이 봉성군을 왕위에 오르도록 계책하고 있다는 모략을 받아 대윤이 몰락한 을사사화가 일어났고, 이후로도 불온한 벽서(壁書)가 발견됨에 여당으로 지목되어 1172년(명종 2) 봉성군·송인수(宋麟壽)·이약수(李若水) 등은 죽고 이하 많은 인재들이 귀양갔다.

265) 정언각(鄭彦愨) : 조선 중기의 문신. 자는 근부(謹夫), 해주 사람. 진사(進士) 희검(希儉)의 아들. 1547년(명종 2), 부제학일 때 그의 딸이 시집으로 돌아가는 것을 배웅하기 위해 양재역에 이르렀다가, 벽을 보니 문정왕후의 섭정을 비난하는 익명서가 있어 이를 임금께 갖다 바쳐 사화를 부채질하여 여러 사람의 목숨이 사라졌다. 이때 그는 경기감사를 지냈는데, 어느 날 말을 타고 가다가 말에서 떨어져 죽으니 사람들이 모두 천벌을 받았다고 하였다.

한 차례 닭 소리가 여덟 아홉 집에 나네.
〔一道鷄聲八九家.〕

라고 하니, 이숙간은 이르길,
　버드나무 그늘 아래에서 닭 우는 소리 들리니, 그곳에 인가
가 있네.
　〔柳陰鷄哭有人家.〕

라고 읊었다. 모재(慕齋) 김안국(金安國)이 그들의 시를 보고
말하길,
　'송문리는 아들을 많이 둘 상(象)이고, 이숙간은 문과에 급
제할 관상이다.'
라고 하였다. 과연 송문리는 8명의 아들을 낳았으니, 이름은
팽수(彭壽)·미수(眉壽)·기수(期壽)·이수(頤壽)·담수(聃壽)
익수(益壽)·태수(台壽) 등이요[266], 이숙간도 문과에 급제하였
다. 이숙간의 아들 이종운(李從運)도 '가(家)'자를 운으로 하
여 시를 지었는데,

　물고기를 잡고, 꿩을 사냥하다가 저물어 집에 돌아오네.
　〔獵魚射雉暮還家.〕

라고 읊으니, 모재 김안국이 그 시를 보고,
　두 시험에 급제할 기상이다.
　〔爲兩場氣像.〕
라고 하였다. 신유년(1561 ; 明宗 16)에 과연 생원이 되고, 벼
슬은 가평군수(加平郡守)에 이르렀다. 가평군수의 외손 유경
창(柳慶昌)[267]도 '가(家)'자를 운으로 시를 지었는데,

---

266) 아들이 8명이라 했는데 7명의 이름만 열거했으니 1명은 누락된 것
　임.
267) 유경창(柳慶昌) : 조선 중기의 문신. 자는 선백(善伯), 호는 성탄
　(聲灘) 또는 미천(薇川). 전주 사람. 철원부사 질(秩)의 조카. 광해군

봄이 정원 숲에 찾아드니, 꽃들이 다투어 피어나고,
벌 소리와 제비 소리가 집집마다 나네.
〔春到園林花爭簇,
　蜂聲燕語起家家.〕

라고 읊었다. 그의 시가 가장 훌륭하여 여러 시를 능가한다
고 생각했었는데, 과연 문과에 급제하여 벼슬이 대사헌(大司
憲)에 이르렀다.”

이번에는 취굴자가 다음과 같이 말하였다.

“진사 이위(李韋)는 어렸을 적에 마마를 앓다 기절하여 몽
롱한 혼이 어느 깊숙한 궁전에 이르렀는데, 다섯 사람이 뜰
아래 꿇어앉아 있었다. 푸른 옷을 입은 관리가 장부를 바치
자, 잠시 후에 누런색 옷을 입은 사람이 선언하기를,

‘너 한효원(韓效元)268)은 너의 아버지가 효순(孝順)을 실행
하여 일품(一品)의 관록(官祿)에 책록되어 있으니, 요절시킬
수 없다. 속히 풀어주라.

너 김전(金詮)269)은 네 아내가 1천 명의 생명을 구하여 주
어 너의 벼슬이 또한 삼태(三台；三公)에 이르렀으니 요절하
게 할 수 없다. 속히 풀어주라.

때에 생원에 합격했고, 인조 때에 문과에 올랐다. 벼슬은 이조참판(吏
曹參判)·대사헌(大司憲)에까지 이르렀으며, 청백리(淸白吏)에 첨록되
었다.

268) 한효원(韓效元)：1468~1534, 조선 중종 때의 대신. 자는 원지(元
之), 호는 오계(梧溪), 시호는 장성(章成), 본관은 청주(淸州), 사도사
정(司䆃寺正) 증(曾)의 아들, 진사시에 합격. 1501년 문과에 급제, 예
문검열(藝文檢閱)로 있었다. 그 후 내외직을 역임하고, 중종 때 영의
정에 이르렀다. 관직에 30년 간 있었으나 청렴 충직으로 일관하여 축재
함이 없었다.

269) 김전(金詮)：1458~1523, 조선 중종 때의 재상. 자는 중륜(仲倫),
호는 나헌(懶軒), 시호는 충정(忠貞), 본관은 연안(延安), 우신(友臣)
의 아들. 1489년(성종 20)에 장원급제, 예안현감(禮安縣監)이 되어 정
치를 잘해서 백성이 생사당(生祀堂)까지 세웠으며, 후에 대사헌에 이
르렀으나 연산군에 의해서 남해(南海)에 유배, 중종반정 후에 소환되
어 우의정·영의정에 이르렀다.

너 권달수(權達手)[270]는 세 명의 여종을 억울하게 죽였으니 장차 찢어 죽일 액운을 받을 것이다. 지금은 요절시킬 수 없다. 속히 풀어주라.’

하니 이에 세 사람이 절하고 물러나자, 또 두 사람을 불러 명하기를,

 ‘너 김종서(金宗瑞)는 충성되고 공훈이 있음에도 불구하고 원통하게 죽었으니, 가히 중국의 서씨(徐氏) 집안의 아들로 태어나 각로(閣老)[271]가 될 것이다.

 너 김굉필(金宏弼)은 결백하게 행동했는데도 죄를 입었으니, 다음엔 인도국의 왕자로 태어나서 존귀와 영화를 누릴 것이다.’

라고 하였다. 이에 두 사람이 나가니 그 다음에 이위를 끌어다 놓고 명하기를,

 ‘너는 68세까지 장수할 것이고, 녹은 삼두이며, 너의 배필은 쌍 오동나무 아래 사는 앵도이고 아들 둘, 딸 셋을 낳게 될 것이다. 그러므로 요절시킬 수 없으니 속히 물러가라.’

라고 하였다. 이위는 사례하고 문을 나왔다. 그후 판서 심광필(沈光弼)의 집 뒷 뜰을 보니 두 그루의 오동나무가 서 있고, 그 나무의 그늘이 매우 짙었는데, 그 아래에서 한 처녀가 산보하며 한가로이 읊조리고 있었다. 이위가 그 시를 엿들으니 그 내용인즉,

 나무그늘은 푸른데, 여름날은 길고,
 피꼬리 소리 들으며 한가로이 읊조리니 패옥이 울리네.

---

270) 권달수(權達手) : ?～1504, 조선 연산군 때의 학자. 자는 통지(通知), 호는 동계(桐溪), 본관은 안동(安東), 임(琳)의 아들, 1492년(성종 23) 과거에 급제, 뒤에 교리가 되었다. 연산군 때 폐비 윤씨의 추숭(追崇)을 반대하다가 용궁(龍宮)에 유배되었고 다시 옥에 갇혀서 옥사하였다. 후에 중종이 도승지 벼슬을 추증하고 그 부인에게 열부(烈婦) 표창을 하였다.

271) 각로(閣老) : 재상(宰相)을 일컫는 말.

〔樹陰綠綠夏日長,
　聽鸝閑吟珮玉瑲.〕

라고 하였다. 이위가 낭랑하게 그 시를 이어 읊었다.

　울타리 근처에 마침 봄을 찾는 이 있어,
　향기로운 앵도 한 송이 꺾기를 원하노라.
〔籬邊正有探春子,
　願折櫻桃一朶香.〕

　그 시를 종이 쪽지에 써서 돌맹이에 묶어 담 안으로 던져 들여보냈다. 그뒤 결국은 중매를 통해 결혼을 하였는데, 그 아가씨 이름이 과연 앵도(櫻桃)였다. 그리고 아들 세규(世奎)와 세필(世弼) 둘을 두고, 세 딸은 홍치극(洪致克)·김성국(金成國)·정필국(鄭弼國)의 부인이 되었다.”
　취굴자가 말하였다.
　“문천(文川)의 원 이감(李瑊)은 아산(牙山) 사람으로, 성격이 본시 청렴하여 어머니 박씨를 성심껏 모셨으며, 또한 여러 아우에 대한 사랑이 돈독하였다. 어느날 아우 정(玎)·침(琛)·요(瑤)·경(璟)·주(珠) 다섯 중에서 요(瑤)가 요절하였다. 그후 그의 무덤에서 한 떨기의 들장미가 자라나니, 감(瑊)은 감탄하여 그 꽃을 정원에 옮겨 심어, 형제의 정을 붙였다. 그후 어머니 박씨도 돌아가셨는데, 그 빈소에서 금빛 앵도나무 한 그루가 자라므로 그 나무 역시 정원에 옮겨 심고 부모에 대한 애통함을 되새겼다. 그뒤 들장미와 금빛 앵도나무는 과연 무성하게 자랐는데 매양 어머니와 동생의 제삿날이 되면 그는 나무 주위를 돌며 눈물을 흘렸다. 하루는 그가 외출에서 돌아와 그 나무에 시가 써 붙여진 것을 보았다. 그 시에 이르길,

　어느날에나 뜰 앞에 검은 일산이 펴 있을까?

벼슬에 오를 소식은 금빛 꽃에서 볼 것이라.
〔何日庭前傾皂盖?

　臺階消息見金花.〕

라고 씌어 있었다. 그리고 마침 금빛 앵도화가 피어 있는데 황금빛의 꽃이 다섯 송이가 피어 있었다. 그때 다섯 나그네가 이감의 집 문에 이르러 배고픔을 호소하였다. 이감은 성대히 음식을 차려 대접하고, 그들과 깊히 사귀기를 부탁하였다. 그후 다섯 명은 과연 대각(臺閣)[272]에 들어가 이감을 끌어주어, 이감은 문천군수 벼슬을 하였고, 아들 이몽정(李夢貞)은 곽산군수(郭山郡守)가 되었다. 그 다섯 사람은 곧 윤필상(尹弼商)[273]·강구손(姜龜孫)[274]·유순(柳洵)[275]·김국로(金國老)·이세좌(李世佐)[276]였다. "

---

272) 대각(臺閣) : 사헌부(司憲府)·사간원(司諫院)의 총칭.

273) 윤필상(尹弼商) : 1427~1504, 조선 중기의 문신. 자는 양좌(陽佐), 파평(坡平) 사람. 세조의 총애를 받고 이시애(李施愛)의 난 때 도승지로 공을 세워 우참찬으로 특진하고, 적개공신(敵愾功臣) 1등이 됨. 그후 좌참찬을 거쳐 우의정에 오르고 명(明)나라 건주위(建州衛)·야인(野人)들의 정세를 탐지 보고했으며, 1779년(성종 10) 좌의정으로서 서정도원수(西征都元帥)가 되어 이를 토벌하였음. 동 15년, 영의정에 올랐고, 기로소(耆老所)에 들어간 뒤 갑자사화 때 유배되어 자결함.

274) 강구손(姜龜孫) : 1450~1506, 조선 중기의 명신. 자는 용휴(用休), 시호는 숙헌(肅憲), 본관은 진주(晋州), 희맹(希孟)의 아들. 1479년(성종 10) 문과에 급제, 연산군 때 우의정을 지내고 진원군(晋原君)에 피봉됐다. 그후 사신으로 연경(燕京)에 다녀오다가 중도에서 죽었다.

275) 유순(柳洵) : 1441~1517, 조선 중기의 문신. 자는 희명(希明), 호는 노포(老圃). 문화(文化) 사람. 연산군(燕山君) 때와 중종(中宗) 때 두 번 영의정을 지냈으며 중종반정에 공을 세워 문성부원군(文城府院君)에 봉해짐.

276) 이세좌(李世佐) : 1445~1504, 조선 성종 때의 중신, 자는 맹언(孟彦), 본관은 광주(廣州), 판서 극감(克堪)의 아들. 첨정(僉正)으로 1477년(성종 8) 문과에 급제, 이튿날 대사간이 되었고, 벼슬이 판중추부사에 이르러 광양군(廣陽君)에 피봉되었다. 1504년(연산군 10) 갑자사화에 연좌되어 김굉필(金宏弼) 등 10여 명과 함께 화를 입어 거제도로 귀양가는 도중 곤양군(昆陽郡) 양포역(良浦驛)에서 사형의 명을 받고 목매어 차살했다.

200

취굴자가 말하였다.

"이희령(李希齡)의 자는 인로(仁老)이다. 젊어서 영통사(靈通寺)[277]에 들어가 공부하였다. 하루는 떠돌이 중이 병이 나서 그 절에 머무르게 되었다. 그 절 중은 귀찮게 여겨 싫은 소리를 많이 했으나, 이희령은 그를 불쌍히 여겨 자기 옷을 벗어 주고, 음식을 남겨두는 등 세밀히 보살펴 주었다. 한 달이 지나서 그 떠돌이 중은 떠나가면서 이희령에게 그림 네 폭을 주었다. 그 중 하나는 대나무가 그려져 있고, 다른 하나는 사슴이, 또 하나는 산과 물과 소나무와 바위가 그려져 있었다. 이희령은 그 까닭을 알지 못하였다. 그후 그는 초시(初試)에 합격했는데 〈푸른 대나무가 아름답다〔綠竹猗猗〕〉란 문제가 나왔고, 회시(會試)에는 〈사슴을 따라갔으나 우인(虞人)[278]이 없어 오직 산 속으로 들어간다〔即鹿無虞, 惟入干山中〕〉란 제목이 출제되어 드디어 연방(蓮榜)에 합격했다. 그후 정시(庭試)엔 〈잠을 경계하는 베개〔警枕〕〉가 출제되어, 드디어 문과에 급제하여 고산(高山)[279]·장수(長水)·송화(松禾)·영암(靈岩) 등 여러 읍의 군수를 거쳤으니, 그 그림이 비로소 징험된 것이다."

금선자가 말하였다.

"이신검(李信儉)의 자는 불녕(不佞)이다. 일찍이 오색마(五色馬)를 타는 꿈을 꾸었었는데, 후에 청양(靑陽)·현풍(玄風)·단양(丹陽)·황간(黃澗)·배천(白川) 등 다섯 군의 태수를 지내어 오색태수라 했다.

오광걸(吳光傑)의 자는 국성(國城)인데, 일찍이 동헌 네 구역에 각기 매화 한 그루씩을 심는 꿈을 꾸었다. 해몽하는 자가 혹 삼정승이 되리라 점치고, 혹은 네 명의 딸을 낳으리라고 점쳤다. 그후 강서(江西)·하동(河東)·북청(北靑)·남원

(南原)에서 태수 벼슬을 지내니 사람들은 그를 분주태수(奔走太守)라 불렀다.

이윤형(李允亨)의 자는 숙겸(叔謙)으로 인제(麟蹄)·봉산(鳳山)·용강(龍岡)·구성(龜城)의 태수를 지냈으므로 사람들은 그를 사서태수(四瑞太守)라 불렀다.

이희정(李希貞)의 자는 복원(復元)이다. 금산(錦山)·옥과(玉果)[280]·금산(金山)[281]의 태수를 역임하였으므로, 사람들은 그를 보화사군(寶貨使君)[282]이라고 불렀다.”

아예자(鵝蕊子)가 말하였다.

“임황(臨潢)[283] 동북쪽에 전죽산(箭竹山)이 있고 그 산에서 동북쪽으로 한 산맥이 목엽산(木葉山)으로 뻗어 내려가는데, 황하(潢河)와 토하(土河)가 그 앞에서 합쳐지며, 그 산 아래엔 유명한 무덤이 많다. 동한(東漢) 말에 막신(莫神)이란 사람이 있었다. 그는 부유하였는데, 남에게 베풀어 도와주는 것을 좋아하여 의실(義室)[284] 의장(義醬)[285]을 설치하였다. 그는 어느날 눈이 몹시 오는데 길가에서 얼어 죽어가고 있는 사람을 보고 등에 엎고 돌아와 간호하였다. 잘 조리시키니 며칠이 지나 회복하여 그는 떠나게 되었다. 그 사람이 말하길,

‘목엽산 동쪽 기슭에 명당 자리가 있으니, 당신 부모님을 그곳에 장사하시오.’

라고 하였다. 그래서 막신이 청하여 가보니, 그것은 큰 우물이었다. 막신이 ‘어떻게 부모님을 물 속에 수장하겠소?’

---

280) 옥과(玉果) : 현 전라남도 곡성군(谷城郡) 옥과면(玉果面) 일대를 말함.

281) 금산(金山) : 경기도 진위(振威)의 옛 이름.

282) 보화사군(寶貨使君) : 보배사또라는 말. 곧 비단·옥·금은 보배인 그런 글자가 들어간 고을의 원만 지냈기 때문에 붙인 별호.

283) 임황(臨潢) : 옛날 중국 5경(五京)의 하나. 요(遼)나라 태조가 이곳에 도읍해서 황도(皇都)·상경(上京)이라고도 했다. 지금의 열하성(熱河省) 임서현(林西縣) 황하(潢河)에 붙어 있기 때문에 임황이라 한다.

284) 의실(義室) : 빈민 구제를 위한 무료 숙박소.

285) 의장(義醬) : 빈민 구제를 위한 무료 음식점.

202

라고 하니 그 사람이 말하길,

　'시체를 우물 속에 넣고, 큰 돌로 그 위를 덮어 놓으면 3년 뒤에 이상한 기미가 보일 것이오. 그 이상한 징조가 보이거든, 당신이 죽을 경우 그 우물에 함께 장사지내게 하십시오. 그렇게 하면 자손이 매우 번창할 것입니다.'

라고 하였다. 막신은 그의 말대로 부모님을 장사지냈다. 3년 후 돌을 열어보니 채색 구름이 우물을 덮고 있고, 18개의 꽃가지가 물 위로 들쑥날쑥 나 있어 매우 이상하게 여겼다. 그후 막신이 죽자 그의 시체도 우물에 장사지냈다. 그런 일이 있은 후 막하(莫賀)[286]는 선비(鮮卑)[287] 추장(酋長)이 되어 요서(遼西)의 땅을 차지하고 모용부(慕容部)[288]라 불렀다. 드디어 아들 모용외(慕容庬)·모용황(慕容皝)·모용초(慕容焦)·모용위(慕容暐)·모용수(慕容垂)·모용보(慕容寶)·모용성(慕容盛)·모용희(慕容熙)·모용덕(慕容德)·모용초(慕容超)·모용상(慕容祥)·모용린(慕容獜)·모용충(慕容冲)·모용영(慕容永) 모용농(慕容農)·모용각(慕容恪)·모용충(慕容忠)·모용평(慕容評) 등이 태어나 천자가 되니 우물에 피어난 18개의 꽃가지가 비로소 징험된 것이다. 우물에서 동쪽으로 80보쯤에 오래된 무덤이 있는데, 나무꾼 중에는 혹 그 고총에서 사람의 음성이 들린다고 한다. 세간에 떠도는 말에 요태조(遼太祖)[289]의 할아버지 묘라고도 한다. 그 남쪽에도 묘가 있는데, 항상 무

---

286) 막하(莫賀) : 선비(鮮卑) 추장의 이름.
287) 선비(鮮卑) : 고대 아시아 민족의 하나. 중국의 전국시대 무렵부터 만주에 웅거하여 세력을 떨쳤으며 선비의 일파가 3세기 경에 거란족으로 발전했다.
288) 모용부(慕容部) : 모용씨의 부족, 또는 모용씨의 나라.
289) 요태조(遼太祖) : 중국 요(遼)나라 태조. 요(遼)를 개국한 왕. 성은 야율씨(耶律氏), 이름은 억(億), 자는 아보기(阿保機). 국호를 거란이라 했다. 당(唐)나라 때 거란이 8부(八部)로 나뉘었고, 후양(後梁) 때 그 중 일부(一部)의 왕이 되었다. 호방하고 기상이 웅대해서 활을 잘 쐈고, 드디어 칠부(七部)를 병합하여 황제가 되어 임황(臨潢)에 도읍했다. 재위 19년.

지개가 선다. 사람들은 발해(渤海)의 왕 대조영(大祚榮)[290]의 무덤이라고 한다.”

편운자가 말하였다.

“우리 경담공(鏡潭公)을 바야흐로 잉태했을 때 모부인인 창암(蒼岩)이 공중에 금으로 크게 ‘응(應)’자가 써 있는 것을 꿈에 보았으므로, 드디어 이름을 응(應)이라 하였다. 이미 장성해 진도군수(珍島郡守)가 되어 있을 때, 왜인 배가 풍랑을 만나 그 지방 해안에 정박하였다. 그곳 사람들은 왜인들이 가지고 있는 보물을 모두 빼앗은 뒤에 토굴에 가두어 두고 장차 죽이려 하였다. 경담공은 그러한 사실을 알고 그 왜인들을 찾아내니 모두 11명이었다. 경담공은 그들에게 식량을 주고, 배를 수리하여 보내주니 그 일본인들은 하늘을 가리키며 태양을 두고 맹세하며 사례하고 돌아갔다. 을묘년에 어머니 창암이 병이 들자 경담공은 주야로 근심하면서, 약이란 약은 다 구해다 썼으나 아무 효험이 없었다. 그때 삭녕(朔寧)땅의 이종면(李鍾綿)이란 사람이 있었는데, 그의 아버지 이가(李嘉)·할아버지 이웅(李雄) 이래로 점술(占術)을 업으로 삼아 왔었다. 이종면도 또한 점술이 신묘하고 뛰어났었다. 경담공이 그에게 가서 물으니 ‘신통한 효험은 자하(紫霞)에 있다.’고 하였다. 경담공은 돌아와 약 가운데 자령(紫苓)·양하(陽霞)·천고(天高)·자하거(紫河車)[291]란 것이 있어, 이것들을 모두 써 보았으나 아무 효력이 없으니 ‘도대체 자하(紫霞)란 어떤 것인가? 관암산(冠岩山) 자하동(紫霞洞)에서 효험을 얻을 수 있을지도 모르겠다.’하고 곧 술과 포와 과일을 준비해 가지고 자하동으로 들어갔다. 거기서 하루 종일 배회하였으나 아무 효험이 보이지 않았다. 그런데 해질 무렵, 푸른 뱀을 끈에

---

290) 대조영(大祚榮) : ?～719, 발해의 건국자. 고구려의 유민으로 중국의 칙천무후(則天武后) 때, 돈화(敦化) 부근에서 세력을 얻어, 699년 진국왕(震國王), 713년 발해왕이 됨. 시호는 고왕(高王).

291) 자하거(紫霞車) : 태(胎)의 한의학적 명칭, 정혈(精血)을 돕는다 하여 허손증(虛損症)에 씀.

묶어 갖고 있는 나무꾼을 만났다. 경담공이 '그 뱀을 잡아서 무엇에 쓰려 하느냐'고 묻자 초동이 대답하길,

'감사(監司) 이계종(李繼宗) 나리가 종기를 앓고 있는데 의사가 푸른 뱀을 태운 재를 쓰면 낫는다고 말했습니다.'라고 하였다. 그 아이는 바로 감사댁 이웃집 아이로 그 뱀의 재를 갖다 바치려 한 것이었다. 경담공은 본시 생명체를 아끼고 사랑했으므로, 술·음식과 그 뱀을 바꾸자고 하니 아이가 좋다고 하여, 곧 그 끈을 풀고 뱀을 놓아 주었다. 이날 밤 삼경에 경담공은 죽우(竹友)와 함께 촛불을 켜고 병 간호를 하며 걱정하니, 죽우(竹友)는 바로 경담공의 부인이다. 그녀는 시어머니 창암과 함께 늘 문장을 논하고, 바둑을 두며 사이 좋게 지냈으니 여느 보통 고부(姑婦) 사이와는 달랐다. 그런데 시어머니가 이렇게 위중한 병에 걸려 누워 있으니 며느리로서 어찌 침식을 폐하고 시중들다가 몸이 허약해지지 않을 수 있겠는가? 또 자하동까지 다녀왔어도 별 효험이 없으므로 더욱 침통하여졌다. 그러던 중에 하루는 얼룩소같이 머리가 크고 눈을 부릅뜬 것이 창 안으로 머리를 쑥 들이밀었다. 경담공 부처는 크게 놀라. 일어나서 그것을 자세히 보니 큰 구렁이였는데, 입에 풀 하나를 물고 있다가 경담공 앞에 떨구어 놓았다. 경담공은 그 까닭을 생각하기를,

'옛날 수후(隋侯)에게 구슬[292]로써 은혜를 갚은 뱀이 있었다더니, 저 낮에 구해 준 그 뱀이 가져온 게 아닐까?'하고서, 그 풀을 복용해 보니 병이 곧 나았다.

우윤공(右尹公)은 해주오씨(海州吳氏)를 아내로 맞이하였는데, 오씨는 용모가 웅위(雄偉)하여 오장부(吳丈夫)라고 불렀

---

292) 옛날 중국에 한수(漢水) 동쪽에 희성(姬姓)을 따라 제후국인 수(隋)나라가 있었는데, 그 나라 임금이 하루는 큰 뱀이 창자가 끊어져 있는 것을 가엾게 여겨 약을 발라 고쳐 주었더니, 후에 그 뱀이 강 속에서 큰 구슬을 가져다 보답했다. 그 구슬을 명월주(明月珠)라고도 하는데, 일반적으로 수후지주(隋侯之珠)라 하여, 화씨지벽(和氏之璧)과 쌍벽(双璧)으로 친다.

다. 오부인이 임신하여 홍치(弘治 ; 明 孝宗 年號. 1488～1505) 경술년(1490 ; 成宗 21)에 창해(蒼海)를 낳았다. 창해는 날래고 용감하였으며, 박학한 데다가 의협심이 강하여 꺼리끼는 바가 없으니, 사람들이 경멸하였다. 을축년(1505 ; 燕山君 11)에 아우 남양공(南陽公)과 함께 유순정(柳順汀)[293]의 집에 놀러 갔었다. 그때 성희안(成希顔)[294]·박원종(朴元宗)[295]·이예(李蕊)·권균(權均)[296]·안윤덕(安潤德)[297] 등 여러 사람이 모여 반정(反正)의 일을 의논하고 있었다. 그때 마침 신수영(愼守英)[298]이 그 집에 찾아오니, 여러 사람들은 슬금슬금 차례로 나가다가 그만 기밀문서를 빠뜨려 놓고 나갔다. 나중에

293) 유순정(柳順汀) : 1459～1512, 조선 초기의 명신. 자는 지옹(智翁), 진주(晋州) 사람. 중종 5년(1510)에 제포(薺浦)의 왜인 문제가 시끄러워지자 도체찰사가 되어 사건을 처리, 이어 경상도 도원수가 되어 삼포(三浦)의 왜란을 평정, 중종 7년 영의정에 이르렀으며 문무를 겸한 공신으로 명망이 높았음. 시호는 문성(文成).

294) 성희안(成希顔) : 1461～1513, 조선 중종 때의 공신. 삼훈신(三勳臣)의 한 사람. 자는 우옹(愚翁), 호는 인재(仁齋), 창녕(昌寧) 사람. 연산군 10년에 이조참판이 되었으나, 왕을 풍자하였다 하여 좌천되었고, 후에 중종반정을 성공적으로 이끈 공으로 창산부원군(昌山府院君)에 봉함을 받고 영의정이 됨. 시호는 충정(忠定).

295) 박원종(朴元宗) : 1467～1510, 조선 중종 때의 공신. 자는 백윤(伯胤). 순천(順天) 사람. 성종 17년(1487)에 무과에 급제한 후 연산군의 폭정을 보고 유순정(柳順汀)·성희안(成希顔)과 같이 임금을 내쫓고 중종을 맞아들였음. 시호는 무열(武烈).

296) 권균(權均) : 1464～1526, 조선 중종 때의 상신. 자는 정경(正卿), 시호는 충성(忠成). 본관은 안동, 병사(兵使) 계(繼)의 증손. 1486년 생원·진사를 거쳐, 1491년 문과에 급제, 중종 때 정국공신(靖國功臣)으로 영창부원군(永昌府院君)에 피봉되고 1523년(중종 18) 우의정 벼슬을 지냈다.

297) 안윤덕(安潤德) : 1427～1535, 조선 중종 때의 명신, 자는 선경(善卿), 광주(廣州) 사람. 벼슬은 좌참찬(左參贊)에 이르렀는데, 중종 5년(1810)의 삼포왜란(三浦倭亂) 때 부원수로서 출정하여 큰 공을 세웠음. 시호는 익헌(翼憲).

298) 신수영(愼守英) : ?～1606, 조선 연산군 때의 판서. 본관은 거창(居昌), 영의정 승선(承善)의 아들. 여동생은 연산군의 비(妃)가 되었다. 벼슬은 형조판서를 지냈으나, 1506년 중종반정 때에 형 수근(守勤), 아우 수겸(守謙)과 함께 피살되었다.

야 그런 사실을 깨닫고, 신수영을 크게 두려워하여 박원종이 급히 돌아와 찾으니, 창해가 소매 속에서 그 문서를 꺼내 주었다. 박원종은 크게 기뻐하고 창해의 등을 쓸어 주며 말하길,
  '네가 우리들 몇 사람의 목숨을 살렸구나.'
라고 하였다. 중종반정이 성공되고 나서 창해는 공신으로 기록되었으나 나이가 너무 어려 벼슬에 오르지는 못하였다. 무진년(1508 ; 中宗 3)에 창해는 제주도를 유람하고 남쪽 나라로 내달아 8월 14일에 배가 화탈도(火脫島)에 도착하였는데, 갑자기 풍랑을 만나 조난당하여 같이 배에 탄 20여 명 중에서 4명만 살아 남아서 지마도(志摩島)에 정박하였다. 지마도는 일본 동남쪽에 있는 섬이다. 섬 사람들이 그들 4명을 잡아 도주(島主)에게 바쳤다. 도주가 조선 사람이 아니냐고 물으므로 창해가 그렇다고 대답하니 또,
  '조선의 옛날 진도군수였던 이응(李應)을 아느냐 ?'
고 물었다. 창해가 자기 할아버지라고 하니 도주는 황급히 계단으로 달려 내려와 그의 손을 잡고 대청으로 오르며 말하길,
  '나의 성은 일(一)이요, 이름은 지원(持元)이라 하오. 그대의 할아버지로부터 재생(再生)의 은혜를 입었었는데 이제 당신이 내 땅에 건너왔으니, 이는 필시 하늘이 보은(報恩)의 길을 빌려준 것이오. 이 땅은 옛날엔 소목국(蘇木國)이었는데, 10여년 전 내가 일본 장군이 되어 이 땅을 탈취했소이다. 일본 천황은 길이 멀고, 성도 떨어져 있으므로 나를 지마도(志摩島)의 책임자로 봉하여 영원한 도주(島主)가 되게 하였소. 또 나는 아들이 없고, 딸 하나만 있으므로 사위를 맞아들여 나의 이 업을 계승시키고자 하오.'
라고 말하고, 창해를 사위로 맞이하여 파목랑(波木郎)을 삼으니, 곧 이 말은 중국말로는 부마(駙馬)[299]란 뜻이다. 이때 창해의 부모 형제들은 모두 그가 죽은 줄로 알고, 어떤 사람은

---

299) 부마(駙馬) : 임금의 사위.

가엾이 여기고, 어떤 사람은 제주도로 놀러간 창해를 나무랬
다. 박원종은 임금님께 청하여 공에게 우의정을 추증하고 시
호를 문소(文昭)라 하였다.

　한편 창해는 섬에서 살면서 백성을 기르고 군사를 훈련시
켜 성을 공략할 무기를 갖추어 놓았다. 소목국에서 동쪽으로
6일쯤 갈 곳에 팔금도(八錦島)가 있는데, 도주의 정치가 어지
러워 백성들은 이리저리 흩어져 갔다. 이에 지마도의 일지
원(一持元) 도주는 창해를 보내어 쳐부수니, 팔금도 백성들은
몰려와 항복하였다. 드디어 그 섬에 들어가 도화관(桃花關)에
서 그 도주(島主) 이고부(伊古夫)를 잡고, 팔주(八州)를 설치
하여 박고(博古)・야다(野多)・지시(智施)・낭평(狼坪)・보개
(寶盖)・상당(祥堂)・지지(支地)・반파(半波)라 하고, 창해를
금주자사(錦州刺史)로 삼아 팔주(八州)를 다스리게 하였다. 이
팔금도(八錦島) 동쪽으로 10일 일정(日程)되는 곳에 일마도
(日摩島)가 있는데 그 도주는 서태독(徐泰督)이라 하였다. 그
는 팔금도가 망했다는 소식을 듣고 노해서 말하길,

　'팔금도는 우리와 형제국이니, 형의 나라로서 어찌 아우의
나라의 패망을 돌보지 않으리오?'
하고서, 군사를 이끌고 바다를 건너 쳐들어왔다. 창해는 서
직량(徐直良)으로 하여금 상당(祥堂)을 지키게 하고, 장정보
(張井寶)로 하여금 나아가 싸우게 한 뒤 창해 자신은 빠른 배
와 정예군을 이끌고 그 일마도에 가서 총공격을 가하여 철관
(鐵關)을 격파하고 신하 전간(典干)으로 하여금 그 섬을 장악
하게 하였다. 일마왕은 이런 소식을 듣고 회군하니 장정보가
추격하여 격파시켰다. 한편 창해도 원도장(元道章)을 시켜 후
퇴하는 일마왕의 군사를 역습(逆襲)하니, 일마왕의 군사는 패
하여 물에 빠져 죽었다. 이에 창해는 군사들이 섬에 빨리 들
어가 공격케 하여 강문(舡門)・보안(寶岸)・사림(蛇林)・평천
(平泉)・사량(沙良)・괴정(槐井)・학야(鶴野)・금향(金鄕)・대
암(大岩)・연택(蓮澤) 등 10군을 두었다. 그리고 창해는 일마

208

(日摩)의 책임자 백(伯)이 되고, 장정보는 지마자사(志摩刺史)가 되었다. 일마의 책임자 창해는 흥산성(興山城)에 서직량(徐直良)을 보내어 금주자사(錦州刺史)로 삼았다. 일마도는 토질이 비옥하여 곡식이 잘 자라고 땅에는 잡목이라곤 없었다. 갈대와 대나무가 가장 많이 자라는데 대나무 열매의 크기는 금빛의 배〔黃金梨〕만 하였다. 대나무 몸체는 가늘고, 철같이 단단하였다. 닭은 살이 통통 쪘고, 그 우는 소리의 맑기는 퉁소소리와 같았다. 금도(錦島)는 적도(赤道)의 땅이라 과일은 유자·감귤·귤·비자요, 향기로운 채소, 맛있는 물고기가 여러 섬 가운데에서 가장 풍부하였다. 대암군(大岩郡)엔 붉은 등나무가 있는데, 그곳 토착민들은 나무 껍질을 벗겨 배를 만들고, 우어(禹魚 ; 웅어) 기름을 바른다. 그러면 그 배는 가볍고도 단단하여 아주 험한 풍랑을 만나도 뒤집어지거나 부수어지지 않는다. 보암군(寶岩郡)·평천군(平泉郡) 사람들은 수전(水戰)에 아주 익숙하여, 물속에서 마치 육지에서와 같이 행동하였다. 창해는 민첩하고 용감한 사람 2만 명을 선발하여 섭해군(涉海軍)이라 명하고, 등나무 껍질 배를 만들어 수전을 익히도록 하였다.

갑술년(1514 ; 중종 9)에 이좌국(伊佐國)이 항복해 왔다. 이 나라는 옛날 파라국(波羅國)의 유족으로 파라국일 때에는 여러 섬들을 병탄하는 등 위엄을 크게 떨쳤다. 그런데 기이왕(紀伊王) 때 이르러 정치가 문란해지고 약해졌으며, 문정천왕(文政天王)300)에 이르러 국호를 용성(龍城)이라 바꾸고 8대를 전해 내려오다가 왜(倭)의 속국이 되었다. 후에 왜장 평신종(平信從)이 멸망시키자 나머지 종족들은 이좌도(伊佐島)로 도망가 목숨을 보존하다가, 지금에 이르러 항복해 온 것이다. 이 나라에는 모두 11개의 섬이 마치 구슬을 꿰어 놓은 듯한 형상으로 곧게 동남해쪽으로 뻗어 있다. 이좌도에서 30리 가

─────────────────────────
300) 문정천왕(文政天王) : 일본 제120대 왕. 닌꾜오천황(仁孝天皇)의 연호(1818~1830).

면 평산(坪山)이 있고, 평산으로부터 50리 되는 곳에 은두(銀頭)가 있으며 은두에서 하룻거리 떨어진 곳에 석대(石臺)가 있다. 석대에서 하루 일정(日程) 되는 곳에 운혈(雲穴)이 있고, 운혈에서 30리 되는 곳에 화야(禾野)가 있으며, 화야에서 하루 일정이 되는 곳에 금촌(錦村)이 있다. 금촌에서 20리 되는 곳에 구산(丘山)이 있고, 구산에서 20리 떨어진 곳에 치림(雉林)이 있다. 치림에서 10리 떨어진 곳에 일홍(日紅)이 있고, 일홍에서 20리 되는 곳에 언강(鼴江)이 있다. 토산물로 금·진주, 야광(夜光)의 지초(芝草), 봉관(鳳冠)의 조, 청국(靑菊)·흑모란(黑牧丹)이 있고, 사람들은 날씬하고 아름답다. 또 괴림(槐林)에는 반혼석(返魂石)·주천석(酒泉石) 등이 있다. 은두(銀頭)에는 후추〔胡椒〕·야삼(野蔘) 그리고 진귀한 과실들이 있으며, 석대(石臺)에는 물여우·악어가 많아 걱정이고, 금촌(錦村)에는 복숭아·오얏이 풍부하다. 일홍(日紅)에는 안식향(安息香)·봉간향(鳳肝香)·용안과(龍眼果) 등의 물건이 생산된다.

을해년(1515 ; 중종 10)에 창해는 이좌백(伊佐伯)이 되고, 일지원(一持元)은 일마대존각(日摩大尊閣)이 되어 이좌도 사람 석정(石正)·정원(正源)·도량(道良)·추근(楸根) 등을 거느렸다.

언강(鼴江) 동남쪽 7일 정도 가는 곳에 자해(紫海)가 있는데, 그 넓이가 백 리나 되고 물색이 피같이 붉었다. 자해 동쪽에 노학성도(老鶴城島)가 있는데, 그곳에는 모래사장이 있고 들에는 기이한 꽃과 풀이 자라고 있다. 노학성도의 동남쪽엔 약수(弱水)가 있는데, 넓이는 10여 리나 되고 바다 한가운데에 하얀 비단이 가로질러 놓여 있는 듯하다. 양변에는 천연의 돌기둥이 낭떠러지까지 계속되어 있다. 매년 8월이면 동쪽 해변의 푸른 파도는 마치 달리는 산같이 내리눌러 약수는 흘러 넘친다. 언강 사람들은 항상 이 조수를 타고 넘나들며 왕래한다. 약수(弱水) 동쪽에 5일 정도 가는 곳에 50리나 뻗쳐 있는 황해(黃海)가 있다. 또 황해에서 50리 되는 곳에 흑해(黑海)가 있고, 흑해 동쪽에 노산성(蘆山城)이 있다. 노산성 동쪽에 화도(花島)가 있고, 화도 동쪽에 초도(椒島)가 있으며, 초도와 화도 사이에 어유장(魚遊場)이 있다. 어유장 넓이는 하루 걸어갈 정도나 되고 큰 물고기들이 돌아와 모이는 곳이다. 큰 물고기의 지느러미는 마치 태산(泰山)을 늘어 놓은 듯한데 천리를 왕래하고, 종소리 같은 소리를 내는데 그 소리는 바다를 진동시킬 듯하다. 바다 밑바닥엔 물고기 눈이 마치 천만 개의 등불을 켜놓은 듯하여 사람들이 그 위로 지나가질 못한다. 매년 5월이 되면 물고기들은 뿔뿔이 흩어져 가 버리는데, 사람들은 그 물고기들이 북해(北海)로 더위를 피해 떠나는 것이라고 말한다. 초도 동쪽으로 5일 정도 가는 곳에 조도(鳥島)가 있다. 조도는 땅이 50리나 된다. 그곳에는 삼대같이 생긴 잡목들이 있는데 그 나뭇가지는 뭉툭하고 잎은 터져 있다. 그 안에는 온갖 새들이 모여 앉아 주야로 지저귄다. 조도의 동쪽으로 50리 되는 곳에 문관(門關)이 있고 문관 동쪽으로 7일 일정 되는 곳에 공자성(公子城)이 있다. 공자성에서 동쪽으로 20리를 더 가면, 비로소 대륙에 오르게 된다. 대륙에 이르러 5백 리를 더 가면 금함성(金函城)이 있는데 그곳은 바로 갈랑국(葛郞國)의 수도이다. 갈랑국 동북쪽에는 산과 숲이 높고 깊으며, 인적이 드물다. 그 남쪽엔 커다란 연못이 가로놓여 있고, 서쪽엔 큰 바다를 넘어 어유장(魚遊場)이 있으며 그 동쪽은 모두 갈랑국에 속한다. 그곳은 땅이 매우 광활한데 사람은 적다. 백성들은 매우 소박한데 문자(文字)는 있어도 무기는 마련해 놓지 않았다. 사람들은 모두 성품이 착해서 피리 불고 범패(梵唄)[301]하길 좋아한다.

  병자년(1516 ; 중종 11)에 창해는 등피선(藤皮船) 70척, 섭해군(涉海軍) 3만 명, 과극군(戈戟軍) 1만 명을 조발(調發)하여 석정(石正)을 향도관(鄕導官)으로 삼아 갈랑국을 공격해 들어

---

301) 범패(梵唄) : 여래(如來)의 공덕(功德)을 찬미하는 노래

갔다. 지나가는 곳마다 모두 평정하여 드디어 금함성(金函城)에 들어가니, 그 성주 탈화양(脫花揚)이 항복하므로 임금과 신하를 소목도(蘇木島)로 옮기고, 갈랑국 땅을 나누어 14주를 설치하였다. 그 이름은 심주(郯州)·부주(鄜州)·질주(邨州)·여주(姖州)·이주(郫州)·교주(郊州)·회주(鄶州)·장주(鄣州)·고주(郜州)·병주(邴州)·성주(郕州)·형주(邢州)·운주(鄆州)·등주(鄧州)이다. 또 14개 산의 이름을 정하니 망해산(望海山)·옥청산(玉淸山)·일영산(日影山)·운병산(雲屛山)·금첩산(錦疊山)·벽련산(碧蓮山)·옥수산(玉秀山)·만화산(萬花山)·비학산(飛鶴山)·백천산(白泉山)·금천산(金泉山)·옥루산(玉樓山)·오련산(五連山)·충천산(冲天山)이라 하였다. 또 6개의 물이름을 정하니 백저강(白紵江)·죽엽강(竹葉江)·월인강(月印江)·흥은강(興銀江)·양옥강(洋玉江)·난벽강(蘭碧江)이라 하였다. 그리고 극동(極東)엔 일림관(日臨關)을 세우고, 극서엔 난벽관(蘭碧關)을 세웠으며, 극북에 은대관(銀臺關)을 세우고, 극남에 대연관(大淵關)을 세웠다. 후에 일존각(一尊閣)이 수도를 금함성(金函城)으로 옮기고, 국호를 상연(桑淵)이라 하고는 스스로 대존각(大尊閣)이 되고, 창해를 소각(小閣)으로 삼았다. 그리고 관제(官制)를 정하여 재상을 태양(太陽)·태음(太陰)이라 명하고, 오경(五卿)은 세성(歲星)·주성(朱星)·백성(白星)·진성(辰星)·전성(塡星)이라 하였다. 문반(文班)은 학(鶴)·봉(鳳)·원(鴛)·노(鷺)로 정하고, 무반(武班)은 취(鷲)·응(鷹)·골(鶻)·추(鵻)·붕(鵬)으로 정하여 각기 오색으로 등급을 나누었다. 통신사(通信使)를 작(鵲)으로, 순찰사(巡察使)를 용(龍)으로, 어염관(魚塩官)을 구(鷗), 생산관(生産官)을 녹(鹿), 권농관(勸農官)을 구(鳩), 수변관(守邊官)을 호(虎), 장선관(掌船官)을 익(鷁)이라 하였다.

　경진년(1520 : 중종 15)에 일존각이 죽자 창해(蒼海)가 그의 뒤를 계승하였다.

　병술년(1526 : 중종 21)엔 연자도(燕子島)를 개척하였다. 이

212

섬은 초도(椒島) 남쪽에 있는데 반나절 걸리는 곳에 위치하였으며 둘레가 4백 리 가량 되고 토산물로 질 좋은 금·보옥·큰마늘·큰생강 등이 생산된다. 또 잠도(蠶島)를 개척하였는데 이 섬엔 잡목이라곤 없고 단지 뽕나무 숲만이 무성하여 아름다우며 여기에서 생산되는 누에고치는 크기가 항아리 같았다. 토착민들은 천을 짰는데 가늘고도 아름다웠다. 석문(石門) 동북쪽으로 2일 거리가 되는 곳에 계관도(鷄冠島)가 있다. 그 섬 안에는 충천산(冲天山)이 있는데 세 개의 봉우리가 우뚝히 서 있고 가운데 봉우리엔 수탉같이 생긴 바위가 있다. 온 섬 가득히 뽕나무가 숲을 이루어 무성하였는데, 닭들이 뽕나무에서 서식한다. 매일 저녁 달이 가운데 산봉우리를 비추면 바위에서 닭 우는 소리가 나는데, 그 소리가 매우 커서 멀리까지 들린다. 그 소리를 따라 여러 닭들이 다투어 울어대서, 수백 리 되는 섬은 온통 '꼬끼요' 우는 닭소리로 가득 찬다. 화도(花島) 동남쪽의 청도(菁島)도 개척하고, 또 그 남쪽에 있는 마팔도(馬八島)·서락도(西樂島)·상도(相島)도 개척하니 여인국(女人國)의 경계에 다다른다. 대체로 마팔도 이남은 남자는 적고 여자는 많았다. 그런데 이곳 여자들은 영웅호걸로 나라의 주도권을 쥐고자 다투는 사람들도 오로지 여자들 뿐이었다.

갈랑국(葛郎國) 남쪽에 감연(甘淵)이란 못이 있는데, 넓이가 10리쯤 되고, 그 물은 계림산(桂林山)으로부터 흘러내려온 것이므로 물맛이 아주 달다. 그 남쪽은 험준한 고개와 절벽이 있어 길이 통하지 않는다.

금첩산(金疊山)은 금함(金函)에서 150리 되는 곳에 있는데 70개의 봉우리가 우뚝 솟아 있고, 모두 귀인성(貴人星)의 모양을 이루고 있다. 그 안엔 응하대(凝霞臺)의 옥기자(玉碁子)가 있는데, 사람이 그 골로 들어가면 곧 뇌우(雷雨)가 크게 일어난다.

만화산(萬花山)은 금함(金函) 동남쪽에 있는데, 아미(蛾眉)

와 문성(文星)의 모양으로 중첩되어 있고, 그 안에는 온갖 기이한 꽃들이 일 년 열두 달 동안 번갈아 피고 져서 늘 붉은 빛이 있다. 더구나 샘물이 흐르고 있는데, 샘물은 향기롭고 아주 차갑다. 이곳에 거주하는 사람들에겐 신선의 기풍이 있다.

백천산(白泉山)은 만화산에서 동쪽으로 4백 리 되는 곳에 있는데 56개의 봉우리가 모두 바위산으로 우뚝 서 있으며, 눈같이 하얀 샘이 솟아나고 폭포가 날아 떨어지는데, 그 수효가 셀 수 없을 정도로 많았다. 이 물들은 합쳐져 동쪽으로 흘러가 죽엽강(竹葉江)이 되어 다시 북쪽으로 돌아 흐르다가 서쪽으로 돌아 만벽관(彎碧關)에 이르러 바다로 들어간다.

만해산(望海山)은 서쪽 해안에 있는데 8,9개의 봉우리들이 모두 붓같이 생겼으며, 해가 뜰 때마다 산 그림자가 동쪽을 가리키므로 동산(東山)이라 칭한다. 옥수산(玉秀山)은 수도에 있는 주요한 산이고, 운병산(雲屛山)은 나라의 동쪽 변방에 있는 것으로, 바라보노라면 마치 비단 병풍을 늘어 세워 놓은 듯하였는데 사람들은 그 산을 넘어서서 그 밖을 엿볼 수가 없다 한다.

일영산(日影山)은 나라의 북쪽 변방에 있는데 산이 겹치고 바위가 중첩하여 하늘에까지 빽빽히 닿아 있다. 뚝과 시냇물 사이엔 깊은 숲을 이루고, 어지러운 돌들과 나는 폭포는 이르르는 곳마다 한결같다. 일찍이 일존각(一尊閣)이 사람을 보내 7,8일 간 조사하게 하여 보니 그곳에는 인적이라곤 없고 다만 높은 산, 깊은 골짜기만 보일 뿐이었다 한다.

옥천산(玉泉山)은 수도의 남쪽 5백 리 떨어진 곳에 있는데 넓은 강을 끼고 3백 리나 구불구불 뻗어 있다. 그 산에는 새만한 크기의 꿀벌이 있어 봄·여름에는 온 산을 윙윙 날아다니면서 청·백·홍·현(玄 ; 黑)의 네 가지 색의 꿀을 만든다.

벽련산(碧蓮山)은 도성 동북쪽에 있는데 64개 봉우리가 빽빽히 솟아 있고 흥은강(興銀江)이 삼면을 두르고 있으며, 산

꼭대기엔 영험한 약초가 있다.

천리도(天梨島)는 계관도(鷄冠島) 동북쪽에 있는데 그곳에 높이가 40리나 되는 비학산(飛鶴山)이 있다. 그 산 꼭대기에 감천정(甘泉井)이 있는데, 우물 주위엔 둘레가 30아름이나 되는 배나무 두 그루가 있다. 그 배의 크기는 모말[斗]만 하고, 그 배를 먹으면 사람 몸에서 향기가 나매 며칠 동안 배고프지도 않으므로 그 배를 천리(天梨)라 한다. 그 섬 동북쪽에 옥호도(玉壺島)가 있는데, 그 섬 가장자리는 돌로 된 산이 두르고 있는 것이 마치 옥으로 된 병풍 모양을 하고 있다. 그 섬 중앙에 둘레 백 리쯤 되는 산이 있는데 다섯 봉우리이므로 오련산(五蓮山)이라 한다. 이 봉우리들은 모두 5개의 별 모양이고, 가운데 봉우리에는 다섯 그루의 대추나무가 있어, 사람들은 그 열매를 가지고 그 해의 풍년과 흉년을 점친다. 동쪽 가지에 열매가 무성하면 보리 풍년이 들고, 남쪽 가지에 열매가 무성하면 조 풍년, 서쪽 가지에 열매가 풍성하게 열리면 벼 풍년, 북쪽 가지에 열매가 무성하면 콩 풍년, 가운데 가지에 열매가 많이 열리면 피[稷]가 풍년이 든다. 또 풍재(風災)가 있을 때는 나뭇잎이 검어지고, 수재(水災)가 나려면 잎이 윤택해지며, 한재(旱災)가 들려면 그 잎이 누렇게 된다. 옥호산(玉壺山) 북쪽에 한 개의 섬이 있는데 섬 중앙엔 돌산이 있어 마치 백옥같이 빛나고, 모양이 누각 같으므로 옥루산(玉樓山)이라 한다. 그 옆에 금천산(金泉山)이 있는데 그 섬은 바다를 성곽처럼 삥 둘러 싸고 있는 형상이므로 금성도(金城島)라고도 부른다. 서쪽 구석엔 수구(水口)가 있고 수량관(水梁關)이 있는데, 그 물 한복판에 산이 우뚝 하늘에 달려 솟아 있다. 그 산허리엔 층층이 돌 계단이 있고, 산꼭대기엔 석대(石臺)가 있는데 크게 백옥대(白玉臺)라 새겨져 있다. 누가 그것을 새겨 놓았는지는 알 수 없으며, 산 아래에는 큰 청룡이 있어 때때로 나와 노닌다. 창해가 처음에 이 섬을 얻고서 돌아가신 어머니의 꿈을 생각해서 이 대 아래 궁전을 짓고 통현궁(通玄宮)이라 명하였다. 창해는 아들 12명이 있으니 곧 안안낭군(安安郎君)・봉안낭군(鳳眼郎君)・난영대사(蘭英大師)・흑룡장군(黑龍將軍)・계수선생(桂樹先生)・문무대군(文武大君)・석골장군(石骨將軍)・온온원후(溫溫元侯)・독독군주(禿禿君主)・화풍소공(和風小公)・백주중백(百株仲伯)・월림대사(月林大師)이다.

정유년(1537; 중종 32)에 난영대사를 상연대존각(桑淵大尊閣)으로 세워 양위하고 통현궁에서 지냈다.

한편 창해의 어머니 오부인은 창해가 폭풍을 만나 실종된 이후 주야로 슬퍼하며 지냈는데, 하루는 꿈에 푸른 옷을 입은 노인이 나타나서,

"부인의 아들은 지금 귀인이 되었으니 거정하지 마시오."
라고 하였다. 오씨부인은 이로부터 매일 동쪽을 향해 축원하기를,

"원컨대 우리 아들이 빨리 돌아오게 해 주십시오."
라고 하였다. 부인이 죽은 후에는 남양공(南陽公)[302]이 유지(遺志)를 받들어 매년 8월 14일이면 낙산사(洛山寺)에 재를 올리며 창해가 돌아오기를 빌었다.

병오년(1546; 명종 1), 창해는 한 척의 배를 수양관(水陽關) 입구에 띄우고 낮잠을 자다 꿈을 꾸었다. 꿈에 오씨 부인이 나타나,

'내 아들아, 어찌하여 아버님을 가서 뵙지 않느냐?'
라 하므로 창해는 놀라 일어나서 고향 생각에 눈물이 옷깃에 가득 흘렀다. 드디어 창해는 백옥대(白玉臺)에 올라 배회하며 근심하다가 저녁에 내려와 수양관 입구에 배를 대니, 갑자기 두 마리의 용이 물에서 나타나 그 형체를 드러내는 듯하다가 곧 사라져 버린다. 그때 갑자기 창해가 탄 배가 서쪽을 향해 질주하는데 한바탕 동풍이 불어 돛은 계속 삐걱거리고, 보이는 것은 단지 바다 구름이 희미하고 아득할 뿐, 파도는 하

---

302) 남양공(南陽公) : 백부(伯父)나 숙부(叔父)일 듯.

216

늘에 부딪친다. 1, 2일 만에 배가 갑자기 해안에 부딪쳐 부서
지는데, 창해의 몸은 뒤집혀 해안에 떨어졌다. 잠시 후에 깨
어나 보니, 바로 우리 나라의 총석정(叢石亭)이었다. 그 자리
에 앉아서 아침이 되기를 기다려, 낙산사(洛山寺)로 옮겨갔
다. 그때 남양공이 절에서 재를 올리며 창해가 돌아오기를 빌고
있었는데, 그때 공양(供養)을 올리는중 축란(竺蘭)이 말하길,
  "이번에 재를 올리는 동안에 소원이 반드시 이루어질 것이
다."
라고 하였다. 이에 남양공이 말하길,
  "돌아가신 어머니를 대신해서 재를 올리는 것인데 어찌 창
해가 다시 살아 돌아와 만날 수 있겠는가?"
하니 축란(竺蘭)이,
  "방금 재 올릴 때 등불이 둘로 나뉘어지고 현주(玄酒)[303] 속
에서 물이 젓가락을 세워 놓은 모양이 되었으니 이는 전무후
무(前無後無)한 상서로움입니다."
라고 하였다. 남양공이,
  "그랬던가? 어째서 그럴까?"
하고 산을 내려오다가 길가에서 창해를 만났다. 처음에는 알
아보지 못하였는데 통성명(通姓名)을 하고는 곧 놀라 나이·관
향(貫鄕)·내외인척들을 물어본즉 알지 못하는 것이 없으므로
창해임을 확인하고는, 드디어 서로 부둥켜 안고 죽었던 사람
이 살아 돌아와 만난 것같이 통곡하였다. 곧 창해는 집안일
을 남양공에게 물으니, 오부인은 신사년(1521 ; 중종 16)에 돌
아가시고, 두번째 부인도 을사년(1545 ; 인종 1)에 돌아가시
고, 세번째 부인 백씨(白氏)가 아버지를 모시고 토산(兎山) 신
성리(晨星里)로 이사하여 사는데, 집안이 영락하여 예전과 같
지 못하다고 하였다.
  무신년(1548, 인조 3)에 남양공이 작고하자, 아버지께서 말
씀하시길,

___

303) 현주(玄酒) : 제사 때 술 대신으로 쓰는 냉수.

"너는 내 세 아들 중의 장자이다. 우리 나라에서는 상속할
아들이 없으면 다시 장가들어야 한다. 일본에 여러 아들이
있다 하나 그 놈들은 야만인이니 안된다."
고 하셨다. 이에 창해는 신평이씨(新平李氏)를 아내로 맞이하
였다. 창해는 비록 살아와 어버이를 받드는 즐거움은 있으나
자못 삭막하여 인사(人事)를 끊고 산수에 묻혀 살면서 자호
(自號)를 창해도인(蒼海道人)이라 하였다. 그는 경자년(庚子
年)[304] 12월 16일 죽었는데, 임종할 때 부인에게 말하길,

"나는 30년 동안 해외로 돌아다니며 난리를 평정하고 오랑
캐를 소탕하다가 집으로 돌아와 어버이를 뵙고 말년을 편안
히 보냈으며, 이제 또 아들 하나를[305] 두어 조상의 업을 잇게
되었으니 뜻도 이미 이루어졌소. 그러나 백발의 늙으신 아버
님과 홍안의 아내를 남겨 놓고 내가 먼저 죽게 되니, 이것만
이 차마 눈을 감지 못할 한이오."
라고 하였습니다.

(6) 고금(古今)의 득실(得失)을 논(論)함

무술년(1598 ; 선조 32), 위선생님〔魏漢祚〕은 한음산(漢陰山)
으로 거처를 옮기셨다. 채하자(彩霞子)가 달빛을 타고 현초암
(玄草庵)을 지나다가 다음과 같은 시 한 수를 지었다.

소나무 가지 반쯤 걸친 벽에 외로운 달 서려 있고,
비온 뒤 층층의 산등성이는 하얀 구름을 토해 내네.
살구꽃에 소쩍새 우니 밤은 고요한데,
초당 안에는 노승이 있어 한가롭네.

---

304) 경자년(庚子年) : 표기(表記)가 잘못된 듯. 1540년 경자년이면, 어
　　머니 오씨보다 20년 뒤이고, 계모 졸년 1545년보다 빨라 앞뒤가 안맞
　　음. 아마도 경술년(1550)이나 임자년(1552)의 잘못일 듯.
305) 이 아들이 편운자(片雲子) 이사연(李思淵)임.

218

〔松梢半壁棲孤月,

雨後層巒吐白雲

山杏子規啼夜靜

草堂也有老僧閑.〕

　　그리고 그는 소매에서 쌍피리를 꺼내 불다가 곧장 위선생을 찾아 뵈니 위선생님은 바야흐로 여러 제자들과 함께 술잔치를 벌여 놓고 마시다가 채상곡(採桑曲)306)을 지어 거문고로 뜯고 있었다.
　　편운자(片雲子)가 말하길,
　　"우리 창해공(蒼海公; 片雲子 李思淵의 先親)은 달빛이 밝을 때마다 조하곡(朝霞曲)과 어의조곡(魚依藻曲)을 노래하셨는데, 이 두 곡은 상연(桑淵; 桑淵大尊閣의 준말. 옛날 日本을 말함)에서 나온 것입니다."
　　라고 하였다. 이에 금선자(金蟬子)가 이렇게 말했다.
　　"우리 나라 장악원(掌樂院)에서 알고 있는 것으로는 이런 것이 있습니다. 아악(雅樂)307)에는 문무(文舞)308)·무무(武舞)309)가 있다. 당악(唐樂)310)에는 낙양춘(洛陽春)311)·보허자(步虛

---

306) 채상곡(採桑曲): 채상도곡(採桑度曲)의 준말. 악부(樂府) 서곡가(西曲歌)의 이름.

307) 아악(雅樂): 옛날 궁정용(宮廷用)으로 쓰던 한국의 고전 음악. 고려 예종 때 중국 송(宋)나라에서 들어왔으나, 음률이 맞지 않아 거의 없어지듯 된 것을 조선 왕조 세종대왕이 박연(朴堧)에게 명하여 새로 완성시킨 것임.

308) 문무(文舞): 나라에서 아악(雅樂)을 베풀 때, 악생(樂生)들이 칼이나 창을 들지 아니하고 순 문관(文官)의 복색을 차리고 추는 일무(佾舞).

309) 무무(武舞): 궁중에서 아악(雅樂)을 할 때에 악생(樂生)들이 무(武)를 상징하는 옷을 차리고 추는 일무(佾舞).

310) 당악(唐樂): 삼악(三樂)의 하나. 당송(唐宋) 이후의 중국의 음률에 의거하여 제정한 풍류. 보허자(步虛子)·낙양춘(洛陽春) 등이 있음.

311) 낙양춘(洛陽春): 문묘제향(文廟祭享) 때 아뢰던 제례 아악(祭禮雅樂)의 하나. 중국 주(周)나라의 아악을 본뜬 것이라 함.

子)312)· 환환곡(桓桓曲)313)· 보태평(保太平)314)· 정대업(定大
業)315)이 있으며, 진찬악(進饌樂)316)에는 풍안곡(豐安曲)317)· 전
인자(前引子)318)· 후인자(後引子)319)· 반하무(班賀舞)320)· 정동
방곡(靖東方曲)321)이 있고, 환궁곡(還宮曲)322)에는 청평악(淸平
樂)323)· 수룡음(水龍吟)324)· 하운봉(夏雲峯)325)· 억취소(憶吹
簫)326)· 백학자(白鶴子)327)· 중선회향(衆仙會享)328)· 헌선도(獻

---

312) 보허자(步虛子): 정재(呈才) 때에 부르던 창사(唱詞)의 하나. 고려
　　 때 도입된 중국 송(宋)나라의 사악(詞樂)으로, 가사가 〈악장가사(樂章
　　 歌詞)〉에 전하는데, 본문은 한문으로 되어 있고 왼쪽에 한글 음이 달
　　 렸음.
313) 환환곡(桓桓曲): 악장(樂章)의 이름.
314) 보태평(保太平): 정재(呈才) 때 추는 춤의 이름. 무기(舞妓) 36명
　　 이 왼손에 약(籥)을, 오른손에 적(翟)을 쥐고 6명씩 6줄에 사각형으로
　　 서서 주악(奏樂)과 박(拍) 소리에 맞추어 추는데, 향악(鄕樂)과 당악
　　 (唐樂)을 섞어 연주함. 제향(祭享)에는 남악(男樂)을 쓰므로 악공(樂
　　 工)이 대신함.
315) 정대업(定大業): 정재(呈才)에는 여악(女樂), 제향(祭享)에는 남악
　　 (男樂)을 쓰던 춤의 한 가지. 향악(鄕樂)과 당악(唐樂)을 섞어 아룀.
316) 진찬악(進饌樂): 진연(進宴)에 비해 의식이 간단한 궁중 잔치인 진
　　 찬(進饌)을 베풀 때 울리던 음악.
317) 풍안곡(豐安曲): 종묘 제례악(宗廟祭禮樂)의 하나. 흥안지악(興安
　　 之樂)과 같은 곡(曲)이되, 진찬(進饌)의 예를 거행하는데 아뢸 적의
　　 이름.
318) 전인자(前引子): 정재(呈才) 때에 아뢰던 풍류의 이름.
319) 후인자(後引子): 풍악(風樂)의 이름.
320) 반하무(班賀舞): 정재(呈才) 때에 아뢰던 풍류 이름.
321) 정동방곡(靖東方曲): 조선왕조 태조(太祖) 때 정도전(鄭道傳)이 지
　　 은 노래 곡조의 이름. 이 태조의 위화도(威化島) 회군을 찬양한 것으
　　 로 〈악학궤범(樂學軌範)〉에 그 가사가 전함.
322) 환궁곡(還宮曲): 임금이 환궁할 때 아뢰는 풍악.
323) 청평악(淸平樂): 정재(呈才) 때에 아뢰는 풍류의 이름.
324) 수룡음(水龍吟): 정재(呈才) 때에 아뢰는 풍류(風流)의 한 가지.
325) 하운봉(夏雲峯): 악곡(樂曲)의 이름.
326) 억취소(憶吹簫): 악곡의 이름.
327) 백학자(白鶴子): 정재(呈才) 때 아뢰는 풍류의 하나.
328) 중선회향(衆仙會享): 풍류의 이름.

220

仙桃)329)·유림아(儒林雅)330)가 있습니다. 그리고 악기로 편종
(編鐘)331)·편경(編磬)332)·생우(笙竽)333)·훈지(塤篪)334)·금
슬(琴瑟)335)·용관(龍管)336) 등이 있는데 모두 아름다운 것으
로 일컬어져 있습니다. 산유화(山有花)337)나 농곡(農曲)338) 같
은 것은 민(閩)339) 지방 사람들이 가사도(賈似道)340)를 꾸짖는
곡(曲)으로 모두 우리 나라 백성들이 괴로움을 호소하는 노래
입니다. 노릉(魯陵 ; 端宗)의 육신(六臣 ; 死六臣)의 노래는 정

---

329) 헌선도(獻仙桃) : 정재(呈才) 때에 추는 춤과 악(樂)의 이름. 당악
　　(唐樂)으로 남악(男樂)과 여악(女樂)이 있음.

330) 유림아(儒林雅) : 조선 왕조 건국 초기에 유생(儒生)들이 건국을 찬
　　송하여 부른 노래, 모두 6장이고, 〈악장가사(樂章歌詞)〉에 실려 있음.
　　작자(作者)는 미상(未詳).

331) 편종(編鐘) : 아악기(雅樂器)에 속하는 타악기의 하나. 12율의 순서
　　로 조율된 종을 한 단에 여덟 개씩 두 단으로 된 나무틀에다 16개를
　　달아 뿔망치로 침. 음색이 웅장함. 우리 나라에는 고려 예종 때, 중국
　　송(宋) 나라에서 들어옴.

332) 편경(編磬) : 아악기(雅樂器)에 속하는 타악기의 하나. 두 층으로 된
　　걸이가 있고, 한 층에 여덟 개씩 매어 단 경(磬) 쇠. 뿔망치로 치는
　　데, 음색(音色)이 청아(淸雅)함. 편종(編鐘)과 짝을 이루어 쓰임.

333) 생우(笙竽) : 관악기의 이름. 일반적으로 생황(笙簧)을 뜻함.

334) 훈지(塤篪) : 관악기(管樂器)의 일종.

335) 금슬(琴瑟) : 거문고와 비파.

336) 용관(龍管) : 용의 무늬를 새긴 피리를 말함.

337) 산유화(山有花) : 메나리의 한 가지. 백제의 서울 부여(扶餘)에서 예
　　로부터 전하는 노래라 하며, 조선 왕조 숙종 때에 널리 유행하였다 함.

338) 농곡(農曲) : 농사짓는 어려움을 읊은 농부가의 일종인 듯.

339) 민(閩) : 고대 중국의 오대십국(五代十國)의 하나. 왕심지(王審知)
　　가 후량(後梁)으로부터 민왕(閩王)으로 봉해져, 심지(審知)의 둘째 아
　　들인 연균(延鈞) 때에 이르러 제호(帝號)를 참칭(僭稱)하고, 나라를
　　대민(大閩)이라 칭함. 지금의 복건성(福建省) 지방이 그 영지였는데,
　　6대 36년 만에 남당(南唐)에 멸망함.

340) 가사도(賈似道) : 중국 송(宋)나라 태주(台州) 사람. 섭(涉)의 아
　　들. 자는 사헌(師憲). 이종(理宗) 때, 그의 누이가 귀비(貴妃)가 되었
　　다. 벼슬은 우승상이 되어 국내외에 권력을 떨쳤다. 탁종(度宗) 때 태
　　사(太師)가 되고 위국공(魏國公)에 봉해졌다. 원나라 군대가 악주(鄂
　　州)를 격파하자 그는 땅을 베어 주고 강화하기를 요청하여 진의중(陳
　　宜中) 등에게 탄핵을 받았다. 순주(循州)로 귀양갈 때, 도중에 정호신
　　(鄭虎臣) 등에게 죽음을 당했다.

숙하고 충성스러워 가히 취할 만합니다. 정송강(鄭松江; 鄭澈)의 관동별곡(關東別曲)은 청신하여 사랑할 만합니다. 신라의 향곡(鄕曲)인 금환(金丸)341)·월전(月顚)342)·대면(大面)343)·속독(束毒)344)·산예(狻猊)345) 5곡을 우리 나라 사람들은 병탄(幷呑; 統一)의 상징이라고 칭합니다. 유리왕(儒理王)의 도솔가(兜率歌)346)는 광악(廣樂)347)의 모양이고, 눌지왕(訥祗王)의 우식곡(憂息曲)348)은 형제간의 의리가 표현되어 있다. 육부(六部)의 아낙네들이 부르던 회소곡(會蘇曲)349)은 갈담(葛覃)350)

---

341) 금환(金丸) : 신라 오기(五伎)의 하나. 여러 개의 금칠을 한 공(방울)을 공중에 던졌다 받는 곡예.

342) 월전(月顚) : 신라 시대에 있었던 탈춤의 하나. 노래와 결부된 해학희(諧謔戲)였음.

343) 대면(大面) : 신라 때 들어온 북제(北齊) 시대의 아무(樂舞)의 하나. 황금빛 탈을 쓰고, 손에 구슬 달린 채찍을 잡고, 귀신 쫓는 시늉을 하면서 어깨를 으쓱거리며 춤, 노래를 부르기도 함.

344) 속독(束毒) : 신라 때 들어온 서역(西域) 계통의 탈춤의 하나. 쑥머리에 남색 탈을 쓰고 북소리에 맞추어 떼를 지어 이리 뛰고 저리 뛰면서 춤.

345) 산예(狻猊) : 사자의 탈을 쓰고 춤을 추는 가면극. 원래 인도에서 행해지던 동물의장무(動物擬裝舞)로서, 서역과 동방 각국에 널리 유행되었고, 우리 나라에서는 〈삼국사기(三國史記)〉 '악지(樂志)'에 향악(鄕樂) 5종의 하나라 하여, 다음과 같은 노래가 실려 있음. 즉 '遠涉流沙萬里來 毛衣破盡著塵埃 搖頭轉尾馴仁德 雄氣寧同百獸才.'

346) 도솔가(兜率歌) : 신라 유리왕(儒理王) 6년(29)에 지어진 노래. 〈삼국사기〉에 의하면 민족의 환강(歡康)을 위하여 지은 것으로 가악(歌樂)의 시초라 함.

347) 광악(廣樂) : 당악(唐樂)의 잘못일 듯.

348) 우식곡(憂息曲) : 신라 19대 눌지왕이 지었다는 노래. 전왕(前王)인 실성왕(實誠王) 때 고구려와 왜국(倭國)에 인질로 간 두 아우 복호(卜好)와 미사흔(未斯欣)이 박제상(朴堤上)의 외교적 수완으로 돌아오자, 이 삼형제가 다시 만나게 된 기쁨을 나누는 그 축하연에서 왕이 지어 부른 노래라 하나, 가사는 전하지 않음. 〈삼국사기(三國史記)〉 '열전(列傳)'에 그 기록이 전함.

349) 회소곡(會蘇曲) : 신라 때에 민간(民間)에 널리 유행하던 노래 곡조의 이름. 유리왕 때부터 성행하던 팔월 보름의 가배(嘉俳) 때 진 편에서 탄식하는 조로 불렀다고 함.

350) 갈담(葛覃) : 〈시경(詩經)〉, 주남(周南)의 편명(篇名). 주문왕(周文王)의 후비(后妃)의 부도(婦道)가 빼어남을 칭송함.

의 기풍이 있다. 진덕왕(眞德王)의 태평곡(太平曲)[351]에는〈시
경〉면수(沔水)[352]의 풍자가 있으니, 우리 나라의 음악도 역시
쓸쓸치 않습니다."

벽락자(碧落子)가 말했다.

"내가 금릉(金陵)[353]을 지나가다 추안가(秋雁歌)를 지었소.

가을 기러기 날고 북풍이 높이 부네.
오산(吳山)[354]에 낙엽 지니 오산이 조그마하네.
석두성(石頭城)[355]의 왕기(王氣)도 오래도록 쓸쓸하네.
〔秋雁飛北風高
　吳山冷落吳山小
　石頭王氣久蕭條.〕"

취굴자(翠窟子)가 말했다.
"나도 난을 읊은 시가 있소이다.

난이 빈 산에 자라는데, 모든 풀이 덮어
싹과 줄기가 몽탁하니 포기를 이루지 못하네.
언제나 고상한 사람의 사귐을 얻어
봄바람 부는 넓은 화원에다 잘 심을까?
〔蘭在空山衆艸蒙,
　芽莖短短不成叢.

---

351) 태평곡(太平曲) : 내용 미상. 진덕왕(眞德王) 때에 이루어진 것이라
　　하나 기록으로 전하지 않는 듯.
352) 면수(沔水) :〈시경(詩經)〉소아(小雅) 홍안지십(鴻鴈之什)의 편명
　　(篇名). 주선왕(周宣王)을 규범으로 삼았음.
353) 금릉(金陵) : 중국 남경(南京)의 옛 이름. 춘추시대(春秋時代)의 호
　　칭.
354) 오산(吳山) : 중국 남경 근처의 산. 이 근처가 옛날 오(吳)나라의 수
　　도였으므로 그렇게 부른 것임.
355) 석두성(石頭城) : 지금의 중국 남경. 여러 설이 있으나, 건강성(建
　　康城) 또는 금릉성(金陵城)의 이칭(異稱). 한말(漢末)에 손권(孫權)이
　　서쪽에 있는 석두산(石頭山) 위에 쌓은 성에서 유래함.

何時得托高人契,
　好種春風九畹中？〕”

라고 읊으니 위선생께서 말씀하시길,
　“아직도 때를 도와 꿈을 세울 뜻이 있구나.”
라고 하셨다. 아예자(我蕊子) 역시 자신이 지은 9편의 노래를
자랑하였다.

산의 누각에 바람이 부니 소나무는 저절로 소리를 내고,
바다 위 하늘에 구름이 흩어지니, 달이 떠오르네.
아, 첫번째 노래 부르며 긴 칼 들고 춤추네.
〔山閣風生松自韻,
　海天雲散月初昇.
　嗚呼一歌兮舞長鋏.〕

매미는 온 저녁 내내 모든 마을 나무 위에서 울고,
학은 맑게 개인 가을 하늘 만리 장공에서 우네.
아! 두번째 노래 부르며 돌아가는 배의 노를 잡네.
〔蟬吟一夕千村樹,
　鶴唳秋晴萬里空.
　嗚呼二歌兮杖歸楫.〕

비가 평편한 들판에 쏟아지니 천 그루 나무가 컴컴하고,
잎이 시든 쇠한 버들 뿐이라 산이 텅 비었네.
아! 세번째 노래 부르며 칠한 담장에 오르네.
〔雨集平郊千樹晦,
　葉凋衰柳萬壑虛.
　嗚呼三歌兮上粉堞.〕

매화는 산골 아낙같이 베갯머리에 서 있고
달은 미쁜 친구처럼 창으로 들어오네.

아! 네번째 노래 부르며 책상자를 펴네.
〔梅似山妻當枕依,
　月如信友入窓來.
　嗚呼四歌兮披書笈.〕

산 경치로 춘하추동의 색깔을 알 수 있고,
나무 때문에 동서남북의 풍향을 알 수 있네.
아! 다섯번째 노래 부르며 한가로이 업(業)을 익히네.
〔山知春夏秋冬色,
　樹占東西南北風.
　嗚呼五歌兮閑習業.〕

마음은 대저 삼천세계에서 놀고,
바둑은 높은 바둑판 열아홉 줄에다 두네.
아! 여섯번째 노래 부르며 가벼운 부채로 가리우네.
〔心遊天地三千界,
　碁着高枰十九道.
　嗚呼六歌兮屛輕箑.〕

아침 햇살에 손으로 왕맹(王猛)[356]의 이를 잡고,
가을 바람에 몸은 안영(晏嬰)[357]의 갖옷을 걸치도다.
아! 일곱번째 노래 부르나 뜻에 맞지는 않네.

---

356) 왕맹(王猛) : 325~375, 중국 전진(前秦)의 재상. 자는 경략(景略).
　박학(博學)하고 병서(兵書)를 즐겼으며 부견(符堅)의 초빙을 받고 중
　서시랑(中書侍郎)이 된 후, 준엄하게 정치를 하여 부견으로 하여금 후
　고의 염려를 없게 했음. 장군이 되어서는 전연(前燕)을 멸망시켰는데,
　5호16국(五胡十六國) 굴지의 대정치가였음.
357) 안영(晏嬰) : ?~500 B.C., 중국 춘추시대 제(齊)나라의 대부(大
　夫). 이유(夷維) 사람. 자는 평중(平仲). 영공(靈公)·장공(莊公)을 섬
　기고, 경공(景公)의 재상(宰相)이 됨. 절검 역행(節儉力行)한 그의 언
　행(言行)은 공자(孔子)에게도 영향을 미쳤음. 후인(後人)이 그의 언행
　을 서술하여 〈안자춘추(晏子春秋)〉를 지음.

〔朝日手捫王猛虱,

　　秋風身拂晏嬰裘.

　　嗚呼七歌兮意不恔.〕

　진(秦)나라 산과 초(楚)나라 물에서 좋은 벗 찾고,
서쪽 촉(蜀) 땅과 남쪽 한수(漢水)에서 명철한 스승을 찾네.
아! 여덟번째 노래 부르며 넘고 건너다 지쳤네.
　〔秦山楚水求良友,

　　西蜀南漢問哲師.

　　嗚呼八歌兮困跋涉.〕

　부여·발해 일찍이 나라 세우고,
흘석(紇石)[358]과 목화(木華)[359]가 다시 방책을 쌓아 아름다
우니,
아! 아홉번째 노래 부르며 바람이 뺨을 스치네.
　〔扶餘渤海曾開國,

　　紇石木華更柵芳.

　　嗚呼九歌兮風生頰.〕

　대체로 아예자는 원(元)나라 초기 명장 목화려(木華黎)[360]의
후예라 그 근본이 부여에서 나왔다 한다.

　청학상인(靑鶴上人)이 일찍이 울릉도(鬱陵島)에 오르셨다. 이
때 금선자(金蟬子)가 말했다.

---

358) 흘석(紇石) : 중국 금(金)나라 왕족(王族)의 성(姓).

359) 목화(木華) : 중국 진(晋)나라 광천(廣川) 사람으로 자는 현허(玄
　　虛). 벼슬은 양준주부(楊駿主簿)를 지냈다. 문장이 아름답고, 해부(海
　　賦)를 지었다.

360) 목화려(木華黎) : 원(元)나라 장군 차차얼〔札剌兒〕씨를 말함. 태조
　　(太祖)를 섬겨 용맹을 크게 떨쳤고, 자주 금(金)나라를 정벌하여 공이
　　컸다. 군대 생활 40년 만에 병이 심해지자, 변경(汴京)을 치지 못한 것
　　을 한하며 죽었다. 후에 노국왕(魯國王)에 봉해졌다. 시호는 충무(忠
　　武).

"이 땅은 예전에는 우산국(于山國)이었다가 신라 지증왕(知證王) 때 항복했다 합니다. 그 후예는 지금 어느 곳에서 유랑하고 있는지요?"

그러자 청학 선생이 말하셨다.

"〈삼한습유기(三韓拾遺紀)〉란 책은 녹두처사(鹿頭處士)가 기록한 것으로 신라 서산석실(瑞山石室)에서 나왔다. 내가 일찍이 한번 두루 보았는데 옛 자취로서 가히 근거할 만한 것이 매우 많았다. 그 책에 이렇게 씌어 있었다.

〈우산국이 신라에 항복한 후, 그곳 임금의 아들 하발(賀拔)은 고구려에 잡혀가 계루부(桂婁部)[361] 대형(大兄)[362]이 되었다. 그때 대형은 8명이었는데 양원(陽元)이 그중 7명에게 꺼리는 바가 되어 북쪽의 원위(元魏)[363]로 도망가고, 한 아들 현우(玄于)만이 비백산(鼻白山)[364]에 머물러 그후 현(玄)씨와 우(于)씨가 되었다. 대개 우리 나라의 여러 성씨 중에서 김(金)씨·박(朴)씨는 신라에서 나왔고, 허(許)씨는 가락국에서 나왔으며, 보성(寶城)·고창(高敞)·두원(荳原)[365]의 오(吳)씨는 백제에서 나왔다. 황보(皇甫)씨·마(馬)씨·왕(王)씨는 고려에서 나왔으며, 한(韓)씨·기(奇)씨·선우(鮮于)씨는 기자(箕子)에서 나왔고, 종(終)씨·어(魚)씨는 황룡국(黃龍國)에서, 변(卞)씨는 변한(弁韓)에서, 봉(奉)씨는 진한(辰韓)에서 나왔다. 평양 조(趙)씨는 고구려에서, 강릉(江陵) 최씨는 예(濊)에서, 수원(水原) 백씨는 맥(貊)에서 나왔다. 연(延)씨·복(卜)씨는 감문국(甘文國)[366]에서 나왔고, 평(平)씨·피(皮)씨는 이서국(伊

---

361) 계루부(桂婁部): 고구려 5부(五部)의 하나. 소노부(消奴部)를 대신하여 가장 세력이 있었는데 주로 왕족(王族) 계급에 속하였음.

362) 대형(大兄): 고구려 후기 직제의 오품(五品)쯤 되는 벼슬.

363) 원위(元魏): 탁발위(拓跋魏)를 말함. 위(魏)는 원래 탁발씨(拓跋氏)였는데, 후에 탁발씨를 원(元)으로 고쳐 원위(元魏)라고 하였다.

364) 비백산(鼻白山): 함경남도 정평군(定平郡) 안에 있는 산 이름.

365) 두원(荳原): 지금의 전라남도 고흥군(高興郡) 두원면(豆原面) 지방을 말함.

366) 감문국(甘文國): 경상북도 개령(開寧; 지금의 金泉郡)의 옛 이름.

西國)367)에서, 지(智)씨는 압량국(押梁國)368)에서, 소(蘇)씨는 소정방(蘇定方)에서 나왔다. 신(愼)씨는 사벌국(沙伐國)369)에서 나오고, 하(河)씨는 장산국(萇山國)370)에서, 권(權)씨는 신라에서, 곽(郭)씨는 대가야(大伽倻)에서, 금(琴)씨는 음변국(音卞國)에서 나왔다. 염(廉)씨는 대방국(帶方國)371)에서, 방(方)씨는 행인국(行人國)372)에서, 강(康)씨·용(龍)씨는 송양국(松壤國)373)에서 나왔다. 단군(檀君)의 후예는 숙신(肅愼)·부여(扶餘)·말갈(靺鞨) 사람이 되었고, 탐라(耽羅)의 후예들은 고(高)씨·양(梁)씨·부(夫)씨가 되었다. 동옥저(東沃沮)의 후예는 위(魏)씨가 되었고, 남옥저(南沃沮)의 후예들은 평창이(平昌李)씨와 평강채(平康蔡)씨가 되었다. 골화국(骨火國)374)의 후예는 간(簡)씨가 되었고, 행인국(行人國)의 후예들은 당(唐)씨·독(禿)씨가 되었다. 개마국(盖馬國)의 후예는 주(周)씨·엄(嚴)씨가 되었고, 동부여(東扶餘)의 후예는 지(池)씨·함(咸)씨가 되었으며, 일시국(日施國)의 후예는 길(吉)씨·노(盧)씨가 되었고, 낙랑(樂浪)의 후예들은 우(禹)씨가 되었다.

367) 이서국(伊西國) : 경북 청도(淸道) 지방에 있던 나라. 신라 제14대 유례왕(儒禮王) 때 이서국(伊西國＝伊西古國)의 침입을 받아 금성(金城)이 한때 위험하였다는 기록이 있다.
368) 압량국(押梁國) : 변진(弁辰) 중의 1국. 압독국(押督國)이라고도 하는데 신라 제6대 지마왕(祗摩王) 때 병합되어 군을 설치하였다. 그 후 압량주(州)가 되었으며, 김유신(金庾信)이 이곳 군주(軍主)로 있던 일도 있었다. 지금의 경상북도 경산(慶山) 지방으로 추측된다.
369) 사벌국(沙伐國) : 경상북도 북서부에 위치한 상주(尙州)의 옛 이름. 지금의 상주군(尙州郡) 사벌면(沙伐面)을 말함.
370) 장산국(萇山國) : 경상남도 동래(東萊)의 옛 지명으로 혹은 내산국(萊山國)이라고도 하였다.
371) 대방국(帶方國) : 현 경기도 장단(長湍)·풍덕(豊德)의 옛 이름.
372) 행인국(行(荇)人國) : 옛날 태백산의 동남쪽에 있었다는 지명.
373) 송양국(松讓國) : 고구려 초기 압록강 중류지방에 있던 부족국가. 일명 비류국(沸流國). 비류국왕 송양이 B.C. 36년(동명왕 2)에 고구려에 항복함으로써 비류국은 고구려에 병합되었다.
374) 골화국(骨火國) : 지금의 경상북도 영천군(永川郡) 임천(臨川)의 옛 이름.

228

현도(玄菟)의 후예는 조(曹)씨가 되었고, 임둔(臨屯)의 후예
는 문(文)씨가 되었으며, 진번(眞蕃)의 후예는 황(黃)씨가 되었
다. 광주 김씨(光州金氏)는 고구려에서 나왔고, 연안 김씨(延
安金氏)씨는 백제에서 나왔다. 신평 이씨(新平李氏)는 안남국
(安南國)[375]에서 나왔고, 옹진 이씨(瓮津李氏)는 교지(交趾)[376]
에서 나왔으며, 임(任)씨는 서하(西夏)에서 나왔다. 한(漢) 나
라 초에 전횡(田橫)[377]이 죽자 전영(田榮)[378]의 작은 아들 전
경(田慶)은 바다를 건너 우리 나라로 와서 율일(栗一)이란 땅
에 살면서 자리 짜는 일을 생업으로 삼았다. 그의 아들 전수
(田秀)와 손자 전삼(田蔘)은 위만(衛滿)의 재상이 되었다. 한
무제(漢武帝)가 위만을 멸망시키고 전삼의 다섯 아들을 각기
오부(五部)의 우두머리로 봉하였으니, 우리 나라의 전(田)씨는
이로부터 비롯된 것이다.〉"

　또 청학상인이 말씀하셨다.
　"12달의 바람과 기상은 12지방의 풍토(風土)를 징험하고, 삼
원궁(三元宮)[379] 이십팔수(二十八宿)는 오랑캐와 중국의 구역

---

375) 안남국(安南國) : 인도차이나 동쪽의 한 지방. 예전에는 왕국(王國)
　　이었고, 1884년에 프랑스령이 되었다가 1946년 베트남의 일부가 됨.
376) 교지(交趾) : 중국 한(漢)나라 때의 군(郡) 이름. 지금의 월남 북부
　　의 통킹·하노이 지방.
377) 전횡(田橫) : 중국 한(漢)나라 초기의 장수. 전영(田榮)의 아우. 한
　　신(韓信)이 제(齊)나라 왕인 광(廣)을 포로로 잡자 횡(橫)이 스스로
　　왕이 되었다가, 고제(高帝)가 서자 횡은 자신의 무리 5백여 명과 함께
　　바다에 들어갔다. 그 후 낙양으로 들어오라는 고제의 명을 받고 부하
　　2명과 함께 오는 길에 자살하였고, 뒤이어 남은 부하 5백 명도 따라서 목
　　숨을 끊었다. 고제는 전횡이 죽은 후 왕의 예로써 장례를 치뤄 주었다.
378) 전영(田榮) : 전횡(田橫)의 형. 항우(項羽)가 진(秦)을 멸하자, 영
　　(榮)은 스스로 왕이 되었는데, 이로 인해 항우가 노하여 제(齊)를 치
　　자 영(榮)의 군사는 패하여 평원(平原)으로 도망갔다가, 그곳 백성들
　　에 의해 죽음을 당했다.
379) 삼원궁(三元宮) : 삼원(三垣)과 동의(同意)일 듯. 삼원(三垣)은 곧
　　동양 천문학상 성좌(星座)의 세 구획을 말하는데, 북극(北極) 부근인
　　자미원(紫微垣)과 사자궁(獅子宮) 부근인 태미원(太微垣)과 사견궁(蛇
　　遣宮) 부근인 천시원(天市垣)을 말함.

을 징험한다. 주천(周天)[380]은 3백65도(度)이니 매 도(度)는 2천9백32리(里)이다. 그리하여 주천(周天)은 1백70만9백13리요, 경(經)은 35만6천9백71리이니, 이것이 주천(周天)의 전체 수이다. 사람이 한번 숨을 쉬는 동안 하늘은 80여 리를 가고, 한 낮 한 밤 동안에 사람은 1만3천6백여 번 숨을 쉬니 하늘은 90여만 리를 달린다. 이러한 이치에 밝으면 만국의 백성들의 좋고 나쁨과 산천(山川) 도리(道里)의 폭원(幅圓)을 가히 볼 수 있다. 하늘은 자(子)에서 열리고, 땅은 축(丑)에서 열리며, 사람은 인(寅)에서 생겨났다. 그러므로 천기(天機)는 자시(子時)에 살필 것이고, 지기(地氣)는 축시(丑時)에 살필 것이며, 인기(人氣)는 인시(寅時)에 살펴야 한다. 과거에 있었던 일을 잘 미루어 생각할 수 있으면 능히 장래의 일도 알 수 있다.”

이에 아예자(鵝蕊子)가 말했다.

“옛날의 주(周)나라 무왕(武王)은 은(殷)나라의 제후로서 주왕(紂王)을 정벌했으므로 제후들이 강함을 다투다가 결국 진(秦)나라에게 망하였습니다. 한(漢)나라 고조(高祖)는 촉(蜀) 지방에서 나와 천하를 취했으므로 소열제(昭烈帝; 劉備)는 천하를 버리고 촉으로 돌아갔습니다. 위(魏)·진(晉)·송(宋)·제(齊)·양(梁)나라들은 신하로서 임금의 자리를 찬탈하였기 때문에 모두 신하에게 망하였습니다. 당(唐)나라가 일어날 땐 항복해온 왕들은 모두 죽였으므로 당나라의 자손은 무후(武后)[381] 선황(先晃)[382]의 손에 대참사를 당하였습니다. 송(宋)나라 태조는 항복한 왕을 번신(藩臣)[383]의 예로 대우하였으므로

---

380) 주천(周天) : 일월(日月)·성신(星辰)이 각기의 궤도를 일주(一周)하는 일.

381) 무후(武后) : 623~705, 중국 당(唐) 고종(高宗)의 황후인 칙천무후(則天武后)를 말함. 성은 무(武)씨. 산서(山西) 사람. 고종이 죽은 뒤에 중종(中宗)·예종(睿宗)을 폐하고, 스스로 제위(帝位)에 올라 신성(神聖) 황제라 칭하고 국호를 주(周)로 개칭했으나, 후에 재상 장간지(張柬之) 등에 의하여 폐위됨.

382) 선황(先晃) : 칙천무후(則天武后)의 연호인 광택(光宅)의 잘못일 듯. (684년).

원(元)나라 사람들이 덕우황제(德祐皇帝)[384]로 예우했습니다. 또 송나라는 주가(周家)의 어린아이로부터 나라를 빼앗았으므로 송나라 역시 어린아이에게 천하를 빼앗겼습니다. 을해년(975; 宋 太祖 乾德 8)에 조한(曹翰)[385]이 강주(江州)[386]를 빼앗은 후 을해년(1035; 宋 仁宗 景祐 2)에 여사기(呂師夔)가 강주땅을 가지고 항복했습니다. 남당(南唐)은 다시 병자년(976; 高麗 景宗 1)에 송나라에 항복했는데 송나라 황제였던 조습(趙㬎)[387]은 병자년(1156; 高麗 毅宗 10)에 원(元)나라에 항복했습니다. 송나라는 기묘년(979; 高麗 景宗 4)에 천하를 통일하였는데, 제병(帝昺)[388]은 기묘년(1279; 高麗 忠烈王 5)에 애주(崖州)[389]에서 망하여 도망갔습니다. 위대한 우(禹)임금은 천하의 홍수를 다스린 공적이 있으므로, 아들 계(啓)[390]가 어질자 대대로 천하의 임금이 되었습니다. 설(契)[391]은 당우(唐

---

383) 번신(藩臣) : 옛날 중국에서 황제의 위임을 받아 지방을 다스리던 제후.

384) 덕우황제(德祐皇帝) : 덕우(德祐)는 남송(南宋) 공제(恭帝) 조습(趙㬎)의 연호이다. 탁종(度宗)의 아들로서 4세에 즉위하여 사태후(謝太后)가 청정(聽政)하였다. 원(元)나라 군대가 침입하자 가사도(賈似道)의 집에 의지하여 문천상(文天祥)을 우상(右相)으로 삼았다. 원나라 병사가 임안(臨安)에 쳐들어와 황제를 잡아 북(北)으로 가서 영국공(瀛國公)에 봉해졌다가 나중에 중이 되었다. 재위 2년.

385) 조한(曹翰) : 송(宋)나라 대명(大名) 사람. 시호는 무의(武毅). 송나라 초기의 유명한 장군으로 태조(太祖)를 도와 통일하는 데에 큰 공로를 세웠음. 벼슬은 좌천우위상장군(左千牛衛上將軍)에 이르렀음.

386) 강주(江州) : 지금의 중국의 강서성(江西省) 구강현(九江縣) 근처의 옛 이름.

387) 조습(趙㬎) : 중국의 남송(南宋) 공제(恭帝)의 이름.

388) 제병(帝昺) : 원명은 조병(趙昺). 탁종(度宗)의 서자(庶子). 처음에 광왕(廣王)에 봉해졌다가 후에 위왕(衛王)이 됨. 서종(瑞宗)이 죽자 강주(江州)에서 즉위, 이윽고 신회(新會)의 애산(崖山)으로 옮겼음. 재위 2년(1278~1279), 연호는 상흥(祥興).

389) 애주(崖州) : 지금의 중국 광동성(廣東省) 경산현(瓊山縣) 동남 지방.

390) 계(啓) : 중국 하(夏)나라를 창건한 우왕(禹王)의 아들 이름. 우왕의 뒤를 이어 세습했음.

391) 설(契) : 고신씨(高辛氏)의 아들. 순(舜)임금 때, 사도(司徒)의 직책에 있었고, 우(禹)임금의 치수(治水) 사업을 도와 공을 세웠으므로

虞)[392]에 공이 있었으므로 하(夏)나라의 녹(祿)은 바야흐로 끊어졌습니다. 하늘이 성탕(成湯)[393]을 낳자 후직(后稷)[394]은 적자(嫡子)로 왕위에 오르지 못하여 유한(遺恨)이 있었으나 농사를 맡아 공을 세웠으므로, 주(周)나라가 은(殷)을 대신한 것입니다. 익(益)[395]은 공로가 있었으나 선위를 받지 못했기 때문에 진(秦)나라가 주(周)나라를 대신한 것입니다. 요(堯) 임금은 자기 자식에게 왕위를 물려주지 못한 원한이 있어 후에 5백 년 역사의 한(漢)나라가 있게 되었습니다. 조조(曹操)는 그 임금을 위협하고 국모(國母)를 시해하고 황태자를 죽였으므로 고귀향공(高貴鄕公)[396]이 수레에서 떨어지는 고통이 있었던 것입니다. 사마소(司馬昭)[397]는 조모(曹髦)를 죽이고 조황(曹

상(商)나라에 봉해져 상(商)나라의 비조(鼻祖)가 되었다.

392) 당우(唐虞) : 중국의 도당씨(陶唐氏)와 유우씨(有虞氏). 곧, 요(堯)와 순(舜)의 시대를 함께 부르는 말로 중국사상(中國史上) 이상적 태평시대로 침.

393) 성탕(成湯) : 탕왕(湯王)이라고도 함. 중국 은(殷)나라 초대 왕. 본명은 이(履) 또는 대을(大乙). 하(夏)의 걸왕(桀王)을 내쫓고 천자의 위(位)에 올랐음. 박(亳)에 도읍(都邑)하여 국호를 상(商;後의 殷)이라 정하고 제도와 전례(典禮)를 잘 정비하였으며 13년 동안 재위.

394) 후직(后稷) : 중국 주(周)나라의 선조. 이름은 기(棄). 농사일을 잘 다스린다는 소문을 듣고 순 임금이 후직(后稷)의 벼슬에 임명하였음. 무왕(武王)은 그의 16대 손자라 함.

395) 익(益) : 중국 우(禹) 임금이 홍수를 다스릴 때 직(稷)과 함께 임금을 보좌한 공이 있는 사람.

396) 고귀향공(高貴鄕公) : 삼국시대 위(魏)나라 마지막 황제〔4代〕 조모(曹髦)의 봉군호(封君號). 문제(文帝)의 손자. 자는 언사(彦士). 정시(正始) 중에 담현(郯縣) 고귀향공에 봉해졌다가 제왕(齊王:曹芳)이 폐위되자 공경(公卿)에 영입되었다. 태학(太學)에 나아가 제유(諸儒)와 〈春秋〉·〈易經〉·〈周禮〉를 토론하자 여러 유학자들이 미치지 못했다. 감로(甘露) 중에 황룡(黃龍)이 영릉(寧陵)의 우물 속에 나타나자 이를 상서롭지 못하다고 하여 잠룡시(潛龍詩)를 지어 스스로 풍자했다. 재위 7년만에 사마소(司馬昭)에게 시해되었다. 그림에도 능하였다. 그 연호(年號)는 정원(正元)과 감로(甘露)이다.

397) 사마소(司馬昭) : 211~265, 중국 삼국시대 위(魏)의 정치가. 사마의(司馬懿)의 아들. 자(字)는 자상(子上). 형이 죽은 다음 대장군이 되었다가 진왕(晋王)으로 책봉되어 국정을 도맡음. 서진(西晋)의 무제(武帝) 즉위 후 추존하여 문제(文帝)라 했다가 태조문황제(太祖文皇帝)

瓚)398)을 폐위시켰으므로 회민(懷愍)399)이 막북(漠北)400)에서 술 잔을 돌렸습니다. 조씨(曹氏)와 사마씨(司馬氏)가 유씨(劉氏)의 왕위를 빼앗았으므로, 유총(劉聰)401)은 서진(西晉)을 멸망시켰고, 유유(劉裕)402)는 동진(東晉)을 대신했습니다. 소하(蕭何)403)의 후예는 제(齊)나라와 양(梁)나라를 세웠고, 진평(陳平)404)

라 칭함.

398) 조황(曹璜) : 조방(曹芳)의 잘못일 듯. 중국 삼국시대 위(魏)나라 3대 황제. 명제(明帝)의 양자. 자는 난경(蘭卿), 시호는 여(厲). 청룡(青龍) 연간에 제왕(齊王)에 봉해졌다가 후에 명제가 붕어하자 제위에 올랐다. 재위 15년. 사마씨(司馬氏)가 이 황제를 폐위시켜 제왕으로 삼아 하내(河內)로 옮겨가 있게 했다. 그의 연호는 정시(正始)와 가평(嘉平)이었다. 정시 10년, 가평 5년. 이때 태부(太傅)가 사마의(司馬懿)로서 모든 권력이 그에 의하여 좌우되었다.

399) 회민(懷愍) : 서진(西晉)의 회제(懷帝)와 민제(愍帝). 회제는 서진(西晉)의 제13대 황제. 이름은 사마치(司馬熾)이며 무제(武帝)의 제25남(男)이다. 자는 풍도(豐度), 시호는 회(懷). 재위기간은 6년. 연호는 영가(永嘉)이다. 민제(愍帝)는 서진(西晉)의 마지막 황제 사마업(司馬鄴)의 시호. 무제(武帝)의 자손이며 오(吳)나라 효왕안(孝王晏)의 아들이다. 자는 언기(彦旗). 시호는 민(愍). 재위 기간은 4년이었고 후에 시해되었다. 연호는 건흥(建興).

400) 막북(漠北) : 사막의 북쪽이란 뜻으로 고비사막 이북의 몽고 지방을 이름.

401) 유총(劉聰) : 전조(前趙) 사람. 유연(劉淵)의 넷째 아들. 자는 현명(玄明). 일명 재(載)라고도 한다. 시호는 소무(昭武). 유연을 따라 좌국성(左國城)으로 돌아와 녹려왕(鹿蠡王)이 되었다. 진(晉)나라 영가(永嘉) 4년에 형 유화(劉和)를 죽이고 정권을 잡았으며 민제(愍帝)에게 항복받았다. 재위는 8년이며 묘호(廟號)는 열종(烈宗). 연호는 광흥(光興)・가평(嘉平)・건원(建元)・인가(麟嘉).

402) 유유(劉裕) : 중국 남조(南朝) 송(宋)나라의 무제(武帝). 나라를 연 황제이다. 자는 덕여(德輿), 시호는 무(武)이다. 어릴 때 자는 기노(寄奴). 진(晉)나라 원희(元熙) 초에 건강(建康)에서 왕이 되어 나라이름을 송(宋)이라 했다. 재위 기간은 3년이고 묘호(廟號)는 고조(高祖)이며 연호는 영초(永初)이다.

403) 소하(蕭何) : ?~193 B.C., 중국 한 고조(漢高祖) 때의 명재상. 강소성(江蘇省) 출생. 장량(張良)・한신(韓信)・조참(曹參)과 함께 고조가 개국하는 데 공을 세웠다. 재상 때 진(秦)나라 법률을 버리고 〈율구장(律九章)〉을 만들었다.

404) 진평(陳平) : ?~178 B.C., 중국 한(漢)나라 초기 공신. 호남성(湖南省) 사람. 항우(項羽)의 신하였다가 고조(高祖) 유방(劉邦)에게로 옮

의 후예는 진(陳)나라를 세웠으며, 양진(楊震)405)의 후손이 수(隋)나라를 세웠고, 이당(李唐)406)의 후손이 당(唐)나라를 세웠습니다. 그들은 모두 한(漢)나라의 공신들입니다. 안사의 난(安史之亂) 때 서북의 오랑캐를 움직여 천하를 수복했으므로 오계(五季)407)는 모두 사타인(沙陀人)408)으로서 중국에 들어와 제왕이 되었습니다. 한의 무제(武帝)는 흉노를 정벌하고, 막남(漠南)409)에 왕의 조정을 두지 않았으므로 오호(五胡)410)가 중화를 어지럽혀 양경(兩京; 長安, 洛陽)을 폐허로 만들었습니다. 당(唐)나라 태종(太宗)은 철륵(鐵勒)411) 백여만 호를 항복시키고 주군(州郡)을 설치하였으며, 원(元)나라 세조(世祖)

긴 후 지모로 고조의 통일 사업에 이바지함. 혜제(惠帝) 때 좌승상(左丞相)이 뇌고 여씨(呂氏)의 난에는 주발(周勃)과 힘을 합쳐 병정했음.

405) 양진(楊震) : 후한(後漢) 때 화음(華陰) 사람. 자는 백기(伯起). 박학하여 여러 유생들이 관서(關西)의 공자라 칭했다. 일찍이 형주자사(荊州刺史)로 부임해 있을 때 왕밀(王密)이 밤중에 찾아와 당신과 나밖에 아무도 아는 사람이 없다 하며 금(金) 열 근을 바치자 지사(四知 : 하늘이 알고 땅이 알고 내가 알고 당신이 안다는 것으로 두 사람만의 비밀이라도 어느 때고 남에게 알려진다는 고사)의 일로 훈계하고 받지 않았다는 고사가 알려져 있다.

406) 이당(李唐) : 당(唐)나라 때를 일컫는 말. 중국 당(唐)나라 군주의 성(姓)이 이(李)씨였기 때문에 나온 말.

407) 오계(五季) : 중국의 후오대(後五代)를 다섯 왕조가 자주 갈린 계세(季世)라는 뜻으로 간단히 이르는 말. 오대(五代).

408) 사타인(沙陀人) : 사타(沙陀)는 6세기말 이래 알려진 터키계 유목민의 부족 이름. 천산(天山)산맥 방면에 자리 잡고 서돌궐국(西突厥國)을 이루고 있었으나 나라가 망한 후 영주(靈州)로 옮기어 당(唐)나라에 복귀하였음. 그 후예인 이극용(李克用)은 오대(五代)의 진(晉)나라를 건설하였다.

409) 막남(漠南) : 고비사막의 남쪽. 즉 내몽고(內蒙古). 막남(幕南)이라고도 함.

410) 오호(五胡) : 중국의 한(漢)·진(晉) 무렵 서북방에서 중국 본토에 이주한 다섯 민족. 곧 흉노(匈奴)·갈(羯)·선비(鮮卑)·저(氐)·강(羌). 16국(十六國) 시대에 중원을 풍미하다가 차츰 북위(北魏)에 의해 통일되어 강남의 송(宋)과 상대하여 남북조(南北朝)시대를 이루었다.

411) 철륵(鐵勒) : 정령(丁零)이라고도 함. 중국 한(漢)·위(魏)시대의 사서(史書)에 나오는 북적(北狄)의 하나. 에니세이강 상류에서 바이칼호 지방에 걸쳐 살던 터키 종족. 당나라 때 이름이 철륵(鐵勒)이었다.

는 천하를 통일하였으니 환한 이치가 분명하지 않습니까? 아 득합니다."

그러자 화오자(花塢子)가 말하였다.

"어제 설한령(雪罕嶺)[412]에 올라 북쪽을 바라보니, 아름다 운 기운이 금(金)의 변방에 일어났습니다. 내 생각에 여진 (女眞)이 다시 천자가 되려는 것 같습니다."

라고 하니, 벽락자(碧落子)는 말하길,

"내가 연경(燕京;現 北京)으로부터 낭우산(狼于山)을 지나 사방의 산천을 바라보니 초목에 모두 살기(殺氣)가 움직이고 있어, 요동(遼東)에 장차 큰 병화(兵禍)가 있을 듯합니다."

라고 하였다. 또 채하자(彩霞子)가 말하길,

"세상의 운수가 쇠하여 백성이 도탄에 빠졌으니, 나는 명 (明)나라에 남은 백성들이 장차 어떻게 될까 걱정됩니다. 그 리고 지금 말갈족(靺鞨族)이 왕성해지면, 한쪽 구석에 위치한 조선은 반드시 먼저 화를 당할 것입니다."

라고 하였다. 금선자(金蟬子)가 말하길,

"을정명기(乙丁明氣)[413]가 땅 동쪽(우리 나라)으로 들어오 고, 벽궁(壁宮)[414]의 한 별이 삼각산에 주인으로 내려오니 한 조각 제잠(鯷岑)[415]은 끝내 문명의 기운을 보전할 것입니다."

라고 하였다. 이에 또 취굴자(翠窟子)가 말하였다.

"조선은 구역을 나누어 소중화(小中華)라 합니다. 그리하여 중국에 성인(聖人)이 태어나면 조선에도 또한 진인(眞人)이 태

---

412) 설한령(雪罕嶺): 함경도와 평안도 접경에 있는 설렬한령(薛列罕嶺) 또는 설한령(薛罕嶺)을 말함일 듯.

413) 을정명기(乙丁明氣): 을(乙)과 정(丁)의 밝은 정기. 을(乙)은 일기 (日奇)이고 정(丁)은 월기(月奇)로서 기의(奇儀)의 두번째 을과 네번 째 정이 합한 것임.

414) 벽궁(壁宮): 하늘의 별자리[星座]인 이십팔수(二十八宿)에서 남방의 별 중의 하나로 문명을 의미함.

415) 제잠(鯷岑): 옛날 중국에서 우리 나라를 일컬은 말. 〈한서(漢書)〉에 회계해외(會稽海外)에 동제학(東鯷壑)이라는 땅이 있는데 20여 나라로 나누어졌다 하였음.

어납니다. 단군(檀君)은 중국의 요(堯)임금과 병립(並立)될 수 있고, 기자(箕子)는 중국의 주(周)나라와, 삼한(三韓)은 중국의 칠웅(七雄)[416]과 아울러 설 수 있습니다. 또, 박혁거세(朴赫居世)는 중국 한(漢)나라의 고조(高祖)와, 신라 무열왕(武烈王)은 당태종(唐太宗)과, 고려 태조는 송나라의 태조와 아울러 설 수 있고, 조선의 태조는 명나라의 태조와 병립할 수 있습니다. 이제 중국에 새 천자가 나왔으니, 조선에서도 나라를 잘 보전할 진인(眞人)이 태어날 것입니다."

이에 편운자(片雲子)도 말했다.

"지난번에 오도(五道)[417]에서 성관령(聲串嶺)[418]에 이르러 길가에서 분수령(分水嶺) 위를 보니 한 조각 구름이 수레모양을 하고 서쪽 한양으로 들어갔었습니다. 그러므로 나라를 보호할 인물이 반드시 태어날 것입니다. 또한 세상의 도(道)가 바야흐로 변하니 알아야 하겠습니다. 이제 몇 분과 천하를 두루 돌아다니며, 그 득실(得失)을 점치고 풍속을 살펴야 옳을 것이니, 여러분, 함께 떠나 보실까요?"

이때 청학상인이 말씀하시기를,

"채하자와 편운자는 연경(燕京)으로 들어가고, 화오자와 금선자는 여진(女眞)으로 들어가고, 계엽자와 아예자는 중원(中原)으로 들어가고, 벽락자와 취굴자는 몽고(蒙古)로 들어갔다가 서번(西蕃)[419]까지 가도록 하라."

라고 하셨다. 여러 사람이 다녀온 이번 여행에는 사적(事跡)이 매우 많았었는데, 태반을 잃어버려서 얼마 남지 않았으나 이

---

416) 칠웅(七雄) : 중국의 전국시대에 할거하던 진(秦)·초(楚)·연(燕)·제(齊)·조(趙)·위(魏)·한(韓)의 7강국(強國).

417) 오도(五道) : 고려 현종(顯宗) 때 전국 십도(十道)를 고쳐 일곱 행정 구역으로 나눈 오도양계(五道兩界)중 중부(中部) 이남의 다섯 구역을 이르는 말. 곧 양광도(楊廣道)·경상도(慶尙道)·전라도(全羅道)·교주도(交州道)·서해도(西海道).

418) 성관령(聲串嶺) : 강원도 흡성과 통천(通川) 경계에 있는 산 고개.

419) 서번(西蕃) : 서역(西域) 또는 토번(吐蕃). 곧 중국 서쪽의 티베트 지방을 일컬음.

제 그 만분의 일이나마 적어본다.

채하자와 편운자는 강을 건너 진동(鎭東)[420]에 이르러 한가촌(韓家村)[421]에서 묵었다. 밤에 곡성이 매우 슬프게 들려오므로, 편운자가 주인에게 물으니 주인이 대답하길,

"동쪽 이웃에 사는 오씨(吳氏) 부인의 곡성입니다. 오씨는 시어머니를 지극하게 모셨었는데 그 시어머니가 돌아가자, 제삿날이 되면 갖은 성의와 있는 힘을 다해 제사를 올립니다. 그런데 지금은 너무 가난해져 제수를 차릴 수가 없어 제사를 지내지 못하기 때문에 이처럼 긴 밤 내내 슬피 우는 것입니다."

라고 하였다. 이에 채하자가 묻길,

"이 마을에 인색한 부잣집이 있습니까?"

하니 주인이 대답하되,

"원사직(袁士直)이란 자가 있는데 보통 원돼지〔袁猪〕라고 부르지요."

라고 하였다. 채하자와 편운자가 오씨 집에 이르러 음식을 구걸하니 그 부인이 말하길,

"집이 가난하여 끼니를 잇지 못하는 처지입니다. 어젯밤은 바로 돌아가신 시어머니 제삿날이었는데, 제사도 지내지 못하였으므로 이제 탄식하고 있는 중이니, 어찌 남을 구제할 여유가 있겠습니까?"

라고 하였다. 편운자는,

"가엾도다. 효부(孝婦)보다."

라고 하고 문 왼쪽에 한참 서 있다가 다시 돌아다보며 말하길,

"저기 살구나무 아래, 은빛이 도는 곳을 파보면 수십개의 은덩어리를 얻을 수 있을 것이니, 그것이면 족히 가산을 일으킬 수 있을 것입니다."

---

420) 진동(鎭東) : 중국 동북(東北) 길림성(吉林省) 조안현(洮安縣) 동북 지명. 곧 백성시(白城市) 근처.

421) 한가촌(韓家村) : 중국 동북 길림성(吉林省) 쌍성현(双城縣) 서쪽 지명.

라고 하였다. 채하자는 육임신(六壬神)[422]을 불러 원씨(袁氏) 집의 쌀 60섬을 가져다 오씨 집에 놓게 하고서 떠났다.

또 홍주(洪州) 우가장(牛家莊)에 이르러 보니, 돌림병이 크게 번지고 있었다. 채하자는,

"내가 이곳 사람들을 구제해야겠다."

하고서 마침내 마을 안으로 들어가 물 한 그릇을 구걸하니, 어떤 사람이 꿀물을 가져다 바쳤다. 채하자가,

"어찌 나와 같은 거지에게 은혜를 베푸는지요?"

라고 물으니, 그 사람은,

"우리는 원래 남을 도와주길 좋아합니다."

라고 대답했다. 채하자는 말하기를,

"어진 사람이로다. 내 이 지방의 돌림병을 구제해 주리라."

하고서 곧 부적(符籍) 담근 물을 복사나무 가지에다 가로로 네 번, 세로로 다섯 번을 뿌리니, 병자들은 모두 병이 나아 일어났다. 그래서 여러 사람들이 일시에 그에게 몰려와 사례하려 하니, 두 사람은 구름 속으로 몸을 숨기는 둔갑법을 써서 사라져 버렸다. 그곳에 있던 여러 사람들은 다만 한 길쯤 되는 구름이 하늘을 타고 날아감을 볼 뿐이었다. 이에 사람들은 천신(天神)이 강림한 것이라고 생각하고, 소를 잡아 산에 올라가 하늘에 제사지냈다.

---

422) 육임신(六壬神) : 육임복(六壬卜)에서 부리는 신의 이름. 육임(六壬)은 점술법의 하나로 둔갑(遁甲)·태을(太乙)과 합쳐 삼식(三式)이라 한다. 이 설(說)은 오행(五行)에서 근본했는데 임(壬)은 수(水)의 뜻으로 오행은 수에서 시작하기 때문에 임이라 한다. 육(六)은 땅의 성수(成數), 천일(天一)은 수(水)를 낳고 지륙(地六)은 이를 이루기 때문에 육임(六壬)이라 함. 천상의 십이신(十二辰)의 분야를 천반(天盤)이라 하고 지상 십이신의 방위를 지반(地盤)이라고 하며 그 배합관계로부터 사과(四課)·삼전(三傳) 등의 법을 세워 길흉을 점치는 것으로 그 점치는 법에 64과(課)가 있는 것은 역상(易象)에 근본한 것이며, 그 천반·지반 및 신장(神將)·가림(加臨)이 있는 것은 둔갑구궁(遁甲九宮)의 법에 가깝다. 이 점술에는 12장(將), 12신(神)을 구분해서 길흉을 점친다고 함.

그후, 채하자와 편운자는 광녕(廣寧)423)에 이르러, 3일을 체류하고 다시 십삼산(十三山)424)에서 하루를 묵고 송산보(松山堡)425)에 이르렀다. 밤에 보니 붉은 기운이 땅에 가득하였다. 채하자가 편운자를 돌아다보며 말하길,

"이곳은 다른 날에 전쟁터가 될 것이네."

라고 했다. 또 조가장(曹家莊)426)에 이르니 일진의 회오리바람이 동쪽에서 서쪽으로 부는 것을 보고 채하자가,

"저 회오리바람 속에는 무엇이 있을까?"

라고 물으니 편운자가 대답하길,

"호랑이 머리를 하고, 이리 몸을 한 신(神)으로 의무려산(醫巫閭山)427)의 산신령의 사신이 아닐까요?"

라고 하였다. 이에 채하자가 말하길,

"장차 새 천자의 일을 여러 산악의 신들에게 두루 고하러 다니는 것이네."

라고 하였다. 또 동관역(東關驛)에 이르러 하(河)씨 집에 머물었는데, 그집 주인을 보니 괴상한 병으로 60년 간을 앓는데 의약(醫藥)과 무축(巫祝)도 도무지 효험이 없다 한다. 편운자가 채하자를 돌아보며,

"이 사람의 병을 알겠는가?"

라고 물으니 채하자가 답하기를,

"이 병은 고치기가 그리 어렵지 않네. 이 병은 바로 집 뒤 엎어진 바위 밑에 숨어 있는 지네의 독 때문이 아니겠는가?"

---

423) 광녕(廣寧) : 지금의 요녕성(遼寧省) 심양(瀋陽) 의무려산(醫巫閭山) 동쪽. 즉 심양 광녕현(廣寧縣).

424) 십삼산(十三山) : 지금의 요녕성(遼寧省) 금현(錦縣) 동쪽 밖에 있는 산.

425) 송산보(松山堡) : 지금의 요녕성(遼寧省) 심양(瀋陽) 금현(錦縣) 남쪽 송산(松山) 서쪽에 있는 지명.

426) 조가장(曹家莊) : 조가채(曹家砦)라고도 함. 경조(京兆) 밀운현(密雲縣) 동북쪽 1백 40리, 사마대성(司馬臺城) 동쪽에 있는 지명.

427) 의무려산(醫巫閭山) : 중국 동북 요녕성(遼寧省) 북진현(北鎭縣) 서쪽 5리(里)에 있는 산 이름. 광녕산(廣寧山)이라고도 부름.

라고 하였다. 그리고 주인으로 하여금 지네를 죽이게 했다.

　또, 노룡령(盧龍嶺)[428]에 이르러 편운자가 하나의 선돌〔立岩〕을 가리키며 채하자에게,

　　"그대는 이 바위에 대하여 아는가?"

하니 채하자는,

　　"그것은 어렵지 않습니다. 바로 오랑캐를 망하게 한 물건이오."

라고 대답했다. 그리고나서 산해관(山海關)을 넘어 영평부(永平府)[429]에 이르러 이틀 동안 체류하고, 어양교(漁陽橋)[430]를 지나 연경(燕京)으로 들어갔다. 거기에서 곧 두 마리의 까치로 변하여 승천문(承天門)[431]에서 지저귀니, 이때 학사(學士) 구치중(丘致中)이 입궐하여 숙직하다가 이를 보고 점을 쳐서 육사(六四)의 괘를 얻어 풀이하기를,

　　"이 까치는 동쪽에서 와서 우리 중국의 사정을 살피고자 온 것이다."

라고 하였다. 이에 편운자가 채하자에게 말하길,

　　"이 사람의 점은 자못 신묘하오."

라고 말하고는 곧 사람으로 변하여 위허(魏虛)·위가(魏可)라 자칭하고 말을 타고 노닐다가 마상서(馬尙書) 문하(門下)로 들어가 금과 비단 등의 뇌물을 바치니, 마상서는 매우 기뻐하였다. 얼마 안되어, 채하자는 형부시랑(刑部侍郎), 편운자는 예부시랑(禮部侍郎)에 제수되었으나, 이들은 병을 핑계대고 물러나왔다. 다시 두 마리 새로 변하여 이번엔 남문(南門)에 머물렀다. 3일 동안 그곳으로 천만 사람들이 지나갔지만 그들을 알아보는 사

---

428) 노룡령(盧龍嶺) : 중국 하북성(河北省) 천안현(遷安縣) 서북쪽에 있는 고개 이름.
429) 영평부(永平府) : 중국 하북성(河北省) 노룡현(盧龍縣)에 있는 지명.
430) 어양교(漁陽橋) : 중국 하북성(河北省) 밀운현(密雲縣) 서남쪽 어양현(漁陽縣)에 있는 다리 이름.
431) 승천문(承天門) : 북경(北京)에 있는 궁궐 남면(南面) 중앙 문의 이름.

람이 없었다. 이에 편운자가 말하길,

  "명나라에는 가히 인재가 없다 하겠소."

라고 하였다. 또 3일이 지났는데, 갑자기 한 거지가 밑으로 지나가다가 위를 쳐다보고 빙그레 웃으며,

  "조선 사람이 어찌하여 오셨습니까?"

라고 하였다. 이에 두 사람은 크게 놀라서 땅으로 내려와 사람으로 변하고서 그의 손을 맞잡고 조용한 곳으로 가 그의 고견(高見)을 듣고 찬탄하여 더 나아가 시사(時事)에 대해서도 이야기하니 그 걸인이 말하길,

  "명(明)나라는 갑신년(1644; 朝鮮 仁祖 22)에 패배하고, 경인년(1650; 朝鮮 孝宗 1)에 망할 것입니다."

라고 하므로 편운자가 그 이유를 묻자 다음과 같이 말하였다.

  "명나라 태조(太祖)가 계사년(1353; 高麗 恭愍王 2)에 일어나 무신년(1368; 高麗 恭愍王 17)에 등극했다. 계(癸)가 끝나면 갑(甲)이고, 사(巳)와 신(申)이 서로 합했기 때문에 갑신(甲申)이라 한다. 무(戊)로부터 세번째가 경(庚)이요, 인(寅)과 신(申)은 방위(方位)가 꼭 마주치므로 경인(庚寅)이 된다. 그래서 이미 경인년이 되었으니 반드시 신(申) 땅에서 망할 것이다. 그런데 그곳은 곧 서남쪽의 동만(峒蠻)[432]의 근거지일 것이다.

  당(唐)나라 이래로 존제(尊帝: 紫微垣)[433]는 간방(艮方)[434]에 있고, 태양은 기원(箕垣)[435]으로 운행하여 천지의 왕성한 기

---

432) 동만(峒蠻): 동(峒)은 중국 서남 묘족이 사는 곳. 만(蠻)은 오랑캐란 뜻. 중국 서남(西南) 지방 산간에 사는 묘족(苗族)의 일종.
433) 자미원(紫微垣): 옛날 중국 천문학에서 하늘을 삼원(三垣)과 이십팔수(二十八宿)로 나눈 가운데, 태미원(太微垣)·천시원(天市垣)과 더불어 삼원(三垣)의 하나인 별자리. 북극에 있어 작은곰자리를 중심으로 한 1백 70여개의 별로 이루어졌는데 천제가 거처하는 곳이라고 일러져 내려옴.
434) 간방(艮方): 24방위(方位)의 하나. 정동(正東)과 정북(正北) 사이 15° 각도를 차지하는 간방(間方).
435) 기원(箕垣): 이십팔수(二十八宿)의 하나.

운이 동북쪽에 있으니, 명나라를 대신할 자는 여진(女眞)일 것이오. 또 인(寅)이 해(亥)에서 합하여 있으니, 천하를 어지럽힐 자는 반드시 서북쪽으로부터 나올 것이오.”

또 도참(圖讖)에. 말하길,

“명(明)은 목자(木子)에게 망할 것이다. 이(李)씨 성을 가진 사람이 서북쪽에서 올 것이고, 또 나무 목(木)변의 사람이 안으로 끌어들이니, 그가 어찌 천자가 되지 않겠소?”

이에 채하자가 말하길,

“일월(日月；明)은 고월(古月；胡)에게 망할 것이고, 고월(古月；胡)은 어양(魚羊；鮮)에게 망할 것이니, 이 역시 비기(秘記)입니다. 고월(古月)은 바로 오랑캐〔胡〕를 말하는 것이 아니오? 그렇다면 새로 천자가 되는 나라의 이름을 아시겠습니까?”

라고 물으니 걸인이 말하길,

“명(明)자는 바로 일(日)과 월(月)이네. 일월(日月)이 떨어지니 곧 태청(太淸)[436]만 남을 뿐이네. 그러니 어찌 청(淸)이 아니겠는가?”

라고 했다. 채하자가 말하길,

“송(宋)나라 때에 흥원전(興元殿)이 있더니 원(元)나라가 일어났고, 원(元)나라 때는 대명전(大明殿)이 있더니 명(明)나라가 일어났습니다. 이제 건청전(乾淸殿)이 있으니 하나의 징험이 됩니다.”

라고 하였다. 이어 걸인이 말하길,

“중원(中原)은 장차 흉노의 땅이 될 것이다. 그래서 나는 바야흐로 거처할 땅을 찾고 있는 중이오. 듣건대, 조선의 한라산은 자고로 전쟁의 화가 미치지 못할 곳이란 얘기를 듣고 조선으로 향하던 참이었소. 이제 두 분은 또한 무엇 때문에 이 아주 무익한 땅에 오래 머무르고 계시오?”

라고 하였다. 이에 세 사람이 모두 함께 가니, 그 걸인은 양

---

436) 태청(太淸)：도교(道敎)에서 하늘을 일컫는 말.

양(襄陽)의 조현지(曹玄志)라는 사람으로, 곧 양운객(楊雲客)의 문인이다.

(7) 중원(中原)을 염탐(廉探)한 이야기

경자년(1600; 宣祖 34)에 나는 묘향산(妙香山)에서 위선생님〔魏漢祚〕을 뵙고 여쭈어 보았다.

"옛 사람이 이르길,

'인재는 다른 세대에서 빌어오지 않는다.'

라고 하였습니다. 이제 우리 나라를 논해 보면, 다른 나라에서 인재를 한 사람도 취해 오지 않고 다만 나라 안에 있는 사람을 취해서 그 재주를 다하게 한다면 역시 나라를 강하게 할 수 있겠습니까?"

라고 하였다. 이에 위선생님은 다음과 같이 대답하셨다.

"현명한 재상이 있어서 재인(才人)을 알아보고 직책을 맡긴 적이 어느 세대인들 없었겠는가? 시험삼아 우리 나라를 들어 논해 본다면, 금선자·편운자·취굴자로 삼공(三公)을 삼으면 모두 최선을 다하여 아무 탈이 없을 것이다. 그 다음으로 진사(進士) 정진영(鄭晋榮), 문천현감(文川縣監) 이춘수(李春壽), 현령(縣令) 채정후(蔡正後) 같은 사람은 가히 묘당(廟堂)에 둘 만하다. 또 김장생(金長生)·오윤겸(吳允謙)·진릉군(晋陵君) 이태경(李泰慶)[437]·최몽량(崔夢良)·이원익(李元翼)·이항복(李恒福) 등과 같은 사람은 가히 더불어 중요한 일을 의논해 확정할 만하다. 그리고, 유성룡(柳成龍)·이시백(李時白)·강진흔(姜晋昕)·심일창(沈日彰)·최준덕(崔俊德)·이완(李浣)·이응화(李應華)·정충신(鄭忠信)·경신준(慶信俊)·이유일(李惟一)·곽재우(郭再祐)·김진국(金藎國) 같은 사람은

---

437) 진릉군 이태경(晉陵君 李泰慶) : 조선 11대 중종대왕의 7남 덕흥대원군(德興大院君)의 증손. 아버지는 익성군(益城君) 형령(亨齡), 조부는 하원군(河原君) 정(鋥), 증조가 덕흥대원군, 선조대왕은 종증조부.

수사(水使) 병사(兵使)를 맡길 만하다. 또, 조식(曹植)·성수종(成守宗)·김수옹(金守顒)·이항(李恒)·성운(成運), 이수광(李晬光)·남언경(南彦經)·임훈(林纁)·김덕함(金德諴)·신익성(申翊聖)·정온(鄭蘊)·조욱(趙昱) 같은 사람들은 삼사(三司)에 늘어 놓을 만하다. 그리고 이산해(李山海)·허균(許筠)·이달(李達) 같은 사람은 한원(翰苑; 藝文官)에 임명할 만하다. 또, 이언중(李彦仲)·박세훈(朴世勳)·이순민(李舜民)·최덕익(崔德益) 등과 같은 사람은 숙위(宿衛)에 임명할 만하다. 오희문(吳希文)·장좌한(張佐漢)·이팽년(李彭年)·이방걸(李邦傑)·원수현(元壽賢)·유충립(柳忠立)·김시보(金時輔)·한덕서(韓德瑞)·유중춘(柳仲春)·조명욱(曹明勗)·연순선(延舜善)·이상진(李象震)·주환(趙環) 등은 위 아래로 자리에 임명하여 애쓰게 하면 가히 최선을 다할 수 있으니 나라는 장차 천하에 적이 없을 것이다."

화오자(花塢子)와 금선자(金蟬子)는 두만강을 건너 우라산(兀刺山)에 이르러 여진(女眞)의 옛 경계를 바라보고 홍시리(紅施里)를 지나 무아계(武兒溪)에서 쉬는데, 한 목동이 숲 아래에서 나뭇잎으로 피리를 만들어 부는 것을 보았다. 화오자가 말하길,

　"저 아이는 쇠얼굴에 칼눈썹, 구슬눈에 금정기(金精氣)라, 마땅히 모든 사람의 우두머리가 될 만하다."
라고 하니 금선자도 말하길,

　"표범머리에 원숭이 팔도 역시 귀한 것이다."
라고 하고서 곧 그 소년에게 나아가 그의 이름을 물으니, 팔산대(八山大)라 하였다. 두 사람은 그 소년에게,

　"열심히 살아라. 오래지 않아 말 먹이는 일을 안하게 될 것이다."
라고 말했다. 그 다음으로 아천(阿川)에 이르러 금선자가 말하길,

　"산에 윤택한 기운이 돌고, 물에 광채가 나서 길한 운이 바야흐로 모이니 정말로 인재가 왕성하게 나올 것이다."

라고 하였다. 걸어서 탑이 있는 언덕에 올라 화오자가 말하기를,

"용루(龍樓)·봉궐(鳳闕)·문장(文章)·정기(旌旂)·어대(御臺)·장대(將臺)를 저렇게 늘어놓았으니 반드시 이곳에 큰 인재가 있을 것이다."

라고 하였다. 그리고 30리를 더 가니 큰 무덤이 있었다. 그 지방 사람에게 물으니 '금(金)나라의 목조(穆祖)[438]가 묻힌 곳이오.'라고 하였다. 거기서 동쪽으로 20리쯤 가니, 9명의 소년들이 화살을 끼고 창을 들고서 매를 부르고 개를 부르는데 산골짜기가 떠들썩했다. 이윽고 이들은 모여 앉아 부싯돌을 쳐서 나무에 불을 지펴 사슴을 잡고, 꿩을 구워 술잔을 서로 기울였다. 이때 두 사람이 다가가 절하며 먹을 것을 구걸하니, 이들은 고루 술과 고기를 나누어 주었다. 두 사람이 마주앉아 먹고 있는데, 그들 중 한 사람이 한참 동안 그들을 쳐다보더니,

"당신들은 이목이 청수(淸秀)하고 산림(山林)의 기상을 띠었으니 속세를 피해 사는 선비들이 아니신지요?"

라고 하여 두 사람은,

"우리들은 동서남북으로 떠돌아 다니는 사람이오."

라고 대답하고서 곧 그들과 헤어져 돌아오는 도중에 화오자가 말하길,

"오늘 천자(天子)와 장상(將相)을 보았네."

라고 하니, 금선자도 말하길,

"하늘에 두 개의 태양이 없으니 명(明)나라를 대신할 자가 이 사람이 아닌가?"

라고 했다. 드디어 걸어서 오국성(五國城)[439]에 이르러 5일을 체류하고, 오환산(五桓山)에 이르렀다. 금선자가 말하길,

---

438) 목조(穆祖) : 목조는 목종(穆宗)의 잘못일 듯. 목종은 금(金)나라 선조. 이름은 영가(盈歌), 경조(景祖) 오고내(烏古迺)의 아들, 세조(世祖) 핵리발(劾里鉢), 숙종(肅宗) 파자숙(頗刺淑)의 동생이다.

439) 오국성(五國城) : 중국 동북(東北) 길림성(吉林省) 연길현(延吉縣)에 있는 지명.

　　“산수가 어둡고 참담하며 바람기가 높고 차가우니, 오래도
록 이곳에서 머물 수가 없겠다.”
라고 하며 곧 돌아왔다.

　　계엽자(桂葉子)와 아예자(鵝蕊子)는 풍천(豊川)[440]으로부터 바
다를 건너 태산(泰山)[441]에 올라 서쪽을 바라보다가, 다시 북쪽
의 태행산(太行山)[442]에 이르러 남쪽을 바라보고, 다시 서쪽으
로 숭산(嵩山)[443]에 이르러 사방을 둘러보다가 저녁이 되어서야
하산하여 소림사(少林寺)[444]에서 묵었다. 아예자가 말하길,
　　“중국의 기상이 과연 어떤가?”
라고 물으니 계엽자가 대답하기를,
　　“산은 근심스러운 빛을 품고, 물은 한탄하는 소리를 내면
서 흐르며, 귀신들은 종횡무진으로 돌아다니고, 백성들은 혼
미하고 망령되어 밝은 기운이 쇠퇴하고, 요사스러운 기운이
첩첩이 일어나 난(亂)은 점차 심해만 가니 다시 더 무어라
할 말이 있겠는가?”
라고 했다. 또 아예자가 말하기를,
　　“숭산(嵩山)은 중심이 되는 산이니 반드시 천하의 일을 관
장하여 알 것이다. 그러니 부적으로 산신령을 불러 그 현묘
한 기미를 물어 믿는 것이 좋겠다.”

---

440) 풍천(豊川) : 현재의 황해도(黃海道) 송화군(松禾郡)에 있는 지명.
441) 태산(泰山) : 중국의 명산. 산동성(山東省) 태안(泰安)의 북쪽에 있
　　는데 오악(五嶽) 중 동악(東嶽)을 일컬음. 예로부터 천자가 제후를 모
　　아 놓고 때때로 봉선(封禪)을 행하였다. 높이 1524m.
442) 태행산(太行山) : 중국 산서성(山西省) 진성현(晋城縣) 남쪽에 있는
　　산. 이 산을 주봉으로 한 태행산맥은 남북으로 뻗어 산서성과 하남(河
　　南)·하북(河北) 양성의 경계를 이루고 만리장성 부근에서 대흥안령(大
　　興安嶺) 남쪽 끝과 연결됨.
443) 숭산(嵩山) : 중국 오악(五嶽)의 하나인 중악(中嶽). 하남성(河南省)
　　의 서남쪽에 있는 산.
444) 소림사(少林寺) : 중국 하남성 등봉현(登封縣) 서북쪽 25리 되는 소
　　실산(少室山) 위에 있는 절. 달마대사(達磨大師)가 창건하였다. 이곳
　　승려들은 항상 무공을 익혀 소림파(少林派)라 부른다.

246

라고 하고, 곧 밤중에 일어나 봉오리에 올라 우보(禹步)[445]를 걸으며 금종부(金鍾符)[446]를 태웠다. 이에 황관(黃冠)을 쓰고 옥대(玉帶)를 찬 한 노인이 나타나서,

"그대들이 천리를 멀다 않고 찾아왔는데, 그 뜻이 어디 있는가?"

라고 물었다. 아예자가 말하길,

"장래의 일을 알고자 하여 신령스러운 이곳까지 찾아왔으니, 엎드려 바라건대 신령님께서 밝히 가르쳐 주시길 바랍니다."

라고 하였다. 이에 노인은 소매에서 한 권의 책을 꺼내 보였다. 그 책 제목은 〈난세록(亂世錄)〉이었다. 두 사람이 펼쳐서 보니 별서(別書)가 있었다. 그 속에는 쌍시(雙翅)·금자룡(金紫龍)·금시붕(金翅鵬)·자금량(紫金樑)·가부비(可夫飛)·혼천비(混天飛)·독행랑(獨行狼)·혼천후(混天猴)·옥로호(玉老虎)·불첨니(不添泥)·신일원(神一元)·이로시(李老柴)·약지호(掠地虎)·용강천(龍江泉)·이장청(李丈靑)·소홍랑(少紅狼)·황호(黃虎)·혼천왕(混天王)·팔대왕(八大王)·천산호(穿山虎)·갈자괴(蝎子塊)·만천성(滿天星)·횡천일자왕(橫天一字王)·일척호(一隻虎)·구량성(九樑星)·진천왕(鎭天王)·대천왕(大天王)·좌금왕(左金王)·비상천(飛上天)·일련앵(一連櫻)·신래호(新來虎)·일조총(一條葱)·비산호(飛山虎)·흑상신(黑桑神)·구조룡(九條龍)·과천성(過天星)·조조(曹操)·당대왕(撞大王)·비산계(飛山鷄)·고비진룡황제(古飛眞龍皇帝)·통천주(通天柱)·일좌성(一座城)·개산부(開山斧)·찬천초(鑽天哨)·일잔등(一盞燈)·독두호(獨頭虎)·점등자(占燈子)·상천룡(上天龍)·활지초(活地草)·향리인(鄕里人)·현신도(顯神道)·난세왕(亂世王)·형강랑(邢江狼)·파갑추(破甲

---

445) 우보(禹步) : 우(禹)임금의 걸음걸이. 우임금이 9년 치수에 힘쓰다가 다리에 병이 나서, 한 쪽 발이 앞서가면 다음 발이 잇따라 가는 일자 걸음을 걸었다고 한다.

446) 금종부(金鍾符) : 부적의 일종일 듯.

錐)·틈탑천왕(闖塔天王)·팔금강(八金剛)·노회회(老回回) 등이 있었는데, 이루 다 기록할 수 없을 지경이었다. 계엽자가,
　"이것들은 어떤 물건의 이름입니까?"
고 물으니, 노인이 말하길,
　"세상의 도가 장차 변하여 난적(亂賊)의 무리들이 이때를 틈타 난을 일으키려 하고 있다. 이런 것은 모두 신령님이 주관하지 않는 것이 없다. 오직 진인(眞人)만이 이것들을 구제할 수 있을 따름이다."
라고 했다. 계엽자가 말하길,
　"중원(中原)엔 왕기(王氣)가 쓸쓸하니, 이후로 장차 천자가 없을까요?"
라고 하니, 노인이 말하길,
　"그렇지 않다. 망탕(芒碭)447)·남양(南陽)448)·낙양(洛陽)·하란(賀蘭)449)·금릉(金陵) 등지에는 여전히 천자의 기운이 갖추어져 있다. 그러나 앞으로의 일은 오직 신령님이 정할 뿐이다. 지금 누가 어느 집안에서 나올지는 확실히 알 수 없다."
라고 대답했다. 아예자가 말하길,
　"중국의 인재들은 근래에 어떠합니까?"
고 물으니, 노인이 대답하길,
　"중인(中人) 이하는 말할 것이 없지만 중인 이상은 중국에 전쟁이 있을 것을 알고 사방으로 흩어져 갔다. 섭만연(葉萬延)은 서번(西蕃)으로 들어갔고, 형희운(邢喜雲)은 회흘(回紇)450)로 들어갔으며, 장인수(張仁壽)는 귀만(鬼蠻)451)으로, 양광정

---

447) 망탕(芒碭):중국 강소성 탕산현(碭山縣) 동남쪽에 있는 망산(芒山) 탕산(碭山)을 말함. 한(漢)나라 고조(高祖) 유방(劉邦)이 세력이 약했을 때 숨어 있던 곳이다.
448) 남양(南陽):중국 하남성 서남부에 있는 지명. 춘추시대 이후로 전략상의 요지임.
449) 하란(賀蘭):중국 감숙성(甘肅省) 영하현(寧夏縣) 서쪽에 있는 지명.
450) 회흘(回紇):회흘국. 본래 돌궐족(突厥族)이 세운 나라. 지금의 내외 몽고(蒙古)의 땅, 즉 신강(新彊) 지역에 있었다.

(楊光庭)은 월지(月氏)[452]로, 조현지(曹玄志)는 조선으로 들어
갔고, 창의부(昌義夫)는 진랍(眞臘)[453]으로, 팽시망(彭時望)은
서촉(西蜀)[454]으로 들어갔으며, 오로지 우금성(牛金星)[455]만이
남아 있다.”

라고 말을 마치자 이들은 웃으며 헤어졌다.

다음날 두 사람은 섬서(陜西)로 가서 시내를 돌아다니는데, 한
소년이 노새에서 내려 주점에 들어가 술을 마시는 것을 보고,
두 사람도 주점으로 들어가 술을 마시는데, 그 소년이 놀라며
말하길,

“그대들의 용모를 살펴보니, 이갈(夷羯)[456] 사람이 아닌가
요?”

라고 하였다. 두 사람은 속으로 이 사람이 필시 우금성일 것이
라 생각해서,

“우(牛)소년은 어떻게 우리들을 알아 보시오?”

라고 물었다. 이때 소년은 놀라고 기뻐하며 말하길,

“그대들은 과연 금세의 인걸들이시오. 저는 정말로 우금성
(牛金星)이라 불리는 사람입니다. 이제 저는 화란(禍亂)이 장
차 일어날 것을 알고, 바야흐로 피난처를 찾아 천하를 두루
유람하려고 합니다. 이제 두 분의 높으신 재주를 뵈오니, 원

---

451) 귀만(鬼蠻) : 서융(西戎)의 땅. 즉, 한(漢)나라 때 흉노족이 살던
    곳.
452) 월지(月氏) : 대월지국(大月氏國). 중국 감숙성(甘肅省) 서쪽 경계
    에 있던 나라.
453) 진랍(眞臘) : 캄보디아의 옛 이름. 6세기말부터 메콩강 유역 지방을
    지배한 크메르인의 나라로서 9세기 초부터 번성하기 시작, 안남(安南)
    남부를 영유하여 해상무역을 장악하여 약 4세기 동안 번영하였다.
454) 서촉(西蜀) : 촉(蜀)의 서쪽 지방. 지금의 사천성(四川省) 서쪽에 있
    던 촉의 땅을 말함.
455) 우금성(牛金星) : 명나라 때 노씨(盧氏) 사람. 이자성(李自成)의 난
    때 이자성의 참모로서 신임을 얻었으나, 이암(李巖)을 암살하는 등 권
    력다툼을 벌여 드디어 이자성의 군대가 패하게 되었다.
456) 이갈(夷羯) : 동이족(東夷族) 중의 갈족(羯族). 즉 오호(五胡) 중 일
    족으로 흉노와 같은 종족이다.

컨대 저와 손을 잡고 같이 다니며 진인을 찾아주시기를 원합
니다."
라고 하였다. 이에 두 사람은 말하길,
  "우리들은 속세를 떠나 사는 선비로, 왕을 도울 만한 인재
가 못됩니다."
라고 하며, 이별을 고하고 곧 가버렸다. 그러나 그 소년이 그
들을 따라오므로 두 사람은 두 마리 용으로 변해 구름을 타고
가 버렸다. 그러자 소년도 바람을 이용하여 구름을 헤치며 쫓
아오므로 두 사람은 이십팔수(二十八宿) 걸음걸이로 걷다가 삼
십육계(三十六計) 변화법을 부리니 소년은 두 사람의 간 방향을
잃어 실망하며 가버렸다.
  계엽자가 아예자에게,
  "우소년은 어떤 인물인가?"
라고 물으니, 아예자가 말하길,
  "재주가 뛰어나나 아직 사람을 잘 알아보지 못하고, 뜻은
원대하나 너무 서두르는 경향이 있네. 또한 중국에는 이미 천
자가 될 재목이 없는데도 이렇게 급하게 구니 그는 도적의 괴
수에 지나지 못할 것이네."
라고 하였다. 두 사람은 드디어 진중(秦中)[457]으로 들어가 태화
산(太華山)[458]에 올랐다. 홀연 한 채의 장원(莊園)이 구름 낀 소
나무 숲 속에 보이더니, 동자가 문에서 나와 맞이하여 절하며
말하길,
  "두 선생께선 청학상인의 문하에서 오신 분이 아닌지요?"
라고 물었다. 두 사람이,
  "그것을 어떻게 아느냐?"
고 물으니 동자가 말하기를,

---

457) 진중(秦中) : 현 중국의 섬서성(陝西省). 옛날 진(秦)나라의 땅이므
로 이런 이름이 생겼다.
458) 태화산(太華山) : 중국 섬서성 화음현(華陰縣) 남쪽에 있는 산. 곧
서악(四嶽)인 화산(華山)을 말함. 서쪽에 소화산(小華山)이 있으므로
동쪽의 산을 태화산이라 이름.

　　"이 집은 바로 철장도사(鐵杖道士)의 댁입니다. 우리 스승님께서 '오늘 청학 친구의 문하인들이 올 터이니 너는 나가서 기다리라.'고 하셨으므로 두 선생께서 오실 것을 알았습니다."

라고 하였다. 이에 두 사람이 그 집 문으로 들어가니, 과연 도사가 창에 기대어 웃음을 머금고 말하기를,

　　"나와 청학은 사귄 지 10여 년이 되었소. 듣건대, 그의 제자 8명이 모두 뛰어난 재주와 아름다운 바탕을 가졌다더니, 이제 두 사람을 보매 헛된 말이 아니로세."

라고 하였다. 두 사람은 공손히 인사를 여쭙고 좌정하니, 도사가 말하길,

　　"나는 도가 얕고, 덕이 적어 제자도 적어 겨우 3명뿐이오. 두 분을 보니, 선생들께서는 세상 밖의 사람들이 아니고 곧 세상에서 공명을 이룰 분들이오. 허나, 나의 제자들은 끝까지 선가(仙家)에서 지낼 사람들이오."

라고 하고, 곧 동자에게 명해 술을 가져 오게 하고 말하길,

　　"나는 본래 술을 좋아하므로, 도가(道家)에서는 나를 주주인(酒主人)이라 부르오."

라고 하였다. 그리고 병을 가져다 베갯가에 늘어놓는데, 병엔 각각 글씨가 씌어 있었다. 첫째 병에는 백화양(百花釀), 두번째 것은 옥정천(玉井泉), 세번째 것은 금분로(金盆露), 네번째 것은 계로화(桂露華), 다섯번째 것은 추로백(秋露白), 여섯번째 것은 진사주(辰砂酒), 일곱번째 것은 진주단(眞珠團), 여덟번째 것은 금설탕(金屑湯), 아홉번째 것은 국화주(菊花酒), 열번째 것은 은하액(銀河液), 열한번째 것은 만산춘(萬山春), 열두번째 것은 녹이주(鹿耳酒)라고 씌어 있었다. 드디어 술병을 기울여 잔을 나누며 저녁부터 아침이 되도록 마시니, 향기로운 맛이 입에 맞고 향기가 몸에 스미는 듯하다. 일찍이 맛보지 못한 것이었다. 잠시 후 어떤 두 명의 도사가 문에 이르러 안으로 들어와 철장도사에게 말하길,

　　“청학의 문인이 이곳에 왔다는 소식을 듣고 애써 빨리 찾
　아온 길이오.”
라고 하므로 철장도사가 그렇다고 하였다. 두 사람이 섬돌 아
래에 내려가 배알하니 두 사람이 말하길,
　　“친구 청학과 이별한 지 이미 오래 됐는데 이제 두 분을 보
　게 되니 친구를 만나는 듯하여 기쁘오.”
라고 하였다. 철장도사는 두 사람에게 말하길,
　　“이 분은 죽관도인(竹冠道人)이라 칭하고, 저 분은 금책진
　군(金幘眞君)이라 하오.”
라고 했다. 금책진군이 말하길,
　　“나는 어제 성옥산(城玉山)에서 진랍국(眞臘國)으로 옮긴 뒤
　곧 바로 서촉(西蜀) 천정산(天井山)의 죽관도인을 방문해 유
　숙하고 있었는데, 청학의 문인이 이곳에 왔다는 소식을 들은
　데다가 철장도사의 술이 생각나서 왔을 뿐이네.”
라고 하였다. 그리고서 드디어 무릎을 맞대고 즐기는데 세 군
자의 도골(道骨)과 법언(法言)은 이 세상에서는 짝이 없는 것이
었다.
　　다음날, 각기 헤어져 돌아갔다. 계엽자와 아예자도 고별하고
돌아오는 도중 계엽자가 말하길,
　　“숭산(嵩山)노인이 말한 창의부(昌義夫)라는 분이 바로 금
　책진군이고, 팽시망(彭時望)이란 분이 바로 죽관도인이겠지?”
라고 말했다.

　　벽락자(碧落子)와 취굴자(翠窟子)는 금련천(金蓮川)[459]으로부
터 반주사(班珠思)의 교외에 이르렀다. 밤이 되어 한 촌락으로
들어갔는데, 가구가 수백 호나 되나 사람 소리라곤 도무지 없었
다. 두 사람은 그 중 작은 집을 취해 자백부(紫百符)[460]를 붙여

---

459) 금련천(金蓮川) : 중국 내몽고 차하얼(察哈爾) 고원현(沽源縣) 북쪽
　　에 있는 지명. 금(金)나라 세종(世宗) 때 여름 피서지였다. 본래 이름
　　은 갈리호동천(曷里滸東川).
460) 자백부(紫百符) : 부적의 일종일 듯.

놓고 유숙했다. 밤중이 되어 이상한 소리가 먼 곳으로부터 차츰 가깝게 들려오더니, 괴상한 귀신 한 떼가 이르러 말하길,

"여기 인기척이 난다. 찾아서 잡아내자."

고 하여 두 사람이 유숙한 곳에 이르러 주위만 빙글빙글 돌고 들어가지 못하면서 말하길,

"이상하다. 어떻게 아홉 폭의 철망이 설치되었을까?"

라고 하니 그 중 우두머리 되는 자가,

"이것은 자백부다."

라고 말하고는 드디어 가버렸다.

두 사람은 다음날 온다탑(溫多塌)에 이르러 소나무에 기대 앉아 피리를 불고 있는 노인을 만났다. 그 피리 소리가 매우 고요하고 맑아 벽락자가 귀를 기울여 들어보니,

해는 천산 그림자를 누르고,

강은 만리 배를 돌리네.

〔日壓千山影,

江回萬里舡.〕

라는 뜻이었다. 벽락자가 말하길,

"이 분은 보통 사람이 아니네."

라고 하고 나아가 인사하였다. 소나무 아래 노인은 그들을 자세히 살펴보더니 다음과 같이 말했다.

"두 분은 미간(眉間)에 산천의 정기를 모았고, 눈에 해와 달의 광채가 있으니, 가슴 속에는 나라를 안정시킬 높은 책략을 품고 있군요. 나는 일찍이 세상을 경영할 뜻을 품었으나, 때가 불리하여 산에 살며 도를 닦고 있었소. 수년 간 형세를 살피니, 이제 서북쪽의 8국이 큰 난을 일으켜 바야흐로 백성들을 도탄에 빠뜨리고 있소. 나는 때를 틈타 이들을 병탄코자 하나 좋은 보필자를 얻지 못하여 돌아다니며 살피고 있는 중이오. 그그저께 한인(漢人) 양광정(楊光挺)을 얻어 나의 마을로 데려갔지요. 이 사람은 바로 일대(一代)의 위인이므로 내심 기뻐하였소. 그러나 어제는 두 마리 매가 동쪽으

로부터 오므로 내 팔에 앉히고 서해(西海)가에서 사냥하는 꿈을 꾸었소. 이제 두 사람을 보니 실로 하늘이 내게 내려준 사람들이오. 또 작년에 서번(西蕃) 자장산(子章山)의 치포도사(治圃道士)를 만났는데, 그가 말하길,

'세상에 없는 공을 세우려면 내년까지 기다리시오. 청학의 문인(門人)은 현세에선 짝을 찾을 수 없는 이인(異人)들이오.'
라고 하였는데, 이제 당신들이 바로 청학의 문인이 아니시오?"

그리고서 이 두 사람을 태워 함께 한 성에 이르렀다. 부락이 매우 번창하여 물어보니 재려부(災呂部)라고 하였다. 거기서 노인은 진실로 오랫동안 머물 것을 청하나 두 사람은 대답하길,

"저희는 돌아가 선생님을 만나뵙고 의논한 연후에 다시 돌아와 대답하겠습니다."
라고 하였다.

(8) 위한조(魏漢祚)와 조현지(曹玄志)

신축년(1601 ; 宣祖 35)에 위선생님은 갑산(甲山)에 사셨는데 편운자·금선자·계엽자·아예자·벽락자·취굴자·화오자 및 조현지(曹玄志)가 위선생님을 찾아갔다. 위선생님은 벽락자의 말을 듣고 말씀하시기를,

"남아로 태어나서 유명해지지 못하고 재능을 품은 채로 사라진다면, 이는 자기의 도리를 다한 것이 아니오 불우한 일이니, 자네는 마땅히 속히 가서 강한 나라의 명신이 되거라. 때를 놓치지 말라."
고 하였다. 또 계엽자·아예자·화오자에게 말하시길,

"이제 새 천자가 나올 터이니 너희 셋은 마땅히 도가의 한일(閑逸)을 버리고, 역사에 길이 전해질 공명을 도모하라."
고 하시고, 또 채하자에게 말하시길,

"너는 인품이 맑고 높으며 여유가 있으니, 나중에 복도 또

한 많을 것이다. 그러니 하란산(賀蘭山) 집으로 들어가 살면서 대(代)를 전하다가 섬서(陝西)에서 천자가 나오면 그때에 일대의 유명한 관리의 집안이 될 것이다.”

라고 하였다. 그리고,

“취굴자·벽락자는 각기 자기의 거취에 따름이 좋겠고, 금선자·편운자는 출세할 수 없으니, 끝까지 조선생〔曹玄志〕를 따라 놀며 전도파(傳道派)가 되어, 몸을 보전하면서 이름을 세움이 좋겠고, 나〔魏先生〕는 세상과의 인연이 오래 남지 않았으니 여러 제자들은 각기 일에 힘쓰라.”

고 하셨다. 이에 주연을 베푸는데 위선생님은 거문고를 뜯고, 조선생은 노래 부르며, 채하자는 피리 불고 계엽자와 아예자는 일어나 춤추며, 화오자는 편경(編磬)을 두드리고, 벽락자는 술잔을 올리며, 금선자는 시를 읊고, 편운자는 시를 엮으니 모두 14수였다.

그윽한 시냇물 튀어, 저 이끼 낀 돌길에 뿌리고,
위에는 솔바람, 연못 속 돌이 영롱하네.
산호같이 흰 물, 물꽃이 되어 차게 떨어지고,
산 위 달의 깨끗한 얼굴, 남색 기름과 녹색의 액체를 바른 듯,
좌우의 여러 산봉오리, 새벽 바람에 제비가 시를 읊고,
바람은 온화하게 풀 위를 스쳐, 들판 속 정자로 이어져 푸르네.
십리의 석양 속을 날아가고, 날아오는
한 마리 제비는 꽃과 연기 속을 꿰뚫어 가네.
멋대로 높이 날아 떠풀과 대나무 숲에 길이 있었으니,
어찌 반드시 촌 마을의 왕사(王謝)[461]의 높은 집이 필요한가?

---

461) 왕사(王謝) : 중국 육조(六朝) 진(晉)나라 때 왕탄지(王坦之)와 사안(謝安)을 말함.

〔幽澗泉搖拂彼苔磴,
　上有松風玲瓏潭石.
　瓓珊雪淙水花寒落,
　山月淨容藍膏綠液.
　左右羣峰曉風燕詩,
　風飀戾草綿綠野亭.
　十里斜陽飛去飛來,
　一點玄禽穿花跟烟.
　縱意高翔路慣芽竹,
　村巷何須王謝高堂.〕

사선대시(四仙臺詩)

황금모자 벗어 던지고 흰말을 멈추네.
봉수산(鳳首山)의 경치 늦여름에 푸르고,
물을 격하고 부는 피리 소리 더욱 기네.
깃부채 들고 향초관 쓴 이는 어떤 낭군인가?
꽃 앞에서 말을 물으니 신선 있는 곳 답하네.
기린 타고 한번 가니 아득히 천 년이 지나고,
태백산(太白山)만이 창창하게 홀로 있다오.
〔投金幘駐白馬,
　鳳首山光靑晚夏.
　隔水弄簫聲更長.
　羽扇芝冠何許郎?
　臨花問語語仙方,
　麟駕一去寥千載.
　太白蒼蒼山獨在.〕

송자낙음(松子落吟)

바람은 썰렁하고 비는 쓸쓸한데 솔방울 떨어지네.
산은 고요하고 달은 창창한데 솔방울 떨어지네.

256

해는 대낮 소나무들 고요한데 솔방울 떨어지네.
솔방울 떨어지니 유인(幽人)[462] 또한 잠 못 이루네.
〔風冷冷雨蕭蕭松子落.
　山寂寂月蒼蒼松子落.
　日正午松間靜松子落.
　松子落幽人也不眠.〕

　　소진포인(蘇津浦引)

8월 9월 보름,
서리 내리는 새벽, 찬 회오리바람 부는 저녁,
돛을 단 바다 어귀 물결은 흰 데.
천리 만리 만만리,
물은 멀고, 하늘은 긴데.
무수한 점점한 구름, 담담한 산,
표연히 왔다가 또 가는데.
어선도 아니고 상선도 아니고 신선이 탄 배도 아니고, 귀
신이 탄 배도 아닌 데.
동으로 부상(扶桑),[463] 서쪽으로 등래(登萊),[464] 남으로 구
람(俱藍),[465] 북으로 탐라(耽羅),[466]
일엽편주의 흰 갈매기 신세,
중국 사람인지 이국 사람인지 분간할 수 없어라.
〔八月九月望,
　霜晨凉颷夕.

---

462) 유인(幽人): 속세를 피하여 그윽한 곳에 숨어 조용히 사는 사람.
463) 부상(扶桑): 옛날 중국에서 해가 뜨는 동쪽 바다 속에 있다고 한
　상상의 신성한 나무. 또는 그 나무가 있는 곳. 부요(扶搖)라고도 함.
464) 등래(登萊): 중국의 등주(登州)와 내주(萊州). 등주는 산동성(山東
　省) 모평현(牟平縣)에 해당하는 주(州) 이름. 당(唐)나라 때 설치되었
　다. 내주는 지금의 산동성(山東省) 액현(掖縣)에 해당되는 부(府) 이
　름.
465) 구람(俱藍): 남인도(南印度)의 옛 나라 이름.
466) 탐라(耽羅): 탐라국. 제주도의 옛 이름.

掛帆海門浪頭白,

千里萬里萬萬里.

水遠天長,

無數點點雲淡淡山.

飆然來又去.

非漁非商非仙非鬼,

東扶桑西登萊南俱藍北耽羅.

一葉扁舟白鷗身世,

漢人夷人不分.〕

　　전산춘가(前山春歌)

바람이 솔솔 불어 잔풀 자라고,

백화는 만발하고 나무들은 향기롭네.

꾀꼴꾀꼴 꾀꼬리 우는데 술잔을 전하고,

산골물 푸른데 햇빛이 비추네.

아, 첫 노래 부르며 돌상에 기대네.

난초는 뾰죽뾰죽 산삼과 삽주는 무성한데,

꽃송이도 따고 국화도 꺾으며 딸기를 따 먹네.

황정(黃精)467)을 찬밥에 비벼서 나물과 먹고,

삼수지(三秀芝)468)와 구절포(九折蒲)469)로 술을 빚네.

아, 둘째 노래 부르며 산문을 나오네.

송화는 날리고 계수(桂樹) 잎 솟는데,

푸른 단풍 속 거닐며 마음을 쉬네.

구름을 뚫고 한 지팡이 날리며, 학과 짝을 하고

금안(金鴈; 樂器) 울고 옥룡(玉龍; 笛)이 말하는데 움집에서

춤추며 맑은 가을에 홀리네.

---

467) 황정(黃精) : ‘죽대’의 뿌리. 비위(脾胃)를 돕고 원기를 더하는 약
　　으로 쓴다.
468) 삼수지(三秀芝) : 지초(芝草). 영초(靈草)의 일종.
469) 구절포(九折蒲) : 음력 9월 9일에 꺾어 말린 창포(菖蒲)일 듯.

아, 세번째 노래 부르며 시냇물가에 다다르네.

〔風蓬蓬兮細草長,
　百花照明兮林木香.
　嚶嚶谷鳥吟兮送羽觴,
　山壑水如藍兮日載陽.
　嗚呼一歌兮依石床.
　蘭猗猗兮蓼尤蕃,
　採蓝折菊兮唅覆盆.
　黃精冷飯團兮芼可湌,
　三秀芝九折蒲兮釀我樽.
　嗚呼二歌兮出山門.
　松花落兮桂葉抽,
　步步靑楓兮心休休.
　穿雲一筇飛兮鶴爲儔.
　金鴈鳴玉龍語兮舞蝸室迷淸秋.
　嗚呼三歌兮臨溪流.〕

　　장상사만(長相思漫)

등불은 가물가물, 꿈은 아른아른, 밤은 아득하네.
별은 깜빡깜빡, 달은 어둠침침, 은하수는 아득하네.
산은 첩첩, 물은 겹겹, 천리길 아득하네.
연못의 마름잎은 맑은 향기 가득하고, 드리운 버들가지 만
만 실 늘어졌네.
난간에 기대어 눈물이 그렁그렁.
비는 부슬부슬, 꽃은 망울망울, 새는 찍찍짹짹, 내 생각 아
득하네.

〔燈瞳瞳夢依依夜漫漫.
　星矗矗月沈沈天河漫漫.
　山疊疊水重重千里路漫漫.
　池塘菱葉淸香滿滿垂絲萬萬.
　憑欄干淚欄干.

雨泡泡花珊珊鳥關關我思漫漫.〕

죽로적음(竹露滴吟)

밤빛이 푸르게 뜰안 나무 위에 오르니,
빈 방에 서늘한 기운이 도네.
영롱한 구름은 이슬 위에 어리고,
밝은 달빛 대나무 사이로 도네.
대나무 바람은 찬 구슬에 방아 찧으니,
둥글고 둥근 이슬은 푸른 이끼로 내려오네.
성긴 발에도 바둑알 같은 이슬 떨어지고,
빈 창을 비취는 등불에도 쌓이네.
조용히 풍파에 젖고
쓸쓸히 옥진(玉軫)[470]에 부서지네.
소나무 사이 놀란 학의 한 소리 애닲어라.
〔夜色蒼然上庭樹,
　虛牕爽氣來.
　玲瓏雲表露,
　暎月竹間回.
　竹風春寒玉,
　團團下綠苔.
　踈簾棋子落,
　虛牕燈火堆.
　穆穆風波濕,
　冷冷玉軫催.
　松間驚鶴一聲哀.〕

황백행(黃栢行)

모란꽃은 아리따워 귀족의 마을과 부호의 마을에서 심고,
뽕잎은 부드러워 십리나 넓은 전원에 심네.

---

470) 옥진(玉軫): 옥주(玉柱)라고도 함. 옥으로 만든 안주(雁柱). 안주
는 거문고의 기러기 발.

텅 빈 산 깊은 산골짜기의 한 그루의 황백은
등한시해도 꽃과 잎이 스스로 번성하네.
이미 복숭아·오얏·배·대추 같은 열매도 없고,
가지 끝에서 사람들이 휘어잡아 꺾는 일도 없네.
또 쑥의 싹이나 겨자 생강 같은 맛도 없어,
상 위에 사람이 먹는 반찬에도 오르지 못하네.
산매화·들국화와 아름답게 이웃 나무가 되어,
바람 실컷 쏘이며 비에 흠뻑 젖어 천지간에 빛나고 있네.
〔牧丹芳兮種貴里豪門,
桑葉柔兮種十里田園.
空山邃壑一黃栢,
等閑花葉也自繁.
旣無桃李梨棗實,
枝邊不見人攀援.
又無蒿芽芥薑味,
盤中不作人饔飧.
山梅野菊芳鄰樹,
飽風油雨光乾坤.〕

동구운(洞口雲)

석양이 붉게 비치고 저무는 구름 벽공에 가로놓일 때 동
구(洞口)밖 구름은 멍울멍울 산림에서 나타나고,
노을빛이 비단을 펼치고 빗기운 무지개 이룰 때 동구밖 구
름은 봉우리 위로 비스듬히 흘러가네,
황금오리(金鴨;日) 날아 올라 육합(六合;天地 四方)이 청
신하면 하늘 복판에 전자(篆字)로 떠 오르고,
은두꺼비(銀蟾;月) 연못에서 목욕하여 서늘한 밤 저절로
처량하면 물가에 가로세로 퍼져 있네.
우뚝우뚝한 절벽, 가늘고 가는 평평한 숲 위를 지나 골로
들어갈수록 골은 더욱 깊네.

〔夕陽映紅暮雲橫碧溶溶出山林，
　　霞光散綺雨氣成虹頰流嶔崟.
　　金鴨騰驁六合淸新浮篆天心.
　　銀蟾浴池凉夜自凄縱橫水潯.
　　英英半壁細細平林入洞洞更深.〕

　　임인년(1602; 宣祖 36)에 위선생님은 제자들을 불러 말씀하시
길,

　　"나는 세상과 인연을 끊어야겠다."
라고 하시더니 정월 15일 새벽에 일어나 배회하시다가 곧 철쭉
나무 지팡이를 짚고 나막신 신고서 대란산(大蘭山) 안개 속으로
들어가셨다. 그 후에는 다시 돌아오지 않아, 제자들은 모두 뿔
뿔이 흩어져 갔다.

　　금선자와 편운자는 조선생(曹先生)을 따라 남쪽으로 향해 제
주도로 가다가 무주(茂朱)의 덕유산(德裕山)에 이르러 말하길,

　　"이곳도 거처하기에 편안할 곳인데 어찌 꼭 한라산으로 들
　　어가야만 하겠는가?"
하고서 덕유산에 집을 짓고 같이 살면서 약도 캐고 신도 삼아
먹고 살았다.

　　조선생의 자는 통원(通遠)이고, 호는 오죽거사(五竹居士) 혹
은 매창(梅窓)이라 한다. 금선자의 성은 이씨(李氏)이고, 이름
은 언휴(彦休)이며, 자는 홍도(弘道)이다. 그의 아버지는 광필
(光弼)이요, 호는 매림(梅林)이고, 할아버지는 양인(亮仁)이고,
호는 팔풍(八風)이다. 증조부는 근(瑾)이요, 호는 상오(桑塢)이
다. 대대로 숨은 덕이 있어 도가(道家)의 진골(眞骨)이 되었다.

　　금선자는 후에 송처(松棲)로 호를 바꾸었다.

　　편운자는 호를 운홍(雲鴻)이라 했다가 나중에 운학(雲鶴)으로
바꾸었다. 그의 휘(諱)는 사연(思淵) 또는 정원(挺元) 혹은 승
조(承祖)라 불렀다. 자는 윤부(胤夫)이고, 성은 이씨(李氏)인데
송서(松棲)와 본관이 같다.

임자년(1612 : 光海君 5)에 매창(梅窓 ; 曹玄志)·송서(松棲 ; 金蟬子 李彦休)·운학(雲鶴 ; 片雲子 李思淵)은 함께 한양을 지나다가 조정에 들어가는 여러 관리들을 보고 놀라 말하길,

"조선은 장차 혁명으로 망할 우환이 있겠다. 고기 덩어리가 뛰어다니고, 시체들이 통행함이 어찌 이리 많은가?"

라고 하였다. 다음에 능양군(綾陽君)[471]을 보고 나서 말하길,

"다행히 이 사람이 있어서 우리 나라 사람들의 옷깃을 오랑캐마냥 왼쪽으로 여미지는 않겠다."

라고 말했다. 이에 송서(금선자)가 말하길,

"능양군은 반드시 반정(反正)을 일으키고 정인홍(鄭仁弘)[472] 등의 첫번째 사람들은 다 죽임을 당할 것이다."

라고 하였다.

처음엔 계엽자(桂葉子)의 문인(門人)이 가장 많았는데, 문하생 중 조선 사람은 5명이었다. 계엽자가 북쪽으로 가버린 뒤, 일찍이 나는 그들 5명을 만난 적이 있다. 그들은 대개 관북의 정황(鄭滉), 관서의 문서표(文瑞豹), 관동의 김경헌(金敬憲), 호남의 지명운(池命雲), 영남의 조여반(趙汝盤)이었다. 이 5명은 용감한 힘이 있었을 뿐이다. 김경헌은 매우 용감하였는데, 내가 일찍이 그를 만나보니 은진미륵의 머리를 흔들고, 또 임진강도 뛰어넘을 수 있었다.

처음에 취굴자(翠窟子)는 관동의 진사(進士) 최윤한(崔潤漢)

---

471) 능양군(綾陽君) : 조선 제16대 왕 인조대왕을 일컬음. 휘는 종(倧), 자는 화백(和伯), 호는 송창(松窓), 선조의 손자로 1607년(선조 40)에 능양군에 봉군되었다. 광해군의 폭정으로 반정을 일으켜 1623년 광해군을 몰아내어 인조반정에 성공했다.

472) 정인홍(鄭仁弘) : 1535~1623, 조선 광해군 때의 신하. 호는 내암(萊庵). 서산(瑞山)사람. 대북(大北)의 영수. 임진왜란 때 공이 있었고 소북(小北)과 대립하여 광해군 즉위를 주장하다가 유배되었으며 풀려나와서는 영창대군(永昌大君)을 죽이게 하고 폐비(廢妃)의 논(論)을 일으키는 등 포학한 일이 많았다.

의 집에 머물렀다. 최씨는 스스로 말하기를,

　　“상사계(上舍契)[473]를 만들어서 매년 3월 3일과 9월 9일에 모여서 노는데 그중에서 이세명(李世名)이 나이가 가장 많고 그의 아버지 한(翰)과 그의 할아버지 덕형(德亨)이 모두 상사였으므로 계의 우두머리로 삼았다 한다. 그 나머지는 이응문(李應文)·이득훈(李得勳)·신기연(申紀延)·이몽룡(李夢龍)·조완(趙緩)·이인원(李仁源)·홍인우(洪仁祐)[474]·송혜(宋蕙)·원필주(元弼周)·김득선(金得宣)·오집(吳楫)·정홍창(鄭洪昌)·권적(權廸)·윤익신(尹益身)·조성중(趙省中)·황정길(黃庭吉)·한중겸(韓重謙) 등 모두 19명이라.”

하고 또 말하기를,

　　“관북에는 구호계(九虎契)가 있는데 이문극(李文極)·이순수(李舜壽)·이문수(李文壽)·이강수(李康壽)·이근(李瑾)·이덕순(李德純)·이응신(李應信)·이극천(李克天)이 모두 무과에 급제한 사람들로, 활을 잘 쏘아 천하에 그 신망이 알려지지 않은 곳이 없다.”

라고 한다.

　　편운자가 말하길,

　　“해서(海西)의 호상인(湖上人), 관서(關西)의 묵상인(默上人), 호서(湖西)의 규상인(奎上人)은 모두 현도(玄道)로써 짝이 되어 삼선계(三禪契)라 불렸는데, 이들 또한 한미한 가문의 고사(高士)들이다.”

라고 하였다. 이에 금선자가 말하기를,

　　“해서(海西)의 이봉상(李鳳祥)[475]·이인상(李麟祥)[476]은 매를

---

473) 상사계(上舍契) : 상사(上舍)들의 모임. 상사는 생원(生員)·진사(進士).

474) 홍인우(洪仁祐) : 조선 중기 사람. 자는 응길(應吉), 호는 치재(恥齋), 남양(南陽) 사람. 학문에 정진하였고 인종(仁宗)이 동궁(東宮)에 있을 때 궁의 관리를 지냈다. 늦게 이퇴계(李退溪)에게서 배워 학문에 조예가 깊었다. 김안국(金安國)·서경덕(徐敬德)과 서로 지학(志學)이라 칭하였다.

475) 이봉상(李鳳祥) : 조선 중기의 학자. 자는 의소(儀韶), 호는 설천(雪

좋아하여 집집마다 서너 마리의 매를 길렀으므로, 매 다루는 솜씨가 능숙하고 서툴음을 금시 알아, 사람들은 그들을 응벽자(鷹癖者)라고 불렀다. 또 오필신(吳弼臣)이란 사람은 말의 재주 있고 없음을 잘 알아, 사람들은 그를 마벽(馬癖)이라 불렀다. 또 이상경(李尙敬)[477]이란 사람은 술을 좋아해 술 두 말을 능히 먹을 수 있었으므로 사람들은 그를 주벽(酒癖)이라 불렀다. 또 이오(李塢)란 사람은 궤변에 능하고 괴벽한 행동을 했으므로 궤벽(詭癖)이라 불렀다. 이화(李華)란 사람은 쌍륙(雙陸)[478]을 좋아했으므로 쌍륙벽(雙陸癖)이라 불렀다. 이들 여러 사람들이 모은 계를 오벽계(五癖契)라 하였다.”

라고 하였다. 이에 화오자가 말하였다.

“서촉(西蜀)에 마륙아(麻六兒)란 사람이 장기를 잘 두었는데 온 천하에 자기를 대적할 만한 사람이 없다고 자부하였다. 일찍이 말하기를,

‘나의 장기법은 하도낙서(河圖洛書)[479]를 운영하고, 거기다

川), 전주(全州) 사람. 영상(領相) 이희명(李頤命)의 손자로 경종 때 아버지와 조부가 모두 화를 만나 이봉상만이 망명하여 살아났다. 후에 관직이 지평(持平)에 이르렀다. 여기서는 동명이인(同名異人)일 듯.

476) 이인상(李麟祥) : 1710~1760, 조선 숙종 때의 서화가. 자는 원령(元靈), 호는 능호관(凌壺觀)·보산자(寶山子), 전주 사람. 벼슬은 음죽현감(陰竹縣監)을 지냄. 시·그림·글씨에 능하여 사람들이 삼절(三絶)이라 하였다. 여기서는 다른 사람일 듯.

477) 이상경(李尙敬) : 1609~1974, 조선 중기의 무신(武臣). 자는 이석(頤奭), 전주 사람. 인조 14년(1636)에 무과에 급제하고 이듬해 청나라에 볼모로 가는 소현세자(昭顯世子)·봉림대군(鳳林大君)을 따라 심양(瀋陽)으로 감. 귀국 후 김해·중화의 부사를 역임하고 효종이 즉위하자 경기도 수군절도사에 승진, 삼도수군통제사(三都水軍統制使)에 이름. 이 이상경이 아니고 다른 사람일 듯.

478) 쌍륙(雙陸) : 오락의 한 가지. 편을 갈라서 차례로 주사위 둘을 던져 나는 사위대로 말을 써서 먼저 궁을 들여보내는 내기. 쌍륙(雙六)이라고도 씀.

479) 하도낙서(河圖洛書) : 하도(河圖)와 낙서(洛書). 하도는 옛날 중국 복희씨(伏羲氏) 때에 황하(黃河)에서 용마(龍馬)가 지고 나왔다는 다섯 장의 그림. 낙서(洛書)와 함께 주역의 기본이치가 됨. 낙서는 옛날 중국 하(夏)나라의 우(禹)임금이 치수(治水)할 때, 낙수(洛水)에서 나

가 병술(兵術)을 첨가한 것이다.'
라 하였다. 그런데 후에 섭몽웅(葉夢熊)이란 자가 있어, 그는
장기로써 마륙아를 능히 이길 수 있으리라고 스스로 뽐내었
다. 그래서 내가 그곳을 지나다가 섭몽웅과 장기를 두었는데
일곱 판을 모조리 나에게 졌다. 그래서 나는 천하에 나와 대
적할 사람이 없다고 웃었었다. 헌데, 작년에 동쪽으로 안협
(安峽)[480]을 돌아다니다가 이사종(李嗣宗)을 만났었다. 여러
날 비가 계속해 왔으므로 발이 묶여, 이사종과 더불어 장기
일곱 판을 두었는데, 모두 이사종에게 졌다. 그래서 내가 탄
식하며 말하길,
　"그대가 곧 천하에서 장기를 제일 잘 두는 사람이오."
라고 하니 이사종이 말하길,
　"가까운 이웃에 유몽양(柳夢楊)이란 사람이 있는데, 내가
그와 세 번쯤 장기를 두면 늘 두 번은 지니 유몽양의 장기 두
는 법은 대개 두 개의 졸로써 이기고, 또 50수는 능히 미리
알고, 또 궁(宮) 단속도 잘하여 그를 이기기가 어렵습니다."
라고 하였다.

　매창(梅窓；曹玄志)은 세 아들이 있었는데 그들의 이름은 문
보(文輔)·문례(文禮)·문상(文常)이었다. 장남 문보는 촉(蜀)에
들어가 죽관도인(竹冠道人)의 문하에서 노닐고, 차남 문례(文禮)
는 형산(衡山)[481]에서 거처하였다. 그리고 막내 문상(文常)은 아
버지를 따라 우리 나라로 돌아와 송서(松棲；金蟬子；李彦休)의
아들 이무세(李茂世)와 집을 지키며 가사를 돌보고 때때로 부친
과 스승의 도를 배웠다. 매창의 부인 섭(葉)씨 역시 뜻이 높고
원대하여 매창과 다를 바 없었다. 하루는 매창이 한가로이 앉

온 신귀(神鬼)의 등에 있었다고 하는 45점의 글씨. 〈주역〉의 기본이치
　가 된다.
480) 안협(安峽)：지금의 강원도 이천군(伊川郡) 안협면(安峽面).
481) 형산(衡山)：중국 오악(五嶽)의 하나인 남악(南嶽). 호남성(湖南
　省) 동정호(洞庭湖) 남쪽에 있음.

아 바라보니 뽕 따는 9명의 여자들이 시내를 따라 상류로 올라가 바위 위에서 한참 놀다가 가버린다. 그래서 이윽고 송서(松樓)가 우연히 그곳에 이르니 그곳에 시가 지어져 있었다. 그 시는 다음과 같았다.

맑은 시냇물 한 구비 마을 안고 흐르고,
약초밭 뽕밭에는 기쁜 비가 넉넉하네.
학같이 파리하게 여윈 노인은 누구인데,
반쯤 열린 창가에서 죽침(竹枕) 베고 홀로 책 보고 있네.
〔清溪一曲抱村流,
藥圃桑田喜雨餘.
鶴骨癯然何許老?
半窓竹枕獨看書.〕

송서는 이 시를 보고 말하길,
"이것은 보통 아낙네가 지은 것이 아니다."
라고 하며, 그 자취를 쫓아 찾아가 보니 바로 농부 나만진(羅萬辰)의 딸이었다. 이에 중매를 통하여 막내아들 문상(文常)의 아내로 삼았다. 부인 섭씨도 이 며느리를 매우 사랑하고 많은 것을 전수하고, 며느리의 호를 행계(杏溪)라 불렀다. 한번은 밤에 도둑이 곳간에 들어 문상이 잡으려 하자, 아내 나씨(羅氏)가 말리며 말하길,

"이 도둑도 원래는 착한 백성이었는데 배고픔과 추위로 이런 짓까지 하게 된 가엾은 사람이니 잡지 마십시오."
라고 하였다.

(9) 고금(古今)의 시화(詩話)

매창은 늘 월영대(月影臺)[482]에서 노닐면서 고운(孤雲) 최치원

---

482) 월영대(月影臺) : 신라 최치원이 노닐던 곳. 마산(馬山)에 있음.

(崔致遠)의 사적을 듣고 말하길,

"우리 나라의 학문·예술은 그 유래가 오래어 매우 아름답
다."

라고 하니, 송서(松棲)가 뒤이어 다음과 같이 말했다.

"삼한(三韓) 때에는 활과 칼을 숭상하다가 신라말부터 녹진
(祿眞)[483]과 설총(薛聰)이 앞에서 주창하고, 고운(孤雲) 최치원
(崔致遠)·학사(學士) 박인범(朴仁範)[484]·참봉 박인량(朴仁亮)[485]
이 계승하여 시명(詩名)이 중국에까지 전하여졌다. 고려 광
종(光宗) 때 과거제도를 받아들여 글을 짓게 했고 예종(睿宗)
때는 운율(韻律)에 맞추어 화창(和唱)하니, 이에 선비들이 흥
성하였다. 예컨대 문성공(文成公) 김열(金烈)·문성공(文誠公)
김부식(金富軾)·간의(諫議) 정지상(鄭知常)·대간(大諫) 이인원
(李仁元)·문순공(文順公) 이규보(李奎報)·내한(內翰) 김극기
(金克己)[486]·예산(猊山) 최관(崔關)[487]·간의(諫議) 김군수(金君

---

483) 녹진(祿眞) : 신라 때의 중신이며 무장(武將). 일길찬(一吉湌) 수봉
(秀奉)의 아들. 23세 때 벼슬하여 818년(헌덕왕 10) 집사시랑(執事侍
郞)이 되었고 상대등 충공(忠恭)이 병으로 은퇴하매 직언(直言)으로
그를 감동케 하여 다시 나오게 하고 웅천도독(熊川都督) 헌창(憲昌)이
반란하자 관군을 이끌고 공을 세워 왕이 대아찬(大阿湌)의 벼슬을 내
렸으나 받지 않았다.

484) 박인범(朴仁範) : 신라 말기의 문인. 중국 당(唐)나라에 유학하고,
귀국 후 한림학사(翰林學士)·수예부시랑(守禮部侍郞) 등을 역임하였
는데, 시인으로 이름을 떨침. 〈동문선(東文選)〉에 그의 시 10수가 전함.

485) 박인량(朴仁亮) : ?~1096, 고려의 학자. 자는 대천(代天), 죽주
(竹州) 사람. 문장이 뛰어나 요송(遼宋)에 보내는 외교 문서는 대개 그
가 썼으며, 저서에는 〈고금록(古今錄)〉과 김근(金覲)과 합작한 문집 〈소
화집(小華集)〉이 있음.

486) 김극기(金克己) : 고려 명종 때의 학자. 호는 노봉(老峰), 본관은 광
주(廣州). 진사에 올랐으나 권세를 즐기기보다는 산림 속에서 시를 읊
기를 즐겼다. 명종이 그의 인품을 보고 한림(翰林)을 시켰으나 얼마 되
지 않아 죽었다. 당시의 시인들이 그의 시는 '언어의 구사가 맑고 활달
하여, 내용이 풍부하다'는 평을 하였다. 고려 말에 간행된 〈삼한시귀
감(三韓詩龜鑑)〉에는 김극기의 본집이 150권이나 된다고 하는 것으로
보아 작품이 많았던 모양이다.

487) 최관(崔關) : 조선 초기의 문관. 자는 자고(子固), 본관은 해주(海

綏)[488]·문안공(文安公) 유승단(兪升旦)[489]·정숙공(貞肅公) 김인경(金仁鏡)[490]·보궐(補闕) 진화(陳澕)[491]·상사(上舍) 임춘(林椿)·문청공(文淸公) 최자(崔滋)·영헌공(英憲公) 김지대(金之岱)[492]·문정공(文貞公) 김구(金坵)[493]·참찬(參贊) 백원항(白元

州). 고려 우왕 때 문과에 급제, 1392년(공양왕 4) 예조총랑(禮曹摠郎)으로 있었으나 정몽주(鄭夢周)가 피살된 후 그의 일당이라 하여 먼 곳에 유배되었다. 조선조에 들어와 여러 벼슬을 거쳐 신망을 얻었고 대제학(大提學)에 이르렀다.

488) 김군수(金君綏) : 고려 후기의 문인, 호는 설당(雪堂), 본관은 경주(慶州), 부식(富軾)의 손자. 명종 때에 과거에 급제, 간의대부를 지냈으며 고종 5년(1218) 서북면병마사가 되어 여러 성의 군사를 이끌고 청천강과 대동강 사이를 횡행하는 거란병을 숙주(肅州—肅川)·영청(永淸—永柔) 등지에서 맞아 싸워 4백여 명을 죽이고 말 50여 필을 뺏는 전공을 세웠다. 시를 잘하고 대(竹)를 잘 그렸다.

489) 유승단(兪升旦) : 1168~1232, 고려 중기의 문인. 초명은 원순(元淳), 시호는 문안(文安), 인동(仁同) 사람. 강종이 태자 때 과거에 급제하여 시학(侍學)으로 있었고, 고종 즉위 후 수궁서승(守宮署丞)이 되고, 왕의 신망을 받아 사부(師傅)로 있다가 예부시랑·우간의대부를 거쳐 참지정사로 승진했다. 그 때 원나라가 대거 침입하자 최이(崔怡)가 강화도로 천도하려는 것을 반대했으나 뜻을 이루지 못하였다. 고문(古文)에 통달하여 문명이 높았으며 세상에서 원순문(元淳文)이라 불렀고, 경사(經史)에 밝았다.

490) 김인경(金仁鏡) : ?~1236, 고려 명종 때 문무를 겸한 명신. 초명(初名)은 양경(良鏡), 시호는 정숙(貞肅), 경주 사람. 의진(義珍)의 4대손, 영고(永固)의 아들, 명종 때 과거에 급제, 직사관(直史館)에 들고 강동성(江東城) 싸움에서 거란군을 쳐부수어 큰 공을 세웠으며 그 공으로 예부낭중(禮部郎中)을 거쳐 추밀원우승선(樞密院右承宣)이 되었다. 뒤에 상주목사(尙州牧使)를 거쳐 중서시랑평장사(中書侍郎平章事)·한림학사·승지를 지냈다. 예서(隸書)와 시조에 매우 능하였다.

491) 진화(陳華) : 고려 신종 때의 문장가. 호는 매호(梅湖), 본관은 여양(驪陽), 참지정사(參知政事) 준(俊)의 손자. 1200년(신종 3)에 급제. 한림원(翰林院)에 들어가 우사간(右司諫)에 이르렀고, 나아가 공주(公州)목사로 있다가 죽었다. 시(詩)에 능하며 그 사어(詞語)가 청려(淸麗)하여 묘경(妙境)에 달하였고, 당시의 이규보(李奎報)와 같이 이름을 떨쳤으므로 사람들은 이정언(李正言)·진한림(陳翰林)이라 불렀다.

492) 김지대(金之岱) : 1190~1266, 고려 고종 때의 관리. 초명은 중룡(仲龍), 시호는 영헌(英憲), 본관은 청도(淸道). 고종 4년(1217)에 거란이 강동을 공략할 때 아버지를 대신해서 종군, 판사재사(判司宰事)로 있을 때는 몽고병이 북변을 침범했다. 지병마사(知兵馬事) 홍희(洪熙)가 여색(女色)에 빠져 인심이 이반되자, 지대가 첨서추밀원사(僉書樞密

恒)[494]·중령(中令)　홍자번(洪子藩)[495]·시중(侍中)　이공수(李公遂)[496]·헌납(獻納)　전유(田濡)·전서(典書)　노서(魯嶼)·정당(政堂)　정사도(鄭思道)[497]·학사(學士)　인빈(印份)·목은(牧隱)　이색(李穡)·도은(陶隱)　이숭인(李崇仁)·양촌(陽村)　권근(權近)·쌍매(雙梅)　이첨(李詹)[498]·통정(通亭)　강회백(姜淮伯)

　　院事)로 대신 부임하여 민심을 무마, 서북 40여 성을 편안하게 하였다. 수태부중서시랑평장사(守太傅中書侍郎平章事)에 이르러 은퇴하였다.

493) 김구(金坵): 1211∼1278,　고려 때 학자. 자는 차산(次山). 호는 지포(止浦), 시호는 문정(文貞), 본관은 부령(扶寧). 어려서부터 시문에 능하였고 고종 때 제 2 석으로 급제하였다. 원나라에 관한 문서를 맡았으며, 원나라에 갔다 온 후 〈북종록(北從錄)〉을 지었고, 한어를 배우는 통문관(通文館)을 설치하였다.　벼슬은 중서시랑평장사에 이르렀다가 충렬왕 초에 참문학사파파도사사(參文學事判版圖司事)가 되었다.

494) 백원항(白元恒): 고려 때 학자. 충숙왕(忠肅王) 4년, 총부전서(摠部典書)로서 고시관(考試官)이 되어 선비를 뽑았고, 밀직사첨의평리(密直使僉議評理)를 지냈다. 원항이 아직 출세하지 못하고 있을 때에 안향(安珦)이 그를 보고 후일에 반드시 귀현(貴顯)이 될 것이라고 하였는데 과연 그 후에 그 말대로 되었다.

495) 홍자번(洪子藩): 1237∼1306, 고려 중기의 명신. 자는 운지(雲之), 시호는 충정(忠正),　동지밀직(同知密直) 예(裔)의 아들, 1305년(충렬왕 31) 경흥부원군(慶興府院君)에 피봉되어 자의도평의사사(咨議都評議司事)가 되었으며, 이 해 왕이 원나라에 갔는데 왕유소(王惟紹)·송인(宋璘) 등의 무리가 충선왕의 곁에서 갖은 흉모를 자행하고 왕 부자를 이간하매 자번이 원에 들어가 두 왕을 모시고 돌아오려다 뜻을 이루지 못하고 원나라에서 죽었다. 세 번 재상을 지냈으며 의론(議論)이 올바르고 대신의 풍이 있었다. 뒤에 좌중찬삼한벽상진충동덕좌공신(左中贊三韓壁上盡忠同德佐功臣)에 봉해겼으며, 충선왕의 묘에 배향되었다.

496) 이공수(李公遂): 1308∼1366, 고려말 공민왕 때의 충신. 익주(益州) 사람. 공민왕 10년(1361) 홍건적(紅巾賊)이 대거 침입하매 이를 물리쳐 찬성사(贊成事)가 되었으며, 때마침 원(元)나라가 최유(崔濡) 등의 말을 믿고 왕을 폐위하고 왕의 삼촌 덕흥군(德興君)을 세우려 하자 이를 사전에 대비하게 함. 시호는 문충(文忠).

497) 정사도(鄭思道): 1318∼1379, 고려 말기의 문신. 연일(延日) 사람. 충숙왕(忠肅王) 복위 5년(1336) 문과에 급제, 후에 직제학(直提學)에 오름. 공민왕(恭愍王)으로부터 일성군(日城君)에 봉해지고, 동지밀직(同知密直)으로서 합포(合浦)를 지킬 때 최영(崔瑩)의 제거(除去)를 꾀하는 신돈(辛旽)을 반대하다가 파직되었으나 다시 복직되고 공신이 됨. 시호는 문정(文貞).

⁴⁹⁹⁾·학사 김황원(金黃元)·익재(益齋) 이재현(李齊賢)같은 이들이 그 아름다움을 계승해 내려왔다. 또 조선시대에는 춘정(春亭) 변계량(卞季良)·승지(丞旨) 성삼문(成三問)·사문(斯文) 박치안(朴致安)·점필재(佔畢齋) 김종직(金宗直)·동봉(東峰) 김시습(金時習)·사가(四佳) 서거정(徐居正)·탁영(濯纓) 김일손(金馹孫)·목계(木溪) 강혼(姜渾)⁵⁰⁰⁾·장육(藏六) 이준(李準)·월호(月湖) 이정은(李貞恩)⁵⁰¹⁾·모재(慕齋) 김안국(金安國)·사재(思齋) 김정국(金正國)·상국(相國) 허종(許琮)·기재(企齋) 신광한(申光漢)·어촌(漁村) 심광언(沈光彦)·하서(河西) 김인후(金麟厚)·청련(靑蓮) 이후백(李後白)·문익공(文翼公) 정광필(鄭光弼)·원정(猿亭) 최수성(崔壽城)⁵⁰³⁾·장음(長吟) 나식(羅湜)⁵⁰²⁾·소재(蘇齋) 노수신(盧守愼)·율곡(栗谷) 이

---

498) 이첨(李詹) : 1345~1405, 고려말 조선초의 문장가. 자는 중숙(中叔), 호는 쌍매당(雙梅堂), 홍주(洪州) 사람. 고려 말에 좌대언(左代言) 지신사(知申事)를 지내고 조선 왕조에 이르러 예문관대제학(藝文館大提學)을 지냈음. 문장과 글씨에 뛰어났으며, 〈삼국사략(三國史略)〉을 찬수하고 소설 〈저생전(楮生傳)〉을 지었음. 시호는 문안(文安).

499) 강회백(姜淮伯) : 1357~1402, 고려 말기의 명신. 자는 백부(伯夫) 호는 통정(通亭), 진주(晋州) 사람. 공양왕 때, 세자사(世子師)에 임명되고 이조판서를 지냈으며, 당시 한양(漢陽) 천도를 반대하고 이성계 일파와 반목하여 정몽주가 살해된 후 진양(晉陽)에 유배되었음.

500) 강혼(姜渾) : 1464~1519, 조선 중종 때의 정국공신(靖國功臣). 자는 사호(士浩). 호는 목계(木溪), 진주(晋州) 사람. 연산군 4년(1498)에 김종직(金宗直)의 제자로서 사화를 입었으나 부인의 힘으로 방면되었고, 다시 연산군의 총애를 받았음. 특히 문장이 화려하였으며, 관직은 판중추부사(判中樞府事)에까지 오름. 시호는 문간(文簡).

501) 이정은(李貞恩) : 조선 세종 때의 문인. 자는 정중(正中), 호는 월호(月湖) 또는 남곡(嵐谷)·설창(雪窓), 익녕군(益寧君) 치(移)의 아들. 태종의 손자. 처음에 수천부정(秀川副正)에 임명. 도정(都正)에 이르렀다. 인품이 매우 고상하고 몸가짐이 검소하여 세속(世俗)을 벗어나고 남에게 겸손하였으며 항상 명인(名人)들과 교제하였다. 시와 음률에 능했으며 중년부터 세상출입을 끊고 술과 시로 낙을 삼았다.

502) 최수성(崔壽城) : 1487~1521. 조선 중종 때의 학자. 자는 가진(可鎭), 호는 원종(猿亭), 강릉(江陵) 사람. 시문(詩文)·수학·서화(書畵)에 뛰어났으며, 기묘사화(己卯士禍)로 벼슬을 단념하고 유람하다가 신사무옥(辛巳誣獄)에 관련, 사형당하였음.

이(李珥)·간역(簡易) 최입(崔岦)·충암(冲庵) 김정(金淨)·정지승(鄭之升)·구봉(龜峯) 송익필(宋翼弼)·백호(白湖) 임제(林悌)·봉래(蓬萊) 양사언(楊士彦)·추강(秋江) 남효온(南孝溫)·옥봉(玉峯) 백광훈(白光勳)·손곡(蓀谷) 이달(李達)·상사(上舍) 최경창(崔慶昌)·오산(五山) 차천로(車天輅) 등은 모두 사림(士林)에 이름을 날렸다. 유자(儒者)의 성리학(性理學)은 문성공(文成公) 안향(安珦)·포은(圃隱) 정몽주(鄭夢周)로부터 시작하여 문충공(文忠公) 박팽년(朴彭年)·문경공(文敬公) 허조(許稠)·한훤당(寒暄堂) 김굉필(金宏弼)·일두(一蠹) 정여창(鄭汝昌)·정암(靜庵) 조광조(趙光祖)·몽옹(夢翁) 이자(李耔)·청송(聽松) 성수침(成守琛)·회재(晦齋) 이언적(李彦迪)·퇴계(退溪) 이황(李滉)·목사(牧使) 조유성(趙惟誠)[504]·우계(牛溪) 성혼(成渾)·중봉(重峰) 조헌(趙憲)·천곡(泉谷) 송상현(宋象賢)·월천(月川) 조목(趙穆)·초당(草堂) 허엽(許曄)·상사(上舍) 김회근(金懷瑾)·미암(眉庵) 유희춘(柳希春)·황강(黃岡) 김우옹(金宇顒)·사계(沙溪) 김장생(金長生)·남명(南溟) 조식(曹植)·복재(服齋) 기대승(奇大升)·휴암(休庵) 백인걸(白仁傑)·사암(思庵) 박순(朴淳)·송당(松堂) 박영(朴英)·한강(寒岡) 정구(鄭逑) 등은 모두 전후하여 맑은 정신을 떨치었으니 진실로 귀한 존재들이다."

운학(雲鶴;片雲子 李思淵)이 말하기를,

---

503) 나식(羅湜) : 조선 중기 사람. 자는 정원(正源). 호는 장음정(長吟亭), 나주(羅州) 사람. 참봉(參奉) 세걸(世傑)의 아들. 선릉참봉(宣陵參奉)에 천거되었다 을사사화(乙巳士禍)가 일어나자, 이휘(李輝)에게 연루되어 흥양(興陽)에서 곤장을 맞고 유배되었다. 후에 역모(逆謀)에 관련되어 사사(死賜)되었다.

504) 조유성(趙惟誠) : 1525~1575, 조선 중기 사람. 자는 중실(仲實), 순창(淳昌) 사람. 명종(明宗) 을묘년(1555)에 사마시(司馬試)에 합격하고, 벼슬이 장령(掌令)에 이르렀다. 집안은 돌보지 않았으나, 친구나 주위 사람들에게 정성껏 대하여 원망의 말을 들은 적이 없었다. 후에 대각(臺閣)에서 일을 논할 때도 늘 직성(直聲)이 있어서, 사람들이 모두 그를 아꼈다.

"여인 중에선 허난설헌(許蘭雪軒)·이옥봉(李玉峰) 같은 이역시 대가이다. 정문영(鄭文榮)의 처와 신순일(申純一)의 아내 역시 시에 능하였다. 정문영의 아내가 지은 시에 이르길,

바람 불고 이슬 내린 요대(瑤臺)505) 12층은
허공을 밟는 소리 채색 구름 무늬 비단에 그윽하여라.
〔風露瑤臺十二層,
　步虛聲幽彩雲綾.〕

라고 하였고, 신순일의 아내의 시에 이르길,

구름이 험하니 하늘이 물 같고,
누각이 높으니 바라봄에 나는 것 같네.
〔雲險天如水,
　樓高望似飛.〕

라고 하였다. 또 양사언(楊士彦)의 처의 시에 이르기를,

가을 바람은 쓸쓸히 오동나무 가지를 움직이고,
푸른 하늘은 컴컴한데 기러기는 저리 가네.
푸른 창에 비스듬히 기대니 사람은 보이지 않고,
눈썹 같은 가을 달 서쪽 섬돌로 지네.
〔秋風慽慽動梧枝,
　碧落冥冥鴈去遲.
　斜倚綠窓人不見,
　一眉秋月下西墀.〕

라고 하였다. 정붕(鄭鵬)의 여종의 금가시(琴歌詩)에는,

---

505) 요대(瑤臺) : 원래 옥(玉)으로 만든 집이라는 뜻으로 훌륭한 궁전을 말함.

장흥동에서 처음으로 이별하고,
승학교(乘鶴橋) 가에서 남몰래 애태우네.
방초 우거진 석양에 이별한 후,
꽃 지는 어느 곳에서 그대 생각 안하랴?
〔長興洞裡初分手,
　乘鶴橋邊暗斷魂.
　芳艸夕陽離別後,
　落花何處不思君?〕

라고 하였으니, 이들은 모두 여류시인들이다. 신명화(申命和)[506]의 아내와 진사 이사온(李思溫)의 딸이 행한 일에 이르러서는 모두 〈감천기(感天記)〉에 보인다. 정지운(鄭之雲)[507]의 처는 경학과 역사를 두루 섭렵하였고, 행실이 정결하기로 이름이 났으며 〈여범(女範)〉 4권을 지어 세상에 전한다. 장령(掌令) 이영행(李英行)의 아내는 〈소학(小學)〉·〈열녀전(列女傳)〉 등에 정통치 않은 것이 없어 어린 자손들이 모두 그녀에 의하여 어리석음을 깨우쳤다. 또 그녀는 제사는 정성껏 받들되, 푸닥거리 등은 좋아하지 않았고, 친척 중 가난한 사람들을 두루 보살펴 주었다. 일찍이 말하길,
　'배 고프고 춥지 않으면 됐지, 재산을 꼭 쌓아 두어야만

---

506) 신명화(申命和) : 1476~1522, 조선 중기 사람. 자는 계흠(季欽), 평산(平山) 사람. 사임당 신(申)씨의 아버지. 예(禮)가 아니면 움직이지 않았고, 연산군 때에 아버지가 돌아가시자 당시의 간소한 상법(喪法)에도 불구하고 여막(盧幕)을 짓고 삼년상(三年喪)을 지냈다. 1516년 진사(進士)가 되어 중종(中宗) 때 현량과(賢良科)에 합격했으나, 벼슬을 사양하고 나가지 않았다.

507) 정지운(鄭之雲) : 1509~1561, 조선 명종 때의 학자. 자는 정이(靜而), 호는 추만(秋巒), 본관은 경주(慶州), 인필(仁弼)의 아들. 어려서부터 영특하였고, 김정국(金正國)에게 배워 성리학(性理學)에 뜻을 두었다. 벼슬엔 뜻이 없고, 오직 학문에 힘썼다. 마음이 곧아서 남과 어울리는 성질이 못되어 자주 비방을 들었다. 〈천명도설(天命圖說)〉을 저술하여 이퇴계(李退溪)의 칭찬을 받았고, 퇴계의 의견을 따라 1553년(명종 8)에 이를 정정하였다.

하는가?'

라고 하였다. 그의 아들 정중경(鄭重慶)이 온양(溫陽)에 부임하여 갈 때 따라가서, 부지런히 다스리고 열심히 일하도록 아들을 깨우치고, 진수성찬을 받지 않고 말하길,

'이것은 모두 백성의 피와 기름이다.'

라고 말하였다. 이들 몇몇 부인들은 여중군자(女中君子)라 할 만하다. 첨정(僉正) 이자견(李自堅)[508]의 처는 바로 현감 이억년(李億年)의 딸이고 자부는 박용(朴溶)의 딸이다. 시어머니와 며느리가 그 행동이나 글에 있어 탁월하였으므로 대헌(大軒)·소헌(小軒)이라고 불리웠다. 집에 능금나무 한 그루가 있는데, 그것은 이자견이 심은 것이다. 며느리는 그 나무를 소중히 여겨, 차마 그 열매를 따먹지 못했다. 어느날 저녁 바람이 불어 그 나무가 뽑히니, 고부(姑婦)는 나무를 부둥켜 안고 통곡하고 시마(緦麻;三個月服喪)를 입었다.

또 장준민(張俊民) 집에 옥부도(玉浮圖)라 불리우는 여자가 있었는데 그 여자는 바로 이자견(李自堅)의 외손녀다. 정숙하고 얌전하여 대헌(大軒)과 소헌(小軒)의 풍격을 닮았으며 또 시에도 능하였다. 그의 시에 이르길,

구름 밖의 맑은 봉우리는 푸른 옥이 떠 있는 듯,
발로 스며드는 가을 달은 둥근 쟁반을 부수네.
〔雲外晴峯浮碧玉,
　入簾秋月碎金盆.〕

라고 하였다. 이자견(李自堅)의 아우 이자건(李自健)[509]의 처

---

508) 이자견(李自堅) : 1454~1529, 조선 중기의 문신. 자는 자고(子固), 성주(星州) 사람. 진(湊)의 아들. 24세에 생원(生員)·진사(進士)에 합격하고, 32세에 대과(大科)에 올랐다. 연산군 10년(1504)에 함창(咸昌)으로 유배갔다가, 중종반정이 일어나자 부제학(副提學)을 제수받았다. 경기감사(京畿監司)·한성우윤(漢城右尹)·대사헌(大司憲)을 지냈으며 벼슬이 호조판서(戶曹判書)에 이르렀다.

509) 이자건(李自健) : 1455~1524, 조선 중종 때의 중신. 자는 건지(健

권씨(權氏)는 사람을 알아보는 감식안이 있었고, 품행 또한 고결하였다. 이자건이 하루는 잔치를 베풀어 손님을 초대했을 때 권씨는 손님들을 문틈으로 엿보았다. 손님이 모두 가버린 후, 이자건이 내실로 들어오자 권씨가,

'모인 손님들은 어떤 사람들인지요?'

라고 물으니, 이자건이 다음과 같이 대답하였다.

'정인홍(鄭仁弘)·이순(李純)510)·유희발(柳希茇)·한찬남(韓纘男)511)·이위경(李偉卿)·허균(許筠)·하인준(河仁俊)·최응허(崔應虛)·윤인(尹認)512) 등의 명사로 모두 청운의 뜻을 품은 귀한 분들이오.'

라고 하였다. 이에 권씨가 말하길,

'제가 보기엔 모두 상서롭지 못한 사람들 같습니다. 첫번

之), 시호는 공간(恭簡), 본관은 성주(星州), 판서 자견(自堅)의 동생. 생원을 거쳐 성종 14년(1483) 대과(大科)에 급제, 무재(武才)가 있고, 중국말을 잘했으므로 항상 선전관(宣傳官)에다 승문원(承文院)을 겸하였다. 동부승지(同副承旨)에 뽑혀 충청도 관찰사가 되고 돌아와 대사헌(大司憲)이 되었다. 그때 연산군의 폭정으로 나라의 기강이 문란하매 왕의 비위에 거슬리는 것도 두려워하지 않고 옳지 못한 일을 즉시로 간하여 연산군의 미움을 받아 선산(善山)에 귀양갔다. 그후 중종반정이 일어나 중종 1년(1506)에 도로 대사헌이 되고 형조·호조판서, 한성부 판윤·의정부 우참찬(右參贊)·좌참찬을 지냈다.

510) 이순(李純) : 조선 중종 때의 문학가. 자는 희문(希文), 본관은 덕산(德山), 정랑(正郞) 증문(曾文)의 조카, 감사 익복(益福)의 증손. 진사로서 중종 2년(1507) 문과에 급제, 벼슬은 여주(驪州)목사에 그치고 학문으로 이름이 나타났으며, 모재(慕齋) 김안국(金安國)·퇴계(退溪) 이황(李滉) 등과 서로 친교가 있었다.

511) 한찬남(韓纘男) : 조선 중기의 문신. 자는 경서(景緖). 청주(淸州) 사람. 기(箕)의 아들. 선조 22년(1588)에 진사(進士)가 되었고, 선조 39년(1605)에 문과에 올라 벼슬이 형조판서에까지 이르렀다. 폐모론(廢母論)을 주장하여, 인조 1년(1623)에 주살되었다.

512) 윤인(尹認) : ?~1623, 조선 광해군 때의 문신. 자는 인지(訒之) 파평(坡平) 사람. 선조 34년(1601) 생원을 거쳐 문과에 급제, 벼슬이 대사헌·대사간에 이름. 이이첨(李爾瞻) 등의 사주를 받아 이각(李覺)·정조(鄭造) 등과 같이 폐모론(廢母論)을 주창, 인목대비(仁穆大妃)를 서궁(西宮)에 유폐시킴. 인조반정이 일어난 후 사형됨.

째 사람은 올빼미 눈에 효경(梟獍 ; 짐승 이름)의 창자를 하고 있고, 두번째 사람은 호랑이 가죽에 고양이 마음을 하고 있으며, 세번째 사람은 겨 핥는 강아지 같고, 네번째 사람은 잠 많은 늙은 여종 같으며, 다섯번째 사람은 눈 쌓인 낭떠러지에 얼어 있는 참새 같고, 여섯번째 사람은 죽은 나무에 떠 있는 꽃 같으며, 일곱번째 사람은 밤 수풀의 도깨비 같고, 여덟번째 사람은 새주둥이에 쥐걸음 같고, 아홉번째 사람은 독을 뿜는 긴 뱀과 같았습니다. 옛 사람이 이르길, 〈그 친하게 지내는 사람을 주의해 보라〉고 하였는데, 저는 오로지 당신이 건어물의 비린내에 물들까 걱정될 뿐입니다.

라고 하였다. 이자건은 이 말을 듣고 그럴 듯하다고 생각하더니 마침내 사복첨정(司僕僉正)에서 파직되어 수원(水原) 정송촌(貞松村)[513]으로 물러나 살게 되었다. 그러므로 위의 여자들은 규중의 뛰어난 인물이라 할 수 있다."

매창(梅窓 ; 曹玄志)이 말하길,

"일찍이 석주(石洲) 권필(權韠)이,

궁궐의 버드나무는 푸르고 푸른데 꾀꼬리 어지러이 지저귀네.

〔宮柳靑靑亂鷪啼〕.[514]

라는 시구로 죄를 얻었다 하니 시 짓는 것 역시 어려운 일이로다."

라고 하였다. 송서(松棲 ; 金蟬子 李彦休)가 말하길,

"신라 진성왕(眞聖王)이 위홍(魏弘)을 총애하자, 어떤 사람이 시를 지어 이르길,

---

513) 정송촌(貞松村) : 수원(水原) 서쪽 15리에 있던 마을 이름.
514) 원시(原詩)는 다음과 같다.
　　〈宮柳靑靑花亂飛. 滿城冠蓋媚春輝.
　　　朝家共賀昇平樂. 誰遣危言出布衣 ? 〉

미치광이 어린애가 궁중에 들어가자,
궁성에선 음탕한 노래가 흘러 퍼지네.
가시 돋친 푸른 뱀이 안팎으로 시끄러워도
임금 계신 궁궐에는 귀가 모두 먹었네.
〔猖狂小子入宮中,
　紫禁流播鄭衛風,
　芒棘靑蛇喧內外,
　天王堂上耳俱聾.〕

라고 하였다. 임금은 이 시를 보고 매우 노하여 이 시를 지
은 자를 급히 잡아들이라 하니 어떤 사람이 위대한 야은자(野
隱者) 거인(巨仁)515)이 지었다 하여, 드디어 그를 잡아 가두고
형벌을 가하려고 하였다. 거인은 감옥 벽에 시를 쓰기를,

우공(于公)516)이 통곡하니 3년 간 가물고,
추연(鄒衍)517)이 비통함을 품으니 5월에도 서리가 내린다.
〔于公痛哭三年旱,
　鄒衍含悲五月霜.〕

라고 하였다. 그러자 그날 저녁 우뢰가 치고 우박이 심하게

---

515) 거인(巨仁) : 신라 진성여왕 때 은자(隱者). 성은 박씨, 왕의 학정
　을 풍자하는 시를 지었다고 감옥에 가두므로 다음과 같은 분원시(憤怨
　詩)를 지으니 하늘이 감동하여 벼락을 내려 옥을 깨어 출옥했다 함.
　그의 비분시의 원문은 다음과 같다.
　〈燕丹泣血虹穿日　鄒衍含悲夏落霜.
　　今我失途還似舊　皇天何事不乘祥？〉
516) 우공(于公) : 중국 한(漢)나라 동해(東海)의 담(郯) 사람. 우정국(于
　定國)의 아버지. 벼슬은 군(郡)의 결조(決曹)를 지냈고, 재판(裁判)이
　공정한 것으로 이름이 높았다.
517) 추연(鄒衍) : 305〜240 B. C., 중국 전국시대 제(齊)나라의 사상가.
　맹자의 영향을 받아 음양오행설을 주장했음. 처음 신도(愼到) ・ 순우곤
　(淳于髡) 등과 직하(稷下)에 모여, 직하선생이라 불림. 후에 연(燕)의
　소왕(昭王)이 사사(師事)를 하였으나 소왕이 붕어하고 혜왕(惠王)이
　등극하니 체포되어 투옥됨.

내려 왕은 두려워 그를 석방하고 말았다."

운학(雲鶴 ; 片雲子 李思淵)이 말하였다.

"우리 정정공(正貞公)이 순천부사(順天府使)가 되었을 때 백성들이 나무를 세워 거기다 그의 덕을 칭송하는 글을 적으니 그 내용은,

나라에 장성을 쌓으니 파란이 그쳐,
부상(扶桑 ; 日本)의 바다 백성이 두 갈래로 나뉘며,
복성(福星)이 마한(馬韓) 땅을 밝히네.
〔國有長城波瀾息,
　扶桑之海民分兩歧,
　福星明馬韓之鄉.〕

라고 하였다. 양녕대군(讓寧大君) 이제(李禔)[518]가 마침 호남 (湖南)에 왔다가 그것을 보고 임금님께 보고하여 곧 영남백(嶺 南伯 ; 慶尙監司)으로 승진되었다. 그래서 영남백으로 있을 때 시를 짓기를,

잠 잘 시간이라 병침(丙枕)[519]을 본받을까
생각해도 백성을 걱정하는 생각에,
자도 잠 못 이루고 식사도 달지 않네.
〔思効丙枕憂民意,
　寢不成眠食不甘.〕

---

518) 이제(李禔) : 1394~1462, 조선 태종대왕의 폐세자(廢世子) 양녕대 군(讓寧大君)의 이름. 자는 후백(厚伯). 세종의 맏형, 태종 18년(1418) 에 세자로서의 실덕이 많았으므로 궁중에서 쫓겨나, 전국을 유랑하며, 풍류로 일생을 마침. 세종대왕과 우애가 지극했음. 글씨를 잘 써, 서울 남대문의 편액(扁額) 숭례문(崇禮門)은 그의 필적이라고 함.
519) 병침(丙枕) : 임금이 침소에 드는 시각. 하룻밤을 갑(甲)·을(乙)· 병(丙)·정(丁)·무(戊)의 오야(五夜)로 나누어서 병야(丙夜)를 취침 시각으로 정하였음.

라고 하였다. 이 소식이 임금님께 들려 불려가 전조(銓曹；吏曹判書)를 맡아보게 되셨다. 이로 미루어 보건대, 시는 사람을 출세시킬 수도 있다. 그후에 또 시를 지으셨는데,

　　궁전 뒤뜰에 종일토록 광풍이 불어
　　온 봄의 붉은 꽃이 모두 떨어지네.
　　〔後殿狂風終日吹,
　　　一春紅葉落無餘.〕

라고 하였다. 그러자 이때 사화(士禍)로 김일손(金馹孫)·권경유(權景裕) 등 수십여 명이 혹은 사형당하고 혹은 멀리 귀양가거나 방축되었다. 연산군은 이 시를 듣고 내심 그를 미워하여 그의 직위를 깎아 운산군수(雲山郡守)로 내보냈다. 공은 7년 동안 방안에 누워 동헌(東軒)에 나가지 않고서도 백성들을 잘 교화하여 경내가 편안하였다. 하루는 기생 유록(柳綠)을 불러 가야금을 두어 곡 타게 하고, 아들 이미영(李美英)에게 〈이소경(離騷經)〉을 낭송케 했다. 그리고 술잔을 끌어다 몇 잔 들이키고, 손을 닦고는 책 위에 16글자를 쓰기를,

　　이마엔 금관자(金貫子)요, 손에는 옥홀(玉笏)이니,
　　나라의 은혜가 이미 막중하네.
　　산을 베고 구름 속에 살며
　　이 몸이 영원히 쉬고자 하네.
　　〔頂金肘玉, 國恩已重. 枕山棲雲, 身欲長往.〕

라고 하고서 곧 드러누워 다시는 일어나지 못했다. 중종 때 공을 인안군(仁安君)으로 추봉(追封)하고 정정공(貞正公)이란 시호를 내렸다."

　　운학(雲鶴；片雲子 李思淵)이 또 말하기를,
　　"우리 경담공(鏡潭公)은 재주가 뛰어나셨다. 연산군이 세자로 있을 때 공은 동궁의 관리가 되었다. 세자가 손에 모란

꽃을 들고 있는 것을 보고,

　‘꽃은 여색에 비유하고, 난(蘭)은 군자에 비유하니 오직 난
만 가지십시오.’

라고 하였다. 이에 세자가 기뻐하지 않으므로, 곧 관직을 사
임했다. 명양부정(鳴陽副正) 이현손(李賢孫)[520]이 공이 친구들
을 사절하는 것을 기롱하니, 공이 대답하기를,

　‘근래 선비들은 학문을 과장하고, 세상에 오만하며 출세길
로 달릴 줄만 알고 훗날을 잊으니 나는 사림(士林)에 머지
않아 사화가 있을까 두렵소.’

라고 했다. 그후 얼마 되지 않아 몇 달을 계속하여 사화가 일
어났으나 오직 공만이 관여되지 않았다. 이야말로 벼슬길 가
운데에서 크게 숨었기 때문이었다. 일찍이 공이 고성군수(高
城郡守)를 지낼 때, 김인손(金麟孫)[521]이 송이버섯과 산과일을
요구했다. 공이 대답하기를,

　‘겹겹이 쌓인 산과 깊은 골짜기에서 송이버섯이 나고, 깊은
숲과 높은 나무에서 열매가 맺히는데 호랑이와 범이 산에
있고 늑대나 승냥이가 길을 막으니 태수인들 어떻게 얻을
수 있으리오?’

라고 하였다. 신사년(1521 ; 中宗 16)에 공은 이유청(李惟淸)[522]

---

520) 이현손(李賢孫) : 조선 태조대왕의 3남 익안대군(益安大君)의 증손
　　(曾孫).

521) 김인손(金麟孫) : 1479~1552, 조선 중종 때의 문신. 자는 정서(呈
　　瑞), 본관은 경주, 현감 기(璣)의 아들. 1509년(중종 4) 문과에 급제,
　　벼슬은 예조판서에 이르렀다. 천성이 강직하여 내외직(內外職)을 역임
　　하는 동안 법을 지켜 공정히 처리하였으므로 칭찬을 받았다. 경기관찰
　　사(京畿觀察使)로 모든 황정(荒政)을 바로잡아 칭송이 자자했다.

522) 이유청(李惟淸) : 1459~1531, 조선 중종 때의 대신. 자는 직재(直
　　哉), 시호는 공희(恭僖), 본관은 한산(韓山), 참찬 운(塤)의 아들, 색
　　(穡)의 현손. 1486년(성종 17) 문과에 급제, 1519년(중종 14)에 신무
　　문(神武門) 고변(告變)의 화(禍)가 일어나 영의정 정광필(鄭光弼)이 파
　　면되고 우의정 김전(金詮)이 영의정이 되고 남곤(南袞)이 좌의정이 될
　　때 유청은 우의정이 되어 사건을 처리했다. 이어 좌의정에 오르고 기
　　사(耆社)에 들어가 한원군(韓原君)에 피봉되었다.

에게 보내는 편지에,

　‘사람이 세상을 살아나감에 있어 하루의 실수로 목이 달아
날 수도 있소. 다 늙어 흰 머리를 하고서 마침내 조그마한
정성을 다하여 한들 될 수 있겠는가? 세상의 명사들이 서
산으로 지는 퇴색한 햇빛을 잊고 고관의 집에서 기생과 술
에 취하여 오직 궁궐에서 금떠·물소떠·은거북 등만 도모
하네. 어머님께 귤을 품어다 드리거나 겨울에 죽순 나오라
고 우는 효를 생각지 않으니 다시 무슨 말을 하겠는가? 이
것은 진심에서 하는 말이니 반드시 좌상 남곤(南袞)에게 보
여 나에 대해서는 다시는 유의치 말게 하시게.’
라고 하였다. 그후 얼마 안되어 남곤이 죽음을 당하니 그제
서야 사람들은 경담공의 시견이 남과 다름을 알았다.”

　송서(松棲；金蟬子 李彦休)가 말하기를,

“우계(牛溪) 성혼(成渾)은,

　우계에서 어느날 밤 봉황이 호랑이를 낳고
　선계의 오얏나무 뿌리, 머리 기른 중에게 흔들리네.
　〔牛溪一夜鳳生虎,
　　仙李根搖有髮僧.〕

란 시구로 해서 죄를 얻었다. 정언각(鄭彦慤)은 양재역(良才
驛)[523] 벽 위에 써 놓은 글로 송인수(宋麟壽)[524]. 이약빙(李若

____

523) 양재역(良才驛)：현 서울특별시 강남에 있는 양재역. 옛날부터 교통
　의 요지였음.
524) 송인수(宋麟壽)：1487~1547, 조선 중종 때의 명신. 자는 미수(眉
　叟), 호는 규암(圭庵), 시호는 문충(文忠), 본관은 은진(恩津), 참봉
　세량(世良)의 아들. 1522년(중종 17)에 문과에 급제, 홍문관정자(弘文
　館正字), 수찬 등을 역임. 대간(臺諫)에 있을 때, 김안로(金安老)의 재
　집권을 막으려다가 제주목사로 좌천되고 다시 사수(泗水)에 귀양을 갔
　다. 안로가 제거되자 소환되어 예조참의, 승지, 병·예·형조참판을 역
　임한 후 성균관 대사성이 되어 성리학을 강론, 윤원형(尹元衡) 등의
　압력으로 전라도관찰사로 나갔으며, 중종이 승하한 후 불려와 한성좌

氷)[525] 등 수십여 명을 모함해 죽였으니 세상 살아나가기가 어찌 어렵지 않은가? 정암(靜庵) 조광조(趙光祖)의 시에 이르길,

때는 동한(東漢)의 13왕조를 당하니
눈바람 속의 한 매화만이 한가지로 알 것이라.
〔時當東漢十三朝
　風雪寒梅一樣知.〕

라고 하였으니 곧 대체로 그 어진 사람과 못난 사람들이 함께 섞여 사는 것을 마음 아파한 것이다."

매창(梅窓；曹玄志)이 말했다.
"경태(景泰；明 景帝 年號 1450～1456) 연간에 낭중(郎中) 장륜(章綸)[526]이 장화문(丈華門)에 들어가 시를 짓기를,

옥덕궁(玉德宮) 앞의 봄 잣나무,
두 가지가 어찌하여 각기 동서로 뻗었는고?
〔玉德宮前春柏樹,

윤을 지냈다. 인종이 승하하자 화를 입을 뻔하였으나 고향에서 수년간 한가히 지내다가 드디어 사약이 내려 죽음을 당하였다.

525) 이약빙(李若氷)：? ～1547, 조선 중종 때의 문관. 자는 희초(熹初), 호는 준암(樽巖), 본관은 광주(廣州). 자(滋)의 아들, 극감(克堪)의 증손. 1513년(중종 8) 생원에 1등 합격. 1514년 문과에 급제, 1519년 이조좌랑으로 사화에 몰려 삭직되었다가 1537년 복직되었으며 한산(韓山) 군수에 보직되어 노산군(魯山君—端宗)・연산군・복성군(福城君) 미(嵋)의 후사(後嗣)를 세울 것을 소청했으며 다시 사건으로 파면되어 충주(忠州) 북촌(北村)에 돌아갔다. 1545년(인종 1) 좌통례(左通禮)가 되었으나 그후 양재역(良才驛)의 벽서(壁書) 사건에 관련했다는 혐의로 사형되고 가산이 몰수됐다. 선조 때 삼공(三公)의 주청으로 관작・가산이 환급됐다.

526) 장륜(章綸)：중국 명나라 낙청(樂淸) 사람. 자는 대경(大經). 시호는 공의(恭毅). 정통(正統) 때 진사(進士), 경태(景泰) 초에 의제낭중(儀制郎中)이 되었으나 상소문이 황제의 뜻에 거슬렸으므로 하옥되었다가 영종(英宗)이 복위되자 예부우시랑(禮部右侍郎)에 발탁되었다.

　　兩枝何事各東西？〕

라고 하였다. 그 때 천순제(天順帝)[527]가 폐위되어 남궁(南宮)에 거하고 있을 때라 어떤 자가 이것을 황제에게 고하길, 봄 잣나무는 황제와 천순제를 비유한 것이라 하니 경태(景泰)[528] 황제는 마음속에 그것을 품어 두고 있다가, 얼마 후에 장윤을 금고형에 처하였으니, 시(詩)는 삼가하지 않으면 안된다.”

　　운홍(雲鴻；片雲子 李思淵)이 말하였다.
　　“도사(都事) 황책(黃策)은 달주(達州) 사람으로, 그 아버지 야율탕반(耶律湯反)은 요(遼)의 연왕(燕王) 야율순(耶律淳)[529] 의 6세손이다. 야율탕반이 무순만호(撫順萬戶)가 되었을 때 시를 짓기를,

　　10년 동안 변새(邊塞)의 말직(末職)이라
　　준마(駿馬)는 슬피 울고 철갑 옷을 걸어두네.
　　가슴 속의 매의 뜻을 누가 알랴?
　　가을 바람에 사납게 하늘로 날아오르려 하네.
　　〔十年關塞一官微,
　　　駿馬悲鳴掛鐵衣.
　　　胸裡誰知鷹隼志？
　　　秋風每欲戾天飛.〕

라고 하였다. 총병(總兵) 완세녕(阮世寧)이 그 시를 보고 몰래

527) 천순제(天順帝)：중국 명나라 제 6 대 황제 영종(英宗) 주기진(朱祁鎭)을 뜻함. 선종(宣宗)의 장남. 두 번 등극하여 앞의 연호는 정통(正統；1436～1449)이고, 나중 연호는 천순(天順；1457～1464)이다.
528) 경태(景泰)：중국 명나라 제 7 대 황제 경제(景帝)의 연호. 선종의 차남. 영종황제가 북쪽으로 달아나자 황태후의 명을 받아 영종을 대신하다가 병이 들어 영종이 귀경하므로 다시 영종에게 제위를 양위했다. 재위 1449～1457.
529) 야율순(耶律淳)：중국 요(遼)나라 사람. 흥종(興宗)의 손자. 천조제(天祚帝) 때 연왕(燕王)에 있었는데 연호를 건복(建福)이라 했다.

284

그 시에는 다른 뜻이 있다고 천자에게 고하였다. 야율탕반은 이 사실을 알고 이만주(李滿住)[530]의 영내로 도망갔다. 그뒤 얼마 안되어, 이천(李蕆)·홍사석(洪師錫)[531]·이엽(李曄)·정덕성(鄭德成) 등이 조선으로부터 건주(建州)[532]로 이만주를 토벌하러 왔을 때 야율탕반 가족은 조선군의 포로가 되었고, 야율탕반의 어린 아들은 중군(中軍) 황인중(黃仁重)의 양자가 되었으니, 이 사람이 곧 황책(黃策)이다. 황책은 어려서부터 재주가 뛰어났는데 일찍이 풍리엽사(風裡葉詞)를 지어 이르길,

대하(大賀 ; 契丹 部族名)의 웅대한 기풍이 2백 년에
연왕(燕王)은 한 파가 세 잎으로 전했네.
장군은 한 잎이 되어
서로 이어 금자(金紫 ; 金印·紫綬)가 죽 이어지리.
바람 따라 가을 잎이 계림(鷄林)에서 지니
어느 날에 옛 가지로 다시 돌아갈까?
고향은 아득히 멀고
넓은 바다의 마름풀이요, 고목의 겨우살이풀이네.
〔大賀雄風二百年,
燕王一派傳三葉.
將軍一葉,

---

530) 이만주(李滿住) : ?～1467, 조선 때 건주위(建州衛)의 야인(野人) 추장(酋長). 아합출(阿哈出 : 李試善)의 손자. 석가노(釋迦奴 : 李顯忠)의 아들. 1422년(세종 4) 경 건주위의 3대 추장이 되어 압록강 지류인 파저강(婆猪江) 하류 지역으로 옮겨와 국경 지방에 자주 분쟁을 일으켰다. 세조는 회유책으로 귀순케 하려고 힘썼고, 1467년 세조가 남이(南怡)·강순(康純) 등을 시켜 야인을 토벌할 때 이만주 부자(父子)는 피살되었다.
531) 홍사석(洪師錫) : ?～1448, 조선 세종 때 장군. 시호는 장양(莊襄), 본관은 남양(南陽). 무예에 능하여 태종대왕의 신임을 받았으며, 세종 때 강계부사가 되어 압록강 연안에 있는 야인을 소탕하였다. 회령진(會寧鎭) 병마절제사를 거쳐 지사(知事)에 이르러 죽었다.
532) 건주(建州) : 남만주(南滿洲)에 있던 옛 지명. 명(明)나라 때 위명(衛名)으로 사용하는 한편 남만주 여진인의 총칭으로 불렸다.

　　承相金紫比肩.
　　隨風秋葉鷄林落,
　　幾日還上故枝邊？
　　鄕關杳遠,
　　滄海萍古木蔦縲.〕

라고 하였다. 그는 후에 정렬공(貞烈公) 최윤덕(崔潤德)[533]의 문객이 되었고 벼슬은 중추도사(中樞都事)에 이르렀다.”

　송서〔李彦休〕가 말했다.
“이지경(李之菶)의 아들 이일장(李日長)은 소년에 문과에 급제하였으며 높은 뜻을 품고 있었다. 일찍이 시를 지어 이르길,

　　서총대(瑞蔥臺)[534]가엔 봄빛이 무르익는데
　　푸른 말은 쓸쓸히 먼 길을 떠나네.
　　〔瑞蔥臺畔春光爛,
　　　驄馬蕭蕭向遠程.〕

라고 하였다. 또 읊길,

　　뒷 뜰의 나비는 바람 따라 가
　　봄 성의 고운 꽃을 두루 맛보네.
　　〔後庭蝴蝶隨風去,
　　　遍嘗春城蒻蒻花.〕

---

533) 최윤덕(崔潤德) : 조선 초기의 무장. 자는 여화(汝和), 호는 임곡(霖谷), 시호는 정렬(貞烈), 본관은 통천(通川), 지중추부사(知中樞府事) 운해(雲海)의 아들. 1419년(세종 1) 삼군도절도사(三軍都節度使)가 되어 대마도를 치고, 뒤에 만주의 야인 아만주(李滿住)를 정벌했다. 벼슬은 좌의정에 이르렀다.

534) 서총대(瑞蔥臺) : 궁궐 후원에 쌓았던 대석(臺石). 조선 성종 때 후원에 한 줄기에 9가지가 난 마늘이 자라 서총이라 이름하여 사방에 돌을 쌓아 길렀다. 그 앞에 연못을 파고 놀이터로 만들었으며 연산군 때 이곳을 넓혀서 서총대라 이름을 지었다.

라고 하였다. 이때 연산군은 주색에 빠져 서총대(瑞蔥臺)를 짓고, 충간하는 신하를 내쫓고, 신하의 아내를 취하여 음행하니 대개 이 시는 이 연산군을 풍자한 것이다. 연산군은 그 시를 듣고 이일장의 벼슬을 파직시켜 다시는 등용치 않았다."

(10) 지리산(智異山)으로 들어가는 도인(道人)들

갑인년(1614；光海君 7년) 5월 매창〔曹玄志〕·송서〔李彥休〕·운홍〔李思淵〕은 지리산에 들어가 약초를 캐며 정심재(貞心齋)에서 묵고 있었다. 정심재는 곧 이방보(李芳普)의 정사(精舍)이다. 이방보의 자는 일춘(一春)이고, 그의 조부 이호인(李好仁)은 힘이 날랬는데 광묘(光廟；世祖)를 섬겼다. 세조가 김종서(金宗瑞)를 죽이자, 병을 빙자하고 나가지 않았다. 노산(魯山；端宗)의 변(變)에 또 이호인을 보내려 했으나 그는 밤에 묘향산(妙香山)으로 들어가 숨어 살다가 후에 길주(吉州)로 옮겨가 죽었다. 이호인(李好仁)의 아들 이숙(李淑)은 평강(平康)에서 살다 죽었다. 이방보는 또 지리산으로 거처를 옮기어 도를 닦으며 농사짓는 데 힘을 다했다. 또 많은 약재를 캐어 저축하고 정기(精氣)를 기르는 약물인 삼정환(三精丸)·백복환(百福丸)·경옥고(瓊玉膏)·혼원단(混元丹) 등을 선반 위에 늘어놓고 아침 저녁으로는 푸른 기장밥·검은 깨떡·녹포(鹿脯)[535]·생강김치·기국채(杞菊菜)[536]·도라지국·송화주(松花酒)[537]·꿀 등을 먹었으니, 이것들은 진실로 신선들의 음식이다. 세 사람은 수개월 동안 이곳에 살다가 함께 산수를 유람하면서 송강사(松崗寺)에 이르렀다. 이방보가 시를 지어 이르길,

긴 회랑에서 한 차례 경쇠소리 나니 모든 중들 식사하고

---

535) 녹포(鹿脯)：사슴의 고기로 만든 포.
536) 기국채(杞菊菜)：산국화(山菊花)·구기자(枸杞子) 등의 나물.
537) 송화주(松花酒)：소나무 꽃이나 꽃가루를 넣고서 빚은 술.

오래 된 절 안의 등불 반짝이니 여러 부처들 잠자네.
〔長廊一磬諸僧飯,
　古殿殘燈衆佛眠.〕

라고 하였다. 초계(草溪)[538]의 황둔진(黃屯津)[539]을 지나자 이방
보는 또 시를 지어 이르길,

사람의 그림자는 성긴 나무숲이 있는 언덕에 반쯤 희미하
고,
매미소리는 석양의 나무 가지에 멀리 걸렸네.
〔人影半迷踈樹岸,
　蟬吟遙掛夕陽枝.〕

라고 하였다. 신미도(身彌島)에 이르러 이방보는 또 읊조리기
를,

갈대밭에 깃들인 기러기는 소리 속에 희고,
단풍나무 언덕에서 우는 매미는 소리밖에서 붉네.
〔蘆洲旅鴈聲中白,
　楓岸鳴蟬響外紅.〕

라고 하였다. 매창은 이방보의 시가 모두 좋았다고 칭찬하였
다. 일동암(日洞巖)에 이르니 시가 씌어 있는데,

구름 뚫고 한 가닥 길이 분명하지 않은데
손님이 절에 오니 홀로 학이 반기네.
붉은 언덕은 비에 젖어 아름다운 풀 그림 같고

---

538) 초계(草溪) : 현 경남 합천군 초계면.
539) 황둔진(黃屯津) : 초계(草溪) 북쪽 10리에 있는 나루터. 합천군 남
　강(南江) 하류로서 동으로 흘러 감물창진(甘勿倉津)으로 흘러감.

푸른 절벽에 바람부니 바둑알 소리 같네.
한가한 꽃과 늙은 잣나무는 천 년 동안 여전하고
어지러운 돌 사이로 나르는 샘물은 백 갈래로 갈라지네.
세상에서 이런 좋은 곳을 사람들은 알지 못하는데
누가 능히 이곳에서 마음과 정기를 기를까?
〔穿雲一路不分明,
　客到山門獨鶴迎.
　丹岸雨添瑤草畫,
　碧崖風落玉碁聲.
　閑花老柏千年在,
　亂石飛泉百道爭.
　世有名區人不識,
　孰能於此養心精？〕

라고 하였다. 이방보는 이 시를 보고 무릎을 치며 탄복하기를,
　"우리 같은 사람은 그 문하(門下)에 가서 말구종도 듣지 못
하겠구나."
라고 하였다. 송서가 말하길,
　"우리의 스승인 청학(靑鶴)선생님이 지으신 것이다. 선생께
서 지으신 아름다운 시가 많은데,

　새벽에 삼일포(三日浦)에서 머리 감고,
　저녁에 사왕봉(四王峰) 아래로 지팡이 휘두르네.
　〔三日浦邊晨沐髮,
　　四王峯下夕飛筇.〕

라는 시가 있고 또,

　옷은 낙동강 위로 내리는 비에 젖고,
　신은 설한령(薛罕嶺) 마루 구름 속을 뚫네.

〔衣沾洛東江上雨，
　履穿薜罕嶺頭雲.〕

라는 시도 있고 또,

달이 만이천봉〔金剛山〕을 세 번이나 지나가지만
오직 솔바람, 시냇물만이 아네.
〔三過萬二千峯月，
　惟有松風澗水知.〕

라는 시구는 제자들이 모두 미치지 못한다.
　일찍이 선생님〔靑鶴上人〕께서 홍한인〔洪漢仁〕의 천마산시〔天摩山詩〕가 속세를 벗어남이 있다고 칭찬했었다. 그 시에,

아침엔 백운봉〔白雲峰〕 꼭대기에 올라 관망하고,
저녁엔 바위 밑에서 외로운 구름과 함께 묵네.
밤 깊자 중도 자고 객은 잠 이루지 못하는데
두견새 소리에 산달이 지네.
〔朝上白雲峯頂觀，
　暮投巖下孤雲宿.
　夜深僧靜客無眠，
　杜宇一聲山月落.〕

라고 하였다."
　매창〔曹玄志〕은 이천〔伊川〕540)의 웅이탄〔熊耳灘〕541)을 지나다가 방향을 바꿔 희령산〔戱靈山〕으로 들어가 약초를 캐니, 송서〔李彦休〕가 시를 지어 이르길,

---

540) 이천〔伊川〕: 강원도 북부에 있는 지명.
541) 웅이탄〔熊耳灘〕: 강원도 이천〔伊川〕에 있는 여울목 이름.

이상(泥上)[542]을 다 캐고 당귀(當歸)[543]를 캐니
신초(神草；山蔘)는 줄기가 돋고 석이(石耳)[544]는 살찌네.
해질 무렵 들려오는 종소리는 어느 절에서 나는가?
구름은 절벽에 어리고 등불 하나가 희미하네.
〔泥上採盡採當歸,
　神草抽莖石耳肥.
　落日鐘聲何處寺?
　雲生半壁一燈微.〕

라고 했다. 드디어 길성암(吉城庵)에서 묵었다. 밤에 산승(山僧)과 오손도손 이야기를 나눌 때 한 중과 도사가 와서 그 도사가 말하기를,

"이천(伊川)에 이지영(李岐英)이란 사람이 있었는데, 어려서 빈곤하여 아우 지방(枝芳)・지번(枝蕃)・지무(枝茂)와 더불어 다북쑥으로 옷을 해 입고, 동굴에서 거처하였다. 하루는 이지영이 산 속에서 땔나무를 베다가, 사냥꾼에게 쫓기어 곤궁에 처해 엎드려 꼬리를 흔들며 살려달라는 모습의 여우를 보았다. 이지영은 곧 땔나무로 여우를 가려 주어, 사냥꾼이 그냥 지나쳐 버린 뒤에 여우를 풀어 돌아가게 해 주었다. 이날 저녁 달이 질 무렵에 하얗게 수염이 난 노인이 찾아와 이지영에게 말하길,

'나는 산 뒤의 오첨지(吳僉知)요. 내게 마침 술과 안주가 있어 그대의 춥고 배고픈 사정을 딱하게 여겨 와서 초청하는 것이네.'

라고 하였다. 이지영이 그 노인을 따라 한 곳에 이르니, 몇 간 초옥이 바위 사이에 숨겨져 있었다. 노인이 이지영을 이

---

542) 이상(泥上)：약초 이름일 것이나 어떤 것인지 미상.
543) 당귀(當歸)：승검초의 뿌리. 성질은 따뜻하고 맛은 단데, 피를 돕는 약으로 쓰이고 여자에게 더욱 좋음.
544) 석이(石耳)：석이버섯. 깊은 산의 바위 위에 나는데, 향과 맛이 좋아 흔히 초(酢)를 쳐서 식용함.

끌고 방에 들어가니 절세 미인이 등에 불을 켜놓고, 침구를 펴놓고 주안상을 차려 놓았다. 이지영은 어리둥절하여 사양하며 구석으로 물러나 앉으니, 노인이 말하길,

'이 아이는 내 딸이네. 그대는 장가들게.'

라고 하므로 이지영이 감히 감당할 수 없다고 사양하니, 노인은,

'이 애는 그대의 재생의 은혜를 입었으니, 그대와 반평생의 인연이 없다고 하겠는가?'

라고 하였다. 이지영이 이에,

'저는 사람을 살려준 일이 없습니다.'

라고 하자 노인이 말하길,

'오늘 낮 일을 잊지는 않았겠지?'

라고 하였다. 이에 이지영이,

'그러면 이 여인이 여우입니까?'

라고 물으니, 노인이 그렇다고 하였다. 이에 이지영이,

'사람이 여우를 배필로 삼을 수 있습니까?'

라고 물으니, 노인이 말하길,

'그대는 오로지 아름다운 아내를 맞이하기만 하면 되는 것이니, 다시는 사양하지 말게.'

라고 말하고서는 곧 그녀로 하여금 잠자리 시중을 들게 하였다. 다음날 일어나 보니, 바람과 이슬이 온 몸에 묻고 산속은 텅 비어있는데, 풀만 무성한 곳에 다만 한 여자와 바위 앞에 드러누워 있는 것이었다. 결국, 그곳에 집을 짓고 살게 되었는데 그 여자는 지혜가 있고 재주가 많아 집안을 잘 다스리고 일처리도 적절히 잘하여 가산이 점점 불어났다. 또 그 노인이 매일 저녁이면 와서 필요한 물건을 물어보고 그것들을 일일이 가져다 주었다. 혹은 항아리를 들고 오고, 어떤 때는 돈과 옷감도 지고 왔다. 이에 집이 더욱 부유해졌고, 형제들도 모두 부자가 되었다. 그 노인과 함께 산 지 20년 후에 그 여인이 갑자기 병으로 죽어 관곽(棺槨)을 갖추고 장례를 치루

게 되었는데, 관은 비어 있었고 시체는 없어져 버렸다. 이날 저녁, 노인은 또 한 여자를 데리고 와서 방에 두고 가버렸다. 이지영은 처음엔 여우일 것이라고 여겨 물어본즉, 그 여자는 안협(安峽)사람 당인보(唐仁輔)의 딸이었다. 당씨 집안은 부유하였으나, 아들이 없고 오직 딸 하나밖에 없어, 각별히 현명한 사위를 구하고 있는 터였다. 그런데 이에 이르러 갑자기 딸을 잃어버리자, 온 집안이 찾아 나섰다. 이지영은 그 여자를 당씨 집으로 데리고 가서, 드디어 결혼하니 집안이 더욱 부유해졌다. 이지영은 나이 98세까지 살았고 아들은 셋, 손자 10명이 모두 부유하고 학식이 있었다. 그래서 그들은 24종의 음식을 갖추어 봉양하였다. 그리하여 닷새마다 소 한 마리씩 잡고, 3일에 한 번씩 개를 잡았다. 여섯 가지 색의 술, 세 가지 과일들이 늘 집안에 갖추어져 있었다. 그리고 평생토록 자식이 요절하는 불행이나 벼슬길에 연루되는 일이나 병으로 걱정하는 일도 당하지 않았으니 진실로 드문 복이라 할 만하다."

운홍〔片雲子, 李思淵〕이 말하였다.

"임피(臨陂)의 이봉손(李奉孫)은 자가 상현(象賢)으로, 성격이 관후하여 남의 잘못을 말하는 것을 부끄러워하였다. 하루는 집안의 옛날 서적들을 뒤져보다가 노비문서를 찾아냈다. 두루 살펴보고 잘 따져본즉, 부자나 벼슬한 집안들과 혼인하였음이 많음을 알게 되었다. 그래서 그는,

'이것들을 남기어 두었다가는 훗날 못난 자손이 있어 남의 신분과 명예를 더럽힐까 두렵다.'

라고 말하고는, 드디어 그 문적들을 태워 버렸다. 이날 밤 꿈에 수백 명의 노인이 뜰 앞에 죽 늘어서서 그의 덕을 칭송하였다. 이후로 그의 자손들은 크게 번창하였는데, 큰아들 이독효(李篤孝)는 문과에 급제하여 벼슬이 사간(司諫)에 이르렀다. 둘째 아들 이돈효(李敦孝)도 문과에 급제하여 벼슬이 헌납(獻納)에 이르렀으며 셋째 이중효(李重孝)는 상의원(尙衣院) 별제

(別提)에 이르렀고, 넷째 이언효(李彦孝)는 정랑(正郞)이 되었으며, 다섯째 이완효(李完孝)는 돈령부(敦寧府) 첨정(僉正)이 되었다. 첩의 아들 이천효(李千孝)·이만효(李萬孝)·이배효(李倍孝)·이기효(李期孝)는 나라의 풍습 때문에 입신출세하지 못해 늘 불만스럽게 지냈다. 그러다가 성화(成化;明 憲宗 年號, 1465~1487) 연간에 첩의 자식들은 서해(西海)로 도망가서 해적의 우두머리가 되어 오성(吳城)·삼우(三隅)를 약탈하고 구마도(九摩島)에 거처한 지 오래 되었다. 하루는 작은 배에 탄 네 아들이 장정을 이끌고, 가벼운 보석을 갖고 밤에 한강으로 들어와 아버지 이봉손(李奉孫)을 뵙고, 봉양하고자 하는 뜻을 고하고는, 곧 아버지를 모시고 돌아갔다. 그들은 큰 바다로 나가 돛을 달고 5일 동안 항해한 후에야 그들의 거처에 도착하였다. 그들의 거소는 벽은 분칠을 하고 비단 창에 수놓은 문, 비단 휘장 등으로 꾸며져, 매우 찬란하여 마치 그림 같았다. 그곳을 지키는 동복도 모두 비단 옷을 입고 있었으며 수십 명의 시녀들은 자태가 교태롭고, 얼굴이 아름다웠다. 또 방안에는 황금병풍·옥베개·상아 침상과 비단 자리를 마련해 놓았다. 또 시렁에는 가야금, 벽에는 검이 걸려 있었는데 그 사치스러움과 아름다움이 극에 달했다. 또 음식상에는 산해진미가 다 차려져 있었다. 이봉손은 그곳에서 1년 동안 머물다가 돌아왔다. 그 이후로는 매년 봄·가을마다 사람을 보내 진귀한 물건들을 바쳤다. 또 이봉손에게는 첩의 딸 셋이 있었는데, 모두 남주(南州) 부호의 며느리가 되어 달마다 부모를 봉양하며 효성을 다하니 역시 세상에서 보기 드문 복을 가진 사람이었다.”

송서〔李彦休〕가 말했다.

“고부(古阜)545)에 이의무(李義茂)란 사람이 있었는데, 효성과 의리로 유명하였다. 그의 아들 이덕화(李德華) 역시 아버지의

---

545) 고부(古阜) : 전북 정읍군(井邑郡)의 한 면(面). 동학란이 일어난 원천지임.

294

좋은 점을 닮았다. 정유왜란 때 이덕화는 백암산(白岩山)[546] 속으로 피난하였다. 하루는 식량이 떨어졌으므로 밤에 자기 집으로 돌아왔다. 집에서 왜장의 공문이 붙여져 있는 것을 보았는데 그 내용은 다음과 같았다.

'이곳은 효자 이덕화(李德華)의 집이니, 한 명의 군사도 이 집에 가까이 가지 못하며, 하나의 물건도 가져가서는 안된다. 이 명령을 어기는 자는 목을 벨 것이다.'

이덕화는 이에 안심하고 곧 가족을 이끌고 집으로 돌아와 침식하며 편안히 지냈다. 하루 저녁에는 왜장이 붉은 말을 타고 부하 2명과 함께 그 집으로 달려왔다. 이덕화가 놀라 피하려 하니, 그 사람들이 불러 말하기를,

'의인 이덕화는 놀라지 마시오. 나 역시 조선사람이오. 그대에게 한 마디 전할 말이 있오.'

라고 하며 곧 방으로 올라와 인사하며 말하였다.

'나는 배몽성(裵夢星)이란 사람이오. 기유년(1549 ; 明宗 4) 충주(忠州) 옥사 때 나는 금오(金吾) 나졸(邏卒)에게 뇌물을 주고 도망해서 중이 되어 칠불암(七佛庵)에 있었오. 함께 도망했던 사람으로는 당릉위(唐陵尉) 홍여(洪礪)[547]의 아들 홍수민(洪秀敏)과 계림군(桂林君) 이유(李瑠)[548]의 아들 이허(李詡)[549]가 있었소. 그들도 모두 중이 되어 밤에는 절에서 자고 낮에는 산골짜기에 숨어 위험에 대비하였소. 그러다가 을묘왜변[550] 때 몰래 어선을 훔쳐 타고 왜군 진영으로

---

546) 백암산(白岩山) : 전남 장성군(長城郡)에 있는 산명.
547) 홍여(洪礪) : 조선 왕조 제11대 임금 중종대왕의 부마. 경빈(敬嬪)박씨의 소생. 혜정옹주(惠靜翁主)의 남편.
548) 이유(李瑠) : 조선 왕조 제 9 대 임금 성종(成宗)대왕의 제 2 남 계성군(桂城君)의 양자. 생부는 덕풍군(德豊君).
549) 이허(李詡) : 조선 왕조 제 9 대 성종대왕의 둘째 아들 계성군(桂城君)의 손자. 아버지는 계림군(桂林君). 군호(君號)는 운양수(雲陽守).
550) 을묘왜변(乙卯倭變) : 조선 명종 10년(1555) 왜선 60여 척이 전남 해남군(海南郡)의 달량포(達梁浦)에 쳐들어 온 사건. 한때 영암(靈岩)까지 쳐들어 왔으나 곧 평정됨. 이 사건을 계기로 비변사(備邊司)가 설치되었음.

달려·갔소. 왜놈들은 처음엔 우리들을 믿지 않고 묶어서 감옥에 가두어 두고 3일 동안 먹이질 않았었소. 그때 왜진(倭陣)에서 극미(克味)라고 하는 자가 우리를 가엾이 여겨 찬밥과 한물 간 고기를 주어 간신히 지탱하였소. 얼마 후 왜군이 패하여 본국으로 돌아갈 때, 우리들도 일본으로 따라갔소. 처음엔 평행장(平行長；小西行長)의 집 종이었소. 평행장이 산양도(山陽道)를 토벌할 때 밤에 부대 안으로 갑자기 자객이 들어왔소. 평행장이 잠에서 미처 깨어나지 못했을 때 내가 맞서 싸워 그를 죽였소. 이 일로 평행장이 추천하여 나는 기이태수(紀伊太守)가 되고, 홍수민(洪秀敏)은 유황태수(瑠璜太守)로, 이허(李詡)는 담로태수(淡路太守)가 되었소. 임진년(1592) 평양싸움에서 이허는 패하여 죽고, 홍수민은 담로백(淡路伯)이 되어 산성군(山城君)의 사위가 되었소. 나는 기마태수(箕馬太守)가 되어 종군하여 여기로 오게 된 것이오. 이번 전쟁의 승부는 진실로 알 수 없는 것이오. 불행히 내가 죽게 되면, 나의 종적이 우리 나라 안에서 아주 없어지게 되므로, 여기에 와서 그대의 힘을 빌어 전하고자 할 뿐이오.'

이렇게 말하며, 은화 40냥, 날카로운 칼 20자루를 주고 가버렸다. 이로 미루어 보건대 조선사람으로 일본으로 들어간 자가 몇에 그치지 않음을 알 수 있다. 그래서 두 왕릉이 파헤쳐진 재난[551]이 반드시 왜인의 손에 의해 일어난 것은 아닐 것이다. 이 사건의 전말은 일찍이 전시발(田時勃)이란 자에게서 들었다."

운홍[片雲子 李思淵]이 말했다.

"전시발(田時勃)은 취굴자(翠窟子) 문하의 말석의 객이다. 그는 무척 가난하여 먹고 살 것이 없었으므로 매일 이웃 마을

---

551) 임진왜란 때 왜군들이 후퇴하면서 지금의 서울특별시 삼성동(三成洞)에 있는 선릉(宣陵：성종대왕의 능)과 정릉(靖陵：중종대왕의 능)을 파헤치고 도망간 사건.

의 친지들에게 구걸하러 와 이웃 마을 사람들은 괴로워하였다. 그런데 하루는 전시발이 가까운 이웃의 여러 집들을 두루 돌아다니며 말하길,

'저는 여러 해 동안 이웃 동네의 은혜를 입고 살았으므로, 이번에 한 번 그 은혜에 보답하고자 봉두산(鳳頭山) 위에 큰 잔치를 벌여 놓았으니 여러분들 모두 참석해 주시길 바랍니다.'

라고 하였다. 이에 사람들은 이상하게 생각하면서도 여러 고을 사람들이 가본즉, 과연 봉두산 위 큰 장막에 연석이 마련되어 있었다. 또 거문고·비파·북소리가 요란하고, 향기로운 술과 아름다운 요리가 술잔과 쟁반 등에 낭자하게 차려져 있었다. 이에 여러 사람들은 실컷 취하도록 마시고, 배불리 먹었다. 헌데, 여러 사람들은 각기 자기 아내가 술잔을 올리는 것을 보고 이상하게 여겼다. 집에 돌아와 제각기 아내에게 물어 보니, 그 아내들은,

'그날 낮에, 미리 차려진 연회석에 이르러 남편을 만나 술을 따르는 꿈을 꾸었다.'

라고 하였다.

같은 마을의 문도흥(文道興)이란 사람은 전시발에게 도술이 있음을 알고 매일 저녁 찾아와 가르쳐 줄 것을 청하였다. 그러나 매번 거절하다가 3년 후에야 허락하였다. 그리하여 전시발은 곧 두 명의 신(神)을 불러,

'문생 도흥이 만약 이 말을 발설하면 즉시로 죽이라.'

라고 하였다. 그 후 문도흥은 몰래 그 방법을 써보고 비록 처자지간이라 하더라도 감히 사실을 토로하지 않았다. 그러다가 전시발이 죽자, 문도흥은 한밤중에 그의 처에게 도술을 배운 경유를 말했으나, 그녀는 잠에 취하여 깨닫지 못하였다. 그러나 문도흥의 도술은 전시발의 도술과 비슷했다 한다."

매창(梅窓;曹玄志)·송서(松棲;李思淵)는 금강산(金剛山)

영원동(靈源洞)에 들어가 작은 암자에서 묵었다. 암자에는 한 명의 중이 있었는데 송낙〔松蘿〕[552]을 쓰고 풀로 된 옷을 입고 있었다. 생김새는 마치 찬 옥과 같았고, 눈은 아침별과 같았다. 그는 스스로 말하길,

“나는 서번(西蕃)의 중으로 천하를 두루 돌아다니다가 이 나라에 온 지 겨우 수개월밖에 안됐소. 중국에 있을 때는 성원(性圓)이라 불렀고, 조선에서의 이름은 능호(能皓)요, 먹는 것은 잣과 잣잎과 육천기수(六天氣水)요.”

라고 하였다. 그리고 스스로 불법(佛法)과 신력(神力)으로써 두루 돌아다니되 아무런 장애도 받지 않았다. 호를 통견당(洞見堂)이라 하였다. 그는 매창(梅窓;曹玄志)을 보자 곧 깊게 사귀어, 밤새도록 불을 밝히고 세세하게 현리(玄理)를 논하었다. 나도 그 때 뒤따라가서 고론(高論)에 참가하여 들었는데, 대개 설악(雪岳) 양운객(楊雲客)은 바람을 타고 구름을 몰아 온 천하를 돌아다니다가 구천(九泉)에 잠기어 신(神)과 통하여 변신하기도 하므로 그를 천둔(天遁)이라 부르고, 청학(靑鶴) 위한조(魏漢祚)는 신(神)을 통어하고, 바람을 부리어 팔극(八極)을 열고 풍속을 관찰하여 사람과 귀신을 모두 알고 있으므로 지둔(地遁)이라 부르며, 송서(松棲)는 선둔(仙遁), 매창(梅窓)은 인둔(人遁), 운홍(雲鴻)은 신둔(神遁), 통견(洞見)은 불둔(佛遁)이라 부를 만하다는 것이었다. 능호(能皓)가 말했다.

“동쪽 한민족의 땅은 좁고 사람들은 간사하여 큰 현재(賢才)가 용납될 수가 없소. 더욱이 중국과 인접해 있어, 오랑캐와 중국의 침입을 받아 영원토록 편안하게 지낼 수가 없소. 또한 산등성의 내룡(來龍)[553]이 높고 급하다가 게으르고 느른해서 부귀(富貴)와 영준(英俊)이 계속하여 세상에 나타나는 자가 없소. 내가 듣기로는 남해(南海) 가운데 화대(花臺)란 곳

---

552) 송낙〔松蘿〕: 소나무 겨우살이로 만든, 여승이 쓰는 모자.
553) 내룡(來龍): 풍수지리설에서 쓰는 말로, 종산(宗山)에서 내려온 산줄기. 내맥(來脈).

이 있어 그곳은 땅이 넓고, 사람들은 순박하며, 산천이 깨끗하고 유가(儒家)·불가(佛家)와 문(文)·무(武)의 법도가 없다고 하오. 그래서 나는 그리로 가서 머물다가 죽을 장소로 정하려는데, 혹 선생께서도 같이 가시지 않으실런지요?"
라고 하였다. 이에 매창이 대답하길,
"선생께서 먼저 가시면, 저도 마땅히 따라가겠습니다."
라고 하였다.
이튿날, 아직 잠에서들 깨어나지 않았을 때, 한 중이 밖에서 들어와 보니 능호가 말하길,
"너는 요사이 사람을 죽인 일이 없는가?"
라고 물으니 그 중이 말하길,
"명령을 받은 후로는 지안(地眼)이 다소 열렸으니 어찌 이런 일을 저지르겠습니까?"
라고 했다. 능호가 다시 말하길,
"너는 술법을 사용하는 것이 너무 잦고 명목 없이 재물을 탐하니 화가 장차 몸에 미칠 것이다. 조심하도록 하라."
고 하였다. 이에 그 중이 말하길,
"장지(葬地)를 쓰는 법에 한 가지 모르는 곳이 있습니다. 같은 길지(吉地)인데 어떤 이는 써서 복을 받고 혹 어떤이는 써서 화를 받기도 하며, 혹은 작게 받기도 하고 혹은 크게 받기도 하니 어째서 그러합니까?"
라고 하자 능호는 이에 다음과 같이 대답하였다.
"땅은 좋은 전답과 같은 것이다. 사람이 오곡을 심을 때, 조를 심으면 조가 자라고, 벼를 심으면 벼가 자랄 것이다. 조를 심고서 벼가 자라기를 바래서는 안될 것이고, 또 벼를 심고 조가 자라기를 구하면 안된다. 그러니 반드시 우선 사람됨됨이가 벼 같은 사람인지 아니면 조 같은 사람인지를 구별한 연후에야 비로소 길지를 내주어야 할 것이다. 또 상한 종자를 심으면 비록 텃밭에 심는다 하더라도 어찌 곡식이 잘 자라리라고 기대할 수 있겠는가? 게다가 춘하추동의 계절이 차

도가 있어 춥고 더운 구별이 있으므로 봄에 밭에 곡식을 심으면 반드시 곡식이 자라나, 겨울에 곡식을 심는다면 어떻게 자라겠는가? 또한 용릉(舂陵)[554]의 한 줄기에 9개의 벼이삭이 열리는 좋은 벼도 곧 하늘의 영기(靈氣)를 받은 것과 같이 무릇 저 성인(聖人)이 간간이 나타나는 것도 역시 하느님이 심으신 것이다. 일찍이 듣자니 중국인들이 풍패(豊沛)[555]의 시중에서만 장군·재상들이 많이 나왔다 하는데, 이는 하늘이 장차 장군과 재상의 일을 열어 주고자 함이다. 이는 이미 천자를 내려 보냈으니 또한 장군과 재상의 종자를 그 땅에 뿌린 것이다."

이렇게 말하고 곧이어 버럭 소리를 내며 말하길,

"성지(聖智)야, 너 수된 중은 여기서 빨리 물러가거라. 나는 이제 훌륭한 손님과 조용히 이야기하련다."

라고 하였다. 이에 그 중은 이별을 고하고 가버렸다.

매창은 능호와 침상을 맞대고 다리를 뻗고서 밤을 낮 삼아 읊조린 것도 또한 많았다. 능호의 시에,

> 만리 푸른 하늘에 법안(法眼)이 열리니,
> 추석의 보름달이 그 신(神)을 보겠네.
> 〔萬里靑天開法眼,
> 　中秋寶月觀其神.〕

라고 읊으니 대개 이는 그 도체(道體)를 형용한 것이다. 또 이르길,

> 국화는 가을서리에 고운 빛 드러내고
> 매화는 섣달 눈 속에서 찬 향기를 발하네.

---

554) 용릉(舂陵) : 중국 호남성 영원현(寧遠縣) 서북쪽에 있는 현(縣)의 이름.

555) 풍패(豊沛) : 한(漢)나라를 세운 고조(高祖) 유방(劉邦)의 고향인 풍읍(豊邑)과 패현(沛縣).

〔菊帶秋霜垂艶色,
　梅當臘雪放寒香.〕

라고 했으니 대개 미천한 가운데에서도 존재하는 도류(道流)의
훌륭함을 말한 것이다. 또 읊어 가로되,

울긋불긋 온갖 꽃, 봄에 들에 가득하고
비 개인 가을 9월에는 쑥대만이 서 있네.
〔萬紫千紅春滿野,
　霽秋九月但有蓬.〕

라고 했으니 이는 대개 세상의 번화함이 흔적없이 사라짐을 말
한 것이다. 또,

달이 그믐이 되면 모든 강이 어둡고,
봄빛이 양지에 닿으니 온갖 풀이 푸르네.
〔月當晦夜千江黑,
　春到陽城百草靑.〕

라고 하였으니 이는 대개 아직 길한 기운을 만나지 못하면 그
믐밤의 달빛이 검어지는 것과 같고 길지(吉地)에 길한 기운을 만
나련 마치 봄 언덕에 풀이 돋아나는 것과 같다는 것을 표현한
것이다.

송서가 말하기를,

"대사는 부처의 경지에 들어 땅을 보는 눈도 밝을 것이고 멀
리까지 유람하고 돌아오시어 기록이 반드시 있을 것이니 한
번 보여 줄 수 없겠습니까?"

하자 능호는 〈답산기(踏山記)〉를 꺼내 보여 주었다. 나는 그때
곁에서 보았으므로 그 기록한 것 중에서 만분지 일이라도 끌어
다 추려모아 말해 본다면 다음과 같다.

(11) 능호(能皓)의 답산기(踏山記)

　서역(西域) 인도국(印度國)의 기도산(耆闍山)[556]에는 외넌출이 나 등녕쿨마냥 뻗어나간 지형에 72개의 묘혈(墓穴)이 맺어져 있고, 대식국(大食國)[557] 구시산(鳩施山)에는 산의 지맥이 삥 돌아서 본산과 서로 대하는 지세인 회룡고조형(回龍顧祖形)이 있으며, 금강(金江) 서쪽 20리엔 12자리가 열려 있는데 한복판으로 뚫고 산줄기가 나와 황금 쟁반 모양의 반형(盤形)을 하고 있다. 죽우령(竹牛嶺) 남쪽 아홉 봉우리는 차츰 낮아져 서북방을 등진 자리인 건좌혈(乾坐穴)을 맺고 있다. 하골산(霞骨山)에는 순기룡(順奇龍) 7급(級)이 있고, 하동(河東)에는 서비가 줄을 늘이는 지주인사형(蜘蛛引絲形)이 있고, 금피(金陂)에는 구진룡(九眞龍)이 나뉘어 서북방의 귀지(貴地)를 이루고 있다. 기련산(祁連山)[558]에는 구름 속에 뜬 태양 모양의 운중태양형(雲中太陽形)이 있고, 몽고(蒙古)의 열반타산(涅盤佗山)에는 6개의 묘혈이 있고, 오환산(烏桓山)[559] 아래에는 12개의 귀한 묘혈이 있다는 등의 기록이 있다.

　타국에 대한 것은 다소 자세하지 않았으나 우리 나라에 있는 것은 좀 더 자세히 모두 써서 후일 증거하고 살피는 데 참고가 되게 하였다.

---

556) 기도산(耆闍山) : 기도굴산(耆闍崛山)의 준말. Gijjhb-kūtb산. 취두(鷲頭)·취봉(鷲峯)·영취(靈鷲)라고도 번역함. 중인도(中印度) 마갈타국(摩揭陀國) 왕사성(王舍城) 동북에 있는 산으로, 석가여래가 설법한 곳.

557) 대식국(大食國) : 오늘날의 아라비아(arabia). 지금은 사우디아라비아·쿠웨이트·예멘 등의 여러 나라가 존재하고 있음.

558) 기련산(祁連山) : 중국 감숙(甘肅)·청해(靑海) 두 성(省)의 경계를 동서로 달리는 산맥의 주봉(主峯). '기련'은 몽고어로는 하늘의 뜻. 해발 5,925m.

559) 오환산(烏桓山) : 오환산(烏丸山). 내몽고 아록과이심(阿祿科爾沁) 서북쪽에 있는 오료산(烏聊山).

백두산(白頭山) 동쪽에는 누런 학이 둥지로 돌아가는 모습의 황학귀소형(黃鶴歸巢形)의 땅이 있고, 묘향산(妙香山) 서쪽에는 장군이 칼을 뽑는 모양의 장군발검형(將軍拔劍形)의 땅이 있으며, 언진산(彦眞山) 서쪽에는 옥녀가 하늘에 배알하는 모습의 옥녀조천형(玉女朝天形)의 땅이 있다. 또 지리산(智異山) 서쪽에는 용이 구슬을 희롱하고 있는 듯한 모양의 용희보주형(龍戲寶珠形)의 지형이 있고, 운제산(雲梯山)560) 동쪽에는 9마리 봉황새가 모여 날아가는 모습의 구봉취비형(九鳳聚飛形)의 땅이 있다. 등주(登州)·내주(萊州) 바다 가운데의 전횡도(田橫島)561)·평호도(平壺島) 사이에 14개의 묘혈이 벌여져 있는데, 그 고귀함은 이루 다 말로 할 수 없다. 다만 물이 말라 육지가 드러날 때에 한한다. 골령(鶻嶺)562) 서쪽에는 천자가 제후를 조회받는 천자조제후형(天子朝諸侯形)의 지형이 있고, 여연(閭延)563)과 강계(江界) 지역엔 봉황새가 춤추며 하늘로 날아가는 모양의 봉등공형(鳳登空形)의 땅이 있으니, 복된 집안에서 그 땅을 쓰면 반드시 6명의 황후가 태어날 것이다. 칠보산(七寶山)564) 동쪽 지맥(支脈)엔 주렴을 말아올리고 전각으로 올라가는 모양의 권렴등전형(捲簾登殿形)의 땅이 있어 비록 귀한 기운이 있으나 조조(曹操)와 사마의(司馬懿)가 왕위를 찬탈하는 것과 같을 것이고, 또 협유령(挾踰嶺) 서쪽에는 용을 거구로 타고 가는 모양의 도기룡형(倒騎龍形)이 있어 큰 귀티가 있으나 큰 살상의 기운을 가지고 있다. 면악산(綿岳山)565)에는 준마에 금빛 안장을 씌운 모습의

---

560) 운제산(雲梯山) : 전북 완주군 고산면(高山面)에 있는 산.
561) 전횡도(田橫島) : 산동성 즉묵현(即墨縣) 동북쪽에 있는 섬. 전국시대 협객 전횡(田橫)이 숨어 살았던 섬이다.
562) 골령(鶻嶺) : 평남 성천군(成川郡)에 있는 지명.
563) 여연(閭延) : 평북 강계(江界) 근처에 있는 지명. 지금의 자성군(慈城郡) 여연면(閭延面)을 말함.
564) 칠보산(七寶山) : 함북 길명지구대(吉明地溝帶) 동쪽에 있는 산. 산록에 전장사(全藏寺)·개심사(開心寺) 등의 옛 절이 있음.
565) 면악산(綿岳山) : 감악산(紺岳山)의 오기(誤記)일 듯. 감악산은 현 경기도 파주군(坡州郡)에 있는 산.

준마금안형(駿馬金鞍形)의 지형이 있으니, 이곳은 극히 귀한 땅이다. 보개산(寶盖山)[566]에는 누런 용이 구름을 움켜쥐고 있는 듯한 모양의 황룡람운형(黃龍攬雲形)의 지형이 있는데, 복력(福力)이 자못 멀리까지 미칠 곳이다. 대관령(大關嶺)에는 옥새형(玉璽形)의 지형이 있고, 가야산(伽倻山)에는 신선이 마주앉아 바둑을 두고 있는 선인대기형(仙人對碁形)의 모습의 지형이 있는데, 그 안에 세 재상의 기운이 숨겨져 있다. 완전령(莞田嶺)에는 구름 가운데 신선이 앉아 있는 모습의 운중선좌형(雲中仙座形)의 지형이 있으며 나서산(羅瑞山) 북쪽 80리 되는 곳에는 세 마리 용이 기운을 합하고 있는 모습의 삼룡합기형(三龍合氣形)의 지형이 있으니, 12황후(王侯)의 기운을 품고 있는 곳이다. 성대산(聖代山)[567]에는 8명의 신선이 대작(對酌)하고 있는 모습의 팔선대작형(八仙對酌形)의 지형이 있고, 신미도(身彌島)[568]에는 목마른 용이 바닷 물을 마시고 있는 모습의 갈룡음해형(渴龍飮海形)의 지형이 있으니, 이곳은 7세 동안 누릴 복의 기운을 품고 있다. 자비령(慈悲嶺)에는 나는 용이 바다를 바라보는 모습의 비룡망해형(飛龍望海形)의 지형이 있는데 이곳은 대장군의 기운을 품고 있다. 장산(長山)[569]에는 푸른 바다에 용이 약동하는 모습의 용약창해형(龍躍滄海形)의 지형이 있는데 천자의 기운을 품고 있다. 대청도(大靑島)[570]엔 배를 물에 띄운 모습의 범주형(泛舟形)의 지형이 있고, 천마산(天摩山)[571]에는 귀인이 부적을 차고 있는 모습의 귀인패부형(貴人佩符形)의 지형이 있으며, 광복산(廣福山)[572]에는 봉황새가 구슬나무에 깃들어 있는 모습의 봉서기

566) 보개산(寶盖山) : 강원도 철원(鐵原)에 있는 산.
567) 성대산(聖代山) : 함남 북청에 있는 산.
568) 신미도(身彌島) : 평북 선천군(宣川郡)에 속한 섬 이름.
569) 장산(長山) : 전남 나주(羅州)에 속해 있는 지명.
570) 대청도(大靑島) : 충남 서해에 있고 황해도 서남 해상에도 있는데, 어느 것인지 분명하지 않음.
571) 천마산(天摩山) : 경기도 개풍군(開豊郡) 영북면(嶺北面)에 있는 산. 기슭에 박연폭포가 있음.
572) 광복산(廣福山) : 경기도 이천군에 있는 산 이름.

수형(鳳棲琪樹形)의 땅이 있다. 계룡산(鷄龍山)엔 회룡고조형(回龍顧祖形)이 있고 계립령(鷄立嶺)573)에는 선우(單于)574)가 말을 쓸어내리는 모양의 고개가 있고, 속리산(俗離山)에는 8마리 학이 화답해 우는 모습의 팔학화명형(八鶴和鳴形)의 지형이 있는데, 재상의 기운을 품고 있다.

평양(平壤)·경주(慶州)는 최상의 기운〔甲氣〕이고, 송악(松岳; 開城)·남한(南漢；廣州)은 두번째 기운〔乙氣〕이며, 부여(扶餘)·풍산(豊山)·장흔(莊痕)은 세번째의 기운〔丙氣〕이고, 풍천(豊川)575)·원림(原林)·원역(原驛)·삼부여(三扶餘)는 네번째 기운〔丁氣〕이다.

가야산(伽倻山)은 8백 년의 복기(福氣)가 있고, 함흥(咸興)엔 1천 년의 복기가 있다. 강계(江界)엔 9백 년의 복기가 있고, 용천(龍川)576)엔 7백 년의 복기가 있다. 감악(紺岳)엔 9백 년의 복기가 있고, 평양엔 4백 년 복기가 있으며, 강릉(江陵)엔 3백 년 복기가 있다. 각호산(却胡山)엔 4백 년 복기가 있고 속리산엔 2백 년 복기가 있다.

구월산(九月山)의 남쪽엔 사나운 호랑이가 포식하는 모습의 맹호포복형(猛虎飽腹形)이 있고, 서쪽에는 금계가 날개를 치는 모습의 금계박익형(金鷄搏翼形)이 있으며, 북쪽에는 새벽에 용이 동굴로 돌아가는 모습의 지형인 효동룡귀형(曉洞龍歸形)이 있다. 용강(龍岡)엔 장군이 검을 어루만지며 산채에 앉아 있는 모습의 장군안검좌책형(將軍按劍坐寨形)의 지형이 있고, 청천강(淸川江) 북쪽엔 9마리 봉황새가 흩어져 날아가는 모습의 구봉분비형(九鳳分飛形)이 있다. 창계산(唱鷄山)에는 두 마리 닭이 서로 부르는

---

573) 계립령(鷄立嶺) : 경상북도 문경(聞慶)과 충청북도 괴산(槐山) 사이에 있는 고개 이름. 새재〔鳥嶺〕 근처에 있음.

574) 선우(單于) : 흉노(匈奴)가 자기들의 추장(酋長)을 높이어 부르는 칭호. 넓고 크다는 뜻.

575) 풍천(豊川) : 황해도 송화군(松禾郡)에 있는 지명. 본래 고구려의 구을현(仇乙縣)인데, 고려 초에 풍주(豊州)로 고쳤다가 1413년에 풍천이 되었다.

576) 용천(龍川) : 평안북도에 있는 지명.

모습의 지형인 양계상호형(兩鷄相呼形)이 있고, 원통산(圓通山)에는 보검을 칼집에서 꺼내는 모습의 보검발갑형(寶劍拔匣形)의 지형이 있다. 황산강(黃山江)[577] 서쪽 20리 되는 곳에는 7 송이 연꽃이 물에 떠 있는 모습의 칠련부수형(七蓮浮水形)의 지형이 있으니, 이것들은 모두 장군·재상의 기운이다. 한라산(漢拏山)에는 선녀가 솜을 쌓는 모양의 선녀퇴면형(仙女堆綿形)의 지형이, 금성산(錦城山)[578]엔 용이 물결을 희롱하는 모습의 용희수파형(龍戲水波形)의 지형이 있다. 조령(鳥嶺)엔 야자형(也字形)의 지형이, 금강산엔 금화로 모양의 지형〔金爐形〕과 옥병 모양〔玉瓶形〕의 것이 있으니, 후비(后妃)의 기운을 품고 있는 곳이다. 한음산(漢陰山)에는 옥녀가 투호(投壺)[579]하는 모습의 옥녀투호형(玉女投壺形)의 지형이, 비백산(鼻白山)에는 옥루에서 거문고를 울리고 있는 모습의 옥루명금형(玉樓鳴琴形)의 지형이 있는데, 이곳은 신선의 기운을 품고 있는 곳이다. 황룡산(黃龍山)[580]에는 깃발 세우고 병졸들을 점호하고 있는 모습의 수기점병형(竪旗点兵形)의 지형이 있으니, 병장(兵將)의 기운을 품고 있는 곳이다. 총석정(叢石亭) 동쪽 성에서 90리 되는 바다 가운데에는 8 마리 용이 거리에서 노니는 모습의 팔룡유구형(八龍遊衢形)의 지형이 있다. 거기에는 좋은 자리가 겹겹으로 쌓였는데, 다만 대양(大洋)의 층층을 이룬 파도가 사람의 눈을 현란케 할 뿐이다. 그 한가운데에 하나의 혈이 있는데, 그 귀함은 말로 다할 수가 없다. 그 북쪽가에 세 개의 바위가 서로 마주하고 서 있는 사이로 하나의 혈이 있는데, 늘 채색의 기운과 자색 무지개가 바다 위 하늘에 생겼다가는 없어지곤 한다. 시험삼아 그 복을 찾아 쓴다면 3 명의 황제와 9 명의 왕이 날 땅이

---

577) 황산강(黃山江)：경남 양산(梁山)과 김해(金海) 사이를 흐르는 강.

578) 금성산(錦城山)：전남(全南) 나주(羅州) 북쪽에 있는 산.

579) 투호(投壺)：화살을 던져 병 속에 넣어서 승부를 가리는 놀이. 두 사람이 서로 대하여 청·홍의 살을 병 속에 던져 넣은 후에 그 수효로써 승부를 결정함. 연음(宴飮) 때 귀족들이 많이 하였음.

580) 황룡산(黃龍山)：경상북도 울진(蔚珍) 근처에 있는 산 이름.

다. 후세에 어떤 사람이 점쳐서 이 땅을 얻어 천하의 귀족이 될까? 청룡포(青龍浦)[581]의 남쪽이며 봉대(鳳戴)의 북쪽에는 들가운데 아름다운 잔치 자리 형상의 야중경연형(野中瓊筵形)의 곳이 있다. 땅이 아직은 성실하지는 못하나 후에 한 조각의 흙이 갑자기 돌기하면 비로소 크게 발복할 곳이 될 것이다. 산산(蒜山)[582]의 아래에는 하늘을 제사하는 제단모양의 제천단형(祭天壇形)의 지형이 있다. 미루어 보건대, 반드시 4개의 석촉(石燭)이 있을 터인데, 지금은 보이지 않는다. 생각해 보니, 사람들이 꺼려하여 부수어 버린 것 같다. 만약 사람의 힘을 빌어 다시 세운다면 반드시 40년이 안되어 대귀인(大貴人)은 나올 것이다. 부압산(浮鴨山)에는 금빛 북〔梭〕이 실을 끌어당기는 모양의 금사인사형(金梭引絲形)의 지형이 있는데 명경(名卿;名相)의 기운을 품고 있는 곳이다. 지남산(指南山)에는 옥비녀가 벽에 걸려 있는 모양의 옥잠괘벽형(玉簪掛壁形)의 지형이 있는데, 명사(名士)의 기운을 품고 있는 곳이다. 수양산(首陽山) 서쪽엔 버드나무 가지에 이슬이 맺혀 있는 모양의 유초결로형(柳梢結露形)의 지형이 있는데, 이는 뛰어난 유학자의 기운을 품고 있는 곳이다. 용문산(龍門山)[583]에는 선녀의 춤추는 소매 모양의 선녀무수형(仙女舞袖形)의 땅이 있는데 이는 후비(后妃)의 기운을 품고 있는 곳이다. 설한령(雪罕嶺)에는 용마(龍馬)가 안장을 벗어 버리는 모양의 용마탈안형(龍馬脫鞍形)의 지형이 있는데, 이는 8세의 작위를 받을 땅이다. 문마산(門麻山)에는 누에가 고치를 벗는 모양의 잠아탈견형(蠶蛾脫繭形)이 있고, 저탄(楮灘)가에는 노니는 물고기가 여울로 올라가는 모양의 유어상탄형(遊魚上灘形)의 지형이 있으며, 벽란도(碧瀾渡) 가에는 나는 누에나비가 꽃으로 나아가는 모양의 비아부화형(飛蛾赴花形)의 지형이 있으

---

581) 청룡포(青龍浦) : 황해도 해주 근처의 포구(浦口) 이름.
582) 산산(蒜山) : 전남 화순(和順)에 있는 산 이름.
583) 용문산(龍門山) : 경기도 양평군(楊平郡)에 있는 산. 미지산(彌智山)이라고도 한다.

니, 이는 방백(方伯 ; 觀察使)과 연수(連帥 ; 太守)의 기운을 품고 있는 곳이다. 철룡(鐵龍)에는 은바늘에 실을 꿰는 모양의 지형인 사대은침형(絲帶銀針形)이 있으니, 7세 동안 장관을 지낼 기운을 품고 있다. 장수산(長壽山)에는 쇠투구 모양의 철두무형(鐵兜鍪形)의 지형이 있으니, 용맹스런 장군의 기운을 품고 있는 곳이다. 관어대(觀魚臺)[584] 동쪽으로 10리 되는 곳에 가을 기러기가 밭으로 내려앉는 모양의 추안하전형(秋雁下田形)의 지형이 있으니, 이곳은 5형제가 봉작을 받는 곳이다. 부소산(扶蘇山)에는 긴 낚싯대로 자라를 낚는 모양의 장간조오형(長竿釣鰲形)의 지형이 있다. 미륵산(彌勒山)[585]에는 선녀가 꽃을 받들고 있는 모양의 선녀봉화형(仙女奉花形)의 지형이 있는데, 열녀의 기운을 품고 있는 곳이다. 충주(忠州)와 원주(原州) 지역에는 옥 빗 모양의 지형〔玉梳形〕과 금 상자 모양의 지형〔金箱形〕이 있으니, 명사(名士)의 기운을 품고 있는 곳이다. 관악산(冠岳山)에는 아침해가 노을을 끼고 있는 모양의 조일대하형(朝日帶霞形)의 지형이 있는데, 훌륭한 관리의 기운을 품고 있다. 용미포(龍尾浦) 남쪽 20리 되는 곳에 나비가 꽃술로 날아가는 모양〔蝶赴花蕊形〕의 지형이 있는데, 문장(文章)의 기운을 품고 있는 곳이다. 계양산(桂陽山)[586]에는 비단 요 모양의 지형〔錦褥形〕이 있는데 덕성스런 부인의 기운을 갖추고 있는 곳이다. 비홍산(飛鴻山)[587]에는 갈대잎 모양의 지형〔蒹葭葉形〕이 있는데, 곤수(閫帥 ; 兵使·水使)의 기운을 갖추고 있는 곳이다. 백화산(白花山)[588]에서 서쪽

---

584) 관어대(觀魚臺) : 경상북도 영덕군(盈德郡) 영해면(寧海面)에 있는 지명.
585) 미륵산(彌勒山) : 전북 익산(益山)에 있는 산. 용화산(龍華山)이라고도 함.
586) 계양산(桂陽山) : 지금의 인천시(仁川市) 부평(富平)의 진산(鎭山). 안남산(安南山)이라고도 함.
587) 비홍산(飛鴻山) : 충남(忠南) 부여군(扶餘郡) 홍산면(鴻山面)에 있는 진산(鎭山).
588) 백화산(白花山) : 경북 상주(尙州), 충남 태안(泰安), 전북 장수(長水)에 있으나 어느 것인지 미상.

308

으로 10리 되는 곳에는 긴 고래가 조수를 삼키는 모양[長鯨吞潮形]의 지형이 있으니, 이곳은 열사(烈士)의 기운을 감추고 있는 곳이다. 수원(水原) 오봉산(五鳳山)에는 목마른 말이 개천으로 달려가는 모양의 지형[渴馬奔川形]이 있는데, 절개 있는 선비의 기운을 갖추고 있는 곳이다. 지용산(智勇山)에는 백로가 고기를 엿보는 모양의 지형[白鷺窺魚形]이 있으니 문인의 재주를 갖추고 있는 곳이다. 담양(潭陽)과 순창(淳昌) 사이에는 옥녀가 머리 빗는 모양의 지형[玉女梳頭形]이 있으니, 후비(后妃)의 기운을 지니고 있는 곳이다. 비파산(琵琶山)에는 금거북이 숨을 내쉬고 있는 듯한 모양[金龜吹息形]의 지형이 있으니, 현명한 호걸의 기운을 숨기고 있는 곳이다. 진주(晋州) 지역에는 거북이 진흙에 빠진 모양[沒泥龜形], 삼태성 모양[三台星形], 작약꽃 가지 모양[芍藥枝形], 파초잎 모양[芭苴葉形] 등의 지형이 있으니, 문인의 기운을 숨기고 있는 곳이다. 해서(海西;黃海道)의 수양산(首陽山)에는 옥으로 만든 초롱에 촛불을 잡은 듯한 모양의 지형[玉籠秉燭形]이 있으니, 재상의 기운을 품고 있는 곳이다. 우명산(牛鳴山)에는 나는 용이 바다로 들어가는 모양의 지형[飛龍入海形]이 있으니 방백[方伯]의 기운을 품고 있는 곳이다. 송이산(松茸山)에는 늙은 학이 둥우리에 있는 모양[老鶴居巢形]의 지형이 있다. 또 금봉산(金鳳山)589) 북쪽에는 꾀꼬리가 나무로 오르는 모양의 지형[黃鳥上樹形]이 있고, 요산(遼山)590)의 남쪽에는 보검을 들고 달빛에 춤추는 모양[寶劍舞月形]이 있으니 모두 무장(武將)의 기운을 지니고 있는 곳이다. 벌엽산(伐葉山)에는 바다 두꺼비가 조수를 희롱하는 듯한 모양의 지형[海蝦弄潮形]이 있으니 문인의 기운을 품고 있는 곳이다. 벽란진(碧瀾鎭) 동쪽에 9송이 연꽃이 달린 모양의 지형[九貼蓮花形]이 있으니 대승상의 기운이 있는 곳이다. 천봉산(天鳳山)591)·구룡산(九龍

589) 금봉산(金鳳山) : 황해도 황주(黃州), 충북 충주(忠州)에 있는 산인데 어느 것인지 미상.
590) 요산(遼山) : 황해도 수안군(遂安郡)에 있는 산 이름.
591) 천봉산(天鳳山) : 함남 갑산(甲山)의 진산(鎭山).

山)592)은 모두 나는 용이 구름을 끼고 있는 모양의 지형〔飛龍擁雲形〕이니 살기(殺氣)를 많이 품고 있다. 그러므로 복과 화가 반반이니, 처음 1백 년은 복될 것이고 다음 1백 년은 화가 있을 것이다. 비록 현명한 재상과 명장의 기운이 있더라도 역시 적자(賊子)와 간신(奸臣)의 난이 있는 것이 가히 흠이라 할 것이다. 경흥(慶興)593)의 동쪽에는 뿔피리를 불며 행군하는 모양의 지형〔吹角行軍形〕이 있으니, 이는 대장의 기운이다. 설악산(雪岳山)에는 옥향로에 향 피우고 하늘에 제사 올리는 모양의 지형〔玉爐祭天形〕이 있으니 재상의 기운을 갖추고 있는 곳이다. 이상과 같은 기록 등이 많으나 이루 다 적을 수가 없다.

매창〔曺玄志〕이 말하길,
"하늘이 감추고 있는 것을 사람이 누설할 수 없는 것이니, 어찌 반드시 널리 기록해 전할 수가 있는가?"
라고 하였다. 송서〔李彦休〕가 말하길,
"그 받을 사람이 아닌데 그에게 준다면 곧 주는 자와 받는 자가 모두 하늘을 거역하는 것이 되어 죄를 얻을 것이니, 조심하지 않을 수 있는가?"
라고 하였다. 운홍〔李思淵〕이 다음과 같이 말했다.
"진사 이희수(李希壽)는 풍수(風水)를 업으로 하였다. 말년에 시를 지어 이르길,

풍수 10년에 정력만 헛되이 소비했네.
재산도 없고 할 일도 없어졌으니, 무엇을 이루겠는가?
선(善)을 쌓고 인(仁)을 행하던 사람 돌아다보니

592) 구룡산(九龍山)：장단(長湍)·문의(文義)·남포(藍浦)·안동(安東)·고원(高原)·평양(平壤)·강서(江西)·성천(成川)·강동(江東) 등지에 있는 산인데 이 중 어떤 산을 말하는지 미상.
593) 경흥(慶興)：함경북도에 있는 한 군(郡)의 이름. 두만강(豆滿江)에 연한 국경도시로 옛부터 여진(女眞)에 대한 방위 등으로 국방상의 요지로 되어 왔음.

그는 이미 좋은 산 얻어 만대로 영화를 얻었구나.

〔風水十年護費精,

　財空業墮意何成？

　還看積善行仁者,

　已得佳山萬代榮.〕

라고 하였으니 이것은 간절한 심정의 말이다.

　옛날 소하(蕭何)·조참(曹參)·방현령(房玄齡)·두여회(杜如晦) 같은 현명한 재상과 한신(韓信)·팽월(彭越)·영포(英布)·위청(衛靑)의 명장들은 모두 때에 응하여 세상에 나왔고, 왕망(王莽)·동탁(董卓)·왕돈(王敦)·환현(桓玄) 같은 적신(賊臣)과 진회(秦檜)·추학(秋壑) 같은 간신들도 역시 하늘이 시킨 것이 아니겠는가? 그러니 어찌 함부로 묘자리만 잘 고른다고 해서 아무 때고 장상(將相)이 나타나길 바랄 수 있겠는가? 자손이 부귀영화를 누릴 수 있는 것은 그 선조가 공을 쌓고 인(仁)을 쌓아 놓았기 때문에 후세인이 그 보답을 받는 것이다. 지금 사람들은 공을 세우고 덕을 닦으려고는 하지 않고, 오로지 큰 벼슬을 하고 거부가 되어 집안이 흥기하고 자손이 번창하기만을 바라니, 매우 미혹한 노릇이다. 부모를 위하여 명당 자리를 찾는 사사로운 욕심만 가슴 속을 채웠으니 어찌 그 길흉을 구별할 수 있겠는가? 심한 사람은 한때의 작은 재난만 당하여도 이미 뼈만 남은 조상을 망령되이 옮기니 이것은 조상으로써 화복의 미끼를 삼는 것이라, 그들에게 부모를 사랑하는 마음이 어찌 있으리오?”

　이에 매창이 또 말하였다.

　“무릇 사람은 각기 씨족이 다른지라 그 가장 중요한 것은 혼인일 것이다. 광동 여씨(廣東余氏)는 부자와만 결혼했으므로 여씨 일족엔 부자가 많고, 남평 정씨(南平鄭氏)는 늘 인자하고 화목한 집안만을 골라 결혼했으므로, 정씨 집안엔 충성되고 후덕한 사람이 많으며, 오계 팽씨(五溪彭氏)는 반드시 호걸이 생기는 집안의 여자를 아내로 맞았으므로, 그 집안엔 영웅 호걸이 많다. 그러므로 혼인은 만복의 근원임을 믿을 수 있다.”
  송서가 뒤이어 말하였다.
  “아이는 어머니 뱃속에서 10개월 동안 자라므로 모든 선과 악을 그 어머니에게서 배운다. 그러므로 아이는 그 어머니를 닮는다. 또 아이가 바야흐로 수태(受胎)될 때에는 반드시 부모의 혈기(血氣)를 취한다. 그러므로 무릇 부부의 교구(交媾)는 반드시 몸이 건강할 때 하여야 하며 마음이 깨끗하고 순결하며, 또 혈기가 왕성할 때가 좋다. 또 날씨가 청명할 때가 좋다.
〈주역〉에 이르길,
  ‘기(氣)가 밝고 바른 것을 얻으면 성인(聖人)이 되고, 기가 치우치고 막힌 것을 얻으면 어리석은 자가 된다.’
라고 하였으니 그 말은 이것을 두고 한 말이다.”
그러자 능호(能皓)가 말하길,
  “이미 사람의 할 일을 닦고, 천지의 상응에 합당하면 곧 일은 반드시 성취될 것이다.”
라고 하였다.
  얼마 후에 능호와 송서는 함께 호남의 진도군(珍島郡)으로 가서 작은 배를 얻어 타고 해남(海南)으로 갈 때 매창이 고별하며 말하길,
  “종당에는 서로 따르게 될 뿐이네.”
라고 하였다.

(12) 무릉도원(武陵桃源) 태평동(太平洞)

  매창은 갑산(甲山)을 유람하다 처사(處士) 임정수(林正秀)란 사람을 만났다. 이 사람이 태평동(太平洞)의 주인이었다. 자는 춘방(春芳)이고, 호는 잠룡자(潛龍子)이었다. 태평동은 갑산에서 동북으로 이틀 거리 되는 곳에 있다. 매창은 잠룡자를 따라 태평동을 찾아가는데, 이판령(伊坂嶺)에는 암석들이 험준하였

312

다. 한 돌을 밀치자 동굴 문이 보였다. 비로소 동굴에 들어가
니 굴이 좁아 겨우 한 사람이 지나갈 정도였다. 좌우 석벽 가
운데로 하나의 길이 나 있는데 5개의 촛불을 다 태운 후에야 비
로소 굴이 넓어졌다. 돌 사이에는 웅황(雄黃)·자석영(紫石英)·
석종유(石鐘乳) 등이 많이 나고 있었다. 또 두 개의 초를 다 태
운 후에 수십보나 됨직한 넓이의 깊은 연못이 나왔다. 그위에
나무다리 하나가 가로 놓여 있어 그 다리를 건넜다. 또 3개의
초를 태운 후에 산 뒤에 있는 굴을 나오니 사방이 30리나 되는
곳이 나타나고 거기가 태평동이었다. 이곳엔 세금이나 전쟁 따
위가 없으므로 태평동이라 불렀다. 또 맑은 샘과 하얀 돌, 약
초와 아름다운 나무가 있었으며 토지는 비옥하여 곡식이 잘 자
랐다. 거주하는 사람은 4, 5 가구 정도이고 잠룡자 집은 영일당
(寧一堂)이라고 불렀다. 뜰에는 옥 같은 꽃과 풀이 있었고 술동
이에는 향기로운 술이 담겨 있었다. 매창이 말하길,
　"이 곳은 낙원이로군요."
라고 하고서 드디어 며칠을 머물며, 읊고 노래한 것이 자못 많
았다. 그 시에,

　처마 끝에선 천녀가 축하하고,
　울 아래에선 목선이 읊조리네.
　〔簷頭天女賀,
　　籬下木仙吟.〕

라고 하였다. 또,

　중산(中山)594)의 토끼털 붓을 한가로이 희롱하고,
　상당(上黨)595)의 벽송먹을 진하게 가네.

---

594) 중산(中山) : 함경남도 북청(北靑)에 있는 산.
595) 상당(上黨) : 충청북도 청주(淸州)의 옛 이름. 본래 백제(百濟)의
　　상당현(上黨縣)이었다가, 신라(新羅) 경덕왕(景德王) 때에 서원경(西
原京)으로 승격되었던 곳이다.

〔閑弄中山霜兎筆,
　細硏上黨碧松烟.〕

라고 하였다. 또,

이슬은 봉황 꼬리와 무성한 소나무가 새겨진 벼루에 더하고
구름은 황금 외와 구슬 잎 무늬가 있는 종이를 덮네.
〔露添鳳尾滋松硯,
　雲覆金苽玉葉牋.〕

라 하기도 하고 또,

개인 창은 누런 솜 도포를 입기를 좋아하고
비 맞은 나무는 소녀 같은 바람을 보기를 기다리네.
〔晴窓愛得黃綿襖
　雨樹候看少女風.〕

라고 하였다. 또,

백설 같은 강아지는 밤에 골목에서 짖고
누런 털의 보살〔소〕은 봄뚝에서 풀을 뜯네.
느릅나무·콩꼬투리에 비가 오니 벼와 기장이 싹이 나고
잉어가 바람을 일으키니 대추와 배가 향기롭네.
〔白雪猧兒鳴夜巷,
　黃毛菩薩吃春堤.
　楡莢雨來禾黍秀,
　鯉魚風起棗梨香.〕

라고 읊었다. 또,

한가로이 꿀통의 황금 날개 사자〔벌〕의 소리를 듣고

314

희롱삼아 꽃에서 꿀 따는 옥 같은 허리의 일벌을 따라가네.
〔閑聽蜜房金翼使,
　戲隨花賊玉腰奴.〕

라고 하였다. 또,

연꽃 모양의 등잔엔 관솔불 타고
파초 잎 술잔엔 죽력주(竹瀝酒)[596]로다.
〔蓮花檠上松明炬,
　蕉葉盃中竹瀝醪.〕

등의 시구를 지었다.
　매창이 말하길,
　"남도(南道)에는 이방보(李芳普)가 있고 북도(北道)엔 임정수(林正秀)가 있으니 이들은 우리 남과 북의 주인이다."
라고 하였다. 잠룡자가 말하길,
　"내가 예전에 호서지방에서 살 때는 가난하여 자립할 수가 없어서 두루 구걸하러 다니다가 이곳에 이르렀는데, 지금은 곡식과 옷감이 집에 가득하여 일생토록 편안하게 지낼 수 있게 되었으니, 빈부는 진실로 미리 정해져 있는 것이 아니다."
라고 하였다. 뒤이어 송서가 말했다.
　"조문백(趙文伯)이란 사람은 송(宋)나라 종실(宗室)의 진강왕(晋康王) 조효건(趙孝騫)의 아들이다. 정강(靖康)의 난 때 우리 나라로 도망와 가림(加林)[597] 땅에서 살았다. 그의 아들 조암(趙嵒)과 손자 조염(趙廉)[598]은 그 효성스러움과 의로움으로

---

596) 죽력주(竹瀝酒) : 죽력을 넣어 빚은 술. 죽력은 푸른 대쪽을 불에 구워서 받은 진액(津液)으로 열병이나 갈증 해소에 효력이 있음.
597) 가림(加林) : 충남 부여군 임천면(林川面)의 옛 이름.
598) 조염(趙廉) : 고려 충혜왕 때의 문신. 자는 노직(魯直), 본관은 순창(淳昌). 충숙왕 때 문과에 급제, 충혜왕 초에 정언(正言)으로 있으면서 지공거(知貢擧) 한종유(韓宗愈)의 불공평한 처사를 논하다가 왕

써 한 지방의 모범이 되었다. 증손 조수천(趙壽天)은 고려 고종(高宗)때 높은 벼슬을 하고, 충렬왕(忠烈王)때 가림백(加林伯)에 봉하여져, 비로소 임천(林川) 조(趙)씨가 되었다. 하서(河西) 임(任)씨는 서하(西河)[599]에서 나온 것이다. 곧 서하승상 임득경(任得敬)의 손자 임주(任澍)가 소흥(紹興)[600]에서 살다가, 덕우(德祐;宋 恭宗 年號 1275~1576) 연간에 제치사(制置使)가 되어 절강(浙江)[601]을 지키다가, 임안(臨安)[602]이 함락되자 바닷길로 서하 땅에 이르러, 부자가 치산에 힘써 곡식을 집안에 가득히 쌓아 놓고도 아침엔 밥, 저녁엔 죽을 먹으면서 궁한 사람에게 나누어 주는 일에 전력하였다. 그후 임자순(任子順)은 연지(燕支)[603]의 싸움에서 공을 세워 군으로 봉해진 네 사람중에 끼어 비로소 우리 나라에 일컬어졌나.”

운홍이 말했다.

“원영(元榮)이란 사람은, 원위(元魏)의 효장왕(孝莊王)의 후예이다. 수(隋)나라 양제(煬帝)가 고구려를 정벌할 때 원영은 행군교위(行軍校尉)였는데, 패하자 붙잡혔다. 고구려의 영양왕(嬰陽王)이 그를 가리파(加里坡)[604] 땅에 이주시키니 거기서

의 노여움을 사서 투옥될 뻔하였다. 후에 좌사의대부(左司議大夫)가 되었다가 밀직사(密直使)가 되었는데 사의(司議)에서 추밀부(樞密府)로 들어간 것은 전례가 없는 일이었다.

599) 서하(西河) : 중국 하북성(河北省)의 자아하(子牙河)·청수하(淸水河) 및 동성(同省)의 중부에 있는 여러 강의 총칭. 또는 황하의 일부. 산서(山西)·섬서(陜西) 양성(兩省)의 경계를 흐르는 부분.

600) 소흥(紹興) : 중국 절강성(浙江省)의 북동부에 있는 성시(城市). 항주(杭州)의 동남 약 80km 지점에 있음. 소흥주(紹興酒)로 유명하며, 우(禹) 임금이 제후(諸侯)를 만난 곳으로 사적과 절도 많다.

601) 절강(浙江) : 절강성(浙江省). 중국 동남부 황해 연안의 성. 양자강 하류의 남부를 점하고 있으며, 전당강(錢塘江)에 의하여 동서로 나뉨. 성도(省都)는 항주(杭州).

602) 임안(臨安) : 중국 남송(南宋)의 수도. 현재의 절강성 항주시(杭州市)를 말함.

603) 연지(燕支) : 연지현(燕支縣). 지금의 감숙성(甘肅省) 영창현(永昌縣) 서쪽을 가리킴.

604) 가리파(加里坡) : 강원도 원주(原州)에 있는 지명.

316

자손이 많이 퍼지게 되었다. 신라 효성왕(孝成王) 때의 원일신(元一信)이란 사람은 효행이 탁월하여 부마가 되어 네 아들을 낳으니, 삼석(三錫)·삼명(三命)·삼재(三宰)·득윤(得允)이라 하였다. 왕은 그 중, 두 아들은 아버지 성을 따르게 하고 다른 두 아들은 어머니 성을 따르게 하였다. 어머니 이름이 유황(兪黃)이었으므로 삼재(三宰)는 성을 유(兪)씨라 했고, 득윤(得允)은 성을 황씨(黃氏)라 하였다. 그러므로 창원(昌原) 유(兪)씨와 창원(昌原) 황(黃)씨는 대개 이로부터 시작된 것이다.”
매창이 또 말했다.

“장사(長沙)[605]에 마문익(馬文翼)이란 사람이 있었는데, 재산이 남방 초(楚)에서 가장 많았다. 그는 스스로 옛날의 초왕(楚王) 마은(馬殷)의 후예라 하였다. 세상에서 그를 부자노인이라 하였는데 그는 일찍이 말하길,

‘하늘은 녹이 없는 사람을 낳지 않지만 재산이란 사람의 분수 안의 일이라.’
라고 하였다. 그에게는 운룡(雲龍)·운호(雲虎)란 두 아들이 있었는데 점장이가 보고,

‘하늘 곳간[天倉]이 깎이고 땅창고[地庫]가 비었으며, 피부가 얇고 살이 떴으며 세로로 난 주름살이 입으로 들어오니 반드시 굶어 죽을 상이오.’
라고 하였다. 이에 마문익이,

‘나의 아들이 어찌 아사할 이치가 있는가?’
하고서 드디어 1백 년 동안 먹고 살 수 있는 재산을 계산하여 주되 매일 쓸 은전 20냥 씩을 독에다 넣어 쭉 진열하여 묻었다. 그리고 밭은 각기 6백 일 갈이씩 나누어 주고 소·양 천 마리와 돈 10만 냥, 비단 2백 필을 각기 두 아들에게 나누어 주었다. 또 따로 밭과 재산을 나누어 12가구의 생업으로 삼

---

605) 장사(長沙) : 중국 호남성(湖南省)의 주요 도시. 상강(湘江)수운, 월한(粤漢) 철도, 공로(公路)에 의하여 교통·경제의 중심지로서 4대 쌀 시장의 하나임.

게 하여 후일 두 아들을 돌봐주도록 하였다. 얼마 후 마문익이 죽자 두 아들은 아버지의 유언을 받들어 매일 땅에 묻은 은 20냥만을 꺼내어 쓰고 다른 데는 쓸데없이 낭비하지 않았다. 그러나 아버지가 죽은 지 3년 후에 소의 전염병으로 소와 양이 모두 죽고, 생업도 점차로 쇠퇴해져 갔다. 비단은 남에게 빌려 주었더니 갚지 않아 여분이 없었다. 게다가 우연히 사람을 두 번이나 죽여 가산을 탕진하였고 은 또한 반전도 남지 않아 무일푼이 되어 밭을 팔고 또 저당잡히게 되었다. 그리하여 불과 8년도 못되어 밭이라곤 한 치도 남지 않게 되었고 곡식도 모두 없어졌다. 이에 형편이 어쩔 수 없어 형제는 돌아다니며 구걸하다가 홍교(虹橋) 옆에서 굶어 죽어 거리의 시체가 되고 말았다. 그러니 백 년 동안 재물을 탐하여 모은 것이 하루 아침에 먼지로 된다는 말을 믿을 수 있을 것이다. 그런즉 죽고 사는 것은 운명이고 부귀는 하늘에 달렸다."

운홍이 말하였다.

"이양필(李良弼)이란 사람은 홍주(洪州) 사람이다. 그의 선조는 안남국(安南國)의 왕 이양환(李陽煥)에서 나왔다. 송(宋)나라 보경(寶慶：南宋 理宗 年號. 1225~1227) 연간에 난을 피해 바다를 건너 온 이군필(李君苾)이란 자가 비로소 조선의 홍주에서 살게 되었다. 이양필은 바로 이군필의 13세 손이다. 이군필의 증손 이건문(李乾文)은 신평군(新平君)에 봉해졌으므로 신평(新平)이 본관이 되었다."

그리고 그는 또 다시 말했다.

"이맹운(李孟芸)이란 사람은 옹진(甕津) 사람으로 어질고 착하다는 소문이 이웃에 자자하였다. 그는 스스로 말하기를, 그의 선조는 안남왕 이용한(李龍翰)의 아우 이용상(李龍祥)의 후손이라고 하였다."

韓國奇人傳
（華軒罷睡錄）

一. 李芝蘭

太祖大王微時　居北關之永興　遊獵山中　遇一樵兒　年甫八歲　乃女眞人也．姓佟名豆蘭　顏貌魁偉　言辭警敏　自言岳武穆王七代孫也．太祖　怪問曰「汝爲岳武穆之孫　則何爲離落於此也？」兒曰「吾之七代祖母　卽女眞人也．年十六　替父從軍　隷金將兀朮麾下　與大宋相戰　兵敗爲宋人所執矣．偶値月夜　擊刀斗而歌之．武穆聞其歌聲　知其爲女子　招納同處　數月之後　祖母懷孕　逃還　因生其子　世居女眞焉．」太祖聞而奇之　招乃與同歸　及長　英勇韜畧　與太祖無異．太祖相與較藝　有村女　戴盆水過前　太祖先丸子射盆穴穿之　水未及出　豆蘭繼以丸子　著蠟　射之塞其盆穴　其才類皆如此．

一日自東萊報倭寇猝至　其將卽阿只拔都也．年十四爲將　欲犯朝鮮其妹謂拔都曰「汝至年十五　可以成功　姑俟一年　可也．」拔都怒其沮軍卽斬其妹　帥兵渡海　其驍勇威猛　身著重鎧　頭戴鐵盔　兩眼如晝　隨睫開闔　無隙可射　我軍恐懼不肯接近　太祖顧謂豆蘭曰「吾以鐵古道理　射彼盔頭　則盔將岸時　彼必開口　汝疾射其口中．」太祖乃射中倭盔　倭將開口　豆蘭果繼射而殪之　大軍撞之　倭兵驚潰　我軍因以大捷　立勝戰碑於八嶺上而還　其後太祖屢樹大勳　豆蘭之力甚多　而事有關於義理處　則豆蘭必避而不與焉．其志可見．太祖受麗禪　卽位　賜姓李氏　改名芝蘭封爵青海伯　居無何　青海伯忽削髮被緇　逃歸北關　不知所終云．青海伯前後事跡　所傳者甚多　而文獻不足徵．聞其子孫家　有家乘云　而亦不知其字矣．近有永川金百鍊者　其所學頗涉詭怪　自謂出神　逍遙上下　與千古英魂　同遊於仙府矣．一日謂青海伯孫曰「子知青海伯之字乎？」其人曰「不知也．」百鍊曰「乃式馨也．」其人曰「何以能知？」曰「曩者偶到一處　大明太祖高皇帝高麗太祖我太祖同遊　從臣卽誠意伯劉基　文肅公尹瓘及青海伯芝蘭　相與呼字　而青海伯以式馨呼　故知之也．」其人笑而不信　其後往咸營　披閱舊跡　則其中有青海伯事跡　而名芝蘭　字式馨．

於是 始信金百鍊言之不妄矣.

我太祖誕降于永興龍興江上 及長 承桓祖官 爲北道萬戶矣. 一夕夢 千家鷄一時鳴 萬家杵一時聲 破屋中負三椽 心窃異之 聞同縣有老嫗善解夢者 齎糈往問 老嫗默然良久曰「此大夢也. 非吾所敢解 安邊府雪峰山下 有一箇胡僧 道名無學者 土窟面壁而坐 今至九年矣. 君可致誠往問.」太祖如其言 往尋雪峯山土窟 拜於窟門之外 拱手而立 至日暮 無學低聲問曰「客何爲而來耶?」太祖以其事告之 無學始回坐 開眼曰「此果大夢也 千家鷄一時鳴者 居高位之像也. 萬家杵一時聲者 得箕柬之像也. 破屋負三椽者 終負王字之像也. 將軍旣有受命之兆 將有百神之主 當建大刹于此地 以饗天地神祇.」太祖於是爲建寺化主 鳩財聚力 大造梵宇 屢設水陸大齋矣. 伊時有一行人 道于北關 日暮不遇人家 寄宿於路傍衆塚之側 夜半諸鬼呼之曰「何不同往李某之齋?」塚中有應之曰「適有客來宿 故在主人之道 不得捨去 君輩先往可也.」至曉 諸鬼皆還塚中 問曰「今番所饗何如 而鷺神處分亦何如?」諸魂答曰「饗儀甚盛 百神悅懌 鷺神命李某爲王云.」

太祖以無學爲師 每事必咨焉. 無學者 本乃三嘉縣文哥之奴子也. 生有異質 自兒時 多有靈詭之事 文哥放良 任其所之 無發類爲僧 初思數學而有黃衫老人者 乃是白頭山道人也. 以孕數之歌 敎之於虛空之中 無學言下領會 終爲太祖國師 至占漢陽國基 初尋至枉尋里 以占王城開鑿基址之際 秘記出 乃道詵所著也. 其書曰「後往十里」無學始悟 再占於梁川郊 尋山脈 上北岳 則有白碑曰「妖僧無學誤尋到此」無學放杖大哭曰「先師胡爲謂我妖僧也.」回定鼎于南山之下 以北岳 爲案曰「此乃回龍顧祖之形也.」鄭道傳曰「王者 正南面而坐也. 北向 非王者可居之地也. 而北岳山如佛像 前朝以妖僧亡國 今若定鼎于此 則妖厄長不離於宮中 此則堪輿大忌也.」無學曰「公自定都」於是 道傳乃占景福宮於仁旺山下 無學曰「以主客之勢言之 此道似可以 淸溪冠岳二山論之 以賊旗星見於南方 不出二百年 宮城盡入回祿之禍 且水口頗虛 城內市井之民 貧窮 不能奠居 奈何?」道傳曰「回祿 乃一時之災也. 不必深憂而水口之虛 誠如師言 然有可救之道 東西郊諸山 皆片片金也. 城外三十里內 不許士大夫入葬 使市井之民葬之 則可以山蔭發福 莫不饒足.」無學始悟 語塞乎定鼎焉.

　太祖大主有伯氏　名曰元桂　其英勇　可謂難兄難弟也．一日兄弟射獵
山中　行至一處　則百餘里間　無一禽獸蹤跡　心窃疑之　深入不已　望見山
腰　則有一物卧眠於磐石之上　稍近視之　則非虎非熊非虺非蛇　其長不滿
一丈　腰大亦如之　身鱗甲　掌黑白相錯光　怪可愕　伯氏欲射之．太祖止
之曰「此山百里無二禽獸　則被物必盡也．彼乃天下毒物　不可輕射.」伯
氏不聽　以強弓射之　厥物驚起　飛空直向兄　弟不及措手　爲厥物所咬而
斃　因忽不見　太祖痛哭而還．

二．　無名氏

　麗末　長湍縣　有士人　失其姓名．自幼時　明於數學　殆近生知．年十
七娶于鄰郡士女　行禮之夜　推數前頭　則連生二子　早登科　名而午未四
十兄弟有一日幷命之厄．不勝憂懼　熟思所以脫禍之道　達夜不寢　無心
於宴爾之樂．翌朝日晚不起　婦翁聞之　疑其有病人　而問之　不答．婢子
告進飯擁衾起坐飯飽還卧．如是者至於數朔　家人視之癈疾之人．新婦
與婢子之外無得人之見者矣．一旦早忽然起寢　衣服而坐　呼婢子　命進
鹽水　梳洗振衣　謂其新婦曰「吾有友人　今日遠行　過此．吾欲出餞　君
須入告尊堂具酒一大壺　具饌一大盤　使婢僕負戴　以隨我後」其家聞以
驚之　以爲病愈　依其言　備酒肴．新郎出門　而向西而去．行至數里　道
傍有一大樹止而候其人．至午有一少年　可十六之年．容貌俊偉　騎白
馬　縱轡而來．下馬於大樹下　開襟搖扇　顧問曰「日熱渴急　此間有泉水
否？」新郎答曰「無有」仍謂少年曰「吾有友人遠行者　適聞今日過此
故持酒而來　尙今不至　必行期差違也．請與君其飯可乎.」少年喜曰「求
水不得　況飲酒乎？」新郎使婢僕進酒肴　少年痛飲大爵　壺乾而止．兩
少年邂逅　共飲　醉興陶陶　談說娓娓　所謂傾蓋若舊者也．新郎進執少年
之手曰「吾輩相過於此　天也．吾嘗粗解數學矣．今春娶妻于此地近處
推數前程　則將有二子　幷命之厄　其時君必當局　操縱殺活　在君掌握　君
能活我二子乎？」少年曰「果如君言　何難之有.」新郎奉紙筆請書約
誓以爲他日左契．少年依其言　書而贈之曰「某年某月某日　李某書.」
此少年卽我太祖也．
　旣而相別而歸　擇新婦之日　率與同歸　果生二子　未及長成　有病臨終

謂其妻 曰「此後某年某月日 兒遭大禍 君持此封書 獻于主上 則庶 幾
可免矣.」遂奄忽而逝. 二子登第 并爲諫官 至恭讓王朝 我太祖威德日
盛 大臣鄭夢周深忌之 與數十名士 謀害太祖. 太祖使趙英奎椎殺夢周
其黨二十餘人 皆駢首就戮 二子亦與焉. 其母以其封書以獻之 太祖見
而嗟歎 特貸其死焉.

三. 元天錫

麗朝進士元天錫 字士端 號耘谷 隱於原州雉岳山中 躬耕讀書 我太
宗大王幼時往學有年矣. 卽位之後 親臨天錫之家 則天錫踰墻 而避. 太
宗坐於石臺之上 卽舊時讀書之處也. 招前日炊婢 賜御饌 悵然謂之曰
「先生雖不臣我 先生之子卽我之臣也.」以御筆書守令官敎旨給老婢 徘
徊久之 憮然回鑾矣. 天錫還聞之 怒笞老婢曰「汝以吾之婢子 豈可食
不潔之食乎?」聚其敎旨 其亢有過於吉冶隱之從容矣. 嘗著野史 堅封
之題其面曰「吾之子孫 有不知我者 不敢開此」藏於祠堂中矣. 其後孫
行時祭 飮福之際 一人發論曰「子孫雖有賢者 何敢自謂如先祖而發此
封乎? 如此 則雖千百歲 未有發見之日 不如同議開見」盖不知爲野史
之故也. 及啓櫃見之 則其所言者 多觸時諱 諸人大驚曰「相謂此吾家
滅族之崇也.」焚之廟庭. 回飆忽起 散爛餘寸紙 落於街上. 其一紙曰
「吾君之子爲辛旽之子.」 又一紙曰 「白日陽村談義理 世間何處不生
賢?」第三句云「燋爛莫卜」. 第四句「贊莽揚雄太玄云」矣.

四. 文宗托子

世宗朝 起集賢殿 置諸學士 待以賓師之禮 朴彭年成三問李塏河緯地
柳誠源兪應孚申叔舟乃極選也. 世宗微行 行至成均舘 講論不怠 夜深
而罷. 一日夕 讀書至五更 而上不臨 諸公解衣而臥. 夢魂初交 忽聞窓
外呼謹甫之聲. 諸公驚起 出視 則文宗大王抱端宗 徘徊庭中 招諸學士
曰「予以此兒付卿輩 他日無忘.」此夜酬酢之言 諸公頓首受命矣.
　其後六臣禍作 誠亦異矣.

五.　成宗微行

　　嶺南有士人　與隣居盲人　同庚　情厚　而盲人善於推數　無不奇中．常謂士人「同甲必壯元及第　官至兵判．」士人喜面自負　篤於科業　文名大振　發解數十餘次　而年七十不得小成　家產蕩盡．一日老人點檢平生　窃憤盲人之賣己　意欲毆打　携杖而往盲人之家　大聲叱之曰「吾爲汝卜術所欺　良貝至此　汝敢逃罪乎？」盲人曰「聞今秋有庭試云　若失秋科　則吾當服欺妄之罪　第思之」老人笑曰「汝爲欺我　吾見欺於汝　蓋重汝罪盲」以酒慰解　盡醉而歸矣．及至槐黃　老人假貸治行．間關上京　又爲見屈　老人不勝歔傷．　適有銀臺一員　乃老人之戚弟也．老人謂其人曰「吾以老悖惑信盲人之言　作此妄行　而此後　則永與京洛辭決矣．曾聞外人或因緣入後苑　暫時遊賞而出　君能爲我周旋　能無遺恨於地下　可也．」其人聞　甚悲憐　使銀臺下人　引路入闕內後苑．時值八月　風物可賞．老人周覽徘徊之際　有一少年　携琉璃瓶　相遇於紅蓼花間．少年謂老人曰「此乃禁地也．老人何爲而入也？」老人以嶺南鄉儒語及平生顚末及來之意．少年曰「然則老人情誠可悲矣．　請暫坐飲酒　可乎？」以琥珀鍾酌香醪而勸之　老人連數舠　紅潮上面．少年曰「今幸邂逅老人　此風景正好　賦詩可乎？」老人醉曰「君呼韻何惜一吟？」少年呼韻　老人應口輒對　而卒句曰「御苑紅蓼爛熳紅」少年吟誦再三　稱歎不已曰「似聞再明往後試云　聖上蓋以今榜鄉儒　不得多參故也．老人此後　必難更作　此行　姑留數日　以觀後試　如何？」老人曰「君言誠爲有理　而行資已盡　奈何？」少年曰　「吾當詳探後試的實則當助送行資與試具　必須留觀」老人謝曰「君言甚厚　然豈其易乎？」因以相別而歸矣．

　　至暮　有下人來　傳洞口內李書房之言曰「俄者　禁苑邂逅　慰幸多矣．後試之說　果爲的實．故若干試具等節　奉呈．」所送之物　既豐且侈　老人感激於心曰「孰謂京俗多薄？　吾嶺南必不如此．」因以答忭曰「厚眷至此感荷銘心　當依教．」觀光以待矣．及其入場　見書題　則乃「御苑紅蓼爛熳紅．」於是乎　大覺　昨者所逢少年　卽聖上之微行也．因作百餘句　而一場諸儒　未曉題義　舉皆曳白之中，一人見老人無難大作　心窃異之　窺覰老人之命意　作賦四十餘句　而進呈矣．兩人同榜之後　成宗引見　六日

之間位至兵判　因爲致仕奉朝賀　上賜白金三十兩.　老人衣錦而還　以白
金分半與盲人　壽至八十終云.

　　成宗喜其微行　月夜出遊街上　爲巡邏軍所逐　隱身柳樹之下矣.　其傍
有冶匠家　冶匠之子　出戶　溲溺於庭中　仰見天象　呼其父　告之曰「靑丘
星走入於柳星之中　大是異事　恐國家有變.」其父呵叱而止之　曰「兒子
何知？　勿爲妄言.」

　　成宗聞而異之　翌日使大殿別監　訪之　則其室已空　去無踪跡矣.　自古
有道之士隱於賤執事者　往往有.　冶匠必是隱士　而世莫能知其賢，悲夫
豈非侯嬴毛遂之遊歟？

六.　燕山君（名　㦕　成宗長子）

　　燕山淫虐日甚　命朝士之妻　次第入侍內寢.　一日　下備忘記于政院曰
「朴元宗之妻　善爲撓本　願留宮中.」政院知悉.　又有一朝之妻迫於嚴命
將入闕內　以白紬裹身　百結千纏矣.　燕山令宮人執其四體　以刀割紬　以
淫之.　朝士之妻及出　就舍　對其夫　指其下曰「此物非吾身體也.」方其
入也.　心如鐵石矣.　及其淫也.　不覺有喜　穢莫甚焉.　以刀割其淫戶而死
　　成宗得一鹿兒　養之甚愛　號鹿童　在欄干上　燕山以足蹴之　落階下.
成宗見而怒叱.　其後每見鹿童　則燕山睍而視之矣.　成廟昇退後　射殺鹿
童掛鼎於庭下　烹而食之.　松堂朴英時爲宣傳官　入侍　見其狀　退謂人曰
「先王之愛物如此　其於臣子　何有哉？」卽日退歸嶺南之善山　閉戶讀書
爲世名儒.　至戊午史禍之作　霽峰高敬命戲謂松堂曰「君乃武夫　何不拳
殺柳子光輩　以雪士類之憤乎？」松堂笑曰「吾若拳殺彼輩　何異蚊蝱
乎？　但懼後世史册一盜字　故不能也.」遂相與大笑而罷.

七.　李　滉

　　李滉　字景浩　號退溪　與河西金麟厚　同爲仁宗東宮時　宮官矣.　仁廟
昇退後　諸賢相謂曰「天之所癢　吾輩不復出世矣.」仁廟國忌　七月初七
日也.　金河西每値此日　則入於山中　終日痛哭　歲以爲常.　宣廟初年　退
溪一應召命　嘗難曰「吾出脚　暫負良」高峰奇大升學於河西者也.　河西

不以經學自處　而高峰與退溪　以四七復往卞論　皆河西所教也．河西每
見四七書　則歎曰「景浩人品好　見解非其所長云.」

退溪先生長子寀　早卒無後　孀婦卽九代獨子之獨女也．先生非但哭子
之痛　尤悲孀婦之無依．先生入其孀婦寢房　則枕上有數箇花枝．先生卽
日致行　送孀婦于本家　誡之曰「觀汝秉心　有欠貞固　且汝以九代獨身之
女見絶於汝　吾不忍見也．汝不可更入吾門　惟聽父母之命　可也.」其後
絶不相通矣.

數十年後　先生過丹城之地　日暮　不遇店舍　入于路傍兩班家　則主人
待之甚厚　夕飯饌品極其豐潔　而其中淸醬盛於補兒　盈滿器中．先生心
窃驚疑　以爲吾之食性　家人之外　雖至親　能無知者　是可怪也．蓋先生
在家時　善嗜淸醬故也．夜間與語主人　問其婚親　則主人之子婦　乃某人
之女云　先生始覺孀婦之再入其家　深悔其至　而已無及矣.

先生少時　有三好癖．一好色　色不度美．二好言　言好是非．三好行
行之無定處．偶行獨至深峽　失路　日已曛黑　路無進退　遠遠顧眄　則巖
壁之間　有一茅茨　隱映微現　乃至門下借宿　則有一老人　風範峻嚴　欣然
迎接不問居住　呼婢造客夕飯．有頃進盤饌　器皿極爲華麗．飯罷　張燈
則有三妙少年　自內出來　入侍親側．老人曰「汝輩入去讀書.」三子應退
終夜讀曰「謹愼三觜　謹愼三觜.」外無他言　心甚怪訝　待明問曰「子弟
謹讀何書？」老人哂曰「行于世　三觜　不可不愼也．腎觜・口觜・足觜
是也.」先生聞而自悟曰「此老戒吾觜也.」拜辭而還　修身盛德　心復無
觜鄙.

八.　曹　植

曹植　字建中　號南溟．少時有事　往于妻家　過路山谷　聞林中有巨人
聲曰「曹某來乎？」南溟下馬　入林中　則有如山大虎　能作人語曰「汝
有妻弟　絶嬁閨秀　與我有天緣．汝往彼　通婚　可也.」南溟曰「吾雖之
不難　而彼豈有信聽之理乎？」虎曰「言不言　責在汝．聽不聽　責在彼.
汝則第言之已　而不然　吾必唅汝．彼若不聽　當滅九族.」南溟不得已曰
「諾.」因往妻家　欲言其事　則極涉怳怪　不言　則慮必禍及己．姑留月餘
百計無策　自言于心曰「與其不言而被禍　寧言之以取謗.」乃謂其婦翁

曰「外生之至今留連 實有事故 而不敢輕發 婦翁聚會宗族 則有所言之
事矣.」自來其家 視南溟 如神明 敬服 無異嚴師也. 其婦翁聞而驚心
卽會宗族. 南溟來言曰「某之來此時 有如此如此變怪之事.」滿坐失色
無語 內外遑遑 不知所爲. 處女略無懼色 出告宗中曰「此乃天地間大
變也. 若不聽彼獸之言 則合族盡受其禍. 以一女子之生死 與宗族之被
禍 輕重何如? 敢請父母宗族無難其許婚也. 父母則有惡媳之過 宗族何
罪?」父母惟臆塞不言 而諸宗咸稱之曰「孝哉 此女. 烈哉 此女之言
是也.」因爲許之 南溟始還 過其林中 則虎又大聲曰「曹某來耶?」南
溟曰「果來矣.」虎曰「爾可通婚否?」 南溟曰「通矣.」虎曰「彼答何
如?」南溟曰「其父母則無可否 而處女必自斷許之矣.」乃喜之曰「彼
必然矣.」因謂南溟曰「汝還往其家 傳于我言曰 某日極吉 盛備 如其
依禮而待之. 若有一分不足之事 則毒必不細矣.」南溟曰「諾.」回往其
家以虎所言 傳之其父母 則悲泣而已. 處女曰「此乃變禮 吾不可以常道
處之.」分付奴輩 大備婚具 自製衣衾矣. 行禮之日 大虎其虎豹五十餘
首左右趨從 咆哮而來 一洞之人見者 莫不驚仆魂窒矣. 虎入廳事 交拜
行禮 一如儀禮 入于寢房 則新婦新粧飾而入矣. 至曉 新婦出來. 其母
曰「汝何以生也?」 新婦微笑不答. 其母再三問之 新婦低聲曰「母親
無悲第往窓外 窺見之.」其母如其言 從窓隙 窺視 則如玉佳郎 端坐讀
書. 其母且驚且喜 請家翁視之 以其事告之 則翁亦驚喜 開戶入門 則新
郎乃鄰家少年也. 蓋少年有異質 深識象數之學 奇遁變化之術 無不通
知 而南溟妻弟亦異品女子也. 可謂天生佳耦 而信息相通. 然新郎地閥
稍卑 不可與議婚. 故行變幻之術, 而處女已有默識. 故初無懼色 而自
斷許婚也. 及成伉儷 其相愛如鍾鼓琴瑟之樂矣.

南溟 少時 氣豪不羈 思得天下駿馬名姬寶劍. 求之數年 駿馬寶劍得
之 而名姬未得見之. 寄身馬背 掛劍鞍上 周行遠邇 過關東 至山峽中
一村庄 則背山枕流 第宅壯麗 槐柳掩暎 風景可賞 有素服嫩妹 自村中
戴盆而出 至溪邊石上 浣濯衣服 其女眉目明秀 膚色如雪. 南溟係馬 仗
劍而進 熟視良久 不覺日暮 其妹回徐言「書房主 何故 停行不去也?」
南溟已實言之曰「吾平生思得三個長物 一則駿馬 二則寶劍 三則國色
也. 駿馬寶劍 今已得之 而國色難見也. 今幸遇汝 庶副宿願 故不忍舍
去.」其女笑曰「書房主 所見 差矣. 若欲國色 則隨小女而來.」因掇漂

而去　還向村中　南溟隨女之後　至于女家　則寂無他人　女獨居焉．厥女入
廚　少頃奉進夕飯　器皿饌品　精潔可口　至初更已末　山月未吐　厥妹引
南溟導入重門　乃止後苑曲墻下　謂南溟曰「書房主坐此以待　則彼小樓
上　有媤人出　一遭視之．」厥妹翻然還去．有時霽月初上園樹　風淸夜色
如晝　樓影參差　俄而一美人凝粧盛飾　態色天然　自回房徐步而出　憑欄而
坐　如有所俟　聞無人跡　傍無侍婢．南溟始知　女言之不妄　縱目注觀　則
珠翠眩目　異香掠鼻　怳然若荷吐金塘　月出瑤臺．南溟眼纈神驚　不能定
情　自言曰「天下國色果如是也．」癢搔之際　忽開北墻下　轉石之聲　南
溟驚顧狙看　則有大漢　頭戴僧弁　身着衲衣　形貌雄獰　眼光如電　飛越高
墻　大踏而來．美人嫣然一笑　起立欄頭．厥僧超上樓軒　相與抱腰接唇
襯頰　轉轉入房．南溟見此爻象　不覺髮竪皆裂　仗劒而進　立於軒外　試
觀終始　則美人擧大卓子　進於僧前　以大椀酌酒以勸　僧醉飽掇食　淫戲
狼藉　旣至夜半　男女睡熟．

　　南溟不勝駭憤　抖擻精神　突入房中　以手提劍　擊其男女　兩頭一時俱
斷．小婢發哭　而入以盤盛其男女之頭　進奠於靈几之前．移時哀哭收淚
而引南溟　至渠家　百拜泣謝曰「書房至此　天以唯助也．小婢上典　以
京華士族　五六年前　厭世煩囂　卜居于此地　營構第宅　休息　彼僧漢乃其
時都木手也．彼女乃上典妻也．累月工役之暇　僧與女子偶然目交　敢生
淫慾　謀害上典父子及廊下婢僕之與渠不相謀者　盡爲彼僧漢所殺．小婢
一人之外　皆爲彼僧之脅從者也．小婢常默禱于天　思報上典之讐矣．幸
賴書房主強毅大恩　乃有今日之雪寃　死無餘恨　生難報恩　哀哭不已．」
南溟毛髮悚懼　心神大傷　數怨自責曰「吾爲外物所誘　策誤平生．」脫韁
放馬　折劍投地　步歸嶺南鄕廬　折節讀書　遂成大儒　爲世所尊．

　　然性好繁華　常着錦袍　以文段爲衾　几案佩飾　玲瓏華麗　門人東岡金
宇顒乘間仰質曰「先生道德雖高　服飾太嫩　小子不無感焉．」南溟笑曰
「我自有富貴象　不似汝輩淡泊趣矣．」

　　一日土亭李之菡與孤靑徐起　遊行　至智異山　訪南溟不遇　見其諸具
之華美　土亭孤靑放矢房中　以糞塗諸几案及衾枕　因爲還去．至暮　南溟
還入房中　則惡臭觸鼻　見以大喝曰「必然李徐二子過此．」盖南溟雖道
明德立　少年豪氣　猶爲未盡消磨者歟．

　　南溟家人　朝乃造飯　則飯鼎丁丁然鳴出．擧家皆曰「此凶怪之徵也．」

南溟獨天然正色　呼飯婢曰「造其麻炬　炬其鼎底　隨去鼎自所之　不爲干
拒.」婢輩應命　執炬連屬鼎底　隨行三十里　乃至德山而止.　飯卽始熟
南溟乃率妻孥　喫其飯　開其基　而建講堂　因爲卜居　遂爲書院.

九．趙光祖

趙光祖　字孝直　號靜菴.　未冠時　刻苦讀書　晝夜不掇.　讀聲淸亮　乘其
月夜　如出金石碎之聲　出於半空.　鄰家處女聞其聲音　粘墻潛聽　不勝艷
慕　踰墻而來.　開窓閃入　擬坐床邊.　先生讀罷　良久問曰「汝是何許處子
冒夜至此？」處子曰「吾乃鄰家處子也.」更詰　眞的曰「許判書緝之女
也.　聞君金聲玉振　尋聲到此　不覺自然來至.」先生大驚　正色遽責曰「汝
乃士族之處女　失行若此　吾將殺汝　使汝家不亡也.」抽刀賜女曰「汝以
刀自刎而死.」處子不辭其刀　將欲引刃自刎之際　先生曰「汝是如此　則
必悔過遷善.　斯誠尙少　斯速出外　取梅枝折來.」處子如其言　出取拾得
三個枝而入來.　先生數之曰「吾乃兩班家秀才也.　君亦兩班家處子也.
踰墻相從　萬一敗露　則兩家門戶汚辱莫甚　是可忍也？　若不驚君　則君
不回心.　起受楚撻　可驚其非也.」處子感泣　起立曰「唯命是從.」先生鞭
撻三而送之矣.　處子不勝其羞　遂欲自處.　其後適登他門　聯生三男.　及
長　連璧登科　官至大諫.　其時己卯史禍之秋也.　其夫爲之袞貞之黨　其三
男皆在諫官之職.　將欲謀陷先生　與先生有器看之事　上疏欲煞.　其處子
聞之急謂其夫曰「妾有平日死罪　不敢隱諱於君子之前.」以其事悉告之
因謂三子曰「汝等以何事何嫌　欲殺害大賢耶？靜菴乃萬古忠賢節義君子
也.　若欲謀害忠良　天必有殃　將不善終　難免千古小人之名.　妾不敢以
語則妾緊目見君家父子之誤陷於小人之黨.　故敢暴腹心　願君父子熟慮
思之.」三子怪問曰「母主何出此言？」其母曰「吾有不出口外之說　不
得已發舌　以避三子之婦.」褰袴以雙脛撻痕　示其三子曰「若非趙公之
賢吾何爲汝母乎？　此事眞箇大義君子也.」其夫歎服夫人不諱已過　而
深感靜菴之高義.　三子驚聞母氏之不忘大義　而不勝先生之大節　乃止其
疏　其卽與袞貞相絕.

十．李之菡

　李之菡　字馨仲　號土亭．好行說怪之事　以銅鑪口　着於頭上．其上加蔽陽子　晝夜兼行．飢則脫鑪口　掛於溪邊　炊殽而食之．鑪口沈水　待冷洗乾復着之．睡至　則必於路傍停杖　立睡　爲往來牛馬所觸　轉轉東西至於四五日後　始覺焉．一日行到一處　變化爲石　臥於路傍　人皆視之以謂石矣．有一老人駄鹽牛背　過前　顧而叱之曰「甚矣．李某之作怪也．爾不做此等詭怪之事　則余當許汝以君子　而惜其學習之不正也．」土亭聞之驚起追之　則牛行如飛　過一山隅　不知去處矣．

　土亭爲牙山宰　自舊例　營門貿鹽百餘石　牙山當之．該吏以請貿　告喻土亭　不許．該吏不得貿鹽　而運納期限將迫．故該吏憂懼　再三顯言．一夕土亭命率官隸數十名　多持畚錘之屬　乘舟於海　向南而去．土亭手執鴟尾運般有法　船行如飛　至于一處　則白山接天　艤船山下　使官隸掘破山底則全山皆鹽　錘掘畚運　須臾滿船而歸　計納營鹽　其餘不可勝用矣．

　土亭少時　往學於徐花潭之門　寄食於廊下奴舍矣．奴子之妻欽慕土亭之顏色澄澈美艷　時時目交　而土亭無心焉．一日奴子有事　將出遠市　其妻夜半而起　炊飯　促起其夫曰「鷄卽鳴矣．君可喫飯　早往回來．」奴子心疑　佯若出門　而去自家籬隙潛窺見　則其妻直入土亭寢房　欲與相狎．土亭叱之曰「吾與爾夫　有主客之誼　豈何狎汝乎？汝須出去．」其妻不聽而漸近．土亭大怒　以杖擊之　則其女泣而稍遠．舍杖　則又近之．土亭又欲擊之．如是者　至食頃而不已　終不親狎．其夫不勝欽歎　走告花潭　花潭喜曰「是誠然乎？吾當見之．」起而隨奴子後　窓外窺覷則果如奴言矣．翌日花潭謂土亭曰「君學力已成　吾不敢爲師矣．君須還歸任君所爲　終不失爲君子人也．」

　土亭還家讀書　目不外視．隣家有勸農之妻　聞其讀書聲　長爲欽慕　窺墻三年　一不顧視．勸農躲身　隱視　則坐卽自如．往告花潭　花潭召土亭曰「之菡乃敬德之師　非敬德之弟子也．」

　一日土亭往栗谷宅　頭着陶笠　腰帶大索．栗谷笑問曰「先生何爲着此詭服？」土亭曰「吾欲試世間吉凶善惡　而百病中痼疾是惡．　故臥於壁隙必以百會堂穴　受風　至三月後　痼疾果作．以某治療　終無顯効．故病不得隨意卽愈也． 着此陶笠索帶　往某山寺　面壁三月而後　病始得祛．」

土亭好行鹽商　販鹽於市． 暮歸　江上風景正好　幽興猝發於馬上　以鞭揮成樂　音以中律呂． 忽有一人　隨後擊節歎賞． 土亭疑其爲異人． 故誤一揮鞭以試其人． 其人嗟歎曰「惜乎！　未熟也．」土亭大驚下馬　欲與之言則其人不答疾去　不能及矣．

其後　土亭留京中　偶出街上　則有蔣道令者　素稱狂夫　其實仙類人也． 橫臥鍾樓街上　忽作僵死． 須曳腐爛　臭惡　人皆避之． 街上一空　土亭獨近視之　以手擧其足指　而俯而噬之． 蔣道令楚痛而起　因忽不見．

土亭學識高明　自以爲處士． 不出筮仕　時人稱謂鐵冠道士． 有寡居長妹淸寒甚極　不耐貧困． 土亭念其妹氏家貧． 其時自長安十里許東郊　有一大澤　四面五里　疆亦三南大路邊． 以其澤呈戶曹　出其完文成置　乃作木偶人四個　立于澤中　則行人無數往來之處也． 四個偶人　見人大笑　躍舞波上． 人皆怪之　以土塊投之　則不中　入水更出　躍舞大笑． 人皆沉惑不絕投石． 長安聞知　皆出都會澤陂　無論貴賤老少冠童男女　或土或石以不息之功　投之　則數月之內　皆盈其澤． 因爲作畓　起耕　則萬斗好畓落種首出累千石　包以一千石　積妹氏家　以爲免貧． 每年露積　旣至累千石　卽令妹氏發貧稍富．

十一． 無名傳

嶺南有儒生三人　告神明曰「願吾輩三人　同榜進士及第　而不然則不願爲獨登榮道． 雖有時發解　三人不得同聯名　則不觀會試矣．」年至三十幸得同榜進士　居舘十餘年　客苦轉深　衣服藍褸． 一夕月夜　三人同會一堂　依欄翫月　鄕思正苦． 蟣虱生褐　相與捫虱而言曰「君上身邊亦有虱乎？」一人曰「虱者　人身之所常有者　雖君上之身　豈無之乎？」一人則曰「虱者多生於弊衣之中　君上身裳衣錦帛　又頻頻改着　虱必無之矣．」二人爭卞不已　聲氣漸高　便作一場大鬨． 時成廟微行　過泮墻之外　聞其爭卞之聲　大笑而還宮矣． 三人夜深入家　將欲就寢之際　房門忽開　自外投納紅錦袱一封． 三人驚起　明燭開袱　以觀之　則其中以錦一片十襲裹之次第開視　則題曰　御虱． 三人大驚　異之． 翌日聞泮試定於來日． 三人入場仰見御題　則嶺南儒生謝賜御虱箋　滿場儒生未曉題義　皆爲曳　而

三人則以其自家相爭之語　排布製進　三人同參一榜　自前約誓　誠意所格
有如是矣.

　　十二.　田禹治

　進士　田禹治　少時　上山寺　讀書.　寺中有一房空虛　居者必死.　禹治
聞之　洒掃其房突而處之　明燭讀書矣.　夜半有一女子　開戶入.　禹治視
若不見　形色不動　讀書不輟.　女子入前　狎坐床側　獻媚百態.　禹治終不
顧視以手掩卷　以戲其讀.　禹治預以錦絲繩染朱砂水　置諸箱中.　以左手
抱女右手持絲繩　縛其四肢　倒懸於樑上.　因而讀書　其女萬端哀乞　願以
各色寶貨　贖其罪.　禹治不聽.　星回月落　曉鷄將鳴.　其女嫣聲哀告曰
「命在頃刻　願獻天地間至寶.」禹治曰「何寶?」女曰「此寺後園　有十
丈絶壁　壁門方開　若入其中則　有草堂一間　案上有一卷冊子　君其取來
觀之.」禹治如其言　至絶壁下　則有石門　入其中　取書觀之　則乃奇文解
書也.　禹治以筆濡朱砂水　字字批點　則其女隨點輒驚　哀乞不已　而禹
治逐章批點　餘者不過四五張　而其女若有絶命之狀　禹治始解放之.
　女卽出戶　不移時　門外有人聲.　禹治出見　則禹治家奴子持父訃書而
來.　禹治蒼黃還歸　則乃虛事.　禹治始覺爲厥妖所賣　還復上寺見之　則
冊中批點者　盡棄之.　但取其餘四五張而去矣.　禹治自得此書　善於妖術
多行不法之事.
　京宰相家設宴　請賓.　卿宰滿朝　門外咸集.　陳饌羞　最極華靡.　諸客
醉倒忘歸.　忽然覺之　則臥在草莽亂石之間.　所謂饌物　皆是馬糞猪矢
也.
　一日禹治來拜徐花潭　辭退出門　則萬山接天　荊棘鬱密　猛虎毒蛇　磨
牙吮血.　禹治多試神術　終不得出.　還入花潭之前　免冠頓首謝罪.　花潭
厲音責之曰「汝以么麼妖術　敢試於長者之前乎?」禹治叩頭謝罪.　花
潭始開歸路　送之.

　　十三.　徐敬德

徐敬德　字可久　號復齋　人稱花潭先生.　年十二　從神僧　學於寺矣.　一

日僧謂花潭曰「汝當還家．明日必有異人　訪汝．汝須善待而送之．」有
客着華陽巾　被鶴氅衣　騎小驢　率靑衣童子二人　飄飄然來．花潭出門　迎
候揖讓而入．客曰「我本太白山人也．聞秀才　有異質　特來爲訪．」花潭
起之辭謝．因問六經奧旨　天文地理　人事及象緯醫卜　飛仙變化之術　客
應答如流　無所滯礙．花潭傾心問服　以爲此客道術　雖吾師　不能過　而
折節聽敎．客歎賞花潭穎悟夙成也．經宿而歸．花潭因復上寺　以客問答
之說　一一告之於師僧．僧聽罷　謂花潭曰「吾做別般矣　汝勿問之．」因
爲面壁而坐瞑目合掌　而不言不食三日後　始開眼．進飯　飯訖　僧謂花潭
曰「汝隨我後．」荷鉢囊　携六環杖　登後山絶頂　顧花潭曰「汝須附我腋
下　閉目不開．」因挾花潭　騰空　向西而去．但聞耳邊風聲　不知過幾日
至於一處．僧呼花潭開目．花潭收拾精神　擡眼視之　則不知落在何山也．
僧出鉢囊瓢子　以藥末和水　先飲一酌　次飲花潭．精神爽然　不知饑寒．

　山上有老樹園　大數十里　葉蔭數百里．僧以佩刀斫取木片五個　藏於鉢
囊中．又出藥末和水　飲之．因挾花潭騰空而還至寺中．計其日字　則乃
六日也．僧淨掃房中　設屛帳　使花潭隱伏於僧背　置床卓於前　出鉢囊中
五箇童子　塗以五色　列置于卓上．靑者居東　白者居西　赤者居南　黑者
居北黃者居中央也．僧執如意杖　設法而待之久矣．至初更之末　洞口喊
聲大振　山岳振動．靑童先出與戰　良久大敗而還．白童繼出而又敗．赤
童黑童次第而敗．最後黃童出戰　至曉告掘．僧携花潭　出門觀之　則有
九尾孤　斃於洞口矣．僧謂花潭曰「向來訪汝之客　此狐也．此孤生於有
巢氏之世能偸窃天地造化　縱橫宇宙　百神不能敵矣．其所食者　乃天下
萬國中　異品男子之精血五臟也．聞汝氣質之生有異　欲以汝將爲一日之
粮．故訪來相深而看　汝之一身　亦有神明所護　不可輕犯也．故姑俟汝
命運値厄之時　必欲殺害汝命也．救汝之策　必得有巢之以前之物　可以
制防彼物．吾向日面壁出神　周覽上下　僅得以制　則前日所斫之木　乃生
於三八生成之初也．故吾斫來　造作五方神將　使之相戰而　艱辛獲勝・
自此以後　則汝必無他災　勞力學問而可也．」仍使花潭就枕．花潭疲困
熟眠　日出而覺則僧無去處．花潭驚遑　四求不聞聲響　永無形影．盖花
潭所學　盡出於此僧之敎訓．

　花潭先生講道於逝斯亭〔松京東十里餘　有花潭　川石上　作亭〕忽驟雨暴至
有一童子　年甫十四五．衣服頗潔　眉目如畫　英彩射人　氣宇端凝　擧止

自有法度　言語似甚淸雅．爲雨所逐　立於大門之中．花翁望見　疑其狀貌之有異．使人召入　童子拜謁．花翁問曰「秀才自何過此？」曰「某本嶺南人也．家禍孔酷　合族殆盡．一身　逃禍　流離　糊口四方　偶然至此也.」花翁深加悲憐　賜食而留之．童子才識出倫　悟解　穎異．講學數月　無所不通而天地之理　鬼神之妙　皇王圖覇書　卦畫　投之所向　勢若迎刃．花翁大奇之　問其家閥　則士大夫也．花翁有一女　貞淑可愛．年齒與其童子相似　花翁快意　爲壻．以童子之佳妙　入言于夫人．夫人難之曰「跟脚不明　禍家餘生　豈可以結婚乎？」花翁曰「不然．此兒雖出於賤微　豪傑之士　不係世類　猶不可拘也．況是兒本鄕嶺士類家子孫　非但才學出倫　觀其狀貌　鳳眼龍準　重頤豊頰　必是功名富貴之像也．家事任長　君勿復言.」夫人心雖不協　不敢復言　黽勉從之．遂擇行禮吉日　迫在旬之內矣．

　　花翁與童子早起講論旨．于時秋雨初霽　晴旭上窓　天氣崢嶸　氛翳廓淸花翁忽然直視童子　方有孤媚之氣．急呼奴子　曳出童子於庭下　以索縛之厲音曰「汝敢終始瞞我乎？　以實直告.」童子顏色不變　斂容　徐之對曰「小子受先生罔極之恩　歲將周矣兼父子之義　盡師弟之道也．小子如有罪　則責之可也．撻之可也．若終始不悛　則逐之可也．而至於捉曳結縛脅迫　首實非所望於先也．敢請其罪.」花翁命奴子曰「斫取祠堂後側柏木一枝來.」奴子承命　斫來．花翁使之剖破　爲炬　明火　而燭之　乃一老狐也．先生大詰曰「汝旣至此　形貌脫露　猶可隱情乎？」狐泣告曰「本以太白山老狐之精也．母年千歲　吾年九百歲．天地造化之妙　無不偸得．故謂其母曰‘吾聞松京有徐花潭先生　粗解象數云．吾可以瞞之，母曰‘吾嘗屢往松京　則花潭不足畏　其祠堂後側栢木可畏　不其敢入也.’吾不以爲然唐突而來　終見顯發　死有餘罪.」先生使人送太白山　捉致母狐　遂母子并命殺之．

　　先生以高明道德　中宗廟特除參奉　固辭不就．累擧牌出　不得已出仕適値多至　賀禮古官入侍　先生於稠人廣坐中　獨笑其傍．中宗怪問之曰「先生獨笑何爲？」對曰「公州麻谷寺〔自麻谷寺　至京三百里〕大利　數千諸僧　今夜湯豆粥水於大鑊　上佐僧一箇遠夜煮粥　不勝其賤　溺死鼎中．諸僧不知象　皆喫之．其狀可笑　是以笑之.」中宗大驚　怪異　卽使承典騎千里馬　星火到利　摘奸粥鑊　則果若其言．星軺回奏其狀．上以此知先生之神鑑.

先生少時讀書於智異山小菴中. 後有巨岩 斗立. 乃僧徒化仙之處. 菴俗諸僧以年齒 書名第次之步 不敢一次違越. 每年五月五日 當其簡次 則其僧設盛饌羞茶果 供養佛前. 衆僧昇擧 一周寺刹 旛旗幢帳 鳴鑼擊鼓攀置岩上 則霞起成彩 化仙而去. 先生有一以箇托飯僧 示當仙次 化日不遠 以情悉告之 似有離別. 先生曰「仙分人緣 亦自各殊 豈無同飯之誼哉? 當其化日 來見我一遭 可乎.」預以麤布衫袴一段 塗染雄黃水 乾藏篋中. 飯僧當此化日 供養諸佛 來辭先生曰「小僧從此永別 先生千萬保重.」叉手拜退. 先生篋出衫袴一段曰「天上人間 分則雖異 情則惟同. 持此表臆 幸勿笑却. 着其袈裟之上則雲路怳惚 仙緣速化.」僧依敎受着乘轝而去. 擔轝僧徒相謂「老禪師自有多福 雲垂霞起 乘仙而去矣.」諸僧大齋 三日 復往岩下 則化僧轉臥石上 如醉如死. 諸僧相謂曰「此禪師未趁仙緣 早化受殃.」先生命其首僧 擔來治療. 率其火木一人 持斧回往 則一大蟒斃倒盤石上. 先生命斧手破骨節 取得眞珠數升 給其火木漢助免其貧困耳.

十四. 鄭順朋〔貫 溫陽〕

鄭順朋有三子 長子北窓礥 次子古玉碏 季監司礩 礩卽後妻所生也. 北窓生秀卽美 深於數學矣. 順朋之赴燕京也. 北窓爲弟子軍官 而從之. 到燕京 諸國之使齊會 北窓各以諸國方言 酬酌如流 諸國名山大川 人物寶貨 莫不備知 諸國之使驚異歎服云. 兄弟俱爲名賢 而獨礩妖惡 莫甚導其父於乙巳凶黨者 皆礩之所爲也.

北窓密告其父曰「亡我家者 礩也. 礩是狐精 大人若不信我言 則請以目前驗之」召礩 坐前 北窓從其背後數寸許 以手按之 使礩起立 則礩不能起 順朋怪問之曰「是何故也?」北窓曰「執其尾端 故不能起 敢請大諒之」順朋猶不能爲然 一從礩言 而疑其北窓兄弟 北窓力不能救其視於陷溺之中 退居果川.

礩亦文章 爲黃海監司 見芙蓉堂古今題板 命破輟去 而獨以一律 揭之曰「荷香月色可淸霄 更有何人弄玉簫? 十二曲欄無夢寐 碧城秋思正迢迢」.

十五．鄭磏

　　鄭磏　字士潔　號北窓　順朋之長子也．先生　素患淸羸　朝則必合口正坐　待飮食．日出始啓齒　夜則兀然端坐　達宵不寐．玩心高明　探索義理　形如雲鶴風蟬．先生生於正德丙寅．沖虛高明　儒道釋三敎　無不貫通．至於雜技異術　不學而能通．嘗入上國　有一人　以其五行來問．傍有傭人　瞠目熟視．先生問曰「爾亦知此乎？」答曰「粗解奧旨．」遂與之論難　乃精於數者．與之觀天文　則日月星辰之運了了焉．與之論古今　則治亂興亡之迹豁豁焉．先生問之曰「公之所懷旣如此　何爲來此　負木曖突以食其身耶？」答曰「僕以蜀人　賦命奇薄．不如此　困困已死也．」先生己酉卒　享年四十四．

十六．李浚慶〔字　星甫　廣州人〕

　　李浚慶　字元吉　號東皋．少貧　年至四十　不登科第．深明數學　不以窮達爲意矣．東皋之妻季　年最少者　登第謁聖科時　東皋之婦翁爲平安監司．東皋往同婿家　問曰「那間往于箕營否？」其人答曰「將於某日發行爲計耳．」東皋曰「吾亦欲往箕營　而奴馬俱乏．故欲與同行　借其騎君僕馬．於意　何也？」其人心笑　而強應曰「諾．」然意以爲彼有廉恥　則豈能偕我新恩之行　而況借騎我卜馬者乎？　言雖如此　不以爲美矣．東皋果趁其行期　徒步以來　借其卜馬　同往于箕營．未至數十里　使之先通于箕營曰「李書房與新恩同來．」箕伯夫人聞而咄咄曰「李書房可謂忘廉沒恥者也．雖甚困窮　不能自辦六足　隨來同婿新恩之行乎？」及其至也．箕伯不暇歡迎少婿之登第　而先執東皋之手曰「余方苦待君來　而意謂君未圖所騎矣．君能辦此而來　寧不欣倒？」夫人聞之　大怒曰「大監惑於李郞　大是異事．」亟請入來．箕伯聞而笑之．因起而入．夫人慍語曰「大監逢此大慶　不爲款接新恩　而與李郞有何急之言乎？」箕伯笑曰「夫人愛少郞　吾且愛老郞　不亦可乎？」因呼新來　數次進退　而顧謂夫人曰「夫人當與諸兒輩　同樂可也．余卽欲與老郞穩話．」卽起而出．至暮　呼諸子　語之曰「汝輩當與新恩設樂於別堂　宴遊可也．」一營賓客

與徧裨 皆從新恩 達夜遊宴 而箕伯獨與老婿 屏人共宿. 箕伯之孫 年甫十三者 不往別堂 而欲宿於祖側曰「適有感氣 不能往彼而宿此.」其祖曰「汝然則先爲早宿 可也.」厥持佯睡潛聽 則翁婿待其人定時 起坐問答 其說甚長 而有時歔欷發歎. 大抵憂國之言也. 東皐曰「當此之時丈人能擔當乎?」箕伯曰「否. 吾必某年某月日而必死. 君何不思之甚乎?」東皐默然良久曰「丈人敎是也.」箕伯曰「君必今秋登科第 至於如此之時則 當爲大臣 吾無可憂 而又有一端難處之事. 沈通源 君何以處也乎?」東皐曰「此亦慮之熟矣. 吾當鎖於別堂 使不得其行其計矣.」箕伯擊節大讚曰「君之計慮至此之深 國事 庶幾無憂矣. 吾死何憾?」厥孫聞其如此 而不知爲何事也. 與東皐留歡十餘日後 先送新恩後 數日繼送東皐 而齎其白金千兩曰「後日必有用處 惟在君所爲耳.」其秋東皐果然登第. 至明宗末年 東皐爲領相. 沈通源以國戚 位在左相. 明宗患候沈重 未有繼嗣 而沈相有注意處. 東皐與沈相 同在藥院 謂沈相曰「某丸藥當袖而入診. 大監搜出焉.」沈曰「諾.」 使吏進某藥丸. 東皐正色曰「當此危疑之時 御供藥 豈可使他人襯手乎?」沈驚懼曰「大監之言 是也.」因起上藥院樓. 東皐卽以鎖金牢鎖樓門. 急入請對 高聲奏曰「國本未定 伏願特下聖敎焉.」 明宗口中但言德興 而不能成語. 東皐又大聲奏曰「臣耳聾 不能明聽玉音. 願殿下高聲下敎.」因顧謂注書黃大受曰「德興君第三子.」大受卽以大筆書六字 則以吏讀之 俱書背負而出. 其後東皐每稱注書之驚敏云 而箕營前日婦翁酬酢之言乃其此事也. 其於此可見古人之立身不爲身謀而深識先見矣.

先生偶往驪州淸心樓 見庭上有葡萄爛熟 一官僮守之. 先生謂官僮曰「吾渴已甚 摘其葡萄數朶來.」官僮牢拒曰「小人受官令 守此 有日矣.」言頗不恭 仍須出外. 東皐怒以佩刀 斷其葡萄根. 官僮無一言 走入官門. 少頃太守步履出 上樓 笑謂先生曰「君欲食葡萄 則與我同入 快意大嚼 如何?」先生曰「謹奉.」太守因與同入衙軒 大設酒肴 命摘葡萄盛於大盤而進. 留飮數日 因謂先生「吾平日粗解象數矣. 偶得某日貴人過樓之象. 故使官僮守之矣. 幸逢君. 君他日爲國柱石 願以子孫付托.」

十七．徐起〔字 動之 唐城人〕

徐起忠淸道公州人家奴也．其母年十六　使喚於上典家　而一日摘木綿花於路傍　猝逢驟雨　避息於岩穴中矣．有一男　背負行擔　爲雨所逐　亦入岩穴　見其少艾先入　強暴奸淫之．女力不能拒　因爲愼聽．仍以有娠生此孤靑．因以守節居焉．孤靑年至八歲　問於母曰「人皆有父　我何獨無父？」其母以其事告之．孤靑自翌日挾册　往入岩穴中．終日讀書　至暮乃還．如是若殆及數三朔矣．一日夕陽　驟雨忽至．獨有一人避雨顚倒而入周覽岩穴中　呵呵發笑．孤靑問曰「尊客何爲而喚也？」其人答曰「吾曾有一笑之事　而非汝所知也．」孤靑變色拜問曰「小子之心　抑有此所懷．伏願尊客勿以孩兒而慢之　詳言其所笑之事．」其人曰「余於八年前　偶由此路避雨入此　有如此如此之事．故今適依然其女不見．故偶然發笑耳．」孤靑哭拜於前曰「吾是大人之遺體也．吾母尙今守節而待其大人．大人臨視焉．」其人不勝喜　隨兒而往于其家　則孤靑之母　熟視良久曰「果是吾夫也．」遂與同居焉．孤靑幼時服事其主　其得勤謹矣．一日採薪入山　日暮空擔而還．如是者　以至三日矣．其主怪以問之．孤靑對曰「適見一鳥　從地上飛數尺許而止．翌日又上三四尺許．第三日至于十餘尺許　未知其所以然．故三日窮理　以故不得采薪而歸．」其主驚問曰「然則是何鳥也？」對曰「俗稱從多理鳥云．」其實從地理鳥也．方今春陽發揚　地氣浮生．故此鳥從地理所生　逐日漸高故也．其主大驚因以爲放良曰「汝終不爲人家奴．特贖汝身　從汝所好．」孤靑折節讀書爲世名儒．其後　成東州李土亭與孤靑入濟州　登漢挐山　望見南極老人星．蓋南極星入地下三十六度　在地上無可見之理　而惟漢挐山在東極地盡處．故每年春秋分　南極末　數星暫現而還隱．此說見於碁三百小注而成李二人能觀見之也．成李兩公自濟州因還　而孤靑一人　則航海　達于中州　得奉孔子朱子兩夫子畫像　而東還　奉安于公州地孔岩書院．孤靑爲院長　遠近多士　雲集請學矣．一日晨朝　多士起視　則孤靑因無去處．至四五日後乃還．其中尹進士者　告歸孤靑曰「何故？」尹曰「弟子之來　非但學習文字　切觀先生之動靜語默以爲取法焉．先生不告傍人乘夜出路　涉不經　弟子之惑　滋甚矣．以是而告之矣．」孤靑笑曰「君言是也．吾豈無知其然而行詭乎？日昨之夜出外而還者　仰觀乾象　則處

士星忽然南流． 意謂宋雲長〔字翼弼也〕 亡命到報恩． 故事甚隱秘 不可
與諸生通知 而經往報恩 則雲長果然至也． 相與數日 因穩話而歸來矣．」
是時報恩倅 重峰趙憲也． 孤靑自報恩還後 長有不豫之色． 尹問其故曰
「先生有何不豫之色？」 孤靑曰「雲長之來報恩也． 報恩倅以大賓禮待
之 則待客之禮過矣 盡矣而至於雲長 身爲亡命罪人也． 受此官供盛饌
揆其道理 不得其正． 故吾心因此不平也．」 孤靑嘗謂諸生曰「君輩欲見
孔明乎？ 人謂龜峰似孔明 余則曰孔明似龜峰也．」 龜峰宋翼弼也． 翼
弼之父曰祀連． 祀連之母曰甘丁也． 甘丁卽安氏塘之婢子也． 陞而爲妾
服事盡懇 以咀呪之事 安氏家放出之． 祀連及長 爲人潁悟頗解數學． 安
氏復納之 愛之如初 無異至親矣．

及其已卯禍作 安氏相國塘被謫 而相國之子登賢良科者也． 爲人奇傑
切憤袞貞之多殺賢類． 欲效趙鞅 與晉陽之甲 以雪君側之惡． 與祀連謀
之矣． 相國聞之 欲執子以聞于朝． 左右諫之 事遂寢矣． 及相國之喪配
祀連自推身命 則乃乘輻之數也． 於是初喪時弔客錄作爲謀逆都目 上變
以安氏闔族 盡爲被禍矣． 其後辛卯飜案 諸賢皆得伸雪．

宣廟朝 祀連已死． 祀連有三子 長曰富弼 次曰翰弼 季曰翼弼． 皆有
文學 而翼弼與栗谷李珥簡易崔岦鵝溪李山海 幼時同學 而翼弼常爲接
長． 翼弼地閥雖卑 天姿英俊 學問之高命 推此可知． 至東西黨起 翼弼
右西非東 而又斥李山海白惟咸之奸． 山海初與翼弼又善． 而至是 嫌惡
益深． 安氏子孫常怨祀連之誣告矣． 此與李白二人合謀 以爲翼弼祖母
甘丁乃安氏之婢子 雖陞而爲妾 畢竟出之 絶於屬籍． 然其子孫當推爲
奴 以雪其憤． 於是破祀連之塚 斫棺鞭屍． 捕捉翼弼 一門甚急 翼弼兄
弟子姪 皆奔竄亡匿 逃避其禍 而翼弼將逃有詩曰「平生自服古人禮 三
日頭無君子冠 燒盡落花巖下宅 曉天歸夢水雲間．」 行自服恩 轉倒連山
沙溪宅 入于唐津趙僉知家 以爲終身云．

十八． 郭再祐

郭再祐 號忘憂堂 嶺南玄風人也． 自少倜儻 有大志 不拘繩墨矣． 爲
曹南溟植之孫婿． 南溟甚愛之． 其父使燕也． 忘憂堂爲子弟軍官而隨行
之． 得紅錦而還 藏之於祠堂中矣． 及其壬辰倭寇之亂 郡縣皆望風奔

潰．倭賊兵勢如入無人之境．其爲方伯守令　皆抱首逃竄．再祐募得強
盜數十輩以爲義兵將　以紅錦爲衣而着之．大將旗書而天降紅衣大將軍．
自東谷鳴鼓而出　倭寇聚而圍之　則亦無形影．又自南北谷亦如之　四谷
鳴出　都是紅衣將軍．倭奴驚愕　以爲谷神　不敢屯住　稍稍散間．玄風大
邱之間　賊陣一空　以其兵少　不能大捷．常爲遊兵出沒　以逐此賊而已．
朝廷聞之　初爲幽谷察訪．官至兵使．平亂後　遂導引辟穀．朝廷屢擧
不從．乃上疏．其疏曰「滿山松葉皆臣粮．」可謂名哲保身矣．

十九．　金德齡

金將軍德齡　全羅道光州人也．號翼虎將軍　又號無骨將軍．盖平時
則骨肉皆軟　而無分別，至於怒時　則全身皆骨而無肉也．壬辰之亂　身
在母喪　乘亂爲義兵將　屢建戰功　官至兵使．後入逆拒　其供辭曰「臣有
二大罪案．乘亂起兵　不終親喪　罪則一也．猥至閫任　終無顯功　罪則二
也．爲人臣子　負此大罪　安敢逃死？」宣祖聞而惻然　問于諸臣．皆奏
曰「德齡謀逆　出於飛語　而無一顯據　誠爲曖昧．」西崖柳成龍獨無一
言．上問其故．成龍對曰「德齡之有罪無罪　臣實不知　而但未知德齡若
或謀反　則滿朝諸臣能有制其死命者乎？　殿下以此意　試問諸臣何如？」
諸臣皆默默無一言　遂殺之．
德齡少時遊獵山中　行到一處　則路傍有一大樹　樹下有石臺　臺上有
一老人　衣冠甚偉　顏貌俊爽者．德齡慕其風儀　遂就前恭揖而坐．老人
欣然與語曰　可謂傾蓋若舊者也．老人謂德齡曰「吾有所懇於君者　君能
聽我否？」德齡曰「惟在長者之命．」老人曰「吾居此山之中　不幸有悍
子　行惡無比　而勇力絶人　吾老不能禁　以君之勇力　能制服　吾兒以爲革
面之地則其幸當何如哉？」德齡慨然應諾．遂從老人之後　緣溪深入　行
到十餘里　則洞天開朗　水石清麗　茅屋掃洒　花竹滿庭．老人携金德齡手
入室以一大椀酌酒　以飲之　手指廊下一房曰「兒子方在彼房中　君其往
矣．」德齡手持鐵鞭　大踏而進　踞戶而視之　則年可十六七總角也．眉目
如畫方梳頭而坐．德齡厲音叱之曰「小兒出　伏聽我有命　可也．」童子
冷笑曰「吾雖未成之人　旣非孩兒　則平生所不見之客　不知何事而來．
言辭何其悖戾而慢乎？」德齡以鐵鞭直入擊之．童子以左手持髮　右手

持梳 以遮之. 德齡不能擊 怒倚氣益演 具鞭法 極力擊之. 童子隨手防遮 一場大閧. 老人倚欄而坐 莞爾而笑 呼德齡曰「戲已極矣. 罷還 可也.」德齡既不能敵且疑老人之言 急出上堂 則老人又酌酒 以勸飲. 俄而童子梳罷 整衣 徐步而入 跪於坐側. 老人謂童子曰「汝何敢與尊客角力乎?」童子笑對曰「何敢角力? 但尊客強與之戲. 故不得不應之耳.」老人笑謂德齡曰「吾有所懷 願君聽之. 吾自少時 頗有勇力 且有三子 皆有驍勇 而自念吾輩不可容身於此世. 故率三子 深入此中. 伯仲二兒 則射獵爲業 以供飯粥 而此兒 則年今尚幼. 故使出門敎讀文字矣. 觀其氣岸 必以爲無敵一世 而自許大過. 故吾欲戒之 試與我兒作戲 而君猶未能力制小兒. 君且戒之戒之.」德齡聽之 不覺汗出沾背起拜受敎 而日亦已夕矣. 有二丈夫背負禽獸 熊虎猪鹿之屬 各十餘頭而來. 老人曰「貴客遠臨 汝輩可具衣冠 而出 見丈者.」二丈夫釋所負於庭中 入內 衣服而出 與客相揖而坐. 老人謂二子曰「此客乃光州金德齡也. 汝輩常願見之人也. 今幸相逢 當烹肉釀酒 以永今夕 豈非好事乎?」二子承命而出 宰割禽獸 烹肉而熟 釀酒之旨 跪進一大盤一大盆老人先飲一椀 次勸德齡 後三子以次繼飲. 乃至半酣 論說千古英雄之得失 講解兵法劍術之疎密 挑燈達夜 娓娓不厭. 至三日後 德齡請歸. 老人使三子 送之洞外 申申戒飭曰「君須韜晦終身愼勿嬰世禍.」德齡曰「謹奉敎.」其後德齡被拏 上京之時 路傍有一丈夫 左執酒壺右持大椀謂金吾郎曰「吾與罪人有故 請以一杯酒 送之.」酌酒勸於德齡之口 責之曰「昔者相逢之時 先人之戒 實爲此也. 君既自取 復何尤怨? 願君愼受天命 無至貽憂於親友.」德齡泣謝曰「是吾罪也.」其人洒淚而別.

德齡少時 好遊獵 至江原道深山中. 有虎當前 德齡彎弓 欲射 則虎輒避走. 捨弓 則虎又當前. 如是者 數十餘次矣. 德齡盡力逐之 至一高山上 日已曛黑 不知虎之所在. 牽馬彷徨之際 俯見山下 有村 火光明滅. 德齡下山 入村 見有一第宅. 門戶剝落 有若空舍 下馬而入 立於庭下 呼主人 則外堂東窓忽開. 有處子 素服而出 向金而言曰「某兄來 何其遲也?」金疑有故. 佯應曰「吾果有事今始來此.」因上堂 拜禮而坐. 處女問曰「叔父母安否何如?」金隨問而隨答. 處女曰「吾家喪禍孔酷 兩親與諸甥 俱沒. 此身獨存 惟望兄之來恤矣. 兄既來此 天此助也.」因起而入. 少頃小婢進奉夕飯 器皿饌品精潔可口. 金將飯訖

至夜深　欲就寢之際　一小婢持一封書　自內而出　投之坐前．金將取其書
封　開坼而觀之　則其書略曰「小女頓首百拜　上訴．女家世本　以簪纓大
族也．小女祖考避世入山卜居于此．庄土排置甚廣　奴僕戶列數百矣．奴
僕叢中有一大凶漢　驍勇猛頑者　盡殺上典父子．所存惟小女一身而已．
彼漢又欲劫之　強暴　小女忍憤其辱　以緩辭好喻曰'事已至此　無可奈
何．吾將與汝　當爲偕老百年．喪居父母　未除三年．若與結親　則雖奴僕
之心　必然不服　而有難使喚驍姑俟終喪三年後　期亦可．若不聽吾言
則吾當必死　汝見矣．'　厥漢亦以爲然．不卽強迫　以待三喪之終耳．少
女日夜祝天恩　得有意氣丈夫　以雪此父母之讎矣．不意　今日聞尊客聲
音　則膂力必能殺此漢．故敢請　尊客圖之．此漢今方出外　明朝常還矣．
千萬下諒．」金將讀之未半　不覺　怒髮衝冠．讀了畢　坐而待還．至明　處
女出曰「無主人之家　大兄何以安寢？」金將對曰「路憊困睡耳．」因自
思曰「昨行虎遮　天使我已雪此人復讎也．」朝飯將進　喫其未了．厥漢自
外而來　狀貌凶獰　當戶直視　重言復問曰「客主自何而來　自何而來耶？」
處女曰「此坐尊客　乃吾之表兄也．聞其吾家喪變　特來吊慰耳．」厥漢信
之　不疑．金將佯謂處女曰「吾於昨日乘昏入其洞口　路不分明．吾將還
歸之　使彼厥漢前導以至大路　如何？」處女應曰「諾．」招謂厥漢曰「汝
當陪此客主　行次　指路　爲可．」厥漢曰「諾諾．」金將與處女　拜別　還出
洞門　謂其奴僕曰「汝當前行指路．」奴漢見其馬鞍掛弓矢　心不能無疑　肯
不在前曰「當隨後驅馬．」金將唯不知彼漢之勇力　當如何　不能輕發　而
行到數里　則有飛雉過前．金將彎弓搭箭　射中其雉　雉卽帶箭　飛落於前
山．奴漢急走取雉．金將自後發矢　向腦射矢．未及厥漢着　執箭　折之．
因卽走還曰「先殺此女　然後次殺彼人　快可．」金將恐此女被害．縱馬追
之　厥奴漢旣入其家　方尋處子所在　則小婢答曰「如廁矣．」奴漢方入廁
不見之際　金將追至　突入內庭　大聲叱之．奴漢見金將　將回身直前．金將
於馬上超越外堂中霤．奴輒逐越　金將自外庭還越內庭．奴又逐之．如是
者　十餘次　金將則腋下有肉翼　增氣威勇　層生疊出．奴漢則血氣漸衰　有
縮益屈．金將見其奴漢猛氣漸縮　迎擊肉撲　至於數十合　奴漢頭腦坼破　流
血淋漓　不能更超．蹲坐庭中　大吼．金將舞鞭跳跟　無數打撞叱責殺主之
罪．厥漢斃焉．於是金將急呼阿只氏安在．小婢開挾房門　則處子出自其
中　且哭且謝　金將出坐外堂　呼其首奴曰「聚集一村男女．」聚出厥漢脅

從者 百餘名 盡殺之. 卽與處女告別. 處子泣曰「將置妾於何處也？ 妾
以無報恩 願爲僕妾以助箕箒 備得朝夕之饔.」金將正色曰「吾妹氏旣定
甥妹之義 何出妄發之甚也？ 妹氏一生 吾自處之.」歸家 因以爲處子求
婚 而金將從弟德年 早失怙恃 被鞠於金將 而爲人勇猛 亦非凡品. 謂其
從曰「吾於東行 偶得義妹 而其家門閥赫赫 田園遍滿四野奴僕甚盛千
首 汝得絶代佳耦 平生行樂 孰過於此？」金將更往娘家 擇吉日 盛備
婚禮 且趂期成禮矣. 其後連生五子 而二子登第 富貴喧赫世所罕有也.

倭酋平秀吉 本以中原人也. 其孩兒時 其母負而行乞於海舶中 漂到
日本. 及長 以賣柴爲業. 一日關伯遊獵山中 遇秀吉負柴如山. 心中奇
之. 率與俱歸 以爲養子 委任兵權矣. 一日島倭告叛 關伯使秀吉往征
島倭之際 人襲殺關伯 而自立. 秀吉聞變 卽還 釋甲肉戰復讎 而自立
稱帝. 島中諸功臣賜姓. 平氏十年之內 國治兵强 至於屋上架屋. 於是
秀吉意驕志逸 寇朝鮮 以犯中原. 其遺我國之書云 母氏懷余之時 月入
懷中 目之所照 照處朕皆有之. 舉島而出 犯我國. 我國被兵 大駕避越
龍灣 告急于上國. 大明神宗皇帝動出天下兵 以其李如松出救朝鮮時
本國使李舜臣討其南 權慄戰于陸 金德齡擊其西 以潔四方.

中原道士聞之 上疏天朝曰「秀吉本是中原胎生 而某也老龍之精也.
秀吉不死 則兵禍不息. 願借臣等五千人 則當渴其龍湫. 提出老龍 鞭
而殺之. 然後秀吉當自斃焉.」皇帝疑 以不許. 道士連上三疏 天子堪
之. 道士果渴龍湫 提龍殺之 秀吉卽斃.

二十. 諸末

嶺南星州有鄭世規者 乃文章之子也. 壬子正月之望 世規入星州衙中
與星牧子弟讀書於子舍矣. 適値淸秋 夜深後 如厠 而歸時 月色滿庭
自舘後 竹林 有帽帶一官人 手招鄭生曰「君其少留 吾且有言.」鄭生驚
懼 立於庭中. 官人緩步 而進揖鄭生曰「君勿驚訝 余非陽界上人也. 乃
壬辰年義兵將 鎭海諸末也. 余本以編戶之民 以耕作爲業矣. 當壬辰之
亂 諸郡望風奔潰 賊勢逐日鴟張. 予不勝憤慨 與起義兵 誓死討賊. 伊
時郭再祐卽我麾下褊裨. 初與倭賊戰於鼎湖 獻捷于行在朝廷. 以余爲
星州牧使 以郭再祐爲出幽谷察訪. 其戰功高下 推此可知. 余赴任星州

之月餘猝得暴疾而死．　其後如郭再祐金德齡皆垂名於竹帛　而余則埋投姓名　無稱功績．後世之人不知有此諸末一人　良可悲也．今有所懇於君者　余之墳墓在於鎭海地　而前後左右衆塚累累　百鬼侵陵　余甚苦之　而墳形頹圮幾無塋域．君須爲我　請於主倅　畧得物力　躬往鎭海　改築墓場掘去塚側逼近衆塚　則吾當厚報君恩．君其圖之否？　余於日間偶搆得一絶曰 ‘水流雲共去　天迥月同孤　寂寞星山館　凶魂有也無’ 詩雖愚拙　君須記之　以傳於世．」詩中凶魂之凶　乃幽陰之幽字也．　誦傳時　或爲幽字之誤傳也．又曰「余之名字在於本州先生案中．君若不信　則取見文案後　可知余言不妄矣．」因爲隨問隨答　千古興亡　萬聖靈魂之長久存沒歷歷皆可指論．有頃星橫月斜　揖讓而還入林中．鄭生翌朝與語主倅．取進先生案　觀之則果然壬辰諸末之赴任二朔而卒云．鄭生以其事　告悉主倅　得其如干物力　往于鎭海．訪其諸末子孫則　纔有數三家　而殘微不振矣．與其子孫謀爲改築其墳　而諸末又現夢於道伯．道伯送裨將　監役．鄭生與營裨　合力封築　掘去衆塚矣．

　其年四月　鄭生登第．人皆以爲諸末之靈　有所冥報．其後鄭世規欲以此事　因大臣筵奏　以祈旌表之典　而文獻無徵．故遍考壬辰事蹟　則惟李藥圃集中　有曰「諸末之功勝於郭再祐云．」故近聞自朝家　追贈諸末官職調用其六代傍孫　爲奉祀以伸．諸末之魂　感泣於九泉之下．

二十一．　無言翁　柳

　西崖柳成龍之叔　平居若愚人．然口不出傲言　心無所經營．雖一門之人皆目之　以爲菽麥矣．至辛卯年間　忽謂西崖曰「今夕必有過去乞僧來到請宿．君須命送吾家．」西崖心雖不信　而强應曰「諾．」至夕果有一衲僧　請宿．西崖使人須送於其叔家．其叔使之升堂　款接曰「吾平生喜聽佛法　禪師須爲我言之．」僧畧說佛祖傳授大畧．至於夜深後　始乃就寢　僧困睡初濃．公忽起　跨據僧腹　左手扼其項　右手持其劒　欲刺曰「請定　汝不知死我手乎？」僧驚懼哀乞．　柳公以劒屢擬其項　幾至於刺殺．僧萬端乞命．柳公擲劒以下曰「數也．殺汝　何益？　汝歸告爾君　愼勿多殺人命．今福德在箕．犯之者　必有天殃．我國雖危　不至於亡．爾主虣强　必至於先亡．愼之愼之．」僧僕僕　拜謝而去．

二十二. 無名氏

　　國朝有一宰相　年過七十　退居江亭休暇　而棊法如神　世稱國手一. 自致仕之後　門庭寂寥　春日方永　江鳥來去　相公憑几獨坐　正苦愁寥矣. 忽有一少年　自外而入　升堂　納拜. 相公問曰「客自住何鄉　而來訪老物?」少年曰「小生本是嶺南人也. 遊覽至此　江亭之風景　亦爲可翫. 冒觸尊嚴　不勝惶懼.」·相公曰「獨坐江郊　無人相語之際　客來　何幸如之?」客見相公之前　有文棊棋枰. 因問大監曰「亦好棊乎?」相公曰「余少素有棋癖　無人與對局　客能善棋否?」少年曰「非敢能之. 願學焉.」相公甚喜相與對局. 相公見少年棋法　乃平生初見　心窃驚異. 及畢局　計家　則彼此無一點勝負. 相公大驚曰「吾自少至老　國內以棊有名者　無不對局　而不見敵手矣. 今始見客棊法　余其讓頭也. 請更與着.」相公推枰斂手　起而致敬曰「客是天上仙人　非人間高士也. 老物大失敬禮願尊客俯諒恕焉.」少年辭謝　坐語半晌. 少年因進曰「大監今日內　必逢大禍　而尙未預防　窃爲大監危之.」相公驚愕曰「愚迷　未曉　願尊客話之. 敢問是何有事也?」少年曰「曾經義州府尹乎?」曰「然.」曰「其時有擊老校之事乎?」相公默然良久曰「然.」少年曰「厥校有五子而學習劍術　至於二十　年之久　而其中二人　至於神道變化. 今日申時五子俱來　事已急矣. 大監急入　隱內堂. 淨掃中堂　置交椅於中堂. 出紅錦一疋白錦二疋　置交椅之下. 盛水二桶　雙置於交椅之前.」相公如其言　備置諸具　以告少年. 少年與相公入內請相公　入坐交椅之下. 以紅錦漬水　揮帳交椅　便無孔隙　以白錦沈於桶中. 少年踞坐交椅之上　自以候之. 日將傾西　至其晡時　朔風忽起　吹之蕭蕭　庭葉飄飄　交墜脩脩. 二道紅虹橫在堂中. 有兩個大漢　乘虹飛入. 身着短衣　頭戴尖巾. 兩手持聯環劍　立於廳上. 直視少年　而問曰「此家相公皆安在?」少年厲音大叱　曰「汝是遐鄉賤人　何敢突入宰相之內堂乎?」兩漢曰「吾輩痛父浪死非命　故將欲後讐　學習劍術　已二十餘年于玆矣. 如汝殘生　吾不忍血染其刃. 但言相公所在.」不打更話　少年吾已料「汝輩之送死　來之候之　將已久矣. 第與我較其勝負然後　任與所爲.」兩漢曰「汝果欲與我較藝爭鋒　則具粧出來　爲可.」少年曰「吾已裝束　待汝者　已久.」兩

漢耽視桶中白錦　仰天而笑曰「劍譜所謂白佛戲者　乃神人之術也．在昔黃帝軒轅時　風后相　力牧將　能行此術　生擒蚩尤　而不傳於世者　久矣．汝敢較此技乎？」少年欣然而笑　大怒而起　兩手持劍　飛上簾外　兩漢亦隨而出　浮上中天．但見白錦片段　隱映翩飛於雲霄之間矣．乃至昏時定白雪飛花　滾然紛紛下來．兩漢之頭　落於地上．少年冷然下坐交椅三箇漢見兄傷元　繼入當前．少年按劍　謂曰「汝之兩兄卽死　吾劍浪作劍中之魂腦　作手中之蠱　則汝輩非吾敵手也．」遂斷其三漢支體　而逐之．少年呼奴輩　曳出兩漢之髑體　鮮血模糊　置之庭上．因以告辭．相公泣謝百拜且問「願尊客留名焉．」少年曰「此非我欲爲之事．偶然過此　不幸遇之．不得已也．故一試其戲．殺人惡事也．殺命之人　豈可留名乎？相公千萬保重．」言訖　因忽不見．相公作宰　殺校　非不法．傷命以法正罪．故天使神人助救其害．

二十三．　崔生傳

　京畿加平郡　有崔生者　卽士人之子也．早孤其父　獨恃慈母．其母姓柳氏　性嚴　有法度．獨有一子　敎之以義方　不入於私．其家人婢僕　以不敬無理之事　不敢陳於夫人之前．生年甫十五　英邁夙成　眼如明星　面似滿月　口抹點朱　手秀柔薑　膚若凝脂　潘岳杜牧　更生此地．
　夫人本宅在於春川．父母俱存　程道二百里．命子送　往拜候外祖父母則生行之數日　到于外家．留憇一旬　告歸．行至數十餘里　登泰嶺上　遇大雪．頃刻間雪深丈餘　奴馬陷死．雪中不知所之．衝冒跋涉　問關登嶺．周回望見　則嶺下溪上　有一亭子　翌然雪間．千峰玉立　萬瀑珠碎．中有一老人被鶴氅衣　戴華陽巾　率數箇靑衣童子　憑欄而坐　以觀雪景．生下嶺而進登亭而拜．因問曰「少子遇雪嶺上　奴馬陷沒　顚沛至此．幸乞丈人　指示生路．」老人呼靑童　擧綠玉杖　指其西邊小嶺曰「自此蹊　緣溪之上　蹴越彼嶺　則人家在於其下　而息一夜．」生如其言　溯溪尋路　則細篩微雪不深行乃至小嶺上．周覽遠近　則五雲葱籠　飛甍隱暎　透迤而下．轉入洞府　則有短衣靑巾者在於路左　引路而去．至於大門之外　楣上以金字署曰「紫霞門．」靑巾者引入玉階下　則羽衣仙官坐於白玉榻上．生亦驚懼　升堂　納拜　拱手退立．仙官曰「童子坐．冒雪遠來　必有飢寒　亟進茶雪飮.」更以琉璃盞盛其如意乳者 以進飮. 生飮訖 精神快爽 頓忘饑渴. 仙官謂生曰「汝雖生長人世 與吾一女有此 天定之緣. 當以甥舘待汝之 則勿辭. 門閥相的.」引喚小子. 年甫七歲兒者. 謂語曰「新郎子旣來矣. 汝妹婚日從速擇定 行之 可也.」小兒按曆 屈指 以對曰「再明日最吉 可以行禮矣.」生曰「跋涉 行李衣裳襤褸. 有母在堂 告而娶可乎. 不顧世歷 不得行媒 成婚可乎?」仙官曰「天定其配 人力難免. 汝勿多言 吾有已諒.」謂其小子曰「汝使新郎退休舍舘也.」小子引去載去綵轎. 至于甥館 則帳御飮食 皆非人世所有及. 其行禮之日 則其服飾之華美 儀物之燦爛 其富貴有不可以盡言. 婚禮旣畢 入其寢房 則枕席屛帳 金玉珠翠 眩睆其目. 侍婢數十輩娉婷窈窕. 各執巾帨之屬環立左右 環佩蹣跚 鏦錚態度 玲瓏嬋娟. 其狀可掬. 生魂動神弛 如醉如夢 戰兢嚴畏 不敢近新婦人之傍. 至於數夜之後 漸次親昵. 情歡喜樂 與日俱深. 日更月遷 荏苒之間 臘盡春回 乃屆三月之望. 天氣和暢月色滿空. 新婦謂新郎曰「留此頗久 景概未賞 一番登陟 遊賞仙景 可乎.」郎曰「好好諾諾.」婦命侍婢 進來白玉兩轎子. 婦與郞各乘一轎令侍婢舁之. 登彼崔嵬三層玉臺之上. 樓閣重重 牀榻層層. 郎與婦登軒而坐. 珠戶貝扉 次第開來. 前臨大海 海濤磨鏡 車馬可辨. 中有點點其山 盡在其海. 海東是方丈蓬萊閬苑玄圃十洲三山浮沒於鰲背之上. 瓊雲丹霞 環繞於其間. 尖巒屹島 羅列於其前. 有這群仙 驂鸞駕鶴徘徊徜徉. 笙簧簫笛 寥亮淸澈. 祥鸞瑞鳳 升降飛揚. 玩景貪佳 坐久忘歸. 至夜更深 乘月而還. 自是之後 每遇風淸月明 悅若登臺 遨遊于彼樂而忘返也.

奄至朞年 冬雪滿庭 飄葉交墜. 郎忽思 前冬嶺雪 奴馬仆斃. 家室蒼茫晨昏有闕. 愀然泣下. 婦驚問曰「妾聞 主憂臣辱 丈夫有何憂色? 妾迷不知其罪.」郎收淚而對曰「我本世人 上有偏親 久闕定省 出未反面 殆至一周. 慈母必以我死 而飮泣倚閭 望斷晝夜 傷懷 陟屺膽望 罪大不孝. 孰甚於此? 思之及此 寧不悲哉?」婦斂容而慰曰「妾亦謂大夫必有陟屺望雲之思. 而不見辭色 業已爲訝矣. 妾當告於父母. 薄言還歸 治送覲行 幸勿憂焉.」薄言往訴 則翌日仙官召郎曰「人情固然故許汝請歸 勿爲遲滯 可得速還.」生拜辭而退 出其大門之外 則昨年所失奴馬 立於大門之外 等待已久. 生大驚且喜曰「汝何生也, 在此等待？」奴曰「主公料死　不料生. 主公何以爲生？」　生曰「吾則轉至到此　得賢主人　至今安居矣.」生乘其馬　率其奴　乃至其家　拜於老母. 母握手而泣曰「汝昨多去後　過期不還. 故使人往問親家. 則汝卽還歸云. 故吾以謂汝必然不死於虎豹之窟　則受害於盜賊之藪. 汝何以爲然？　汝何以爲生還？」生素畏其母之嚴　不敢以實告之　乃將虛粧撰曰「小子中路得病　過碁不愈. 今始小差. 故忘夜道遠　強疾而還.」母亦爲然.

至其丙子之春　忽有人馬　自某而至　呈其封書　乃仙官內外書簡也. 開坼其書. 略曰「今多汝國必有大亂　生靈皆爲魚肉. 故送此六足　當以此意稟告于萱堂　侍率以來. 言長不具.」　生持其書札　入跪堂下　以前行所過之事　卽今待來之意　細細告之　卽治行裝　一齊入去後　更無聞焉.

二十四. 江都錄

丙子十二月　義州府尹林敬業狀啓　賊兵寇連城下　彌滿渡江云. 十三日平安兵使柳琳狀啓　賊兵已渡安州云. 十四日　都元帥金自點狀啓　賊兵已到鳳山郡云. 時滿朝諸臣及洛陽居民　擧皆振動　而賊勢　已極. 百爾思之無可奈何. 判尹金慶徵卽體察使金瑬子也. 上特差檢察使　守江都. 仍問於金瑬曰「卿之子慶徵可守江都之將乎？」　對曰「臣之子　無他才能. 若守江都　渠不盡心乎？」上又以副提學李敏求爲副察使　與敬徵先送江都. 十五日　早期　元任大臣尹昉　金尙容　禮判　趙翼　參判　呂爾徵　正郎　崔時遇　宗廟令　閔獻　直長　李義遵　奉事　呂爾中　社稷令　閔晟　參奉柳積等　陪侍宗社而行. 鳳林麟坪兩大君及夫人之孫公翁主駙馬請宗室皆入江都. 四宰　朴東善　判府事　鄭光福　前判書　李尙吉　同知鄭孝成諸老成人等　受傳敎　先入江都. 承旨　韓與一陪嬪宮　亦向江都. 禮判　趙翼　中路落後. 是日午後　賊兵先鋒已到昌陵. 上親率世子與百僚　欲爲奔避. 自昌德宮出　侍衞顚倒　岡極無涯. 前射隊未及靑坡　鐵騎胡兵幾及慕華嶺. 上知其未及江都之勢　遂殿坐於南大門　與諸宰百官詢對變之策扣地痛哭　壯士陪臣　孰不痛恍哉？　吏判崔鳴吉出班告于上前曰「臣馳見龍骨馬夫　而將以止其前鋒.」仍獻策曰「特令體察使金瑬領率訓鍊都監軍士及內三廳炮手　防於城門. 大駕　則卽時入廣州山城以爲避賊云.」與同知李景稷　匹馬單槍　卽向賊陣. 遇賊於弘濟院. 是

348

時 上回馬於銅古介水口門　急向南漢山城．　使沈器遠爲洛陽留都大將．
體察使金瑬及訓鍊大將申景禛領率軍兵　入南漢．兵革之極急於雷電　生
民之撓亂　不可勝言．嗚乎　京城士女　蒼黃顚倒　扶老携幼　或負或戴　氷
雪之上　痛哭　哭聲徹于天矣．自南大門而出者　仁川南陽　或海之隅　或
海之島　轉輾於忠清全羅　因往江原道．白髮老翁　靑春少年　或失或扶
骨肉奔竄　豈不痛哉？噫　鐵騎星布　旗脚風掣　獰雪亂雲之中　無數避亂
之人　咸祝生我之聲矣．時主上入於山城　而賊兵直到山城　人皆謂山城
與江都　自古天作地之　宗社必無慮矣．然江都濟人之令悉出於檢察．故
無勢士大夫及尋常百姓　皆無濟去之路　況嬪宮到津邊　留三日　檢察使終
無陪濟之意　共濟渠之家屬．故上下侍衛內人　飢饉莫甚．賊勢又極　嬪宮
痛淚　而不勝其憤　捲簞簾　而高唱金慶徵「國家危急　主上圍在亂賊中
宗社之危殆在朝夕．況汝自祖世之厚受國祿矣．今又受重大任　竭忠報
國　以願爲名　可於臣子之道　只令濟汝之家屬　一朝背恩之心　是何道也？
吾留於此　已過三日　終不濟去．此其臣子之道理乎？　我留此　而雖死
他日君臣之義　何以爲之乎？」言未了痛哭．左右陪臣　莫不憤惋．一時
高聲大叱曰「汝自先世　厚受國祿　今乃背恩　國家之大賊　可謂慶徵也．」
扣地痛哭　聲聞于天矣．江都留守張紳聞此嬪宮不濟之言　紳極力渡江．
慶徵之家屬　皆得大家　旣以安保矣．嬪宮到津邊　留三日時　萬民之哀痛
無不洞屬　撫元孫之背　而痛泣曰「汝則後世不生帝王家　乃爲名士大夫
如彼背國之慶徵者　何可數也？」更加悲泣矣．

丁丑正月二十日　通津金浦坡州高陽士女及京城人民弄竄江華津頭　如
積泰山　而不能渡　後賊兵及津頭　或殺或掠　頃刻之間　山野避賊之民　生
路依俙．噫　江都金城湯地　雖或百萬之賊　不能飛越．妄令金慶徵　愚者
李敏求　無實張紳　自堅其地　朝夕安臥　國家存亡　專不置意　晝夜談笑
不平異時　此何心腸？噫　主上圍住孤城　不知朝夕之存亡．慶徵則不致
念於夢寐之中．主上則立於矢石之間風雪之中　疊疊愁心　頃刻不弛．慶
徵則身爲臣子　溫突裘衣　避冷安臥．主上一片孤城　晝夜號痛．慶徵則
多率妻妾　晝夜談笑．主上撫恤軍卒　親自巡城．慶徵不講軍務　一不狀
啓．此者罪惡　孰不欲臠食乎？噫　江都諸老臣不出一言．大小凡事　專
委慶徵．慶徵每稱「父爲體察使　我爲檢察使．一國大事　非吾父子　孰
能當之？」慶徵愚妄　惟此可知．時進沈熙世尹誠旨等聞慶徵之言　不勝

憤抑　作書而贈慶徵曰「主上住圍孤城　與士卒百官同勞守堞　而江都　則
專授令公　國家社稷及嬪宮兩大君諸宰百官皆入此島也．　國家之興亡繫
於江都防不防也．　令公爲國家大任　可守其職　至於爵給檢察使　若非令
公竭忠　詎可爲之乎？　噫　一番毀城　人民皆爲魚肉　宗社亡矣．　雖以童
子　豈不歎息哉？　令公不念山城　不思主上　不念父母乎？　令公之父君
爲體察使．在於山城中　時勢至於此極　山野禽獸　徘徊躑躅　小生等　何可
無心乎？　不勝慷慨　棄身於令公前　垂察俯情　可愼其職．」慶徵見書　卽
憤擲箋　起而厲聲曰「草野賤生　敢辱於吾之父子乎？」尹誠旨高聲大罵
曰「令公爲國重任　專不致念　此非執盃喜樂之時也．」　慶徵敏求終不聽
納　驅迫黜送．　自是有識士大夫及　島中居民咄咄而已．　元任大臣金尚容
坐於備邊司招慶徵曰「今主上圍住山城　不知朝夕之存沒．　汝雖不念山
城　抑不念汝之老父乎？　督拔三南兵堅守城堞　事實合宜　汝不知此都安
過賊勢危急　何可當之乎？」因爲痛哭．　慶徵棄印於地　卽起變色曰「此事
非我所知　願大監更擇賢人也．」　是以副察使李敏求　心甚不安　趁往慶徵
前　受諾　卽起執乘大船　同載家屬　欲爲逃走之謀．　大臣金尚容聞之　歎
息曰「世間　豈有率妻子逃走　副察使乎？」敏求終不得逃去．　時有人　賊
中逃來云「賊兵散在京城　三江處處屯聚　鳩聚宮家材木　及　斫伐禁山松
栢　督造小船．　見其所爲　則意必在於江都也．」慶徵拍掌大喚曰「江中氷
坂猶堅金石　賊軍安能運船哉？」仍遣從事官　尹瀁運糧於湖南　時五月
二十三日也．　夜初更量道津太守金正及報狀於慶徵曰賊兵千餘馳曳小船
幾到津邊　夜間必也乘潮越江云．」慶徵始寤大驚　狀若失父母之駒矣．　從
事官李一相朴一卽出江邊　大葉鐵丸分授軍卒　一一稱量　箇箇數給　若
似平時．　軍卒輩咄咄歎而已．　翌日早朝　慶徵率領軍兵徐徐出來　立於城
下．　軍卒輩皆擧空手而隨之．　人皆告慶徵曰「江都軍器如泰山　不用今
日　用於何時乎？」　慶徵曰「所在軍器皆是我父之所備也．　吾何獨任意
用之乎？」厥言可知愚矣．　燕尾亭　則豐德郡守李善延守之．　燕尾亭之
北邊　則開城留守韓仁及守之．　甲古之金昌英柳貞亮守之．　芿以城下　海
嵩尉尹新之守之．　韓興一鄭百亨等領率家奴　坐於南大門上．　懷恩君錦
林君領率諸宗坐於東大門上．　閔光勳呂爾徵等坐於西門上．　至於北門則
無可守之人．　此賊兵易踰之處．　如是不守　則非但人民之炭塗　宗社何以
支保乎？　俄頃賊兵數千餘騎　屯聚越邊　亂放紅夷砲　聲振天地　如破壁

山　人心擾亂　無支接處矣.　慶徵敏求恐懼　先欲避之.　等不省首尾　先出
㫌坐於倉底　不能覽察.　是以軍卒駭亂　不成行伍.　嗚乎！　賊兵二千餘
人　乘小船二隻　中流江中.　慶徵恐懼　先欲避之　急奏兩大君及政丞座前
城中之事　甚爲虛踈　我入城中　欲爲豫備守城之計云云　則戶曹佐郎任善
伯以放料事　同坐倉底　知慶徵避賊之謀　不勝憤惋　趍告于大君前曰「國
家存亡　在於斯防不防也.　整備軍兵　盡心防禦　事甚合宜.　今見大將　還
入城中之計　軍必潰散　檢察使不可還入城中也.」大君意以爲然.　卽招
慶徵曰「放料事之言　事實極可.　令公不可還入城中也.」慶徵蹲坐倉底
罔知所爲之時.　兩大君及金尙容朴東善還入城中.　其餘諸將及軍卒各各
潰散.　賊船二隻　泛泛中流　而賊兵各執防牌刺船　直渡江都.　江都留守
張紳在甲古之外數十里莩邑城　領率戰船欲爲防禦　而時潮水緩緩上來未
及甲古而休.　大戰船不能運動.　張紳立於船頭　扣胸而已.　忠淸水使姜
普昕自燕尾　亭領率戰船　橫截敵路.　賊船退北之際　姜普昕不射一箭　乘
流逃去.　江都戰船六十餘隻　八千餘兵　一無禦賊之擧　皆是體察使過矣.
噫　國家在一朝　臣子之道　豈不慨惋哉？　天道無心　賊兵不自死滅.　都
中士民互相痛哭　自投水溺死而已.　賊船二隻　迫於江都之邊.　軍卒輩各
抛雕銃　皆捨弓矢　爭赴水中.　噫　如山兵器　豫爲分給　則豈爲如之境乎？
城中人民　死生在瞬息之間　人皆痛之曰「島中器械　用之何處也？」叱
辱慶徵之聲　天亦聞之矣.　賊造者皮船　以生皮結之　松脂燒之.　泛泛乘
潮　若入無人之境.　江都之人　魂動魄遞　一無防禦之計.　如是潰散　越邊
屯聚賊軍　見其形勢　卽乘者皮船三十餘隻　亂流江中　爭先渡來.　慶徵敏
求　蒼黃乘馬　執乘小船　泛流逃走.　賊船四十餘隻　旣而下陸　或步或騎
皆向城中.　弓劍之狀　有若月星之森嚴.　旗幟之色　有若風雲之凜烈.　皷
聲喧天　甲光滿地.　是時　嬪宮坐闕門上　望見賊勢之急　計無所出.　趍出
闕門外　扣地痛哭　率宮人　逃城外.　欲爲避賊而城門已閉　無可奈何.　此
由傳于備邊司.　備邊司回啓曰「百般盡心　欲爲防禦　願嬪宮少不擾動.」
嬪宮終不免被捉之患　卽招內官　金仁瑞「我與兩大君　死不足惜.　宗廟
社稷　奉在何處也？　但元孫　則遠隱海隅　終始保全則豈無忠誠哉？　汝
等莫效慶徵之事矣.　承承三百基業付之於汝等　汝等之姓名　豈不顯乎？
東方史乘之載乎？　且他日殿下見汝　則必思汝之忠誠　人臣之義於斯　爲
美矣.」言未了　哽咽痛泣.　金仁瑞等稽首受敎　卽負元孫而出　城門已閉

故欲爲斬頭之計　守門將閔光勳開門.　出則賊兵千餘到城門外　佯語曰
「將欲和親　開門如何？」元任大臣尹昉　卽令開門.　天下豈有如此之事
乎？　賊兵數馬騎直到大闕　宗廟社稷踐踏叱辱　遂放鐵騎　或殺或掠　盡
燒閭里　火光漲天.　大臣金尙容坐於南門上　見其賊勢之危急　向南漢　再
拜曰「臣爲一國大臣　少無報恩於國　而今殿下圍住孤城　親自巡軍　小
臣終不禦江都　國家社稷嬪宮元孫兩大君被捉賊中　臣雖百死　豈有可惜
乎？　願殿下他日歌太平　而享萬萬世.」　言了而自投火藥上而死.　同知
鄭誠　前掌令鄭百亨　前參議洪命亨　弼善尹烇判事李時稷　主簿宋時榮等
亦從此而死　可謂忠節也.　凜凜.　噫　體察使金鎏夫人卽結項而死　可笑
可笑.　其子慶徵棄母於何地也？　無數賊兵剽掠四處　或殺父子　或掠妻
妾　男女不辨　奴主一色　或鋩或矢　殺掠無前　摩尼山下　流血成溝　摩尼
山上　哭聲振天.　夫山川鬼神昆蟲草木亦爲之悲泣矣.　噫　前都正沈誢卽
沈誢兄也.　其姪下沈東龜　見賊勢之危急　急求小船　泊於津　則告于誢曰
「願急乘此船　逃避賊兵　以全性命　不亦可乎？」誢慨然太息曰「宗廟社
稷　奉安無地　王子妃嬪　被執賊陣　吾安得獨全性命？　生不如死矣.」遂
整其冠服　向南漢四拜曰「主上一片孤城　圍住賊中　而臣不能報國恩　生
亦何顏？　乃死於此　以報國恩.　伏願　殿下他日太平之後　歌萬世而享無
疆.」言畢　顧謂夫人宋氏曰.

靑 鶴 集

門人　龍岑居士　趙汝籍　撰

雲鶴先生事蹟

1

　大明世宗肅皇帝三十八年己未，卽我明宗大王十四年也．是年七月初八日申時，生于麟蹄玄高村．年五歲，姙新平李氏，移于新溪栗灘東，先生從焉．年纔十六，便有雲林高趣，且得先君遺書　而不求仕宦，專意窮格．萬曆乙亥(宣祖八年)夏四月，坐于家前槐木亭，讀周易，忽有一優婆塞，從傍窃聽　良久曰，「吾遍八路，閱人多矣，未有如君者．君可謂入道者．」袖出一卷，授之曰，「持此入山，則克證高眞師友善類．」先生問居住姓名，不告而去．後問諸師席，則乃東海中修然子孫文載也．先生入澹定山中居焉．

　歲壬午(宣祖十五年)，賣藥錦嶂江，江邊逢一人，頭着蔽陽子，杖丁公杖，一見先生，便出肝膽，半日探討，遂定後期於五臺山麒麟臺．果如其期往，則七個仙人列坐岩上，先生瞻拜於七人，七人含笑攬袖，各告其道號，而不告姓名．居前者，則金蟬子，錦嶂江所遇者也．其次彩霞子・翠窟子・鵝蕊子・桂葉子・花塢子・碧落子也．此七人者，抱高世之才智，達天人之物，不遇於時，遯跡江湖，遊天下，而夷漢無阻焉．同師事靑鶴上人．

　靑鶴上人者，我國甲山人也．姓魏，名漢祚，字仲炎．少從百愚子，能格物致知．長逢華客楊雲客，俱學異術．然後，遍遊諸國，道冠山林．晚而東還，卜宅於靑鶴洞．故曰靑鶴上人．

　於是七人引先生，訪靑鶴洞，師事魏先生．魏先生號先生曰片雲子．余卽片雲子之門人也．

　余於戊子歲(宣祖二十二年)落榜擧子，失意還鄕路，遇片雲於楮灘．

初不相識，先生便呼曰，「關西趙汝籍，胡爲棲棲？」余乃驚異之，遂師事焉．負笈立雪 于今六十年矣．一自先生沒後，但恐高人踪跡 永爲泯沒．故提掇何來耳聞目睹若干事蹟而記．

靑鶴上人曰，「湖南金蟬，漢挐之英．關西翠窟，鴨綠之靈．燕人彩霞，陽和後身．楚人花塢，曹彬還魂．遼東鵝蕊，羽林之星．女眞桂葉，河魁之宿．惟彼太原之碧落，塞上猛虎之精．海西片雲，雲中白鶴之魂也．」

靑鶴上人曰，「東俗，崇貴抑賤之習，甚矣．至於旌美褒善，皆出於名家貴族，而山林之人湮沒，無名者幾個高士也．徐花潭敬德之播芳流譽，盖以朴淳・許曄・吳允謙之增光潤色也．敬德詩曰，〈將身無愧立中天，興入淸和境界邊．不是吾心薄卿相，從來素志在林泉．誠明事業恢遊刃，玄妙機關少着鞭．立敬功成方對越，滿窓風月自悠然．〉趙龍門昱和之曰，〈至人心迹本同天，小知區區滯一邊．謾設軒裳爲桎梏，誰知城市卽林泉？舟逢急水難回棹，馬在長程合受鞭．誠敬本非容易物，誦君佳句問其然．〉蓋誠之也．」

燕山時，有李惠孫者，號百愚子，字裕後，居金城菩提津邊．爲人玄默，終日如愚．然窮義理，達冥契，知來數已徃之事．學通見遠聞之術，寔爲前後無雙之士．第以族寒家貧，混迹農商，終致鳥沒空山，惜哉．百愚子嘗有詩曰，〈閑望浮雲知世事，靜觀潮水悟天機．〉可見其胸中灑落自然之態也．

2

金蟬子曰，「卞汦記壽四聞錄者，記吾東道流之叢．有曰〈桓仁眞人，受業于明由．明由受業于廣成子．廣成子古之仙人也．桓仁爲東方仙派之宗，桓雄天王桓仁之子也．繼志述事，又主風雨五穀三百六十餘事，以化東民．檀君繼業，化行十年，九夷共尊之，立爲天王．蓬亭柳闕，而絢髮跨牛，而治主世．一千四十八年，入阿斯山仙去，子孫蕃衍，當其時，大國九，小國十二，大抵皆檀氏也．〉其後有文朴氏，居阿斯山，韶顔方瞳，能得檀君之道．永郞者，何彌山人也．行年九十，有嬰兒之色，鷙羽之冠，鐵竹之杖，逍遙于湖山，遂傳文朴之業．馬韓時，有神女寶德者. 御風而行, 抱琴而歌, 貌若秋水之芙蓉, 是承永郎之道焉. 新羅初有瓢公者. 自東海乘瓢而來, 爲羅國之名宰, 煮玉而食, 茹木而衣, 呼風喚雨, 驅禽喝獸, 其終也入雪岳山, 是則仙家別派也. 駕洛國居登王時, 有朏始仙人者, 自七點山而來, 貌瀅寒玉, 語類梵音, 見玉於招賢臺曰, 〈君以自然爲治, 則民以自然成俗.〉饋以太牢, 辭不受, 索楓香桔梗而餐, 此則瓢公之流派也. 勿稽子者, 羅時名臣, 有功不賞, 携琴入斯彝山, 春居林木, 冬至穴室. 孝恭王時, 玉龍子見之于楓岳山, 稚顔童膚, 提壺而歌, 以問年考之, 幾八百歲矣. 是則七點山之裔也. 玉寶高者, 學琴山人李純甫者智隱高士也. 是乃寶德之分派也. 大世・仇柒, 泛舟南海, 元曉・道詵托身西敎, 是乃勿稽之餘韻. 崔致遠精敏文章, 卓越諸人, 十二入唐, 二十八東還. 與僧定玄賢俊爲道友. 其所經過處, 若慶州之南山, 剛州之氷山, 陜州之淸香, 智異之雙溪, 皆其勝也. 晚入伽倻山不出, 是得大世九柒之餘風. 其後淸平山之李茗, 頭流山之郭輿, 是亦一派也. 崔讜・韓惟漢, 是亦同德也. 惠勒・阿道・黑胡・鬻仙者釋門之高人. 取襲其影光者, 僧丁皓者, 故典書李伯搏之弟也. 雖托迹山門, 而希慕仙眞, 下居漢陰山, 啗果吃蔬, 自號慕眞堂. 嘗過降州亭, 遇一少年, 淸談亹亹, 令人爽衿, 自號柏林居士, 姓名韓湜, 遂題詩壁上曰, 〈曾見先朝種李辰, 東風二十四回春, 題詩華表千年柱, 灑淚靑山一掬塵. 楓岸曉鐘神勒寺, 烟沙晚笛廣陵津. 秋風緩擊滄浪枻, 樓上無人識洞賓.〉仍步入江霧中. 後考金孟隱逸錄, 號湜者, 高麗明宗時人, 以其父順, 爲鄭仲夫所害, 故入山學道云.」

　燕山丁巳, 李宗準・李曾・李繼孟・李守恭・權五福・權景裕・李穆・鄭希良諸人, 登驪州淸心樓, 觴詠日夕, 携酒而還路. 平涼子者, 自誇前所題詩數十篇, 忽告別而去, 遺一淸花牋, 諸人取而視之, 有題一詩曰, 〈柳葉隨風升寶殿, 滿庭桃李摠無顔. 冥冥一鴈飛何處？ 出沒寒溪鏡浦間.〉噫！ 熟知夫柳子光之構成戊午獄事？ 而諸人皆遭禍, 獨鄭淳夫　從關西亡命, 從百愚子於寒溪鏡浦之間. 若淳夫可謂見機之宴雁乎.

　片雲子曰,「鄭新堂鵬臨沒時, 空中有笙竽韻, 鄭㮹知崑壽, 嘗坐於公廨, 忽然遊去. 尹君平者, 亦異人也. 身常至熱, 每以片鐵數四, 挾之兩腋, 須臾熱如爐鐵. 遂代以冷鐵, 且不擇寒暑, 身嘗沐浴, 雖冬至日,必以井華水一盆，注背然後，能安過焉．

李處士愈，字退夫，自號梳頭子，遯居智異山紫草洞．洞中泉石可愛，日每千梳，有詩曰〈木梳梳了竹梳梳，梳却千回虱已除．安得大梳千萬隻？盡梳黔首虱無餘．〉雖云逸士有經世之才，可謂不愧於棗花之成實，桑葉之吐絲也．

狂眞子洪裕孫，字餘慶，以鄕吏，苦本邑之役，退遊方外．至金剛山．題詩曰，〈身先檀帝戊辰歲，眼及箕王號馬韓．今與永郎遊水府，又牽春酒滯人間．〉令人悠然發仙興矣．

東海中，有三峯島，登頭里山，望見 則形如臥牛，然島有山曰，泉長·花竹·秀馨．田進士好仁者，學操舟之術，越海入島，見八九間草屋隱在槐林，而精舍瀟灑可愛．主人自號鴨毛道士，堂名脩眞，作銘曰，〈人生幾何？白駒過隙．勞此心膂，營營衣食．空花逐趂，水月抗提．談梅口酸，想崖足澀．醍醐上味，遂成毒藥．一自閑骨，靈童索寞．孤峭玄關，何不早涉？養來梨棗，剪去荊棘．瑤鏡磨氷，丹田種玉．頂門正眼，六通無極．橃龍駕鳳，逍遙碧落．〉又有一詩曰，〈尋思芳草逕，何處落花邨？觀我金塘粟，芙蓉一朵存．〉好仁施禮求食，道士命童子，賜十枚果．果堅如石，不可嚼．道士復命，賜白飯一器，使喫其半曰，〈此器卽正陽寺佛器，歸傳可也．〉好仁乞接隣，道士許諾．好仁謝，還其飯器．盖正陽寺設齋時，見失者也．好仁於中路，常食其半器之飯，常一宿，而復充焉．其後好仁，挈家入島，其人已去，古宅頹廢，有石面題詩曰，〈三韓田上舍，訪我黃藤島．〉所謂黃藤島者，不知何處在也．遂怊悵而還．好仁享年百歲，一髮不白，每見人語其事．

我翠屏公，諱美廷，字王汝，正統甲子生．妣趙氏夢登仁王山，白雲一片從天而降，加首作冠，乃哂然而覺，仍有孕生．而少有詩名，人稱靑絲才童．燕山時，以奉陽君·安陽君之事，削貶長淵．乃謝絕世事，自號翠屏居士．丙戌至金沙寺，臥病，一夕忽吟曰，〈未了烟霞病，安期信字傳．三千瑤海路，呼月促征鞭．〉明日初昏 月出時卒．意者亦有仙緣經，翠屏夫人光州金氏，以貌醜，自號蒼岩，習知家禮，禮記·論語·孝經，通大義，平生不吟咏．其從翠屏，赴襄陽也．有一詩曰，〈據德好仁可謂人，華簪寶珮莫安身，脂膏俸祿吾還畏，上有王章下有民．〉正德戊辰歲，夢入碧海中，登一高山，花木蔥籠，烟霞濃淡，見一畫閣于柳下，金碧照耀，禽聲尖咽，有四個女子，出迎曰,「夫人來何晚耶？」遂相扶入室，獻酒微歌曰,〈鸞羽一雙去不回，碧桃花影老天台，早歸來早歸來．海上瑤峰共醉葉盃.〉越三日下世，始知前身　從海上來也.

3

歲乙酉(宣祖十八年)，彩霞子來，謁魏先生曰,「東國近多災變，將星經天漢，水赤波，咎將安在？」魏先生曰,「不出十年，其有倭亂乎.」彩霞子曰,「嘗觀五行之理，生旺間有沐浴，立國亦然．周之幽厲，漢之哀平，唐之天寶，宋之靖康，蓋是也．今朝鮮立國者二百餘年，此數將至也.」碧落子曰,「世運向衰，其機先動乎東南．東南非倭乎？朽木生蟲，壁隙生風．亂賊之徒，乘時迭出矣.」桂葉子曰,「昨者，天狼星一降西北，一降東南．南北則聞有勃承思之賊．東南則倭必其人矣.」翠窟子曰,「國初以來，多殺不辜，魯山之乙亥，燕山之戊午及己卯・乙巳丁未・己酉之禍，冤氣化雲，流落東南．想必化爲傑驁之輩，將貽害朝鮮也.」片雲子曰,「歲在之方，月建之神，人不可逆．倭今在朝鮮之東南，則必以壬辰四月擧兵而來矣.」金蟬子曰,「昨從嶺南以來，往往遭值倭人．尙州邑內賣肉者二人，海印寺執爨者二人，全州市中販梳者二人，京城彰義門賣酒者一人，興仁門負薪者一人，松都販屨者，九月山貝葉寺有乞飯者，平壤有負菜者，此皆倭之偵探，無一人現捉．朝鮮可謂無人之境矣.」片雲子曰,「請與二三者，廉察二國，以占輕重如何？」魏先生曰,「可.」於是片雲子・金蟬子・翠窟子，自東萊入對馬島，服倭服，行倭行，至一歧島，留七日．至博多州留二日．至長門，留三日．至竈戶關，留七日．至尾路關，留四日．至兵庫關，留三日．至王城，留六日．入芳田山，遊八日．入南海島，至于東海道・山陰道・隱坡州・硫黃道・土佐州，留薩摩島十日還．是時魏先生在長白山落珠洞，三人謁于先生．先生曰,「兩國人才何如？」金蟬子曰,「倭國紀伊州有藤明臣者，求之日本，朝鮮無敵手．然鑄銀鍛鐵，賤而不見收用，終非我國之憂也．其次，出羽州之禪康正，日光鎮之馬文道，可與咸興之李彭年・楊口之李邦傑爲敵手．三人俱不見用，亦不關於兩國之勝敗．彼之主事者平秀吉，本非吉人，乃凶賊之胎，決不可比我國王福力．且任事者，如平義智，可以鄭文孚敵．僧玄素，敵李元翼．禪守藤敵申格．
馬多時，敵金應瑞．平行長，敵韓克誠．沈安頓吾，敵金誠一．清正，
敵李舜臣．宗逸，敵李恒福．平調信，敵高彦伯．小西飛，敵李謚．源
可康，敵尹斗壽．橘知正，敵柳成龍．其惟橘康文者智勇，我國無敵．
若使此人來，則我國危矣．故回來時，正喻風本浦水神，當其發行過去
時，貽康文風疾，使之退還，康文則不復可憂也．且回時觀金浦，王氣
猶鬱鬱可佳，朝鮮抑又何患乎？」

歲丙戌(宣祖十九年)，魏先生居楸池嶺．夜有人望見岩間孤燈，來訪
討話，仍乞爲門人，蓋其人光州金德齡也．言功名之事，先生曰，「觀
子之勇，銳而不果，觀子之智，踈而不密．觀子之相，薄而少福，正宜
隨我杖屨，永保天年，」德齡心以爲不然，告別而去．後果逢壬辰亂，
招拜虎翼將軍，凡所謀率，皆踈戾，掌兵三年，無尺寸功可錄．潛遣人，
訪魏先生，問討倭方略．先生曰，「黃雀不獲，身將陷井．」德齡不解．
未幾，李夢鶴叛，鴻山等七邑，倡言金德齡與之通謀，於是德齡坐誅．

魏先生在俗離山，一日謂片雲子曰，「李之菡自負其才，傲視一世，今
將到此」．日夕賣鹽商到門請宿，與之談論，便下堂再拜，乞爲弟子曰，
「井蛙之蟲，不敢負才傲世．然，倭亂方急，請學禦倭方略．」先生曰，
「不知也．」請學八陣變化之法．先生排沙列石，使之菡入其中．之菡爲
風沙所迷，不分生路．先生笑曰，「夏蟲不可以語冰，正謂此也．」之菡
告別去．先生曰，「將再來．」卽移于首陽山靑蘿洞．

一日，先生登九月山，翠窟子問曰，「檀君何以遷唐莊里？」先生曰，
「檀君有才子四人，曰夫婁・夫蘇・夫虞・夫餘．夏后會諸侯於塗山，夫
婁奉使入朝．九夷獩貊之亂，夫餘會集中外國 討平之．國有疾病，夫
虞醫而活之．山多猛獸，夫蘇火獵而攘之．是四王子功冠，當世業垂後
辟者也．帝堯九年之水，大禹八年之治洪水大泛濫登萊之海，浿水漲溢，
平壤沈潛．四王子來登是山，相土地之宜，都于唐莊里．今觀其水勢東
走，原土燥乾，日後若葺津瀦生，馬嶺石立，此地重爲王者之宅矣．」

金蟬子曰，「吾東之將才，代各有之．東明王之武骨，溫祚王之乙音，
琉璃王之扶芬奴，大武神王之怪由，多婁王之屹于，神大王之答夫，助
賁王之昔于老，東川王之紐由，中川王之達賈，西川王之勃颯，峰上王
之高奴子，美川王之少室常夫，三斤王之眞老，智證王之異斯夫，眞興

王之居柒夫；　嬰陽王之乙支文德，　義慈王之福信殷相，　武烈王之金庾信，　文武王之品日文忠，　神武王之金陽張保皐．　王太祖之庾黔弼・朴守卿，　顯宗之姜邯贊・鄭神勇，　文宗之崔奭，　宣宗之柳洪，　肅宗之尹瓘，　明宗之朴景升，　高宗之趙冲・金希磾，　元宗之金方慶，　忠烈王之元冲甲，　恭愍王之鄭世雲・柳濯・崔瑩，　恭讓王之朴葳・邊安烈．本朝之李之蘭・崔潤德・金宗瑞・魚有沼・南怡・黃衡・柳聃年・南致勤之類，皆是也．其間超等之雄，如薛罽頭・黑齒常之・王思禮・李懷玉之類也．

相如百濟西部人也．深謀遠計，收聚義士，不旬日內，盡復故城二百餘，可謂烈矣．既而投唐立功，官至大都督．

王思禮高麗人，俘入中原，討安史之亂，爲驛潞節度使，累拒唐命，世肆桀驁．

罽頭新羅人，喟然嘆小國之難容，入唐立功，官至大摠管．以此言之，東方非無人矣．」

魏先生曰，「吾黨中，得人多矣．深計遠略，察安危，決勝負，卜邪正進退者，莫如碧落子．幹眉揚腕，衝至陣，摧銳鋒，弄機權，變風雲者，莫如桂葉子．安民輯衆，調工役，足貨食，整師旅，定邦家者，莫如鷲蕊子．出入偵探，評人物，觀風俗，察地理，占天時者，莫如翠窟子．從容廟堂，贊皇猷，鼓風化，興人材，做太平者，莫如花塢子．違世獨立，芥千乘，屣萬祿，慕玄眞，樂閑逸者，莫如片雲子，高論細評，喜遊說，善辭命，得人心，化强梁者，莫如金蟬子．識微妙，見高眞，貫天人，格事物，博古而知今者，莫如彩霞子．盡百家之術，樂物外之趣，八子相讓矣．」

片雲子曰，忠武公兪應孚詩曰，〈將軍仁義鎭夷邊，塞外塵淸士卒眠．晝永空庭何所玩？　良鷹三百坐樓前．〉晉山河崙詩曰，〈十里桑麻深雨露，一盃山水老雲烟．〉此兩詩可見將相之氣．金兵使錫哲，中廟朝人，入內苑時，有詩曰，〈白馬閑繫柳條外，將軍無事劍藏鞘．國恩未報身先老，夢踏關山雪欲消．〉林白湖悌，字子順．送李評事瀅詩曰，〈匣有干城劍，囊留泣鬼詩．邊沙晴金甲，關月照紅旗．〉若二人，其近代傑士也．

翠窟子曰，「吾東之倭患，自新羅南解王始而沾解王陷其名將，訖解王獻女爲婚．奈勿王有斧峴之戰，阿莘王質其太子，朴堤上爲國死節．

訥祇王兵敗獨山．慈悲王圍辱月城．聖德王築毛伐城，以禦其患．神武王願化海中龍，以弭其患．至于高麗忠定王，其患尤烈．五十年寇亂吾東，以及乎本朝，而中廟薺浦之役，明廟靈臺之戰，俱遭其禍，而吾東之人，未嘗一舉兵深入其地者，何也？且西北之患，其來久矣．檀氏之世，有南夷之患．箕氏之世，有東胡之侵．衛滿之末，漢人通濊貊置四郡．高麗大武神王時，漢光武攻取樂浪之地．東川王時，魏將毌丘儉屠丸都城，逼沃沮，刻石紀功於肅愼南界．烽上王時，慕容庬厪敗麗兵，掘西川王陵．故國原王時，慕容皝・慕容覇等，敗王于斷熊谷，掘美川王墓，虜王母妻，民戶五萬餘口，焚宮室，毀城郭．小獸林王時，慕容農取遼東．廣開土王時，慕容熙取七百里，虜民戶五千餘戶．百濟義慈王時，蘇定方自萊州濟師，虜王及太子孝，及王子曰泰・曰隆・曰演三人，大臣將士八十八，人民二千七百七．置熊津・馬韓・金漣・德安五郡都督府．高句麗末，李世勣入平壤，虜王及王子福男，民二十餘萬人，麗一百七十六城，爲九郡都督府．顯宗時契丹兵四十萬，陷通津，誅江州執李鉉雲，破西都，陷開京，焚宮廟閭舍．高宗時，金山王子之賊，掠朔寧・義靜・燕雲，殺李義儒・李陽虎，逐趙冲・金就礪．又有蒙古之患，散禮塔，則入鐵州 也窟則入全州，車羅大則到昇天府，散吉則屯和州，周者則壞江城．兵連三十年，關西諸州，火色連天．慈悲嶺北，盡爲胡地．置征東省，奪國王之政．屯田鳳州．殫民間之財，括索婦女．蠻子 廢忠肅・忠烈 縛執，忠惠 竄死，幽囚忠定，餓死江華，吾東之禍，至此極矣．然從古以來，未聞一將一卒之踰山海關，侵中國者，何也？天運之所縮，地理之所偏，人品之所拙，而然耶？」

魏先生曰，「日本海洋萬里島嶼，各守，非容易 吞取之地，天之所以界別區域，而異俗殊民，亦不可東歸也．中國正朔，所在東人，安於守分．故無抗衡之志也．且邊裔之地，稟才尙不及中國故也．然顧今天運在東北，且轉向白山以南，安知後來并吞日本，爭衡中國者也？」

4

戊子，魏先生居黃岳山，余從片雲辭謁，翠屈子適至，言於先生曰，「倭國今聚兵箕島，將何朝鮮．小子作童謠，使之傳於倭中曰，〈起於

箕, 止於箕,·可畏者, 松云云.〉其後倭果畏松之一字, 如靑松·松禾
等地, 不敢入矣. 安知見敗於李提督乎?」

　壬辰四月, 倭兵蔽海而渡, 陷釜山, 殺僉使鄭撥, 陷西平·多大等
浦. 殺左水使朴泓, 東萊府使宋象賢. 分三路, 一路禪守藤統之, 由梁
山·密陽·淸道·大丘·仁同·善山至尙州, 敗李鎰於長川橋. 一路淸
正統之, 由長鬐·機張, 陷右兵營蔚山·慶州·永川·新寧·義興·軍
威·比安, 渡龍宮河豐津, 出聞慶與尙州, 倭合踰鳥嶺, 入忠州, 敗申
砬於彈琴臺, 自忠州, 分兩路. 一路宗一統之, 趨驪州逐元豪, 渡江,
由楊根, 渡龍津, 出京城東. 一路平調信統之, 趍竹山·龍仁, 至漢
江, 逐都元帥金命元, 入京城. 又一路, 平行長統之, 由金海, 從星州
茂溪津渡江, 歷知禮·金山, 出永同, 陷淸州, 渡漢江, 逐留都大將李
陽元入京城. 又自京城合兵, 至臨津, 敗申硈·劉克良軍, 至安城驛, 分
兩路, 一路平行長統之, 由鳳山·黃州·中和, 入平壤. 一路淸正統
之, 踰谷山老里嶺, 出鐵嶺, 敗北兵使韓克諴, 擒王子和順君·臨海君
及黃廷彧·柳永立. 殺兵使李渾, 屯咸興, 旌旗劍戟相連, 所過依險,
設寨留兵守之, 夜則擧火相應, 晝則金皷相聞. 又發水路四十萬, 馬多
時統之, 將自平海, 轉向鴨綠江矣.

　余家兄汝軼爲免山倅, 避兵逃竄. 余跟尋於龍岩, 偕入浮鴨山, 竊伏
草間時, 日已昏黑, 虎嘯山間矣. 忽見數十步, 火光猝起, 驚駭諦視,
是亦避亂人也. 遂往會之, 盖其人, 則京城鄭宗溟一行. 其人曰, 「吾
一行久飢, 請與同下村落, 以求糧.」余從其人, 踰數嶺. 至一大村, 散
入空家, 括得糧米三四斛. 狗·犢·鷄·猪等物 聚村中一舍, 烹肉炊
飯. 一行十七人, 皆飽喫將回山, 忽聞砲聲起門外, 喊聲齊起, 一行驚
散四出, 則已有圍兵, 盡被束縛. 盖越村已有留屯之倭, 知余等之來,
引軍襲之也. 明日驅至鐵原, 殺俘囚七人, 以勵諸人, 次至朔寧又殺三
人, 綑縛益急, 囚於一小屋, 圍籬繞棘. 相與語曰, 「明日當盡殺, 以
其血飲馬.」於是諸俘皆搥胷哀哭. 是夜三更, 忽聞叫噪, 大起殺伐聲,
俄而倭屯寂然, 有二人散籬而蹴窓呼曰, 「趙汝籍速出.」於是諸俘, 各
自逃散, 而其二人捉余牽去, 心驚魂悸, 罔知所向, 而至一溪沙上坐
余, 點燈而饋食. 余於燈下諦視之, 乃桂葉子·碧落子也. 二公謂余曰
「我等以片雲子之故, 來救公耳.」遂隨二人, 入白頭山落珠洞, 謁魏先

生及片雲先生時，　金蟬子坐言曰，「朝鮮開國二百年，　而有此大禍，　前頭二百年事可知矣.」翠窟子曰，「吾東之地勢，　南低北高. 故箕子自中國來，　都乎平壤，　後孫準南走馬韓，　轉至于亡. 衛滿自燕來，　王後裔轉遷，　至于瀗而亡. 百濟溫祚王，　自扶餘至負兒島. 至肖古王遷于漢陽. 至文周王至于熊津. 至聖神王，　遂至泗沘而亡. 今朝鮮太祖，　起于關北，　至于漢陽，　前頭事昭然可見矣.」翠窟子長吟微聲曰，「生于子，　旺于申，葬于辰.」片雲子笑曰「不若羯漢洛.」耳語未了. 彩霞子自外而入曰，「今朝鮮使臣申點・鄭崑壽等，　痛哭祈兵. 故兵部尙書石星奏請援皇帝，　大發兵. 宋應昌爲經畧，李如松爲提督，楊元爲左協將軍，統王有翼・王維貞・李如梅・李如梧・楊昭先・查大受・孫受廉・李寧・葛逢夏等九人. 右協將軍張世爵，統祖承訓・吳有忠・王必迪・趙之牧・張應忠・駱尙志・陳邦哲・谷遂永等諸將. 中協將軍李如柏，　統任自强・李芳春・高策・錢世貞・周弘謨・方時輝・高昇・王門等諸將. 中軍方時春，旂皷韓宗功，賛畫袁黃劉黃裳，督餉艾有新艾葉夢熊，發延綏楡林浙江兵而至. 又發內庫銀二萬三千兩，　山東粮十萬石而助之. 今必平倭，復朝鮮矣.」彩霞子「後來主東者，安知非皇明之裔乎?」魏先生笑而不答諸子言.

　片雲子遷家眷于利川九鳳洞，　還過平壤，聞體察使柳成龍收聚軍粮，乃曰，「我亦臣民，　豈可恝視?」取馬輸納斛米. 成龍授司宰監參奉告身一道付送焉. 其後片雲子，自安岳過龍岡時，李元翼・李薲等，與倭戰于平壤，兵敗馬躓，幾爲所獲. 片雲子過見之，元翼我國大臣，不可不救，乃符水而噀之，倭人辟易自退，元翼得脫，正欲致謝，而忽失不見. 心常驚訝. 適麾下卒吳大成，與先生同里閈　備言先生踪跡. 於是元翼密於上前，稟授端川郡守告身，使大成求先生傳之，兼付一札. 余適値大成謁先生時，　得見元翼札略曰，〈頃枉高蹤，　救此焚溺中命，迄今感謝. 玆以一道俗物仰瀆，第願保全一方之民.〉，其後復以咸鏡觀察使，加于先生，欲以制淸正. 時魏先生在座　笑曰，「物外之鴻，欲下稻粱乎?」片雲子自此　絶吳大成，益自晦跡.

　李思齊者，僉正愚之子也. 在先生王考，爲三從兄弟也. 驍勇絶人，與弟思周，募兵百餘擊倭龍仁眞谷，多俘獲，率宗族居于禿山城下. 倡義使金千鎰謀奪其功，言以叛民，夜襲其寨，盡殺之. 片雲先生，聞而憐之，與金蟬子，往探消息，思齊之子自用托唐將吳惟忠麾下王新方已入中國．思周之子，自戎削髮爲僧，僧名元亨．片雲先生，求得之於彥眞山，　使之娶李仁善女，送居于長壽山槎橋洞．　是行也，過朔寧大灘，金蟬子，　布八陣圖於浦邊，行者皆迷閱，數時乃掇．又過拱江亭，設奇門局，　飛鳥不能過其上．　盖金蟬子於諸子中最妙者　八術，曰五雷，曰遁甲，曰偸心，曰遍見，曰奪精，曰入夢，曰致遠，曰移水也．

5

　魏先生，居馬息山，與諸子，日遊岩巒，所與傳古者，無慮數萬言，余不能盡述．先生嘗曰，「凡事吉凶，莫不先動者．扶餘國，　得赤烏一首二身，高麗大武神王，以爲并二國之兆．溫祚王時，有井水瀑溢，有馬生牛，一首二身，占者曰，〈井溢者，勃興之兆也．一首二身者，並馬韓之象．〉阿莘王時，白氣如匹練，起王宮西，未幾碟禮弑太子訓解而自立．新羅善德王時，有蝦蟆，集王門池．王曰，〈蝦蟆兵象，必百濟之入境．〉，遣將閼川，擊却之．榮留王時，白日無光，竟有泉蓋蘇文之弑逆．百濟之將亡也，衆狐入王宮，宮中槐木作人哭聲．宮庭井水，如血，西海之濱，水沸魚死，人不能盡食．高麗之亡也．群獐渡河西走．東明王塑像，泣血三日，王都雨鐵丸，虎入城，蜚出五車星．新羅神文王時，有竹生島，晝分爲二，夜合爲一，人以爲太平之像．景德王時，有一牛生五犢，有大星如五斗器，出于中天，王懼而修德．故無災．惠恭王時，兩日并出　三星隕宮庭，　未幾大恭・大廉謀逆焉．有旋風起金庾信墓，至于闕智王陵，而作哭泣悲歎之聲，遂有志貞之亂，而良相弑君．哀莊王時，有石自起立，有二塔相擊，鹽車自鳴，遂有彥昇之弑．憲德王時，唐隱縣有石，自移百步浿江，二石相擊，遂有憲昌之叛逆．泰封王弓裔，以重午日生，而屋上素虹起，及其爲僧也，有鳥　口含牙籤，置于食鉢中，而成王字．其後果成數十年王業．高麗太祖之生也，神光紫氣，繞屋遍井．又有神人賣古鏡，而中有文曰，〈上帝降子于辰馬，先操鷄，後博鴨．〉又曰，〈二龍見一藏靑木中，一現黑金東．〉，時有解之曰，〈辰馬者，辰韓・馬韓之地．鷄，鷄林．鴨，鴨江也．二龍指王建・弓裔也．靑木，松也．黑金，鐵也．〉王太祖嘗夢入海中，登九層金塔，

是亦貴徵也. 皇甫氏夢登鵠嶺, 旋流溢海中, 盡成銀海, 遂生顯宗, 王
于一國. 穆宗時, 雷震大成殿, 有山湧出耽羅海中. 遂有康兆之弒逆.
獻宗時, 元朝乾鳳彗出日傍, 遂有資義之亂. 仁宗時, 大風拔木, 黃霧
四塞, 遂有李資謙之凶賊. 西京化, 大闕有鳥跡, 王駕到金岩, 而大星
墜前, 遂有妙清之亂. 日中有黑子, 則鄭仲夫廢毅宗. 東海興波, 則趙
位寵叛西關. 赤龍氣起于鵠嶺, 而崔忠獻世執國命. 禮成江三日興沸,
而高麗遂亡. 任元凱之女, 其初生也, 夢見黃大旆立于其第, 而旆尾飄
拂宣慶殿. 及其長也, 爲開城留守, 後夢見廳事堂棟樑折作大寶, 有黃
龍出其中, 未幾爲仁宗后. 其時仁宗夢得茌子五升, 黃葵三升. 廷臣有
拓俊京者, 解之曰,「茌子, 任氏. 五升, 五子. 黃葵, 皇揆也. 三升,
三王也.」任氏果生毅宗·明宗·神宗.

金蟬子曰,「金安老未第時, 夢有神人, 告詩曰,〈春融禹貢山川外,
樂奏虞庭鳥獸間.〉此一句君之平生登顯者也. 後燕山丙寅, 以律取士,
安老用其句, 遂登第. 金僉使魯 夢有人 名其幼子曰歸甲, 遂以爲幼名,
及其長, 改名弘度, 連魁蓮桂, 人以爲魁甲之應. 後謫甲山而卒, 歸甲
之名又驗. 金正虹, 少字宜慶, 後謫慶源而卒. 李校理, 謫穩城也, 夢
授香如差祭官, 及其放還, 乃一千八日, 果是香字之破也.」

翠窟子曰,「李杏村嵒, 少時, 過太陰江時, 天陰月黑, 魑魅把火喧
呼. 見嵒, 羅拜曰,‘政丞來矣.’其後, 嵒再入台位, 是魑魅亦知人之
前程也. 嵒晚年乞骸, 與息影庵僧, 爲方外之交, 同扁舟往還. 嘗有詩
曰,‘浮世功名是政丞, 小窓閑味卽山僧. 箇中亦有風流處, 一朵梅花
點佛燈.〉仍題其詩, 於壁上矣. 一日重尋壁上詩, 其風流兩字, 變爲化
身兩字, 嵒怪之. 而未幾病避居庵中, 一夕, 客名雪梅者, 侍病, 對窓
忽吟 曰,〈一朵梅花點佛燈.〉嵒悟其化身之改字也, 遂卒.

李參判僎, 與其夫人權氏, 每年祀北斗. 一夕, 夢有七介仙花, 從天
降地, 拾取之, 遂孕子, 連生七男, 曰介甫·吉甫·山甫·佑甫·平
甫·元甫·亨甫. 世祖丁丑, 介甫·吉甫·佑甫同榜進士. 介甫·吉甫
仍其年文科. 己卯, 平甫生員. 庚辰, 元甫進士. 辛巳, 亨甫, 生員.
壬午, 亨甫子如晦進士. 癸卯, 山甫文科. 甲申, 祐甫文科. 乙酉, 吉
甫子元亮生員. 丙戌, 吉甫文科重試, 又擢同年, 拔英試. 戊子, 祐甫
子安世武科, 安國生員. 戊寅, 山甫孫皐生員, 此十八科慶, 率一門衣

冠之盛事也.」

金蟬子曰,「高麗仁宗時, 有朴衡者, 性仁厚, 好布施. 一日, 麄衣者來宿, 俱言前頭喪敗事. 仍贈一詩曰,〈龍山日中門有耳. 乾川細雨侍無人. 淸溪柳色年年綠. 人踏東風杜宇春.〉未幾, 衡遭父母喪, 連値兄弟妻子之喪, 家亦盪敗. 衡憂憫出遊, 放浪湖山. 一日, 到龍山日中, 忽憶前詩, 問乾川寺, 人指前山林間, 少雨霏霏處. 遂投宿寺中, 老僧謂衡曰, ‘何不訪淸溪洞乎.’ 仍贈藤梨一升, 衡受之, 訪淸溪洞, 果有柳進士絮者, 家殷富. 只有一女, 名一年綠. 同鄕柳田者, 亦富, 有一女, 名二年綠. 同庚同志, 期同于歸, 久未結褵. 是日夜, 兩家皆有夢, 老來言曰, ‘今日藤梨郞, 卽亦天緣耳.’ 及時衡獻藤梨於主人. 主人大喜, 卽納爲壻, 因一娶兩女. 家業遂豊. 衡一日, 登柳氏先人丘墓間, 近處山名有人踏峴, 乃登其峴周視, 果峴下有兩麓, 而東麓中央, 有杜鵑花一叢, 遂憶前詩, 遷先墓葬于杜鵑花下. 於是, 子孫大蕃昌, 子承攸, 孫挺奕, 官至尙書, 其後, 世世簪纓.」

片雲子曰,「我五世祖考, 諱培, 字子長. 生于永德縣衙舍, 故幼名德生. 妣金氏, 性端潔, 奉祀以誠. 嘗祭罷, 夢有老人, 授碧色珠一顆, 令吞之. 遂生公, 眉目如畫. 申旋善允寬, 號之曰,〈玉盆新梅.〉烈成黃公守身號公〈爲獨松亭.〉嘗於閔糸知大生家宴席, 醉眼中, 有牛足生蓮花, 魚尾生薔薇. 心怪之, 袖而歸之, 醒而視之, 則更無蓮花薔薇矣. 其後, 魚變甲·鄭麟趾爲考官時, 果中進士文科, 亦不偶也.

貞正公之考文儉, 少時, 逢日者洪修, 訊命, 洪書示一詩曰,〈鵬鶚當秋勢傳雄, 乘風奮翼到蟾宮, 榮華未問當時事, 先見聲名達九重.〉是秋, 親製時, 用郭杜秋,〈天風順鵬鶚之翼.〉太宗打批點曰, ‘此文所作者, 必是前日進士榜中,〈挾矢長射陰山鶻〉之人’, 盖此句, 公之膾炙詩句也.」遂登第. 其後又遇洪修, 訊命, 洪又示一詩曰,〈五馬門前闊, 湖山景可觀. 河中無水處, 舟渡自然安.〉未幾, 除錦山郡守, 果副湖山二字也. 俄而洪峒之褒啓 陞爲湖西觀察使. 其後又訊命於洪, 洪又書一詩曰,〈林下春將近, 芳菲景物深. 花開歸鳥宿, 一箭中紅心.〉丙寅春, 公登桃林寺賞春. 是日, 除吏曹判書. 出仕未久, 家有奴名戒山者, 其妻名花開, 與崔判書士康之奴名眞鳥者私焉. 戒山怒, 欲害之一夕, 踵伺挾矢, 潛伏暗中, 適永膺君琰之孽子紅心者, 無賴, 嗜酒, 欲買酒，而來花開處，誤中戒山之矢而死焉．竟緣此事，而罷，後竄明川．遺人於洪，訊命，洪又送一詩曰，〈鳳凰飛出梧桐上，始信春光在後期．〉公沒之後，宮人碧桃者，於宴席彈琴，仍詠〈鳳凰來叫嶧陽桐〉之句．文宗問，知其爲公之作也，嗟歎良久，仍贈領議政．〈春光在後之言〉，始驗矣．

我翠屏公諱美廷，爲兵曹參判也．夢柳拖肩，未幾，爲柳光謙所憚而罷．壬辰，夢跨金馬，立牧丹花前．未幾，爲平安監司．時，金駿爲大同察訪，日相從遊於牧丹峯前，始覺其夢之驗也．

我王考右尹公 成化甲午生，萬曆丙午卒，享年百三歲．降生之日，宋左相軼送柏子三升大柑二介．時蒼岩占之曰，'此兒壽可百三，官則二品，而稱大監矣．'果始其言．公之在內資寺．也有夢焉．與堂叔懋，相對於高軒，而二美人侍側，一老人立庭前，作鷄鳴聲，聲甚聒耳．未幾，作宰禮安赴任也．堂叔以淳昌倅，適至同坐，傍有邑妓彩蓮·蓮花二人侍側．宛如夢中，心怪之．俄而，邑吏告崔永望獄事，考其前後．蓋崔重泰家富，身死 而只有稚子幼女，無他族顧後．故，同姓永望 以義省其家．一日夜，子及女皆刃斃．永望由是係獄，年久不服．公默念前中鷄，因問近處有高起者否？ 吏對曰，'果有之．'遂捕致嚴訊，果服．蓋夢有老人，意者，重泰也．公之初夫人，海州吳氏，沒於辛巳，繼夫人辛卯配公 寓居麟蹄德山村．蓋自李德應·朴敬嬪之禍，及鳳城君鄭彥愨之時，而宗黨剪落，門戶衰廢，故居鄉治產．丙申歲，公散步夜月，忽疾風驟雨之聲，自遠而至，見一白豕突入家中，公怪之，求覓不得．明日，於庫中得一銀豕．自是，家甚殷富，攸好終命，亦稀世之福也．蓋見吉凶，莫不先定也．」

金蟬子曰，「宋上舍文理，李正郎叔幹，同上黃華亭，押'家'字韻．宋曰，〈一道鷄聲八九家．〉李曰，〈柳陰鷄哭有人家．〉金慕齋安國曰，〈宋有多子象．李有文科象．〉宋有八子曰，彭壽·眉壽·期壽·頤壽·聃壽·益壽·台壽．李亦登文科，叔幹之子從運，又押'家'字曰，〈獵魚射雉暮還家．〉慕齋見之曰，〈爲兩場氣像．〉辛酉，果生員，官至加平郡守．加平之外孫柳慶昌，又押'家'字．〈春到園林花爭簇．蜂聲燕語起家家．〉以爲凌駕諸家字，果登文科，官至大司憲．」

翠窟子曰，「李進士韋，少時患痘氣絕，到一處宮殿嚴邃，有五人跪庭下. 一綠衣吏, 呈簿案上. 俄而黃衣者宣旨曰, ‘爾韓效元, 以爾父有孝順實行, 錄一品官祿, 不可夭折, 斯速放還. 爾金詮, 以爾妻之活千命, 官加三台, 不可夭折, 斯速放還. 爾權達手, 以枉殺三婢, 將受戮厄, 姑不可夭折, 斯速放還.’ 於是, 三人拜退又召二人, 命之曰, ‘爾金宗瑞, 以忠勳死冤枉, 可爲徐家子, 官至閣老. 爾金宏弼, 以潔行被罪, 可爲印度國王子, 以享尊榮.’ 於是, 二使領二人去. 又引韋, 命之曰, ‘爾壽六十八, 爾祿三斗, 爾配雙桐下櫻桃, 爾產二果三花, 不可夭死, 斯速退去.’ 韋拜謝出門, 其後沈判書光弼家, 見二桐木立後庭, 而樹濃綠, 有一姐, 散步閑吟. 韋窃聽之, 其詩曰, 〈樹陰綠綠夏日長. 聽鸎閑吟珮玉璫.〉 韋朗續吟曰, 〈籬邊正有探香子. 願折櫻桃一朶香.〉 書於小紙繫石 投之入. 遂通媒媾婚, 其名果櫻桃也. 仍生子二人, 世奎·世弼. 三女, 洪致克. 金成國·鄭弼國夫人.」

翠窟子曰,「李文川珹, 牙山人也. 性本廉, 盡誠於母朴氏, 愛諸弟甚篤. 一日, 弟玎·琛·瑤·瓛·琱五人中, 瑤獨夭死, 墳生野薔薇一叢. 珹感歎, 移種于庭, 以屬棠棣之情. 朴氏之沒也, 所殯處, 生金櫻桃一株, 亦移庭前, 以屬天地之痛. 其後, 野薔薇·金櫻桃果茂, 每值其忌日, 繞樹下淚. 一日, 珹出他 還見有題詩曰, 〈何日庭前傾皂盖? 台階消息見金花.〉 時, 金櫻桃開花, 金色五葩, 而有客五人, 到門告飢. 珹盛饌延接, 因托深契. 其後, 五人果入台閣, 互相援引. 珹官至文川郡守. 子夢禎, 官至郭山郡守. 其五人者, 卽尹弼商·姜龜孫·柳洵·金國老·李世佐也.」

翠窟子曰,「李希齡, 字仁老. 少登靈通寺讀書. 有一客僧, 以病留滯寺. 僧苦之, 多發詆言. 希齡獨憐之, 解衣退食, 而周給. 閱月後, 客僧告別, 而獻畫四帖. 一畫竹, 一畫鹿, 一畫枕, 一畫山水松岩. 希齡莫知其故, 其後發解 〈綠竹猗猗〉. 會試出題, 卽 〈鹿無虞 惟入于山中〉, 遂中蓮榜. 其後庭試, 出題〈警枕〉, 遂文科, 官歷高山·長水·松禾·靈岩等邑, 其畫始驗.」

金蟬子曰,「李信儉, 字不俟. 嘗夢乘五色馬, 後爲官歷靑陽·玄風·丹陽·黃澗·白川以爲五色太守.

吳光傑, 字國城. 嘗夢軒之四隅, 各種梅花一株. 解夢者, 或占台鼎, 或占生四女, 其後, 爲官江西·河東·北靑·南原, 人稱奔走太守.

李允亨, 字叔謙. 歷麟蹄・鳳山・龍岡・龜城, 人稱四瑞太守.
李希貞, 字復元. 官歷錦山・玉果・金山, 人稱寶貨使君.」
　鵝蕊子曰,「臨潢東北, 有箭竹山. 東北一脉, 流入于木葉山, 潢河・
土河合其前, 山下多名墓焉. 東漢末, 莫神者, 家富好施, 置義室義
醫. 一日大雪, 見路傍凍欲死者. 背負而歸調護, 累日而送之, 其人
曰, '木葉山東麓, 有貴地, 君家葬親於此.' 莫神請觀之, 乃一大井也.
莫神曰, '何以葬親於水乎?' 其人曰, '投屍井中, 以巨石掩井, 三年
後, 自有異徵, 見其異, 而然後君亦同投而葬, 則子孫極其蕃昌.' 莫神
如其言, 葬其親, 三年開見, 其彩雲滿井, 十八花枝, 低仰水中. 大奇
之, 其後莫神死, 亦投井. 其後莫賀爲鮮卑酋長, 據有遼西之地, 號慕
容部. 遂生庵鈗・焦・暐・垂・寶・盛・熙・德・超・祥・獮・冲・永・
農・恪・忠・評等爲天子, 十八花枝之驗如見. 井之東八十步許, 有古
塚, 樵者或聞人之音聲. 俗傳遼太祖之祖墓云. 其南有塚, 常有虹氣,
人稱渤海王榮之墓云耳.」
　片雲子曰,「我鏡潭公方姙也, 蒼岩嘗見空中, 以金大書'應'字, 故遂
名之. 既長爲珍島郡守, 時有倭船, 因風泊岸. 土人收其莊寶, 囚其人於
土室, 將欲滅迹. 鏡潭知之, 搜出其囚, 凡十一人. 鏡潭使之, 給粮裝
船送之. 其人指天誓日, 拜謝而去. 乙卯, 蒼岩病, 鏡潭其嘆夙夜, 求
醫無效, 時朔寧有李種綿者. 自其父嘉, 祖宗雄以來, 業占術, 而種綿
又妙傑出. 鏡潭往問之, 神效在紫霞. 鏡潭歸曰, '藥有紫苓・陽霞・
天高・紫河東, 而皆以施無效. 所謂紫霞者, 果何物也?' 冠岩之山,
有紫霞洞, 可以此處求驗矣. 卽具瓶酒脯果, 入紫霞洞. 盡日徘徊,
無可驗視. 日之將夕, 有樵童, 以繩繫靑蛇而去. 鏡潭問曰, '捕蛇何
用?' 樵童曰, '李監司繼宗有瘡疾, 醫者言, 靑蛇灰可用.' 兒卽其隣兒
也, 欲以獻之. 鏡潭素有仁物之心, 請以酒果易之. 兒許之, 遂解繩放
蛇而還. 是夜三更, 鏡潭與竹友, 秉燭侍病, 苦憫相對. 竹友, 卽鏡潭
之夫人也. 與蒼岩居, 常論文圍棋, 情分, 非他婦姑之類也. 當此安危
之病, 安得不廢寢食, 毀形骸乎? 又見紫霞之無驗, 尤用沈痛. 俄見
有頭大如犁睜目, 黑日, 觸窓入頭. 鏡潭夫妻, 大驚起立視之, 乃大蟒
也. 口含一草, 而落之置前. 鏡潭思之曰, '古有隋侯報珠之蛇. 無乃
日間之蛇所致歟?' 遂用病卽差矣.

右尹公，娶海州吳氏．吳氏狀貌雄偉，稱吳丈夫．吳夫人嘗娠子，弘治庚戌，生蒼海，驍勇博學，然遊俠無忌，時論輕之．乙丑，與弟南陽公，遊柳順汀家，時成希顔・朴元宗・李蕊・權均・安潤德諸人，會議反正事．適愼守英來到，諸人次次引去，遺落其隱密書簡．旣已覺之，大恐守英，朴元宗急還尋覓，蒼海出其袖中，授元宗．元宗大喜，以手撫其背曰，‘汝童活我幾人命’．及中宗反正，錄從功臣，以其年淺，未登仕版．戊辰，思遊濟州，挺身南州，八月十四日，船到火脫島，忽遭大風，同舟二十餘，活者四人，而泊于志摩島．志摩島，有日本東南，島人執之，獻于島主．島主問曰，‘汝等無乃朝鮮人耶？’蒼海曰，‘諾．’又問曰，‘朝鮮故珍島郡守李應，汝知之否？’蒼海曰，‘吾之祖考矣．’島主急下階，攝手上堂曰，‘吾姓一，名持元，曩受再生之恩於君之祖考．今君又涉吾境，此天必假以報恩之路也．此地古蘇木國也．十餘年前，余爲日本將，取此地．日本天皇，以路遠城別，封余爲志摩島伯，永世爲島主．且余無子有一女，其納爲女壻，以繼此業．’遂納爲波木郎，猶華言駙馬也．當此之時，父母昆弟宗族，皆以爲淨死，或憐或譏．朴元宗請上，贈右議政，諡文昭．蒼海在島中，養民鍊卒，大修攻城之具．蘇木東六日程，有八錦島，島主政荒民散，一伯遣蒼海伐之．其民相率迎降，遂入其島．桃花關執其主伊古夫，置八州．曰，博古．曰，野多．曰，智施．曰，狼坪．曰，寶盖．曰，祥堂．曰，支地．曰，半波．以蒼海爲錦州刺史，領八州事．錦島東十日程，有日摩島．其主名徐泰督，聞錦島亡，怒曰，‘八錦島，我兄弟之國．豈有兄不恤弟之亡乎？’率兵浮海而來．蒼海使徐直良守祥堂，張井寶拒戰．自率快船銳卒，直趍其島，功力鐵關破之．其臣典干，入據其島．且摩王聞之回軍，張井寶追擊，大破之．蒼海使元道章逆擊之．日摩王兵敗溺死．令諸軍徇下諸島，置十郡．曰，肛門．曰，寶岸．曰，蛇林．曰，平泉．曰，沙良．曰，槐井．曰，鶴野．曰，金鄕．曰，夫岩．曰，蓮澤．以蒼海爲日摩伯．張井寶志摩刺史．日伯遣與山城，徐直良爲錦州刺史．日摩土沃穀秀，地無雜木，蘆竹最多．竹實大，如金色梨，竹身瘦勁如鐵，鷄則肥大，其音淸越如玉簫．錦島赤鳥之地．果有柚・柑・橘・榧，香蔬美魚，最於諸島．大岩之郡，有紅藤木，土人剝皮，爲舡，塗以禹魚油，其舡輕堅，雖至險之風濤，不覆碎．寶岩・平泉等郡人，習於水戰，行水如

陸. 蒼海選驍勇者二萬人，號涉海軍，又作藤皮舡，以習水戰. 甲戌伊
佐國來降，古波羅之遺種也. 波羅國之時，吞并諸島，神威大行，至紀
伊王，政亂迷弱. 至文政天王，國號龍城，傳八世，爲倭屬，後倭將平
信從滅之. 餘種走保伊佐島. 至是來降，其國所屬，凡十一島，如聯珠
形直抵. 東南海中，自伊佐，行三十里，有坪山. 自坪山，行五十里，
有槐林. 自槐林一日程，有銀頭. 銀頭一日程，有石臺. 石臺一日程，
有雲穴. 雲穴三十里，有禾野. 禾野一日程，有錦村. 錦村二十里，有
丘山·丘山二十里，有雉林. 雉林十里，有日紅. 日紅二十里，有鼈
江. 土產金珠珍·夜光之芝·鳳冠之粟·青菊·黑牧丹. 人物纖麗. 槐
林則有返魂之石·酒泉石等物. 銀頭則有胡椒·野蓼·珍果. 石臺則有
蝦鱷之患. 錦村有桃李之饒. 日紅產安息香·降眞香·鳳肝香·龍眼果
等物. 乙亥，蒼海爲伊佐伯，一伯爲日摩大酋閣，收用伊佐人石正·正
源·道良·楸根等. 鼈江東南七日程，有紫海，廣百里，水色如血. 紫
海東有老鶴城島，有沙野，生奇花異草. 老鶴東南，有弱水，廣十里，
橫海中，其色如匹練，兩邊有天作石柱，來其涯. 每八月，東邊碧波，
如走山壓，弱水漲溢來. 鼈江人常乘此潮水，踰越往來. 弱水東五日程，
有五十里黃海. 黃海五十里，有黑海. 黑海東有蘆山城. 蘆山城東，有
花島. 花島東，有椒島. 椒島·花島之間，有魚遊場，廣一日程，大魚
還聚之處也. 鬐鬣如列泰山，往來千里，鐘聲震海. 海底魚目，如千萬
燈籠，人不能過其上. 每五月，則群魚散去，人以爲避暑北海云. 椒島
東五日程，有鳥島. 鳥島地方五十里，雜木如麻木，皆梢頭展葉，中有
百鳥，喁哳日夜. 鳥島東三十里，有門關. 門關東五日程，有公子城.
公子城東二十里，始登大陸. 大陸五百里，有金函城. 卽葛郞國都也.
葛郞東北，山林高深，人跡介絕. 南阻大淵，西涉大海魚遊場，以東皆
屬葛郞. 其土地廣潤，人民稀少，民甚朴野，有文字，無武備，人皆性
善，好嘯好謌，聲梵唄焉.

　丙子，蒼海發藤皮舡七十隻，涉海軍三萬，戈戟軍萬人，以石正爲鄉
導官，進功葛郞國，所過悉平，遂入金函城. 其主脫花揚降，遷君臣於
蘇木島. 分其地，爲十四州. 曰郜·曰鄜·曰邳·曰姍·曰埜·曰郊
·曰酅·曰鄍·曰郜·曰邴·曰廊·曰邢·曰鄆·曰鄧. 定十四山名
曰，望海山·玉清山·日影山·雲屛山·錦疊山·碧蓮山·玉秀山·萬

花山・飛鶴山・白泉山・金泉山・玉樓山・五連山・冲天山. 定六水名曰, 白紵江・竹葉江・月印江・與銀江・洋玉江・蘭碧江. 極東立日臨關, 極西立蘭碧關, 極北立銀臺關, 極南立大淵關. 一尊閣遷都金函城. 國號桑淵, 自立爲大尊閣. 以蒼海爲小閣, 定官. 名宰相曰, 太陽・太陰. 五卿曰, 歲星・朱星・白星・辰星・塡星. 文班, 曰鶴・曰鳳・曰鵁・曰鷺. 武班, 曰鷔・曰鷹・曰鶻・曰鶴・曰鵬, 各以五色分等級. 通信使曰鵲, 巡察使曰龍, 魚鹽官曰鷗, 生產官曰鹿, 勸農官曰鳩, 守邊官曰虎, 掌舡官曰鶖. 庚辰, 一尊閣卒, 蒼海嗣之. 丙戌年間, 開燕子島. 島左椒島南半日程, 周四百里. 土產良金・寶玉・大蒜・大薑. 又開蠶島. 島無雜木, 惟桑林茂秀. 有蠶其中 繭大如甕, 土人織爲纖麗可愛. 石門東北二日程, 有鷄冠島. 島中有冲天山, 三峰削立, 中峰有岩, 如雄鷄形. 山木桑木, 滿島成林, 有鷄棲居桑上. 每牛夜, 月影照中峰, 岩有鷄聲, 宏大遠聞. 於是, 衆鷄爭鳴, 數百里島中, 喔喔聲滿. 花島東南, 開菁島, 其南有馬八島・西樂島・相島等地, 以抵女人國之境. 盖自馬八島以南, 男少女多, 女則英豪, 主國爭長者, 惟女人. 葛郞之南, 有甘淵, 廣十里, 其水從桂林山發來, 水味甚甘. 其南峻嶺絶壁, 而路不通焉. 錦疊山, 在金函東百五十里. 七十峯卓立, 皆作貴人星體, 其內有凝霞臺. 王碁子人入其洞, 則雷雨大作. 萬花山在金函東南. 巒頭皆蛾眉文星星體, 重重疊疊, 而中有百種奇花, 互相開落. 一年十二月, 常有紅紫色. 流泉香冽, 居人有仙玄之風. 白泉山在萬花山東四百里. 五十六峰皆石立, 雪色湧泉飛瀑, 不知其數, 合流東走, 爲竹葉江, 盤北轉西, 至彎碧關而入海. 望海山在西海岸, 山八九峯皆文筆象, 每日出影東指, 故亦名東山. 玉秀山, 國都主山也. 雲屛山, 國之東陲也. 望之如張錦屛, 而人不能踰越. 覘其外日影山, 國之北陲也. 重崗疊岫 參天盤鬱, 隄澗深林, 而亂石飛泉, 着處皆然. 一尊閣嘗遣窮探, 經七八日, 絶無人跡. 但見山高谷深而已. 玉泉山, 在都城南五百里. 挾洋江透迤三百里, 而山有蜜蜂, 大如鳥雀. 春夏間, 滿山喧喧, 產靑白紅玄四色蜜. 碧蓮山, 在都城東北, 六十四峯, 叢叢挺立, 與銀之江, 還其三面. 上山皆有靈草. 天梨島, 在鷄冠島東北, 有山高四十里, 名飛鶴山. 上有甘泉井, 井傍有二梨樹. 六十圍, 梨子大如斗, 服之, 令人遍身生香, 數日不飢, 名天梨, 島東北有玉壺島, 外面石山繞圍, 如玉壺狀. 其內周百里, 正中有山五峰, 名五蓮山. 具五星形體, 中峰有五斡棗木. 人以其實, 占豐凶, 而東枝實多, 則麥豐. 南枝實多. 則黍粟豐. 西枝實多, 則稻豐. 北枝實多, 則豆豐. 中枝實多, 則稷豐. 有風災, 則葉黑. 有水災, 則葉潤. 有旱災, 則葉黃. 玉壺島北有一島. 島中石山, 瀅如白玉, 形如樓閣. 故名玉樓山. 其邊有金泉山, 盤廻海中, 圍如城廓狀, 亦名金城島. 西隅水口水梁關, 正中水心, 有山崛起參天. 山腰有層層石梯, 山上有石臺, 大書刻之曰, 〈白玉臺〉, 不知何人所爲也. 山下有大青龍, 時時出遊. 蒼海始得此島, 追感先妣之夢, 築宮於臺下, 名曰, 通玄宮. 蒼海有子十二人曰, 安安郎郡 · 鳳眼郎郡 · 蘭英大師 · 黑龍將軍 · 桂樹先生 · 文武大君 · 石骨將軍 · 溫溫元侯 · 禿禿郡主 · 和風小公 · 百株仲伯 · 月林大師. 丁酉, 立蘭英大師, 爲桑淵大酋閣. 蒼海讓居通玄宮.

初吳夫人, 自蒼海遭風之後, 日夜悲戀. 一日夢青衣老人曰, '夫人子今爲貴人, 勿慮勿慮.' 自是每東向祝曰, '願吾子早早歸來.' 及夫人沒, 南陽公以遺意, 每八月十四日, 設齋于洛山寺, 以禱蒼海之還. 丙午, 蒼海以單舸, 泛水陽關口. 忽晝夢吳夫人見曰, '吾兒, 何不歸覲老爺?' 蒼海驚起, 鄉淚滿襟. 遂登白玉臺, 徘徊惆悵, 乘夕下船, 出水陽關口. 忽見二青龍, 出水現形而沒, 忽蒼海所乘之舟, 西走疾馳, 一陣東風, 鳴帆不已. 但見海雲微茫 氣波拍天, 閱十二晦暝, 而舡忽拍碎於岸, 而蒼海醻身, 落岸, 移時乃甦, 卽我東叢石亭也. 坐而待朝, 轉向洛山寺, 時南陽公設齋於寺中, 以禱蒼海之還. 供養僧竺蘭曰, '今番設齋所願必成.' 南陽公曰 '以先妣爲之, 豈有再生相逢之理乎?' 竺蘭曰, '方齋時, 燈火分作兩炬, 玄酒中水湧如立筯狀, 前者所無之祥.' 公曰, '其然 豈其然乎?' 因下山, 忽逢蒼海於路傍, 初似不相識, 及通姓名, 方始驚疑, 仍問年甲 · 貫鄉 · 內外姻族, 無不摠知, 遂相扶痛哭, 如見隔世之人. 因問家事, 則吳夫人沒于辛巳, 繼夫人, 沒于乙巳. 三夫人白氏配公, 移于兎山晨星里. 而門戶零落, 非復曩日也. 戊申, 南陽公沒. 先考公曰, '吾三子中, 汝獨爲長, 而吾東無繼嗣之子, 不可無娶. 至於海州諸子, 蠻人不足數也.' 於是, 娶新平李氏. 蒼海雖有生還, 奉親之樂, 頗索莫, 謝絶人事, 出遊林泉溪山之間, 自號蒼海道人. 庚子, 十二月十六日卒. 臨終謂婦人曰, '吾三十年, 海外翱翔,

掃平雜揉夷, 而歸覲, 休休暮境. 且有一子, 以承祖業, 志已異矣. 但
白髮家君·紅顏細君, 猶在, 而身先入地, 是則不昧之恨矣.'

6

歲戊戌, 魏先生移居漢陰山. 彩霞子乘月, 過覓玄草庵, 有詩曰,
　「松梢半壁棲孤月,
　　雨後層巒吐白雲.
　　山杏子規啼夜靜,
　　草堂也有老僧閑.」
袖出雙笛吹之, 仍來謁魏先生. 魏先生, 方與諸子宴飮, 作採桑曲, 弄
之琴. 片雲子曰,
　「我蒼海公, 每乘月, 唱朝霞曲·魚依藻曲. 此二曲出桑淵.」
　金蟬子曰,
　「吾東掌樂院所識者. 如雅樂, 文武. 唐樂, 洛陽春·步虛子·垣桓
曲·保太平·定大業. 進饌樂, 豐安曲·前引子·後引子·班賀舞·
靖定東方. 還宮樂, 淸平樂·水龍吟·夏雲峯·憶吹簫·白鶴子·衆
仙會享·獻仙桃·儒林雅, 及編鐘·編磬·笙竽·塤箎·琴瑟·龍管
等樂. 皆美矣. 山有花者, 農曲者, 閩人嗔賈似道曲, 皆爲東民苦役
之聲. 魯陵六臣之歌, 貞忠可取. 鄭松江關東別曲, 淸新可愛. 新羅
鄕曲, 有金丸·月顚·大面·束毒·狻猊五條, 東人稱其, 并吞之
象. 儒理王之兜率, 廣樂之態. 訥祇王之憂息曲, 有棠棣之義. 六部
女之會蘇曲, 有葛覃之風. 眞德王之太平曲, 猶存汚水之譏. 吾東之
音樂, 亦不寂寥也.」
　碧落子曰,
　「余過金陵, 作秋雁歌曰,
　　〈秋雁飛北風,
　　高吳山冷落.
　　吳山小石頭,
　　王氣久蕭條.〉」
　翠屈子曰,

「余有詠蘭詩，曰，
　〈蘭在空山衆艸蒙，
　　芽莖短短不成叢.
　　何時得托高人契？
　　好種春風九畹中.〉」
先生曰，
「猶存佐時立功之意.」
鵝蕊子亦自誇，所作九歌曰，
「山閣風生松自韻，
　海天雲散月初昇.
　嗚呼一歌兮舞長鋏.
　蟬吟一夕千村樹，
　鶴唳秋晴萬里空.
　嗚呼二歌兮杖歸楫.
　雨集平郊千樹晦，
　葉凋衰柳萬壑虛.
　嗚呼三歌兮上粉堞.
　梅似山妻當枕依，
　月如信友入窓來.
　嗚呼四歌兮披書笈.
　山知春夏秋多色，
　樹占東西南北風.
　嗚呼五歌兮閑習業.
　心遊天地三千界，
　碁着高枰十九道.
　嗚呼六歌兮屏輕筵.
　朝日手捫王猛虱，
　秋風身拂晏嬰裘.
　嗚呼七歌兮意不快.
　秦山楚水求良友，
　西蜀南漢問哲師.

嗚呼八歌兮困跋涉.

扶餘渤海曾開國,

紇石木華更柵芳,

嗚呼九歌兮風生頰.」

盖鷔蕊子, 元初名將木華黎之後也. 本出於扶餘云.

靑鶴上人, 嘗登鬱陵島. 金蟬子曰,

「此地古于山國也. 新羅智證王時, 降于羅. 其後裔, 今流在何處?」

靑鶴曰,

「三韓拾遺紀者, 鹿頭處士所錄也. 出羅瑞山石室, 余嘗一次遍覽, 古迹可據者, 甚多, 有曰,〈于山國降羅後, 其君之子賀拔　捉于高句麗, 爲桂婁部大兌, 有八人, 陽元忌之, 七人者北走元魏. 一子玄于留鼻白山. 其後爲玄氏・于氏. 大凡吾東之諸姓, 如金・朴　出于新羅. 許氏, 出于駕洛國. 寶城・高敞・荳原之吳　出于百濟. 皇甫・馬・王, 出于王朝. 韓・奇・鮮于　出于箕子. 終氏・魚氏　出于黃龍國. 卞氏　出于弁韓. 奉氏　出于辰韓. 平壤之趙　出于高句麗. 江陵之崔　出于濊. 水原之白　出于貊. 延氏・卜氏　出于甘文國. 平氏・皮氏　出于伊西國. 智氏　出于押梁國. 蘇氏　出于蘇定方. 愼氏　出于沙伐國. 河氏　出于蓑山國. 權氏　出于新羅. 郭氏　出于大伽倻. 琴氏　出于音卜國. 廉氏　出于帶方國. 方氏　出于行人國. 康氏・龍氏　出于松攘國. 檀君之後　爲肅愼・扶餘・靺鞨. 耽羅之後・爲高氏・梁氏・夫氏. 東沃沮之後　爲魏氏. 南沃沮之後・爲平昌之李・平康之蔡. 骨火國之後　爲簡氏. 荇人國之後, 爲唐氏・禿氏. 盖馬國之後, 爲周氏・嚴氏. 東扶餘之後, 爲池氏・咸氏. 曉國之後, 爲吉氏・盧氏. 樂浪之後, 爲禹氏. 玄菟之後, 爲曹氏. 臨芚之後, 爲文氏. 眞蕃之後, 爲黃氏. 光州之金　出高句麗. 延安之金　出百濟. 新平之李　出安南國. 瓮津之李　出交趾. 任氏　出西夏. 漢初, 田橫之死也, 田榮之小子慶, 浮海東來, 居于栗一之地, 以織席爲業. 子秀・孫蓼, 爲衛滿相. 漢武滅衛滿, 封蓼之五子, 爲五部長. 吾東之田, 自此始也.〉」

靑鶴上人曰,

「十二月風氣, 驗十二地風土. 三元宮二十八宿, 驗下土夷夏區域. 周天三百六十五度，每度二千九百三十二里．周天一百七萬九百十三里．
經三十五萬六千九百七十一里，周天之全數也．人之一息，天行八十
餘里，一晝一夜間，人息一萬三千六百餘息．天行九十餘萬里．明于
此理，則萬國兆民之休咎，山川道里之幅圓，可以見矣．天開於子，
地闢於丑，人生於寅，故察天機於子時．察地氣於丑時，察人氣於寅
時．善推已往之事者，能知將來之事．」

　鵝蕊子曰，「昔周武王，以殷之諸侯伐紂．故諸侯爭強，竟亡於秦．
漢高祖，自蜀出，取天下．故昭烈捨天下而歸蜀．魏・晉・宋・齊・
・梁，以臣簒君．故皆亡於臣．唐之興也盡殺降王．故唐之子孫，大戮
於武后先晃之手．宋太祖待諸降王，以藩臣禮．故元人待德祐皇帝．
且宋取天下於周家小兒．故亦失天下於小兒．乙亥曹翰取江州後，乙
亥呂師夔以江州降．南唐以丙子歲降宋，而帝㬎以丙子歲降元．以己
卯歲混一天下，而帝昺以己卯敗沒涯州．大禹治洪水有功於天下．故
子啓賢，世爲天下主．契有功於唐虞．故夏祿方絕．天生成湯，后稷
以嫡不立，旣有遺冤，且有稼穡之功．故周代殷．益有功，而未受禪．
故秦代周．堯以不傳子之冤．故後有五百年漢．曹操脅制其君，害弑
國母，殺皇子．故高貴卿公有墮車之痛．司馬昭弑髦廢璜．故懷愍行
酒於漢北．曹馬奪劉氏之祚．故劉聰滅西晉，而劉裕代東晉．蕭何之
後爲齊梁，陳平之後爲陳，楊震之後爲隋，李唐之後爲唐，彼皆漢之
功臣也．安史之亂，以西北諸胡，收復天下．故五季皆沙陀人，入帝
中國．漢武征凶奴，漠南無王庭．故五胡亂華，兩京丘墟．唐太宗降
鐵勒百餘萬戶，置州郡．故元世祖混一區宇．昭昭之理，不爽乎，冥
冥矣．」

　花塢子曰，「昨登雪罕嶺，北望則佳氣起于金關，意者女眞復爲天子
矣．」碧落子曰，「余從燕京來，過狼于山，四望山川　草木皆搖殺氣，
遼東將有大兵禍．」彩霞子曰，「世運衰革，生民塗炭．吾以大明遺民
其將焉往．今羯人得旺，則一隅朝鮮必先受禍．」金蟬子曰，「乙丁明
氣入地東，壁宮一星降主三角，一片鯤岑　終保文明之氣．」翠屈子曰，
「朝鮮界別區域，稱爲小中華．故中國降聖人，則朝鮮亦生眞人．檀
君並堯，箕子並周，三韓並七雄，赫居世並漢高祖，武烈王並唐太宗，
王太祖並宋太祖，我太祖並明太祖，今新天子出，則朝鮮並生保國

之眞人矣.」

　片雲子曰,「向者 五道抵聲串嶺, 路傍見分水嶺上, 一片雲靳西入漢陽, 必生保國之人矣. 且世道方變而有識哉. 今請與二三子, 周覽天下, 占得失閱風俗 爲可. 於諸子俱請行.」靑鶴曰,

　「彩雲・片雲入于燕境. 花塢・金蟬入于女眞. 桂葉・鸞蕊入于中原, 碧落・翠窟入于蒙古, 至于西藩.」

　諸子此行, 事蹟甚多. 其多其漏失過半, 今姑擧其萬一云. 彩霞・片雲 渡江, 至鎭東, 宿韓家村, 夜聞哭聲甚哀. 片雲問主人, 主人曰,「東隣吳氏女之聲, 吳氏事姑至孝, 姑死, 每於諱日極誠致力而祭, 今則貧, 不能具饌. 故永夜悲泣.」彩霞子曰,

「此間有不仁之富家乎?」主人曰,「有袁士直者, 號稱袁猪.」彩霞・片雲 至吳氏家乞飯. 吳氏曰,「貧無以擧火, 前夜卽姑諱日, 而未致祭享, 方在罪歎中, 安有一粒濟人之乎?」片雲曰,「憐哉! 孝婦.」仍立門左 良久回瞻, 乃曰「彼杏木下, 有銀氣, 掘之, 可得數十錠, 足以興財.」 彩霞子又召六壬神, 取袁家米六十斛, 置於吳家而去. 至洪州牛家莊, 見癘氣大熾. 彩霞子曰,「吾可救此一方之人.」遂入村中, 招人求漿, 有一人奉蜜水獻之. 彩霞曰,「何爲惠此乞客耶?」其人曰,「本吾布惠.」彩霞曰,

「仁人也. 吾今爲驅除一方癘氣.」卽符水噀之桃枝, 橫四縱五. 於是病者卽瘳, 皆起, 衆人一時聚會, 欲致謝會. 二人用雲遁, 遯身而去. 衆人但見一丈雲起, 乘空飛去, 咸以爲天神降臨, 具太牢, 登山祭天. 彩雲・片雲至廣寧, 留三日, 至十三山, 留一日, 至松山堡夜見赤氣滿地, 彩霞顧片雲曰,「此他日戰場也.」至曹家庄見一陣颶風從東向西而去. 彩霞曰,

「彼颶風中, 有何物?」片雲曰,「虎頭狼身之神也. 無乃醫巫閭山靈之使乎?」彩霞曰,「將以新天子事 遍告諸岳之神也.」

　至東關驛宿河姓人家, 見主人, 以怪疾, 纏綿六十年. 醫藥巫祝百般無效. 片雲顧彩霞曰,「君知此人之疾乎?」彩霞曰,「是不難, 無乃家後伏岩下, 大蜈蚣之毒乎?」

　遂敎主人殺蜈蚣. 至盧龍嶺, 片雲指一立岩, 曰「君知此岩乎?」彩霞曰,「是不難, 他日亡胡之物也.」踰山海關, 至永平府, 留二日,

過漁陽橋, 入燕京, 化爲雙鵲, 叫噪於承天門. 時學士丘致中入直, 見之卜焉. 得觀之六四, 解之曰, 「此物東方來, 欲觀國之光耳.」片雲謂彩霞曰, 「此人筮頗妙矣.」因化人自稱魏虛・魏可, 遊馬尙書門下, 厚賂金帛, 尙書說之. 未幾 彩雲除刑部侍郎, 片雲爲禮部侍郎, 而已稱病退去. 又化雙鳥, 止于南門, 過三日, 歷千萬人, 莫有知者. 片雲曰, 「皇明可謂無人矣.」又過三日, 忽有一乞人過下, 仰視之, 莞爾笑曰, 「東國之人, 胡爲乎來?」此二人大驚, 遂下地, 化人, 相携徃靜處, 讚歎其高見, 仍話及其事. 乞人曰, 「明敗於甲申, 亡於庚寅.」片雲曰, 「何其然耶?」其人曰, 「太祖起於癸巳, 極於戊申. 癸終則甲, 巳申相合. 故曰甲申, 戊之向三在庚. 寅申對冲. 故庚寅. 旣在庚寅, 則必亡於申地, 卽西南岣蠻之鄉耶? 自唐以來, 尊帝居艮. 太陽躔箕垣, 天地之旺運, 在東北矣. 代明者, 其女眞乎? 且寅合在亥. 亂天下者, 必從西北.」且讖曰, 「明亡於木子, 李姓人從西北來. 又木邊人引入內, 彼安得不爲天子?」彩霞曰, 「日月亡於古月. 古月亡於魚羊, 亦秘記也. 古月果非胡耶?」曰「然. 新天子國號, 亦可知歟?」乞人曰, 「明字日月, 日月落, 則太淸而已. 豈非淸字乎?」彩霞曰, 「宋時有興元殿, 而元起. 元時有大明殿, 而明起. 今者, 有乾淸, 亦一照驗也.」乞人曰, 「中原將爲氈裘之域. 故吾方擇地求居, 而聞朝鮮漢拏山, 自古兵禍不到處, 今將轉向朝鮮矣. 且兩君何亦久留, 此無益之地耶?」遂偕往, 盖其人襄陽曹玄志, 卽陽雲客門人也.

7

歲庚子, 余謁魏先生, 于妙香山. 問曰, 「古人云, 才不借於異代, 今以吾東論之, 則不取一人於他邦. 只取國中之人用之, 各盡其才, 亦可以能强國者乎?」

魏先生曰, 「有賢相識才任職, 何代無之? 試以吾東, 當今論之, 以金蟬・片雲・翠窟爲三公, 則盡善無瑕. 其次如進士鄭晉榮・文川縣監李春壽・縣令蔡正後, 可置廟堂之上. 如金長生・吳允謙・晉陵君泰慶·崔夢良·李元翼·李恒福等，可與之商確機要，如柳成龍·李時白·姜晉昕·沈日彰·崔俊德·李浣·李應華·金應河·鄭忠信·慶信俊·李惟一·郭再祐·金藎國 等，任之閫帥. 如曹植·成守宗·金守顒·李恒·成運·李晬光·南彦經·林纁·金德誠·申翊聖·鄭蘊·趙昱布列三司. 如李山海·許筠·李達等置翰苑. 如李彦仲·朴世勳·李舜民·崔德益等置之宿斷. 如吳希文·張佐漢·李彭年·李邦傑·元壽賢·柳忠立·金時輔·韓德瑞·柳仲春·曹明勗·延舜善·李象震·趙環等馳騁上下，則可謂盡善，而國將無敵於天下矣.」

花塢·金蟬 渡豆滿江，抵兀剌山，望女眞舊界，過紅施里，休武兒溪. 見一牧童吹葉林下. 花塢曰，「彼兒鐵面釰眉珠眼金精， 當爲萬夫之長.」 金蟬曰，「豹頭猿臂， 亦可貴也.」 就問其名， 則八山大. 二人曰，「汝勉之， 不久於牧馬也.」 至阿川， 金蟬曰，「山有潤色，水揚彩氣，吉氣方聚，定有人才之蔚興也.」步登塔崗. 花塢曰，「龍樓鳳闕， 文章旌旍， 御臺將臺， 如彼羅列， 此間必有大器也.」去三十里 得大塚. 問於居人， 則曰金之穆祖所葬也. 東投二十里許， 見少年九人， 挾矢提鎗， 呼鷹嗾犬， 叫噪於山谷. 俄而聚坐磻石， 敲火爇木， 割鹿炙雉， 酌酒相斟. 二人就拜乞喫. 九人分酒肉與之食. 二子對坐而食. 俄而一人熟視曰，

「君輩眉宇清秀， 帶山林氣像. 無乃逃世之士耶？」二人曰，「吾等東西南北之人.」仍告別而還道中， 花塢曰「今日得見天子將相.」金蟬曰，「天無二日， 代明者， 無乃是耶？」 遂去之五國城， 留五日，抵五桓山. 金蟬曰，

「山水黯慘， 風氣高寒. 不可久於此道逍遙也.」乃還.

桂葉·鵝蕊，自豐川濟海，登泰山， 西望， 復北至太行山南望， 復西抵嵩山四顧， 乘夕下山， 宿於少林寺. 鵝蕊曰，「中國氣像， 果何如？」桂葉曰，「山含愁色，水流恨聲. 鬼神縱橫， 生民昏妄， 明氣淪沒， 妖氣疊興， 亂漸之極， 更何足言乎？」鵝蕊曰，

「嵩山爲中岳， 必管知天下事， 可符招山靈， 以叩玄機爲妙.」乃夜起登峯， 作禹步焚金鍾符. 俄而一老人， 黃冠玉帶出迎曰，「君輩不遠千里而來， 其意安在？」 鵝蕊曰，「欲知前頭事蹟， 轉至靈境， 伏乞尊神明示.」 老人袖出一書， 其題目云〈亂世錄〉. 二人歷歷披看，

有別書．曰雙翅，曰金紫龍，曰金翅鵬，曰紫金樏，曰可天飛，曰混天飛，曰獨行狼，曰混天猴，曰玉老虎，曰不添泥，曰神一元，曰李老柴，曰掠地虎，曰龍江泉，曰一丈青，曰少紅狼，曰黃虎，曰混天王，曰八大王，曰穿山虎，曰蝎子塊，曰滿天星，曰橫天一字王，曰一隻虎，曰九樏星，曰鎮天王，曰大天王，曰左金王，曰飛上天，曰一連鶯，曰新來虎，曰一條葱，曰飛山虎，曰黑桑神，曰九條龍，曰過天星，曰曹操，曰撞大王，曰飛山鷄，曰古飛眞龍皇帝，曰通天柱，曰一座城，曰開山斧，曰鑽天哨，曰一盞燈，曰獨頭虎，曰占燈子，曰上天龍，曰活地草，曰鄕里人，曰顯神道，曰亂世王，曰邢江狼，曰破甲錐，曰闖塔天王，曰八金剛，曰老回回．如是等紀，不可殫記．桂葉曰，「此何物號？」老人曰，「世道將變，亂賊之徒乘時將作亂，莫非上天之所做，而爲眞人之驅除耳．」桂葉曰，「中原王氣蕭條，其後將無天子乎？」老人曰，「不然．芒碭・南陽・洛陽・賀蘭・金陵等地，猶藏天山氣，而將來之事，惟在上天所定耳．今也未知的在某人某家也．」鵝蕊曰，
「中國人才，近且如何？」

老人曰，
「中人以下，不足論．中人以上，亦知中國兵火，各之四方．如葉萬延入西蕃，邢喜雲入回紇．張仁壽入鬼蠻，楊光庭入月氏，曹玄志入朝鮮，昌義夫入眞臘，彭時望入西蜀，惟牛金星在耳．」語罷笑別．

明日，二子轉向陝西，遊于市上．有一少年下騾，飲酒于店舍．二子亦入店，沽酒．其少年驚曰，「觀子之容貌，無乃夷羯之人歟？」二子心悟曰，「此必牛金星也．」乃曰，「牛少年，安知吾人乎？」少年驚且喜曰，「君果今世之傑，吾固是牛金星稱名人也．但吾得知禍亂之將起．故方欲擇木，遍遊天下．今見兩君之高才，顧携手同行，以求眞人．」二子曰，「吾儕方外之士，非王佐之才．」卽別去．少年追之，二子遂化龍，乘雲而去．少年用風，遁散雲追至．二子步二十八宿，作三十六變化．牛少年失其所向，怊悵而去．桂葉曰，「牛少年何如？」鵝蕊曰，「才則優矣．短於知人，志則遠矣．過于躁進矣．且中原旣無天吏，而求急如此，彼不過魁賊之佐耳．」二子遂轉入秦中，登泰華山．忽見一庄，在雲松之間，而童子出門，迎拜曰，「二先

生，莫非從靑鶴上人處來乎？」二子曰，「何以知之？」童子曰，「此室卽鐵杖道士之宅也．俺師謂我曰，'今日，靑鶴故人之門人來到，汝其出候．' 故知兩先生之來矣．」二子入門，果見道士依窓，含笑曰，「吾與靑鶴分手，已久十年矣．聞有弟子八人， 皆英才美質，今觀二君，信不虛也．」二子恭伸禮數坐定．道士曰，「吾以道淺德薄，門客甚少，只有三人而已．然觀二君，終非物外之人，乃功名之骨．吾之門人，畢竟是仙家中人．」即命童子，取酒來曰，「吾本愛酒．故道家謂吾爲酒主人．」俄而取酒而來，十二瓶列置枕邊，瓶面各有書字，一曰百花釀，二曰玉井泉，三曰金盆露，四曰桂露華，五曰秋露白，六曰辰砂酒，七曰眞珠團，八曰金屑湯，九曰菊花酒，十曰銀河液，十一曰萬山春，十二曰鹿耳酒．遂傾壺傳觴，自夕達朝，香美薰氣，可口襲身，眞是平生所未嘗者也．須臾， 二道士到門入堂， 謂鐵杖曰，「聞靑鶴門人到此， 故辛勤枉駕耳．」鐵杖曰「然．」二子下階禮謁．二道士曰，「故人靑鶴， 別來已久．今見二君， 如見故人之面可幸．」鐵杖謂二子曰，「此位稱號竹冠道人， 彼位金幘眞君耳．」

　　金幘曰，
「吾昨自城玉山， 移眞臟國矣．正向西蜀天井山， 訪竹冠道人留宿，聞靑鶴門人之到此，且思鐵杖酒而來耳．」

　　遂促膝歡飲，其三君子之道骨法言，世無雙．明日，各自分去．桂葉・鵝蕊告別，而還中途，桂葉曰，

　　「嵩山老人所謂昌義夫者， 莫非金幘眞君．所謂彭時望者， 亦莫非竹冠道人耶？」

　　碧落・翠屈，自金蓮川，至班珠思之郊，夜投一村落，見數百人家，絕無人聲．二子取其一小屋，留宿設紫百符．夜半有非常之聲，自遠而近，有怪鬼一隊，至曰，「此有人氣，可搜捕．」

　　到二子留宿之所，周旋不入．曰，「怪哉！是何九幅鐵網張之乎？」爲首者曰，「是乃紫百符也．」遂去．明日，至溫多場，見一老人，依松吹笛，其聲寥亮．碧落子側耳聽之， 其辭曰，〈日壓千山影， 江回萬里舡．〉碧落子曰，「此非常人也．」進拜松下老人，熟視曰，「二君眉聚山川之精， 目揚日月之彩， 胸中定有安邦高策也．吾夙抱經世之志，而遭時不利，棲山求道，歷閱歲年，今西北， 八國大亂，民方塗

炭，吾欲乘時並吞，而未得良佐．故出遊觀察矣．三昨得漢人楊光挺，歸之部中，此人卽一代偉人，於心喜之．而昨夢，二鷹從東方來，余臂之，而大獵於西海上．今見二人，實天授我也．且往年見西蕃子章山治圍道士，道士曰‘欲建不世之功，留待明年，靑鶴門人卽當今寡儔之異人’今君無乃是歟？」

仍載與俱歸，至一城部落甚盛．問之，則稱灾呂部也．老人固請淹留．二子曰，「歸觀師席然後，復回報矣．」

8

歲辛丑，魏先生居甲山．片雲·彩霞·金蟬·桂葉·鶯蕊·碧落·翠屈·花塢，及曹玄志，俱至魏先生．聞碧落之言，乃曰，

「男兒生，不成名，含光湮沒者，非好做道理也．乃不獲之事，子當速去，爲强國名臣，無失其時．」又謂桂葉．鶯蕊·花塢曰，「今新天子出，三子當去道家之閑逸，以圖竹帛之功名．」又謂彩霞曰．「觀子淸高有餘，後福且重，可入賀蘭山家居，傳世，後來 陝西 必出天子，其時可爲一代名宦族．翠窟·碧落，因其去就，爲可．金蟬·片雲，不可出世，永從曹先生遊爲傳道派，保身立名．且吾世緣未久，諸子勉之．」

於是置設宴．魏先生鼓琴，曹先生唱歌，彩霞吹笛，桂葉·鶯蕊起舞，花塢擊磬，碧落進爵，金蟬詠詩，片雲編凡十四曰，
〈幽澗泉搖拂彼苔磴，
上有松風玲瓏潭石．
瓓珊雪淙水花寒落，
山月淨容藍膏綠液．
左右羣峰曉風燕詩，
風颼戾草綿綠野亭．
十里斜陽飛去飛來，
一點玄禽穿花跟烟．
縱意高翔路慣茅竹，
村巷何須王謝高堂？〉

四仙臺詩
〈投金幘駐白馬,
　鳳首山光靑晚夏.
　隔水弄簫聲更長,
　羽扇芝冠何許郞?
　臨花問語語仙方,
　獜駕一去寥千載,
　太白蒼蒼山獨在.〉

松子落吟
〈風冷冷雨蕭蕭松子落.
　山寂寂月蒼蒼松子落.
　日正午松關靜松子落.
　松子落幽人也不眠.〉

蘇津浦引
〈八月九月望,
　霜晨涼颸夕.
　掛帆海門浪頭白,
　千里萬里萬萬里.
　水遠天長,
　無數點點雲淡淡山.
　颺然來又去,
　非漁非商非仙非鬼.
　東扶桑西登來南俱藍北耽羅,
　一葉扁舟白鷗身世.
　漢人夷人不分.〉

前山春歌
〈風蓬蓬兮細草長,
　百花照明兮林木香.
　嚶嚶谷鳥吟兮送羽觴,
　山礐水如藍兮日載陽.

嗚呼一歌兮依石床.
蘭猗猗兮蔘朮蕃,
採葩折菊兮啗覆盆.
黃精冷飯團兮芼可飧,
三秀芝九折蒲兮釀我樽.
嗚呼二歌兮出山門.
松花落兮桂葉抽,
步步靑楓兮心休休.
穿雲一笛飛兮鶴爲儔,
金鵷鳴玉龍語兮舞蝸室迷淸秋.
嗚呼三歌兮臨溪流.〉

　　長相思漫
〈燈瞳瞳夢依依夜漫漫,
　星曆曆月沈沈天河漫漫.
　山疊疊水重重千里路漫漫,
　池塘菱葉淸香滿滿垂絲萬萬.
　馮欄干淚欄干,
　雨泡泡花珊珊鳥關關我思漫漫.〉

　　竹露滴吟.
〈夜色蒼然上庭樹.
　虛牕爽氣來,
　玲瓏雲表露.
　暎月竹間回,
　竹風春寒玉.
　團團下綠苔,
　踈簾棋子落.
　虛牕燈火堆.
　穩穩風波濕,
　冷冷玉軫催.
松間驚鵑一聲哀.〉

黄栢行

〈牧丹芳兮種貴里豪門,
　桑葉柔兮種十里田園.
　空山邃壑一黄栢,
　等閑花葉也自繁.
　旣無桃李梨棗實,
　枝邊不見人攀援.
　又無蒿芽芥薑味,
　盤中不作人饔飱.
　山梅野菊芳鄰樹,
　飽風油雨光乾坤.〉

　洞口雲

〈夕陽映紅暮雲橫碧溶溶出山林,
　霞光散綺雨氣成虹頹流嵌崟.
　金鴨騰纛大合清新浮篆天心,
　銀蟾浴池凉夜自凄縱橫水潯.
　英英半壁細細平林入洞洞深.〉

　　歲壬寅, 魏先生召諸子曰,「吾可以謝絶世事.」
　正月十五日晨起徘徊, 乃杖躑躅, 果展步入大蘭山霧中, 遂不復還.
諸子皆散去. 金蟬・片雲　從曹先生, 南入濟州, 行至茂朱德裕山, 曰
「此可便居, 何必漢挐?」築室同居, 採藥織屨, 而以食.
　曹先生, 字通遠, 號五竹居士, 亦號梅窓. 金蟬子, 姓李名彦休, 字
弘道, 父光弼, 號梅林, 祖亮仁, 號八風, 曾祖瑾, 號桑塢, 世有隱德,
爲道家眞骨. 金蟬後改號松棲. 片雲號雲鴻, 又改雲鶴, 諱一曰思淵,
一曰挺元, 一曰承祖, 字胤夫, 姓李, 與松棲同貫也.
　壬子, 梅窓・松棲・雲鴻, 同過漢陽, 見入朝諸宦, 驚曰,「朝鮮將
有革亡之患矣. 肉走尸行, 何其多也?」及見綾陽君曰,「賴有此人, 而
東人之祉, 不左矣.」
　松棲曰,「綾陽君必返正, 鄭仁弘等, 一番人將盡誅矣.」
　初桂葉子門人最多, 而東人之爲門下者五人. 及桂葉北去之後, 余嘗

見其五人. 盖北關鄭滉, 關西文瑞豹, 關東金敬憲, 湖南池命雲, 嶺
西趙汝盤也. 是五人者, 只勇力而已. 金敬憲勇力, 余嘗觀之. 能撓
恩津石彌勒之首, 又超越臨津江矣. 初翠窟子　宿於關東崔進士潤漢
家. 崔自言,「作上舍契, 每三月三日, 九月九日會遊. 其中李世名, 年
紀最高. 其父翰, 其祖德亨, 皆上舍. 故爲契首. 其餘李應文・李得
勳・申紀延・李夢龍・趙綏・李仁源・洪仁祐・宋蕙・元弼周・金得
宜・吳楫・鄭洪昌・權迪・尹益身・趙省中・黃庭吉・韓重謙 凡十九
人矣.」又曰,「關北有九虎契, 李文極・李舜壽・李文壽・李康壽・
李瑾・李德純・李應信・李克天, 皆武科, 善射, 信乎天下無不對.」
片雲曰,「海西湖上人, 關西默上人, 湖西奎上人, 皆以玄道爲侶.
號三禪契, 亦素門高人也.」金蟬曰,「海西李鳳祥・李麟祥好鷹, 每
家養三四鷹. 故便知工拙, 人稱鷹癖者. 有吳弼臣者, 能知馬之才不
才, 人稱馬癖. 有李尚敬者, 嗜酒能二斗, 人稱酒癖. 有李塢者, 言
詭行癖, 人稱詭癖. 有李華者, 喜雙陸, 人稱雙陸癖. 是諸人作契,
號五癖契.」花塢曰,「西蜀有麻大兒者, 善象戲, 自負遍天下無敵
手. 嘗曰 '吾之象戲, 運以河洛, 參之兵術.' 其後葉夢得, 以象戲
自許人, 以爲壓倒麻大兒. 余嘗過, 與之象戲, 連七局見敗於我. 余天
下無象戲. 去年東遊安峽, 遇李嗣宗, 累日滯雨, 遂與嗣宗象戲, 連
七局見敗於嗣宗. 余乃歎曰 '君則天下無敵.' 嗣宗曰 '近隣有柳夢
楊者, 吾與三戲, 每兩敗. 盖柳之象戲, 以兩卒取勝, 且能預料五十
數手, 又善家勢, 此可以難也.'」
梅窓有三子曰, 文輔・文禮・文常. 文輔入蜀, 遊竹冠道人門下. 文
禮居衡山, 文常隨父東還, 與松棲之子茂世, 常守第奉水薪, 時時講究
父師之道. 梅窓夫人葉氏, 亦見高遠, 與梅窓無異也.　一日梅窓閑坐,
見採桑女人九人緣溪而上, 聚於岩上, 良久因去, 松棲俄而偶到其處,
見有題詩曰,〈清溪一曲抱村流, 藥圃桑田喜雨餘. 鶴骨癯然何許老?
半窓竹枕獨看書.〉松棲曰,「此非凡婦所爲.」跟尋其跡, 乃農人羅萬
辰女也. 於是通媒, 爲文常婦. 葉夫人, 大加慈愛, 多少傳受, 號曰杏
溪. 嘗有盜, 夜入藏中, 文常欲捕之, 羅氏曰,「此盜本良民, 爲飢寒
所迫, 情狀可憐, 勿捕也.」

9

梅窓常　遊月影臺，　聞崔孤雲事蹟曰，
「東國文雅，　其來久矣．　其可佳也．」
　　松棲曰，
「三韓時，　有尙弓劒，　降自羅末，　祿眞薛聰倡之於前，　孤雲致遠・朴
學士仁範・朴參奉仁亮　繼以詩名，　聞于中華．高麗光宗，　設科製詞，
睿宗唱和韻律．　於是文士蔚興．　金文成烈・金文誠富軾・鄭諫議知常・
李大諫仁元・李文順奎報・金內翰克己・崔猊山瀣・金諫議君綏・兪
文安升旦・金貞肅仁鏡・陳補闕澕・林上舍椿・崔文淸滋・金英憲之
岱・金文貞坵・白參贊元恒・洪中令子藩・李侍中公遂・田獻納濡・
魯典書嶼・鄭政堂思道・印學士份・李牧隱穡・李陶隱崇仁・權陽村
近・李雙梅詹・姜通亭淮伯・金學士黃元・李益齋齊賢，　相繼傳芳．
於是本朝以來，　卞春亭季良・成承旨三問・朴斯文致安・金佔畢齋宗
直・金東峰時習・徐四佳居正・金濯纓馹孫・姜木溪渾・李藏六準・
李月湖貞恩・金慕齋安國・金思齋正國・許相國琮・申企齋光漢・沈
漁村光彥・金河西麟厚・李靑蓮後白・鄭文翼光弼・崔猿亭壽峸・羅
長吟湜・盧蘇齋守愼・李栗谷珥・崔簡易岦・金冲庵淨・鄭之升・宋
龜峯翼弼・林白湖悌・楊蓬萊士彥・南秋江孝溫・白玉峯光勳・李蓀
谷達・崔上舍慶昌・車五山天輅，　皆擅名士林．　儒者性理之學，　自安
文成珦・鄭圃隱夢周而始，　繼之以朴文忠彭年・許文敬稠・金寒暄宏
弼・鄭一蠹汝昌・趙靜庵光祖・李夢翁耔・成聽松守琛・李晦齋彥
迪・李退溪滉・趙牧使惟誠・成牛溪渾・趙重峰憲・宋泉谷象賢・趙
月川穆・許草堂曄・金上舍懷瑾・柳眉庵希春・金黃岡宇顒・金沙溪
長生・曹南溟植・奇服齋大升・白休庵仁傑・朴思庵淳・朴松堂英・
鄭寒岡逑，　皆前後揚淸，　誠可貴也．」雲鶴曰，「女中若許蘭雪・李玉
峰，　亦諸大家也．　鄭文榮之妻，　申純一之內子，　亦能詩．鄭妻詩有曰，
　　〈風露瑤臺十二層，
　　　步虛聲幽彩雲綾．〉
　　申妻詩曰，

〈雪險天如水，
　樓高望似飛.〉
楊士彥妻曰，
〈秋風慽慽動梧枝，
　碧落冥冥鴈去遲.
　斜倚綠窓人不見，
　一眉秋月下西墀.〉
鄭鵬之女僕琴歌詩曰，
〈長興洞裡初分乎，
　乘鶴橋邊暗斷魂.
　芳艸夕陽離別後，
　落花何處不思君？〉

此皆女中騷人也. 至如申命和之妻·李進士思溫女也，行事，俱〈感天記〉. 鄭之雲之妻　博涉經史，淑行著聞，作〈女範〉四卷，以傳于世. 李掌令英行之妻　無不精微，通〈小學〉·〈烈女傳〉，幼子稚孫，賴以發蒙，奉祀以誠，不喜巫覡，親族貧之者，無不周給. 嘗曰，‘身不至飢寒，可也. 何必盖積哉？’ 隨其子重慶，赴溫陽任所也. 勉使勤幹，不供珍羞曰，‘此皆民之膏血’，若此數夫人，女中君子也. 李僉正自堅妻，縣監李億年女也，其子婦朴溶女也. 姑婦俱有卓行文辭，號大軒·小軒.　家有林檎木一株，自堅之所種也. 婦每敬其樹，不忍食其實. 一夕，其樹爲風所拔，姑婦攀木，號哭，爲之服緦. 張俊民家，有女子名玉浮圖，自堅之外孫也.　貞靜有二軒之風.　兼能詩有曰，〈雲外晴峯浮碧玉，入簾秋月碎金盆.〉自堅之弟自健之妻權氏，有知人之鑑高潔之行.　自健一日宴客，權氏窺戶，及客散，自健入內，權氏問曰，‘會客何人也？’ 自健曰，‘鄭仁弘·李純·柳希茨·韓纘男·李偉卿·許筠·河仁俊·崔應虛·尹認，稱名人也. 皆靑雲貴客也.’ 權氏曰 ‘以余觀之，皆不詳之人也. 其一梟目獖膓. 其二，虎皮猫情. 其三，舐糠犬子. 其四，多睡老婢. 其五，雪崖凍雀. 其六，枯木浮花. 其七，夜林魑魅. 其八，鳥觜鼠步. 其九，吹毒長蛇也. 古人云，居視其所親，但悲君子之染，鮑魚腥臭.’ 自健心然之. 適以司僕僉正見罷，遂退居水原貞松村. 是諸人者，亦閨中拔萃之類也.」

梅窓曰,「嘗聞權石洲鞸以詩,〈宮柳靑靑亂鶯啼〉之句, 得罪. 爲詩.
亦難乎?」 松棲曰「新羅眞聖王寵魏弘, 有人作詩曰,〈猖狂小子入
宮中, 紫禁流播鄭衞風. 芒棘靑蛇喧內外, 天王堂上耳俱聾.〉王怒求
之甚急, 或以爲大野隱者 巨仁之所作也. 遂繫獄, 將加刑. 巨仁題
詩獄壁上曰,〈于公痛哭三年旱, 鄒衍含悲五月霜.〉其夕震雷雹大作,
王懼而釋之.」雲鴻曰, 「我正貞公, 爲順天也. 民立木頌德, 有曰,
〈國有長城波瀾息, 扶桑之海民分兩歧, 福星明馬韓之鄕.〉讓寧大君
視適至湖南, 見之, 歸言於上, 卽升嶺南伯, 及在嶺南也. 有詩曰,
　　〈思效丙枕憂民意,
　　寢不成眠食不甘.〉
聞之, 召掌銓曹, 由此觀之, 詩能達人. 其後, 又嘗有詩曰,
　　〈後殿狂風終日吹,
　　一春紅紫落無餘.〉
時以士禍, 金馹孫・權景裕等 數十餘人, 或被誅, 或遠竄, 或放.
燕山聞此詩, 心甚惡之, 削出雲山郡守. 七年臥閤, 不出而化風行,
境內宴然. 一日, 召妓柳綠, 弄琴數聲, 命子美英, 誦〈離騷經〉. 引
觴連沃, 手書十六字於册子曰,〈頂金肘玉, 國恩已重. 枕山棲雲,
身欲長徃.〉仍臥不起. 中宗朝, 追封仁安君, 贈諡貞正公.」
雲鶴曰「我鏡潭公, 有超邁之才. 燕山爲世子也, 公爲東宮僚屬. 見
世子手持牧丹花, 乃曰, '花比女色, 蘭比君子, 惟蘭可持.'
世子不悅, 乃求免. 鳴陽副正賢孫常譏公謝絶朋友. 公答曰, '近來
儒冠, 誇學傲世, 銳進忘後, 吾恐士林之禍不遠矣.' 未幾, 連月士
禍, 公獨不衒於臧否間, 是大隱於宦路中耳. 嘗爲高城守時, 金麟孫
求松耳山果, 公答曰, '重崗深壑, 耳之所生, 深林高木, 果之所結.
而虎豹在山, 豺狼當道, 太守安得而得之?' 辛巳答李惟淸書曰, '人
生世間, 一日之失, 槁項黃馘. 遇大暮, 將欲復奉鶴髮, 終展草誠,
可乎?烏得窃怪夫世之名流忘西山之頺光, 醉朱門之桃李殘瀝? 惟圖
金犀銀龜於王庭, 不念懷橘泣竹於萱堂, 夫復何言? 此是垂曲之言,
須示之於南左相, 而勿復留意於我.' 未幾, 南袞賜死, 人知鏡潭之
見異於人也.」
松棲曰,「成牛溪以 '牛溪一夢鳳生虎, 仙李根搖有髮僧' 之句 得

罪. 鄭彦殻以良才驛壁上之書, 構陷宋麟壽・李若氷等數十餘人, 而
涉世也豈不難哉? 故靜庵詩曰〈時當東漢十三朝, 風雪寒梅一樣知.〉
則盖傷其賢不肖混雜也.」

梅窓曰, 「景泰間, 郞中章綸入丈華門, 有詩曰, 〈玉德宮前春柏樹,
兩枝何事各東西?〉時天順避居南宮, 有言爲於帝者, 以爲春柏樹,
譬於皇上及天順. 景泰心甚含之. 未幾, 禁錮章綸, 詩不可不愼也.」

雲鶴曰, 「黃都事策達川人, 其父卽耶律湯反, 遼燕王淳之六世孫
也. 爲撫順萬戶, 有詩曰,

〈十年關塞一官微, 駿馬悲鳴掛鐵衣. 胸裡誰知鷹隼志? 秋風每欲
戾天飛.〉總兵阮世寧聞之, 密表天朝. 言其有志, 湯反聞知之. 亡
走李滿住營下. 未幾, 李臧・洪師錫・李曄・鄭德成等, 自朝鮮入
建州, 討滿住. 湯反家屬, 爲東兵所俘, 而湯反幼子, 爲中軍. 黃仁
重養子, 是爲黃策. 少有逸才, 嘗作風裡葉詞曰, 〈大賀雄風二百年,
燕王一派傳三葉. 將軍一葉, 承相金紫比肩. 隨風秋葉鷄林落, 幾日
官上故枝邊. 鄕關杳遠, 滄海萍古木蔦緪.〉後爲崔貞烈公潤德門客,
還爲中樞都事.」

松棲曰, 「李之莖子日長, 少年文科, 抱駕馭之志. 嘗有詩曰, 〈瑞
蔥臺畔春光爛, 聰馬蕭蕭向遠程.〉又曰〈後庭蝴蝶隨風去, 遍嘗春城
蒻蒻花.〉時燕山荒淫, 築瑞蔥臺, 逐諫臣, 納朝臣之妻. 盖其詩, 譏
燕山也. 燕山聞之, 廢棄不用.」

10

歲甲寅五月, 梅窓・松棲・雲鴻 入智異山採藥, 宿於貞心齋. 齋卽
李芳普之精舍也. 芳普字一春, 其祖好仁, 以勇力事光廟. 光廟殺金宗
瑞也. 稱疾不徍. 魯山之變, 又遭好仁. 好仁乃夜遁, 卜居于妙香山.
後移吉州而卒. 好仁之子淑, 居平康而卒. 芳普又移智異山, 修道力穡,
又多儲藥物, 頤養精氣, 如三精丸・百福丸・瓊玉膏・混元丹等物, 列
于架上. 朝夕所供, 靑粱飯・黑荏餌・鹿脯・薑葅・杞菊菜・桔梗湯・
松花酒・石蜜漿. 眞仙家風味也. 三人淹留累月, 因徃同遊湖山. 至松
岡寺. 有詩曰, 〈長廊一磬諸僧飯, 古殿殘燈衆佛眠.〉過艸溪黃屯津.

芳普又有吟曰，〈人影半迷踈樹岸，　蟬吟遙掛夕陽枝.〉至身彌島，芳普吟曰，〈蘆州旅鴈聲中白，　楓岸鳴蟬響外紅.〉

　梅窓皆稱善.　至日洞巖間，有題詩曰，〈穿雲一路不分明，客到山門獨鶴迎. 丹岸雨添瑤草畫，碧崖風落玉碁聲. 閑花老柏千秊在，亂石飛泉百道爭. 世有名區人不識，　孰能於此養心精？〉芳普擊節歎曰，「如我輩不敢執鞭於其門.」松棲曰，「吾函丈靑鶴之所作也. 先生佳製甚多，且如〈三日浦邊晨沐髮，　四王峯下夕飛筇.〉又曰，〈衣沾洛東江上雨，　履穿薛罕嶺頭雲.〉又曰，〈三過萬二千峯月，　惟有松風澗水知.〉之句，諸子皆莫及先生，　嘗稱洪漢仁天摩山詩，　有出塵之，其詩曰，〈朝上白雲峯頂觀，　暮投巖下孤雲宿. 夜深僧靜客無眠，　杜宇一聲山月落.〉

　梅窓過伊川熊耳灘，　轉入戱靈山採藥. 松棲有詩曰，〈坭上採盡探當歸，　神草抽莖石耳肥. 落日鐘聲何處寺？　雲生半壁一燈微.〉遂投宿吉城庵，夜與山僧穩話時，有僧及眞者曰，

「伊川有李枝英者，少也貧困，與其枝芳·枝蕃，弟枝茂，衣蒿穴處. 一日，枝英伐薪山中，　見一狐，爲獵夫所逐，　困仆搖尾，若乞憐狀. 枝英乃以薪掩匿，獵夫過去後，始放其狐而還. 是夕月黃昏時，白髮老人來，謂枝英曰，‘吾山後吳僉知也. 吾適有酒肴，　憐君飢寒. 故來請君耳.’ 枝英隨去至一處，見數間草屋，隱在岩間. 老人引英入室，見一絶美人，點着孤燈，設寢具，奉肴盤. 英退遜坐隅. 老人曰‘此吾女也. 君可娶之.’ 英辭以不敢當. 老人曰，‘此兒，蒙君再生之恩，可無半世之緣乎？’

　枝英曰，‘吾無活人之事.’ 老人曰，‘日間之事，不記乎？’英曰，‘然則此女是狐耶？’曰，‘然’英曰，‘以人配狐可乎？’，老人曰，‘君但美妻而已. 勿復辭嫌也.’ 遂令侍寢. 明日起視，風露滿身，而山空草深，只與一女同臥岩前而已. 遂築室於其處而居. 其女慧黠多才，能於治家，處事咸得其宜，家產漸興，且老人每夕來到，凡家間器用一一周給，或指銀坑，或負錢布而來. 於是，家甚殷富，諸兄弟俱爲富足. 老翁同居二十年後，女忽病死，具棺槨治葬，則棺空屍去矣. 是夕，老人携一女，置英室而去. 英初以爲狐而問之，乃安峽人唐仁輔之女也. 唐家富，而無子，只有一女，別求賢壻. 至是忽

失，擧家慌忙，求之甚急．英以其女，往唐家，遂講婚，家益富殷．枝英享年九十八，三子十孫皆富，有文學．朝夕之供，常具二十四品．五日殺一牛，三日殺一狗，六色酒，三種果，日在堂上．平生不見兒孫之夭折，官事之牽連，疾病之可憂，誠罕有之福也．」

雲鶴曰，「李臨陂奉孫，字象賢，性寬厚，耻言人過．一日，閱家中故籍，得奴婢案，遍閱而究詰，則豪品之家，簪纓之族，多爲連姻．乃曰，‘留此傳家，他日，恐有不肖子孫，汙人身名．’遂焚其籍．是夜夢有數百老人，列立庭前，頌德稱謝，自是後子孫大昌，子篤孝文科，至司諫．子敦孝文科，至獻納．重孝至尙衣別提．彦孝至正郎．元孝致敦寧僉正．側子千孝・萬孝・倍孝・期孝，拘於國俗，未登顯榮，居常怏怏．成化間，亡入西海中，爲海寇長，剽掠吳城三隅，居九摩島者久矣．一日，以小舟同乘四人，率丁壯，裝輕寶，夜入漢江，謁見奉孫，具告奉養之意，仍奉侍而歸．掛帆大洋，閱五暝晦而後，到其居．粉壁紗窓，繡戶錦帳，燦然如畫．守護童僕，皆衣羅帶紗，侍妾數十人，嬌姿芳容．內設金屛・玉枕・象床・綺席・架琴・壁劒，極其侈美，盤盡水陸之珍．奉孫留一年而還．自是每春秋，遣人獻珍物．奉孫又有庶女三人，皆爲南州豪富之婦，月致養孝，亦罕世之福也．」

松棲曰，「古阜有李義茂者，以孝義著聞．其子德華，亦襲其美．丁酉倭亂，德華避亂，白岩山中，一日粮絶，夜還其家，見壁上帖倭將公文．有曰，‘孝子李德華之宅也．一兵不得近，一物不得取．如有違令者，梟首．’云云，德華乃率其家眷還家，寢食安閑．一日夕，一倭將乘赤馬，與僕夫二人，疾馳來家．德華驚怪欲避．來者呼曰，‘義人李德華，勿驚勿驚．余亦朝鮮人也．欲向君傳一語耳．’仍上堂，叙禮乃曰，‘余乃裵夢星也．己酉忠州之獄事，賂金吾邏卒，而逃爲僧．於七佛庵，同時逃難者，唐陵尉洪礪之子季敏，桂林君瑠之子詡，俱爲僧．夜宿於寺，晝伏於山谷，備艱險．乙卯倭亂，偸取漁船，奔走倭陣，倭人初不信也，縛束而幽囚焉．三日不得食．倭陣所謂克味者，憐之給冷飯殘肉，僅得支．過未幾，倭人敗還其國，余等隨日本，初爲平行長家僮，行長之伐山陽道也．夜間於軍中，忽有刺客之來，行長方睡未起，余迎擊斬之．由是，行長超薦，余爲紀伊太守，秀敏爲瑠璜太守，詡爲淡路太守．壬辰平壤之戰，詡敗死，秀敏爲淡路伯，爲山城君女壻．余則爲箕馬太守，今又余從軍到此，兵家之勝負，固不可定，而不幸身死，則跡晦於國，故余之到此．因君欲傳耳．’出銀子四十兩，利刀二十柄，給之而去．由此觀之，朝鮮之人，入倭者不止此數人．二王陵，見掘之禍，未必抑在乎倭人乎也．此事顚末，嘗聞於田時敎者也．

　雲鶴曰，「田時敎者，翠窟之門下末客也．貧不聊生，每於鄰里親知乞貸，鄰里苦之．一日，時敎歷訪近鄰諸家曰，

　‘余多年受鄰里之恩恤，余思欲一次還酬，而今方設大宴於鳳頭山上，諸君幸須一切聚會．’

於是，諸人怪之，數郡畢至．果鳳頭山上，大設帳幕宴席，琴瑟鼓笛之音喧然，香醪嘉羞，盃盤狼藉排列，諸人極其醉飽，而但進爵之時，諸人各見其妻之進爵，諸人怪之，及還家，諸人各問其妻，其妻各言，‘某日間晝夢，至一處預宴，得逢夫壻，而進爵矣．’同鄰文道興者，知時敎之有術，每從暮夜，來到請學，三年後許之，因召二神，使囑之曰，‘文生若發此言於口，卽時殺之．’其後，文生暗用其法，而雖妻子間，未敢吐實也．時敎之死後，文生於中夜語其妻以學術之由，因睡不覺．時敎之術，盖彷彿矣．」

梅窓・松棲・雲鴻　入金剛山靈源洞，宿於小庵．庵有一僧，松絡草衣，貌如寒玉，眼如晨星．自云「西蕃僧伽，遍遊天下，到本國者，纔數月矣．在中國時，名稱性圓，在朝鮮名稱能皓．所食松子・柏葉，及六天氣水也．」自以佛法神力，周遊無碍也．號洞見堂．一見梅窓，便托深契，永夜懸燈，細論玄理．余其時，適隨後，參聽高論，盖雪岳楊雲客，跨風御風，流遊諸天下，潛九泉，通神參化．故謂之天遁．靑鶴魏漢祚　神駕風揮，拓八極，觀風察俗，知人知鬼，故謂之地遁，松棲謂之仙遁，梅窓謂之人遁，雲鴻謂之神遁，洞見謂之佛遁，皓之言曰，「東韓地狹人詐，非大賢可容．强接中國，每被夷夏之禍，不可永遠安居．崗龍峻急懶緩，富貴英俊無繼世出者．吾聞南海中，有花臺，地廣人淳，山川淨潔，無儒佛文武之法．吾將往留，以定化身之所．未知先生同往否？」梅窓曰，「師當先往，吾當從逝矣．」

明日寢尙未起, 有一僧, 自外入謁. 皓曰,「汝近日得無殺人乎?」其僧曰,「自聞命之後, 地眼差開, 寧有是事?」皓曰,「汝用術太繁. 無名貪貨, 禍將及身. 愼之愼之.」其僧曰,「葬地之法, 有一端不知處, 同是吉地, 而或用之福, 或用之禍, 或小發, 或大發, 何也?」皓曰,「地如好田地, 人若五穀種. 種粟則粟生, 種禾則禾生. 不可種粟而求禾, 種禾而求粟. 必也先別人品之爲禾爲粟, 然後方可與之. 且有傷心之穀種, 雖種負郭之田, 何可望生成之理乎? 且夫春夏秋冬之異氣, 有寒暑之別, 種穀於春田, 必有生成, 種穀於冬田, 則安有生成乎? 且春陵一莖九穗之嘉禾, 乃受上天靈氣. 凡夫聖人之間出者, 亦上天之所種耳. 嘗聞中國之人語豐沛市中多將相. 天將啓將相之業. 故旣降天子, 而又播將相之種於其地也.」

仍厲聲曰,

「聖智汝俗僧, 斯速退去. 吾方與佳客穩話也.」其僧告別而去.

梅窓與皓, 聯床露脚, 夜以繼日, 所吟亦多. 皓之詩曰,

〈萬里靑天開法眼, 中秋寶月觀其神.〉盖形容其道體也. 又曰,〈菊帶秋霜垂艷色, 梅當臘雪放寒香.〉盖言微賤中道流也. 又曰,〈萬紫千紅春滿野, 霽秋九月但有蓬.〉盖言世間繁華之無迹也. 又曰,〈月當晦夜千江黑, 春到陽城百草靑.〉 盖言未逢吉氣, 則如晦夜月當黑. 吉地遇吉氣, 則如春陂草生也. 松棲曰,「師入佛知見. 故地眼亦明, 遠遊以來, 必有所記, 可得一覽否?」皓出踏山記. 余其時, 從傍得觀, 今提掇其萬一云.

11

「西域 印度國耆闍山, 有數百里苽藤形 結七十二穴. 大食國鳩施山, 有回龍顧祖. 金江西二十里, 開十二腦, 芙蓉帳穿心出脉, 作金盤形. 竹牛嶺, 南九峯層結乾坐穴. 霞骨山, 有順奇龍七級. 河東有蜘蛛引絲形. 金陂九眞龍兮, 作西北方貴地. 祈連山, 有雲中太陽形. 蒙古涅盤陀山, 有六穴. 烏桓山下, 有十二貴穴等記. 他國姑未詳. 在東國, 稍加詳擧欲作, 後日憑審之地. 白頭山東, 有黃鶴歸巢形. 妙香山西, 有將軍拔劍形. 彦眞山西, 有玉女朝天形. 智異山西, 有龍戲寶珠形. 雲梯

山東, 有九鳳聚飛形. 登·萊海中, 田橫島·平壺島之間. 布置十四穴, 其貴不可言, 而只在水渴生陸之時也. 鵲嶺之西, 有天子朝諸侯形. 閭延江界之間, 有舞鳳登空形. 有舞福家用之, 必生六皇后. 七寶山東支, 有捲簾登殿形. 雖有貴氣, 如曹操·司馬懿之簒. 又挾蹂嶺西, 倒騎龍, 俠大貴, 大殺之地氣. 綿岳山, 有駿馬金鞍形, 極貴之地. 寶盖山, 有黃龍攬雲形, 福力頗遠. 大關嶺, 有玉璽形. 伽倻山有仙人對碁形, 中藏三宰相氣. 莞田嶺有雲中仙座形. 羅瑞山北八十里有三龍合氣形. 藏十二侯王氣. 聖代山, 有八仙對酌形. 身彌島, 有渴龍飲海形, 藏七世之福氣. 慈悲嶺, 有飛龍望海形, 藏大將軍氣. 長山有龍躍蒼海形, 藏天子氣. 大靑島, 有泛舟形. 天摩山, 有貴人佩符形. 廣福山, 有鳳棲琪樹形. 鷄龍山, 有回龍顧祖形. 鷄立嶺, 有單于抹馬嶺. 俗離山, 有八鶴和鳴形, 藏宰相氣. 平壤·慶州, 爲甲氣, 松岳·南漢爲乙氣, 扶餘·豐山·莊痕, 爲內氣, 豐川·原林·原驛·三扶餘, 爲丁氣. 伽倻山, 八百年福氣. 咸興, 有千年福氣. 江界, 有九百年福氣. 龍川, 有七百年福氣. 綿岳, 有九百年福氣. 平壤, 有四百年福氣. 江陵, 有三百年福氣, 刧胡山, 有四百年福氣. 俗離山, 有二百年福氣. 九月山南, 有猛虎飽腹形, 西有金鷄搏翼形, 北有曉洞龍歸形. 龍岡, 有將軍按劒坐寨形, 淸川江北, 有九鳳分飛形. 唱鷄山, 有兩鷄相呼形. 圓通山, 有寶劒出匣形. 黃山江西十里, 有七蓮浮水形. 俱有將相之氣. 漢拏山, 有仙女堆綿形. 錦城山, 有龍戲水波形. 鳥嶺, 有也字形. 金剛山, 有金爐形·玉瓶形, 藏后妃之氣. 豆滿江邊, 有三龍相戲形. 藏三百年帝氣. 漢陰山, 有玉女投壺形. 鼻白山, 有玉樓鳴琴形. 藏仙玄之氣. 黃龍山, 有豎旗點兵形. 藏兵將之氣. 叢石亭東城九十里海中, 有八龍遊衢形. 吉砂貴格, 重重疊疊. 但是大洋層波, 眩人矚視, 正中一穴, 貴不可言, 其北邊三巖對立間, 有一穴, 常見彩氣紫虹出沒海天, 試叩其福應, 三帝九王之地. 後來何人點得此地, 爲天下貴族乎? 靑龍浦之南, 鳳戴之北, 有野中瓊筵形. 地猶未成實, 後來有一片土墩突起, 則始有大發福之跡. 蒜山之下, 有祭天壇形, 以理推之, 則必有四石燭, 今不見. 意者, 爲人所忌, 而倒碎也. 如借人力所作, 則不出四十年, 必有大貴人. 浮鴨山, 有金梭引絲形, 藏名卿之氣. 指南山, 有玉簪掛壁形, 藏名士之氣. 首陽山西, 有柳梢結露形, 藏碩儒氣. 龍門山, 有

仙女舞袖形, 藏后妃之氣. 雪罕嶺, 有龍馬脫鞍形, 八世奉爵之地. 門
廠山, 有蠶蛾脫繭形. 楮灘之上, 有遊魚上灘形. 碧瀾渡之傍, 有飛
蛾赴花形, 藏方伯連帥之氣. 鐵籠, 有絲帶銀針形, 藏七世官長之氣.
長壽山, 有鐵兜鍪形, 藏猛將之氣. 觀魚臺東十里, 有秋雁下田形, 五
昆季封爵之地. 扶蘇山, 有長竿釣鰲形·彌勒山, 有仙女奉花形, 藏烈
女之氣. 忠原之間, 有玉梳形. 金箱形, 藏名士之氣. 冠岳山, 有朝
日帶霞形, 藏名台之氣. 龍尾浦南二十里, 有蝶赴花蕊形, 藏文章之
氣. 桂陽山, 有錦褥形, 藏德婦之氣. 飛鴻山, 有蒹葭葉形, 藏閫帥之
氣. 白花山西十里, 有長鯨呑潮形, 藏烈士之氣. 水原五鳳山, 有渴馬
奔川形, 藏節士之氣. 智勇山, 有白鷺窺魚形. 藏文雅之氣. 潭陽·淳
昌之間, 有玉女梳頭形, 藏后妃之氣. 琵琶山, 有金龜吹息形, 藏賢豪
之氣. 晉州之境, 有沒泥龜·三台·芍藥枝·芭苴葉等形, 藏文雅之氣.
海西首陽山, 有玉籠秉燭形, 藏宰相之氣. 牛鳴山, 有飛龍入海形, 藏
方伯之氣. 松茸山, 有老鶴居巢形. 金鳳山北, 有黃鳥上樹形. 遼山之
南, 有寶劒舞月形, 皆武將之氣. 伐葉山, 有海蝦弄潮形, 文雅之氣.
碧蘭鎭東, 有九貼蓮花形, 大丞相之氣. 天鳳山·九龍山, 皆飛龍擁雲
形, 多帶殺氣. 故禍福相半. 先百年爲福, 後百年爲禍. 雖有賢相名將
之氣, 亦有賊子奸臣之亂, 可欠也. 慶興之東, 有吹角行軍形, 大將之
氣. 雪岳山玉爐祭天形, 藏宰相氣. 如是等記, 紛不盡記.

梅窓曰, 「天之所藏, 人不可泄, 何必浩穰傳記?」

松樓曰, 「非其人而與之, 則與者受者, 俱逆天而得罪, 不可愼哉.」

雲鴻曰, 「李進士希壽, 業風水, 末年有詩曰,

〈風水十年護費精, 財空業墮竟何成? 還看積善行二者, 已得佳山萬
代榮.〉此切談也. 古之蕭曹房杜之賢相, 韓彭英衛之名將, 皆應時而
出, 莽卓敦玄之賊, 秦檜秋壑之奸, 究亦莫非天使乎? 豈可妄以擇
地, 求將相之出於不時哉? 子孫之享富貴榮祿, 由其祖先之積功累
仁而後, 食其報也. 今之人, 不圖立功修德, 但求名官巨富, 門與人
昌, 惑之甚矣. 爲親求山之私慾, 先蔽其胷中, 抑安能卜其吉凶乎?
甚者以其一時之小災薄. 故妄遷其旣骨之祖先. 是以其祖先, 作禍福
之香餌也. 安有愛其親之心乎?」梅窓曰, 「凡人各有異種, 最關重
者, 其婚姻乎? 廣東余氏, 結婚每取富. 故余氏之族多富. 南平鄭

氏，每取仁睦之家．故鄭門多患厚．五溪彭氏，取妻必豪興之家．故彭氏多豪雄信．所謂婚姻者，萬福之源．」松棲曰，「兒在每腹，十月生長，凡善惡無不法其母．故兒類其母也．兒方受胎也，心取父母之血氣．凡父妻之交媾也，必以體候康安，心志淨潔，且氣血壯盛之時可也．且以天日淸明之時可也．易曰，〈得氣之亨且正者爲聖人．得氣之偏且塞者，爲愚人．〉其以是夫．」

皓曰，

「旣修人事，又合天地之應，則事必諧矣．」未幾皓與松棲，往湖南珍島郡．得小艇，浮海南去．梅悤告別曰，「終當相從耳．」

12

梅窓遊甲山，遇處士林正秀者，此太平洞主人也．字春芳，號潛龍子．太平洞在甲山東北二日程．梅窓從潛龍尋洞．伊坂嶺，岩石巉險，推轉一石，而見穴門．始入穴，穴狹僅容一人．左右石壁中，通一徑．燃五秉燭後，始廣潤．石間多生雄黃紫石英石鐘乳等物．又燃二秉燭然後，値深潭．廣可數十步，橫一木橋，而行過橋．燃三秉燭，出山後一穴，四圍絕壁，中間三十里，始爲太平洞．無王稅，無兵禍．故號太平洞．有淸泉白石，藥草佳木，土沃禾秀，有居人四五家，而潛龍之精舍號寧一堂．庭有琪花瑤草，樽有芳酒．梅窓曰，「此樂地也．」遂淹留累日，吟咏頗多，有曰，

〈簷頭天女賀，籬下木仙吟．〉又曰，〈閑弄中山霜兎筆，細研上黨碧松烟．〉

又曰，〈露添鳳尾滋松硯，雲覆金苽玉葉牋．〉，又曰，〈晴窓愛得黃綿襖，雨樹候看少女風．〉，又曰，〈白雪猧兒鳴夜巷，黃毛菩薩吃春堤．楡莢雨來禾黍秀，鯉魚風起棗梨香．〉，又曰，〈閑聽蜜房金翼使，戲隨花賊玉腰奴．〉，又曰，〈蓮花檠上松明炬，蕉葉盃中竹瀝膠．〉，等句．梅窓曰，「南道有李芳普者，北道有林正秀，是南北主人也．」潛龍曰，「吾曩在湖西，貧不能自立，轉乞到此，今也粟帛滿家，一生安樂之貧富，固不可定也．」

松棲曰，

「趙文伯者, 宋宗室晉康王孝騫之子. 靖康之亂, 東竄居加林之地, 其子岩, 其孫廉, 以孝義, 爲一方之矜式, 曾孫壽天, 高宗時顯仕. 忠烈王時, 封加林伯. 始爲林川之趙氏. 河西任氏, 盖出西河. 西河丞相任得敬之孫澍, 居紹興. 德祐間, 爲制置使, 守浙江. 及臨安陷, 由海道, 抵西河地. 父子治產 積粟滿家. 所食朝飯夕粥, 專以周給窮人爲事. 其後任子順, 以燕支之役, 有四封君, 始顯吾東.」雲鴻曰, 「元榮者, 元魏孝莊之裔, 隋煬帝東征高句麗時, 元榮爲行軍校尉, 兵敗被執. 嬰陽王遷之, 加里坡之地, 子孫蕃衍. 新羅孝文王時, 元一信者, 以孝行卓異, 爲駙馬. 生四子, 曰三錫, 曰三命, 曰三宰, 曰得允. 王以二子, 宜從父姓, 二子宜從母姓. 母名俞黃. 故三宰稱姓俞, 得允稱姓黃. 爲昌原之俞氏·黃氏, 盖自此始焉.」梅窓曰, 「長沙有馬文翼者, 財產甲于南楚. 自以故楚王馬殷之後, 世有富足翁. 故嘗有言曰,

'天不生無祿之人. 財產者, 人之分內事也.' 有二子, 曰雲龍, 曰雲虎. 相者謂二子曰,

'天倉削, 地庫缺. 皮薄肉浮, 縱理入口, 必餓死之相.' 文翼曰, '我子豈有餓死之理乎?'

遂計百年所食之資, 每日銀子二十兩定給, 而皆藏之釜鍾, 列埋之. 又田各六百日耕分給, 又牛羊千頭, 錢十萬兩, 綺二百疋, 各賜二子. 又別分田產, 爲他人十二家之生業, 令他日顧恤二子. 未幾, 文翼死, 二子受父遺言, 每日只出 埋銀二十兩而用之, 他不空費. 父死三年後, 以牛疫, 牛羊盡死, 生業不息, 漸盡于耗. 綿綺多貸人, 不報給. 而又無綺餘. 偶然再度殺人, 盪盡家產, 銀無半銓, 錢無一分. 始賣田庄, 不過八年, 田無寸土, 粟無儲粒, 勢無奈何, 仍爲轉乞, 餓死于虹橋側. 將路傍之屍, 信所謂百年貪物一朝塵也. 然則死生有命, 富貴在天矣.」

雲鴻曰, 「李良弼者, 洪州人也. 其先出於安南國王李陽煥. 宋寶慶中避亂, 浮海而來. 有君苾者, 始居朝鮮洪州. 良弼卽君苾之十三世孫也. 君苾之曾孫乾文, 封新平君. 故以新平爲貫.」

又曰, 「李孟芸者, 甕津之人. 仁淑之風, 著聞四鄰. 自云 '先世安南王李龍翰之弟龍祥後也.'」

索 引(1)
(韓國奇人傳)

【ㅅ】

索　引(2)
(靑　鶴　集)

[譯註者 略歷]
▫ 京畿 龍仁 出生.
▫ 서울大學校 文理科大學 中文科 卒.
▫ 서울大學校 大學院 中文科 卒.
▫ 서울大學校 大學院 博士課程 卒. 文學博士.
▫ 서울師範 · 普成高 敎師 歷任.
▫ 서울大 · 梨大 · 淑大 · 西江大 · 漢陽大 · 明知大 · 世宗大 · 檀國大 · 淸州大 講師 歷任.
▫ 延世大學校 文科大學 敎授.
▫ 中國 中央硏究院 訪問 敎授.
▫ 延世大學校 敎授 停年 退任.
▫ 社團法人 全州李氏 大同宗約院 文化理事 歷任.

[著 · 譯書]
孔子[知文閣], 大學漢文[日新社], 亂中日記[集文堂], 東國歲時記(外)[乙酉文化社], 中國歷代隨筆選[乙酉文化社], 往五天竺國傳(外)[乙酉文化社], 童蒙先習(外)[乙酉文化社], 淮南子[乙酉文化社], 海東異蹟[乙酉文化社], 胡適文選[大洋書籍], 北學議[大洋書籍], 東京雜記[大洋書籍], 郁達夫[大洋書籍], 春秋左傳[平凡社], 莊子[三省出版社], 李太白과 道敎[集文堂], 달과 거울 속의 詩仙−李太白評傳[三省出版社], 中國의 科學과 文明 Ⅰ · Ⅱ · Ⅲ[乙酉文化社 共譯], 西湖文集[保景文化社], 韓國奇人傳 · 靑鶴集[明义堂], 朝鮮歲時記[東文選], 韓國道敎思想史[延世大出版部], 中國名詩鑑賞[위즈온. 共著], 全州李氏科擧及第者總覽[家乘미디어]

韓國奇人傳(華軒罷睡錄) · 靑鶴集

初版 發行 : 1990年 6月 10日
2版 印刷 : 2010年 9月 6日
2版 發行 : 2010年 9月 10日

譯註者 : 李 錫 浩
發行者 : 金 東 求

發行處 : 明 文 堂 (1923. 10. 1 창립)
서울특별시 종로구 안국동 17~8
우체국 010579-01-000682
Tel (영) 733-3039, 734-4798
    (편) 733-4748   Fax 734-9209
Homepage   www.myungmundang.net
E-mail   mmdbook1@kornet.net
등록 1977. 11. 19. 제1~148호

• 낙장 및 파본은 교환해 드립니다.
• 불허복제

값 12,000원
ISBN 978-89-7270-960-2   03900